中国古代文化典籍提要

尹小林 编著

商务印书馆国际有限公司
中国·北京

图书在版编目（CIP）数据

中国古代文化典籍提要 / 尹小林编著. -- 北京：商务印书馆国际有限公司，2023.3（2024.10重印）
ISBN 978-7-5176-0963-6

Ⅰ. ①中…　Ⅱ. ①尹…　Ⅲ. ①中华文化—古籍—提要
Ⅳ. ①Z838：K203

中国版本图书馆CIP数据核字(2022)第256187号

本书受到首都师范大学文学院学科建设经费资助

ZHONGGUO GUDAI WENHUA DIANJI TIYAO
中国古代文化典籍提要

编　　著	尹小林
出版发行	商务印书馆国际有限公司
地　　址	北京市朝阳区吉庆里14号楼 佳汇国际中心A座12层
邮　　编	100020
电　　话	010–65592876（编校部） 010–65598498（市场营销部）
网　　址	www.cpi1993.com
印　　刷	三河市紫恒印装有限公司
开　　本	880mm × 1230mm　1/32
字　　数	400千字
印　　张	16.5
版　　次	2024年10月第1版第2次印刷
书　　号	ISBN 978-7-5176-0963-6
定　　价	68.00元

做学问要从阅读经典文本开始[①]

（代序）

我们大家都是跟学术有关系的，研究有深有浅，有博有窄，但是，总是在做这方面的事情。这方面事情离不开两个东西：一个是材料，一个是工具。在二十世纪那一批学问更好的人，他们也都是这样做的。到国外去很多年，他们都学外文去掌握工具，然后通过掌握工具来积累材料。

现在中国的学术界，应该讲进入一个跟以前不太相同的时期。而基本的学术研究的这些共性的东西还是存在的，离不开资料，离不开材料。我与大家讲过，人文学科研究是两个方法：一是通过人来讲话，这个在中国历史上一向如是，二十世纪他们这些人亦如是。这就是乙部之学特别发达的原因，而乙部之学里人物的传记，尤其是贯穿

① 本文根据刘梦溪先生在《国学宝典》2022年版发布会上的发言稿整理而成。

始终的一个主题。

另外一个呢，就是用符号来讲话。用符号讲话的学者在国内并不是很多见，我常常举个例子就是金岳霖。你看他的论道——《知识论》，都是用符号来讲话，想看懂还得费一点功夫。但是广义地讲，做学问离不开符号，汉字本身就是一个符号。如果研究先秦的很多东西，阴阳五行都涉及符号，《河图》《洛书》也涉及符号。直到后来宋代的时候，扩大这些东西，从理学上介入的时候又增加了更多的符号，如太极图等。最早的一部经典——《易经》的符号所谓“象”“数”，“象”是离不开的，没有“象”，没有符号，《易》就不能成立了。

无论是通过人来讲话，还是通过符号来讲话，都需要掌握材料，这就需要工具。我们过去在工具掌握方面有很多困难的地方，有时候靠记忆，一般研究文史方面的人倒是很多记忆力都很好，能记住很多东西，那就需要看书。但随着年龄的增长，比如我，看书就遇到一点困难，视力有点下降。如果看《十三经》，过去的古注常常是双行注，字小根本就看不清楚。有了数据库以后，字可以放大，背景也可以改变，念经典的方式方便很多。我是一个没有伟大抱负的人，一点一滴都没有。我做学问也是，没有什么太大抱负，就是读书时发现问题，写一篇文章，同样的文章写多了，就成了一本书，大概就是这样子。做学问需要很多面、很多东西，但是最基本的还是念基本的文本经典，还是得在文本里找东西，至少我个人的研究主要是这样。

从基本典籍读起，从经典文本读起，博学而笃志，切问而近思，仁在其中矣！

刘梦溪

壬寅孟春

前言

中国古代文化典籍，其源也远，其流也长，其积也厚，其渊也深。自2003年起，我先后与北京大学、清华大学、中国人民大学、北京师范大学、华东师范大学、首都师范大学等高校的一百多位知名学者反复探讨磋商，从浩如烟海的中国古籍中遴选出280部常用文史资料，汇为一编，总计约1.5亿字，上起先秦，下迄清末，经史子集，一览无余。如此洋洋大观，亦非一日可穷其究竟。为便于学人检阅，免去旁搜远摭之苦，遂进一步编撰而成此书目提要，以钩玄摄旨，含英咀华，精中取精，要中存要。

本提要大致分为三部分：

一为作者概况。所谓书人合一，“文王拘而演《周易》，仲尼厄而作《春秋》”，差不多每一部典籍都映射出作者之生命历程。若不晓司马迁曾蒙宫刑这等人间奇耻，便难解《史记》之满纸悲慨；若不明曹雪芹曾遭抄家这等坎坷经历，便难味《红楼》之旷世凄凉；另如《洛阳伽蓝记》之故国情思，《人境庐诗草》的哀民之叹等，亦皆寓含作者身世于其中。

二为内容概要。一方面遵循前人目录学之成规，逐次介绍书目名称、编纂经过、记叙范围、义例特点、学术价值与时人评述等项；一方面秉持“有话则长，无话则短”的原则，“条其篇目，撮其旨意”，力求简洁明了，以最少的文字最大限度地呈现一书之概貌。

三为版本源流。书之命运一如人之命运，如《尚书》之劫后余生，如《祖堂》之海外孤悬，或彼时盛行，此间绝迹，或当初默默，久后惊艳，不一而足。版本关乎书之兴衰，知书之兴衰乃知读书何其不易也。

本《提要》虽未达到考镜源流、辨章学术之境地，惟期能略尽登籍存目、佐学知津之效用，则愿足矣。

尹小林

二〇二三年元月

目录

经

经部·十三经

经部·经学史等

史

史部·正史

史部·别杂史

史部·野史

史部·目录

子

子部·诸子

子部·佛教

子部·道教

子部·杂家等

子部·笔记

子部·类书

子部·小说

集

集部 · 总集

集部 · 别集

集部 · 戏曲

集部 · 文论

经

史 子 集

经部·十三经

经部·经学史等

经部·十三经

001 周易

领袖群经，神龙见首

《周易》乃群经之首，原为古代占筮及其解说之书，后被奉为儒家经典，领袖群经。《周易》包括《经》《传》两部分。经有时称为《易经》或《古经》，是在专门从事卜筮的巫史们长期经验和记录的基础上逐渐形成的，大约形成于周初。古代有伏羲作八卦，周文王演成六十四卦、三百八十四爻之说，司马迁、班固等汉儒大部分承袭这种说法。《传》是对《经》的解释说明，又称《易传》。传说为孔子所作，不过也可能有孔门后学或战国时其他人的补充加工。《易传》分为七种十篇，汉代学者称之为“十翼”，“翼”即辅翼经文之意。

《周易》在中国文化史上，是儒、道、释三教共享的一部哲学经典，是世界上最早的一部以符号系统加文字系统构成的典籍。

《周易》之“易”向有“变易”“不易”“简易”三说，所谓“变易”，是说事物总是在变化之中，“不易”则是说自然界和人类社会的万事万物之变化有一定的法则，“简易”则是说这一变化及法则人们可以用以简驭繁的方法来把握。而这一切均统一表现于“阴阳”“八卦”之中。由此，《周易》成为中国哲学思想的渊薮，它奠定了中国哲学的

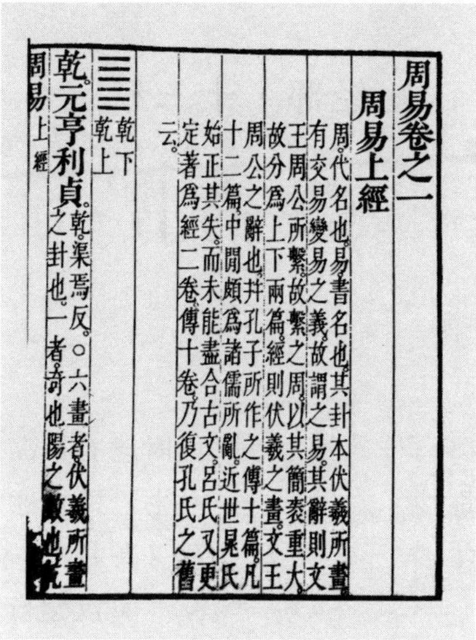
周易卷之一

周易上經

周代名也易書名也其卦本伏羲所畫有交易變易之義故謂之易其辭則文王周公所繫故繫之周以其簡袠重大故分爲上下兩篇經則伏羲之畫文王周公之辭也并孔子所作之傳十篇凡十二篇中間頗爲諸儒所亂近世晁氏始正其失而未能盡合古文呂氏又更定著爲經二卷傳十卷乃復孔氏之舊云

乾下 乾上

乾元亨利貞 乾渠焉反 ○ 六畫者伏羲所畫之卦也一者奇也陽之數也乾

周易上 經

*清刻本《周易》

一些基本范畴，如阴阳学说、对立统一、变与不易、否极泰来等思想，对中国文化的影响极为深远。在中国古代，上至皓首穷经鸿儒硕学，下至街头卜者，或研读或谋生，无不将其奉为圭臬，浅人浅解之，深人深究之。而今，《周易》也以其特有的深奥与神秘吸引着无数的读者。“闲坐小窗读《周易》，不知春去几多时。”当下的国人虽然已没有古人的这种优雅与悠闲，但是，作为中国人，此书不可不读。

旧注有国家图书馆藏三国魏王弼《周易注》宋刻本、唐李鼎祚《周易集解》本等。上海博物馆藏战国楚竹书《周易》、湖南长沙马王堆汉墓出土帛书《周易》、安徽阜阳汉墓出土竹简《周易》为目前所知最早文本。其传世经文刊本有宋刊巾箱《八经》本、明弘治九年庄刻本。通行本有清代阮元校刻（简称清阮刻，后文同）的《十三经注疏》本，中华书局影印，1980年第1版。

002 尚书

尧舜禹汤，昭如日月

《尚书》是上古时代的政事史料汇编，也是我国现存最早的记言体史书。“尚书”意即上古之书，出自上古各朝史官的记录，并非成于一人之手。相传《尚书》由孔子编订，成于春秋末、战国初。《尚书》按朝代分为《虞书》《夏书》《商书》《周书》，按文体分为典、谟、训、诰、誓、命六种。主要记载了上古帝王有关政事和治国的言论，也保存了古代经济、地理及社会性质等方面的珍贵史料。

《尚书》原称《书》，在战国时已有很高的地位，《荀子》一书已把它称为“经”，汉代改称《尚书》。

秦汉之际，战乱频仍，典籍多被焚毁。到汉文帝时，据说天下研治《尚书》的只有济南伏生一人。文帝派晁错向伏生学习，伏生口授，晁错用当时流行的隶书写定。这就是“今文尚书”，有29篇。后鲁恭王坏孔子宅，在壁缝中发现先秦时用古文字体抄写的《尚书》，是为“古文尚书”，比今文《尚书》多16篇。但在两汉，“古文尚书”一直未被朝廷承认，没能立于学官，以致西晋以后全部散佚。东晋时，梅赜向朝廷进贡了一部《尚书》，是他根据部分散逸的《尚书》文字，编撰成

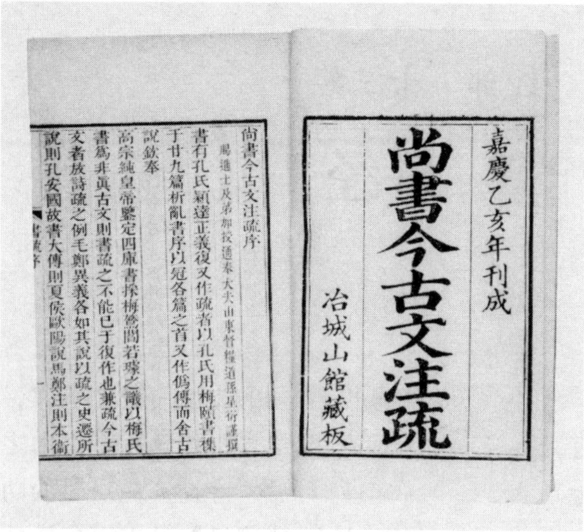

清嘉庆冶城山馆刻本《尚书今古文注疏》

所谓古文《尚书》25篇（后人称之为“伪古文尚书”），同时又吸收了原来的今文《尚书》，共凑成58篇。这就是自唐以后通行本的《尚书》，实际上是由今文《尚书》和伪古文《尚书》两部分组成。

《尚书》有珍贵的上古文献价值，也有非常深刻的思想。书中如《尧典》《舜典》，是对传说中尧舜时代历史的追记；《禹贡》一篇，是中国最早的地理学著作；《洪范》是箕子与武王讲述的治国大法；周公诸篇，对中国后世政治思想影响巨大，也是儒家思想的渊薮。《尚书》也有较高的文学成就，有生动的语言，有浑厚古雅的气势和质朴的美感，汉代《尚书大传》引子夏语，谓之“昭昭如日月之代明，离离若参辰之错行”。不过，由于时代久远，对于今人而言，《尚书》文字佶屈聱牙，艰深晦涩，恐怕是十三经里最缺乏“亲和力”的了，往往让人望而却步。不知古无以论今，看看古代名君圣主如何“协和万邦”，农业如何发展，盘庚如何迁都，武王如何伐纣，方知中国历史政治渊源所自。

《尚书》版本很多，有宋刊巾箱《八经》本；注本中清孙星衍《尚书今古文注疏》较为完备；通行本有清阮刻《十三经注疏》本，中华书局影印，1980年第1版。

经部·十三经

003 诗经

所谓天籁，在此一方

《诗经》是我国最早的诗歌总集，先秦时称《诗》，或《诗三百》。汉代定为儒家“六经”之一，称为“诗经”。相传为孔子所编定，共三百零五篇，按照音乐特点分为“风”“雅”“颂”三类。“风”有十五国风，为世俗之歌；雅分《大雅》《小雅》，为朝廷之乐；“颂”分《周颂》《鲁颂》《商颂》，为庙堂之音。

《诗经》用诗与音乐相结合的方式记录了上古社会人民的生活，抒发了他们的情感。孔子说：“《诗》可以兴，可以观，可以群，可以怨。迩之事父，远之事君，多识于鸟兽草木之名。”可见《诗经》在当时的功用之大。《诗经》是直面现实的艺术，举凡周代的农事、燕飨、战争、徭役、恋爱、婚姻、宗教、政治等，都纳入其中。它不但描述了丰富多彩的社会生活，而且还通过自己的价值判断，告诉人们应该怎样生活。它是以小溪汇成的巨流，以繁花簇成的锦绣，是以个体的平凡构成的伟大的群体的艺术。这是使它在古代社会被尊为“经”的基础，也是今天仍然被我们所喜爱的本质原因。

《诗经》有完美的艺术技巧。古人把它的写作方法概括为“赋”“比”“兴”。按朱熹的

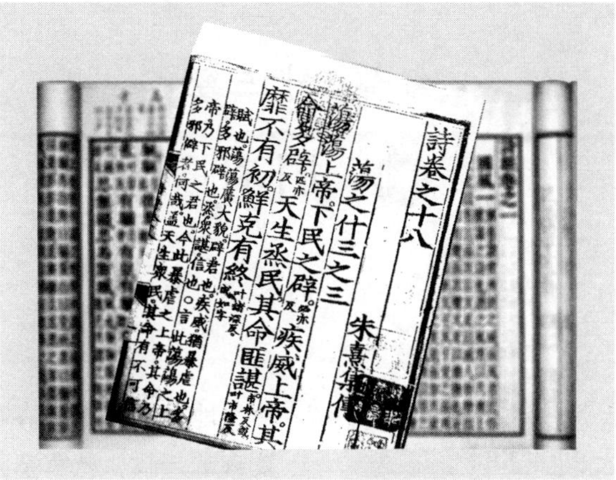

*明刻本朱熹《诗集传》

说法，赋就是直陈，比就是比喻，兴就是借物言事或写情。其实这还远远不能概括其艺术成就。诗的句式以四言为主，杂以二言、三言、五言、六言等等，整齐规范又不乏活泼变化。诗的章法多重章叠唱，一唱三叹，时而柔情，时而哀怨，时而愤怒，时而慷慨，充满了甜美的忧伤。不甜美，就不感人；不忧伤，就不深刻。这使得几千年来，这些古老的句子始终直击人心，带着歌咏人性的永恒魅力。你可以不理解古文，却不可以不读《诗经》，只是涵咏沉吟就够了，因为，《诗经》本来就不仅仅是文字，而是音乐，是先民骨子里的浪漫。

汉代传《诗》有齐、鲁、韩、毛四家。齐诗、鲁诗、韩诗为今文经学，魏晋后逐渐衰亡，清王先谦《诗三家义集疏》辑注较完备。毛诗为古文经学，盛行于东汉。注本以宋朱熹《诗集传》、清陈奂《诗毛氏传疏》及马瑞辰《毛诗传笺通释》等最为人推重。通行本有清阮刻《十三经注疏》本东汉郑玄《毛诗笺》、唐孔颖达《毛诗正义》，中华书局影印，1980年第1版。

004 周礼

天地四时，百官居位

《周礼》与《仪礼》《礼记》并称“三礼”。《周礼》亦称《周官》或《周官经》，儒家经典之一，乃记述西周政治制度之书，传说为周公所作，但到底出自何时，出于谁手，众说纷纭，迄今尚未有定论。战国说是近代较为流行的说法。全书有六篇：《天官冢宰》《地官司徒》《春官宗伯》《夏官司马》《秋官司寇》和《冬官司空》（早佚，汉时补以《考工记》）。六官分别为天、地、春、夏、秋、冬，显然是为了合天地四时之数。天官掌邦治，地官掌邦教，春官掌邦礼，夏官掌邦政，秋官掌邦禁，冬官掌邦务。六官之下又各有属官，是谓百官。其中，天官乃王之辅弼，为六官之首，百官之长。然而《周礼》所展现的完善的六官体系的国家典制似乎不是某朝某代某王国侯国的典章制度，有着不少理想化的成分。如此层级分明，职能完备，显然是儒家理想中的政治架构，但客观上也记载了周代官制的某些材料，有比较珍贵的史料价值，也体现了中国古代官制建设的民族文化特色与源远流长的文化传统。故历代建置六部皆循《周礼》，《周礼》亦因此而往往成为后世托古改制的思想武器和封建士大夫治国平天下的理想蓝图。

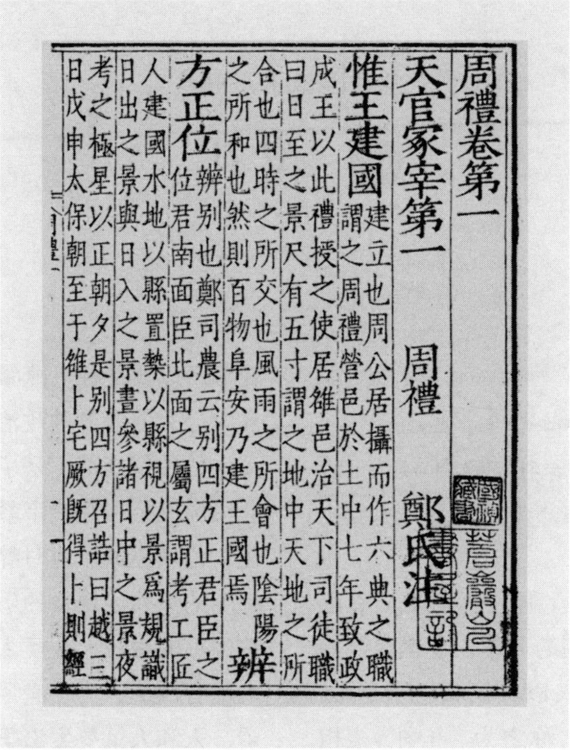
周禮卷第一

天官冢宰第一　周禮　鄭氏注

惟王建國建立也周公居攝而作六典之職謂之周禮營邑於土中七年致政成王以此禮授之使居雒邑治天下司徒職曰日至之景尺有五寸謂之地中天地之所合也四時之所交也風雨之所會也陰陽之所和也然則百物阜安乃建王國焉辨方正位辨別也鄭司農云別四方正君臣之位君南面臣北面之屬玄謂考工匠人建國水地以縣置槷以縣視以景爲規識日出之景與日入之景晝參諸日中之景夜考之極星以正朝夕是別四方召誥曰越三日戊申太保朝至于雒卜宅厥既得卜則經

明嘉靖徐刻三礼本《周礼》

《周礼》涉及范围相当广泛，举凡城邑建制、宫室车服、礼乐兵刑、天文历法、农商巫医、工艺制造等等，社会政治各个方面几乎无所不包，是了解、认识、研究古代官制、政治史、文化史乃至经济制度、经济思想的重要典籍。

《周礼》注本有清孙诒让《周礼正义》等。通行本有清阮刻《十三经注疏》本东汉郑玄《周礼注》、唐贾公彦《周礼注疏》，中华书局影印，1980年第1版。

经部 · 十三经

005 仪礼

尊卑有序，亲疏有别

《仪礼》原名《礼》，系记载古代礼制的著作，今本通行17篇。汉代人以其所讲为士所必习的礼节，称之为《士礼》；相对《礼记》而言，又叫《礼经》；晋代人认为其所讲并非礼的意义，而是具体的礼节形式，故称之为《仪礼》，与《礼记》《周礼》合称“三礼”。历朝礼典的制定，大多以《仪礼》为重要依据，对后世社会生活影响至深。

《仪礼》主要记载古代贵族（包括国君、诸侯、卿、大夫、士）从成人、结婚到丧葬的各种礼节，以及交往、燕飨、朝聘、乡射、大射等各种政治和社会活动中的礼仪规范，是了解上古社会民风民俗、政治宗教、经济文化、伦理道德、应对辞令等礼仪制度的重要、珍贵的历史资料。按儒家的说法，人类之初，由于人都有欲望，为了满足自己的欲望，人和人就要生出争斗。于是圣人制出礼来维持社会秩序，教人节制，教人平和，教人追念本源、感怀恩德、互敬互爱。可见，礼是社会文明和进步的标志。中华民族被称为礼仪之邦，“礼仪文化”是中国传统文化的核心内容之一，标志着中华民族所具有的高度社会文明。

《仪礼》开篇即是《士冠礼》，一个人成人，就意味着他

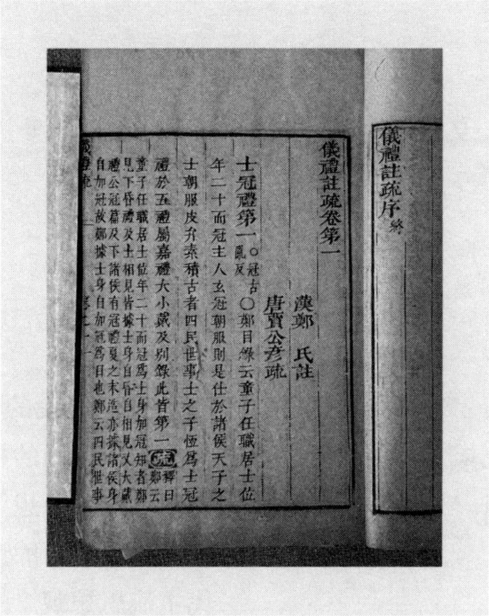
儀禮註疏序 終

儀禮註疏卷第一

漢鄭 氏注

唐賈公彦疏

士冠禮第一 ○冠古亂反 ○鄭目錄云童子任職居士位年二十而冠主人玄冠朝服則是仕於諸侯天子之士朝服皮弁素積古者四民世事士之子恆爲士冠禮於五禮屬嘉禮大小戴及別錄此皆第一 疏 釋曰鄭云童子任職居士位年二十而冠爲士身加冠知者鄭見下昏禮及士相見皆據士身自昏自相見又大戴禮公冠篇及下諸侯有冠禮夏之末造亦據諸侯身自加冠故鄭據士身自加冠爲目也鄭云四民世事

*明崇祯汲古阁刊本《仪礼注疏》

开始独立地承担自己的责任，参与社会的各项事务。仪式是有意味的形式，每一个细节都承载着不同的功能，在看似烦琐的各项程序中，先民们表达对神明、对社会、对生活的尊重与热爱。《史记》载：“孔子为儿嬉戏，常陈俎豆，设礼容。”圣人儿时的游戏都是制礼作乐，可见礼在古人心目中的地位。其实在今天，礼同样非常重要。我们常说人要讲文明礼貌，一个人的言行举止是否合“礼”，就是他的精神文明水平高低的标尺。所以，了解古代礼仪制度，对于今天来讲同样是有重要意义的。

《仪礼》注本甚多，有清胡培翚《仪礼正义》等。通行本有清阮刻《十三经注疏》本东汉郑玄《仪礼注》、唐贾公彦《仪礼注疏》，中华书局影印，1980年第1版。

经部·十三经

006 礼记

六艺之教，中庸之道

《礼记》亦称《小戴礼记》或《小戴记》，儒家经典之一，是秦汉以前各种礼仪论著之选集。《礼记》之“礼”，指的是《仪礼》；“记”，是对经文所作的解释、说明、补充，相当于《仪礼》的“传”。后来，这部解说经文的著作逐渐成为经典，至唐代被纳入“九经”之中，南宋列入“十三经”之中。汉宣帝时儒家学者戴德、戴圣叔侄俩分别对先秦至秦汉时期的礼学文献作了编辑整理，成果就是《大戴礼记》及《小戴礼记》。《小戴》就是我们所说的《礼记》。该书对儒家所崇尚的礼乐制度、礼仪规范、礼乐思想等古代文化核心问题作了充分的论证，是承载古代主流思想观念的经典文献。

《礼记》有《曲礼》《檀弓》《月令》《礼运》《学记》《大学》《中庸》《经解》等四十九篇，大率为孔子弟子及其再传、三传弟子所记，内容庞杂，上至王室之制，下至民间之俗，无不涉及，是研究我国古代社会文化的重要参考资料。其中，《经解》一篇提倡六艺之教，即温柔敦厚的“诗教”，疏通知远的“书教”，广博易良的“乐教”，洁静精微的“易教”，恭俭庄敬的“礼教”，属辞比事的“春秋之教”；《学记》是我国乃至世界

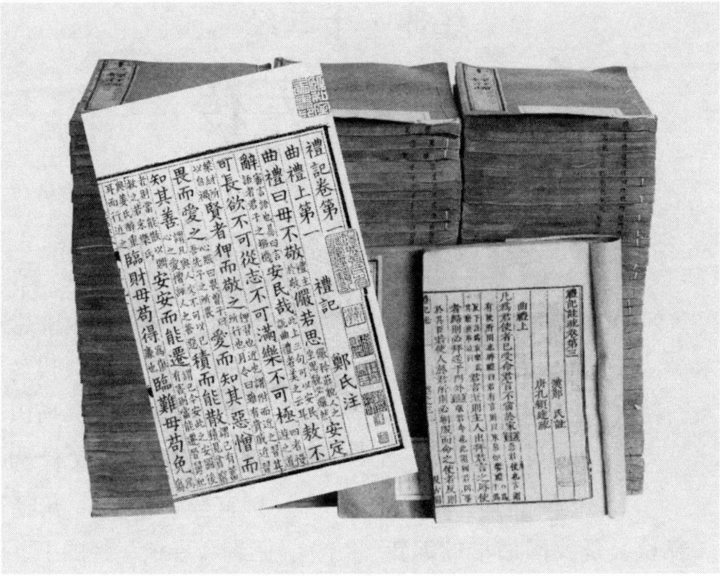

明崇祯毛氏汲古阁刻本《礼记》

第一部体系严整的教育学著作；《礼运》一篇提出了“小康世”和“大同世”的理想，对后世影响深远；《大学》《中庸》两篇谈儒家的人生哲学，讲修身、齐家、治国、平天下的道理，追求达到“至诚”的人生境界，在南宋时更与《论语》《孟子》合编为“四书”，同“五经”并列，成为蒙学必读的教科书。

《礼记》注本有清朱彬《礼记训纂》、孙希旦《礼记集解》等。通行本有清阮刻《十三经注疏》本东汉郑玄《礼记注》、唐孔颖达《礼记正义》，中华书局影印，1980年第1版。

经部·十三经

007 春秋左传

跌宕不群，纵横自得

《春秋》是我国最早的编年体史书，据说为孔子在鲁国国史基础上修订而成。《春秋》记载的历史起自鲁隐公元年（前722），迄于鲁哀公十四年（前481）西狩获麟，凡二百四十年。“春秋”一词，本是东周列国史官所撰编年史的通称。古人之所以重视写史，是因为历史不仅是祖先的政治生活记录，还可以从中学习各种知识，指导现世人生。传说孔子修《春秋》的目的就是要原始察终，见盛观衰，惩恶扬善，拨乱反正。为达到这个目的，孔子在写作时非常讲究遣词造句，这就是后人说的微言大义，以一字寓褒贬。所以《春秋》的地位很高，汉代为《春秋》立官学，列为“五经”之一。阐释《春秋》经的书，最著名的有《左传》《公羊传》《穀梁传》，合称“春秋三传”。

《左传》原名《左氏春秋》，到西汉班固时才改称《春秋左氏传》，汉代以后多称《左传》。相传为鲁国史官左丘明所著，大约成书于战国初期。《左传》与《公羊传》《穀梁传》不同，直接解释经文内涵之处不多，而是补充了大量的史实，有更多的无经之传。《左传》以具体史实来说明或补正《春秋》经，而且将经文终止时间延至鲁哀公十六年（前

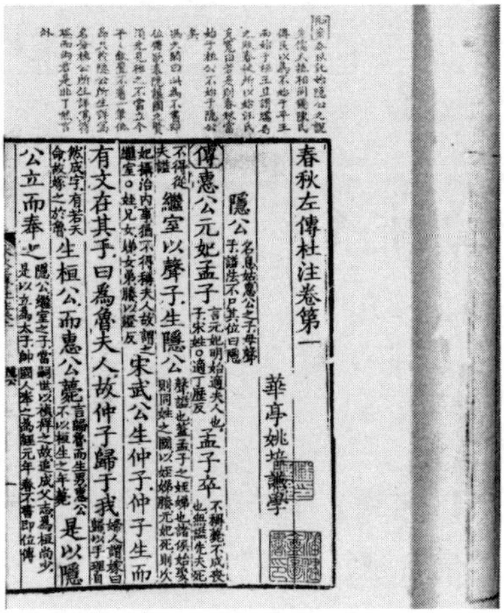
春秋左傳杜注卷第一

隱公

華亭姚培謙學

傳 惠公元妃孟子　孟子卒

繼室以聲子生隱公

宋武公生仲子仲子生而

有文在其手曰爲魯夫人故仲子歸于我

生桓公而惠公薨　是以隱

公立而奉之

清道光七年漱经堂刻朱墨套印本《春秋左传杜注》

479）夏四月己丑日，孔子卒，传文延至哀公二十七年（前468），哀公卒。《左传》记录了周王室衰微，诸侯国争霸的历史，其中保存了许多当时社会文化、礼仪典章、道德规范、民族关系、自然科学等方面的珍贵史料，在史学上具有极其重要的地位。近代史家梁启超推崇《左传》的出现是“商周以来史界之革命”。

《左传》除了阐释《春秋》思想之外，艺术上也取得了一定的成就。它是我国古代文学与史学完美结合的典范，对后世史书、小说、戏剧的写作都产生了深远影响。《左传》语言精练，文辞优美，其叙事手法历来为人称道。唐刘知幾评曰：“或腴词润简牍，或美句入咏歌，跌宕而不群，纵横而自得。”春秋之际，战争频仍，《左传》对战争的记叙尤其令人称道，善于通过侧面描写烘托战场氛围，不闻刀剑之声，却如亲历沙场，扣人心弦。并且，人物成为《左传》的主角，将历史从神的阴影下解放出来。遥想当年周王室衰微，诸侯崛起，齐桓晋文争霸，楚庄王也要问鼎中原，虽然“礼崩乐坏”，外交场合仍吟诗作乐，勤礼劳心，也足见古人风致。

现存最早的《左传》注本为晋杜预《春秋经传集解》，国家图书馆藏宋刻本两部；清代有顾炎武《左传杜注补正》、惠栋《左传补注》、洪亮吉《春秋左传诂》、刘文淇《春秋左氏传旧注疏证》等；现代有杨伯峻《春秋左传注》。通行本有清阮刻《十三经注疏》本，中华书局影印，1980年第1版。

008 春秋公羊传

寓褒贬，大一统

《春秋公羊传》是传承至今的春秋三传（《左传》《公羊传》《穀梁传》）之一，在三传中最早被列入儒家经典。徐彦《春秋公羊传注疏》引戴宏序曰，《公羊传》是孔子弟子“子夏传与公羊高，高传与其子平，平传与其子地，地传与其子敢，敢传与其子寿。至汉景帝时寿乃与齐人胡毋子都著于竹帛”。如此，《汉书》著录《公羊传》作者为“公羊子，齐人”，颜师古曰“名高”，则不足信。公羊高是子夏弟子，仅是《公羊传》的一代传人而已。之所以名《公羊传》，不过是“著竹帛者题其亲师”罢了。

《公羊传》起于鲁隐公元年（前722），终于鲁哀公十四年（前481），与《春秋》同步。它是今文经，在治学的方法、路径和目标上，与古文经学派大相径庭。孔子修《春秋》，借褒贬是非以立治世之法，其核心是“大一统”“拨乱反正”，维护封建的一统王国。然其刺讥褒讳挹损之文辞不可直书于册，隐而难明。《公羊传》以设问作答、层层推进的方式阐发《春秋》“以史实说法”的微言大义。

《春秋公羊传》在经学史上是一部争议很大的经书，其经学地位落差也最大。它最辉煌的时期是西汉，以至成为西汉王朝最

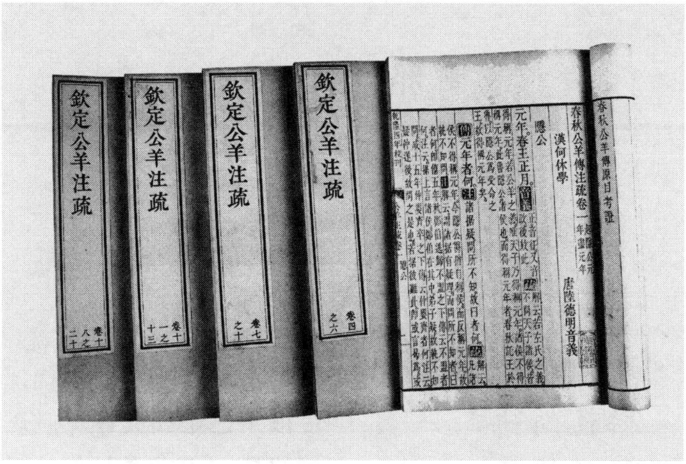

清乾隆武英殿刻本《春秋公羊传注疏》

高的理论权威和法律标准。董仲舒时为公羊学大师，也是宫廷倚重的大臣，著有《春秋繁露》。东汉何休所著《春秋公羊传解诂》，是关于《公羊传》的权威之作。唐徐彦《春秋公羊传注疏》是为何休的《解诂》作注。汉以后《公羊传》则陷入千余年的沉寂。

晚清公羊学复兴，自庄述祖、刘逢禄发其端，由龚自珍、魏源承其绪，至康有为而臻于高峰。因为《春秋公羊传》是从义理上解释《春秋》，所昭示的孔子的政治观点、社会理想中蕴涵着历史发展变易的哲学，于是在研究《公羊》义理、探索其微言大义时，就有了发挥的空间、理论联系实际的天地、经世致用的效用。惟其如此，《公羊传》和公羊学的社会历史哲学在晚清的改良运动中才发挥了重大作用，成为近代维新运动的思想武器，奠定戊戌变法的理论基础。

汉何休解诂、唐徐彦疏的《春秋公羊传注疏》通行本，是清阮刻《十三经注疏》本，中华书局影印，1980年第1版。

009 春秋穀梁传

崇礼尚德，尊王攘夷

《春秋穀梁传》是传承至今的“春秋三传”（《左传》《公羊传》《穀梁传》）之一。在经学史上大多认为属于今文经学派。关于《穀梁传》的传人，诸家说法很不一致。《汉书·艺文志》说是“穀梁子，鲁人”，颜师古注曰“名喜”；据唐朝人的说法，最初传授《穀梁传》的是穀梁俶，一名赤，曾受经于孔子的弟子子夏。典籍中穀梁子之名众说纷纭，起码有名赤、名喜、名寘、名俶、名嘉五种说法。这说明穀梁子的确切名字及其生活的时代，自两汉以来已难知其详。但众口一词的是，《穀梁传》的传人为穀梁子。《四库全书总目提要》认为“《穀梁》亦是著竹帛者题其亲师，故曰《穀梁传》”。有着长期口耳授受的流传，其成书时间是在汉代，且晚于《春秋公羊传》。

《穀梁传》起于鲁隐公元年（前722），终于鲁哀公十四年（前481），与《春秋》同步。《春秋》言辞隐晦，表述简约，《穀梁传》注重从春秋笔法、义例中探讨其微言大义，行文为设问答问的形式。晋范宁《穀梁传序》说：“《穀梁》清而婉（指辞清义通），其失也短（指解经缺失不全）。”唐啖助引陆淳《春

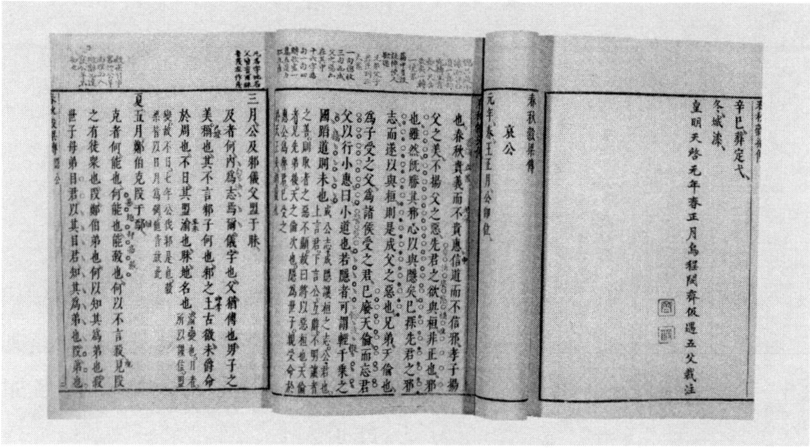
春秋穀梁傳
哀公
元年春王正月公即位
三月公及邾儀父盟于眜

明天启闵氏三色套印本《春秋穀梁传》

秋集传纂例·春秋宗旨议第一》说："《穀梁》意深。"《穀梁传》崇尚礼义教化、宗法观念，主张尊王攘夷、悯农轻赋、重道义慎用武。其核心是"正王"之道，端正天子、诸侯、庶民三者之间的关系。因此受到汉宣帝的极大重视，自此大行于世，并被列为官学，成为儒家经典。但其兴盛只限于汉代，其影响也远不如《公羊传》大，而且自汉代以后几成绝学。

较好注本有唐杨士勋《春秋穀梁传疏》、清钟文烝《穀梁补注》等。通行本有清阮刻《十三经注疏》本东晋范宁《春秋穀梁传集解》，中华书局影印，1980年第1版。

010 孝经

百善之首，立国之基

中华民族奉行孝道，源远流长，延至春秋战国，儒家孝的思想理论形成，这便是《孝经》。《孝经》是专论“孝道”之书，今本十八章，一千九百零三字，一般认为成书于先秦。书名来自于“夫孝，天之经、地之义、民之行也”。全书以“孝”为中心，将“孝”作为所有德行的根本，全面系统地论述了儒家伦理道德学说，《诗》《书》《礼》《易》《春秋》冠之以“经”，是汉及其后的朝廷和学者将其奉为儒家经典而加上去的。《孝经》的“经”字却是“原则”“法则”之意。在唐代将其纳入儒家经典之前，在其成书之际就定名如此了。

《孝经》从第二章到第六章分别论述了天子、诸侯、卿大夫、士、庶人“五等之孝”，将“亲亲”之孝推衍为“忠君”“顺长”的行为准则，进而提出了“以孝治天下”的主张；接着论述了居家事亲、为官事君及丧亲居哀等具体孝道。十分可贵的是，《孝经》明确提出反对愚忠愚孝，在《谏诤章》中指出“孝”并非盲目地服从君主长辈，对于上之不义，要勇于直谏。为此，《孝经》提出了以“诤”为孝的思想，认为以孝治天下可使万国欢心，社会安定，不孝则为大乱

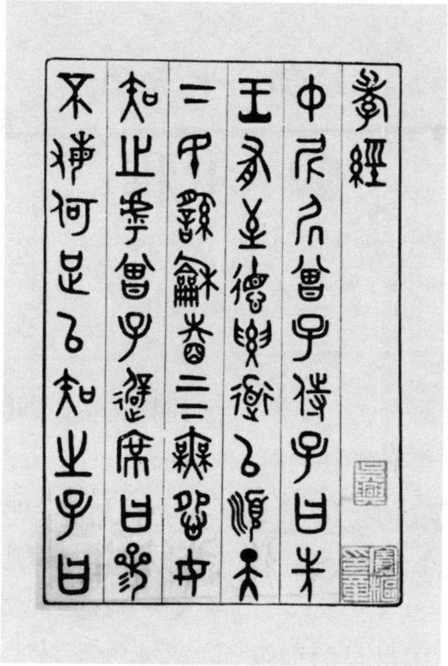

*清刻篆文《孝经》

之道。

“千古兴亡多少事，悠悠，不尽长江滚滚流。”数千年封建社会的历史虽然过去，爱人之心与为人之子的孝敬当是万世不变的法则。孝，“始于事亲，中于事君，终于立身”，“孝道”给今人的启示是对一切怀有敬畏之心。敬事父母，勤勉工作，立身成仁，至少是我们每个人都可以做到的。兹事体大，然细大不捐，养生送死为孝，端茶送水亦为孝，不妨从翻开这本《孝经》开始。古人尚且行“孝道”如是，况今人乎！

《孝经》的注本有唐玄宗注、北宋邢昺疏《孝经》。通行本有清阮刻《十三经注疏》本，中华书局影印，1980年第1版。

经部·十三经

011 尔雅

聚类释名，经纬百科

《尔雅》是我国最早的训解词义专著，也是最早的名物百科辞典。尔，近也；雅，正也。《尔雅》即指解释词义近于雅正，合于规范，国学大师章太炎称其为“厘正故训，纲维群籍之书”。

《尔雅》的作者及成书时代历来众说纷纭，早则周公说，晚至西汉说，不一而是。经近现代学者们深入探讨研究，认为该书是众儒生所纂集，递相增补而成，大概成书于战国末期。汉文帝时，已经有了“尔雅”博士，武帝时期出现了《尔雅》最早的注释文本，即犍为舍人的《尔雅注》。

《尔雅》收集了大量先秦训诂资料，成为历代经学家阅读典籍、疏通语言文意的工具。唐代将《尔雅》列入儒家经典，成为唐九经之一。《四库全书总目提要》解释道：“持说经之象多资以证古义，故从其所重，列之经部耳。”

《尔雅》的著录始于《汉书·艺文志》，列入“孝经类”，著录为三卷二十篇；唐代以后列入“十三经”；后列入“小学类”，存十九篇。前三篇解释一般词语，类似后世的语文词典；后十六篇根据事物的类别解释其名称，类似今天的百科辞典。因其所训释的是先秦经书中的文字

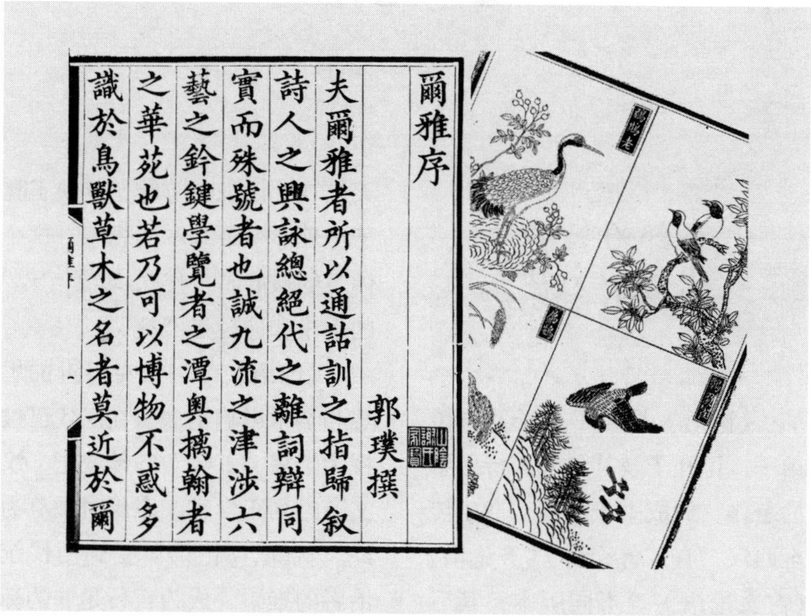
爾雅序

郭璞撰

夫爾雅者所以通詁訓之指歸敘詩人之興詠總絕代之離詞辯同實而殊號者也誠九流之津涉六藝之鈐鍵學覽者之潭奧摛翰者之華苑也若乃可以博物不惑多識於鳥獸草木之名者莫近於爾

*清嘉庆六年艺学轩影宋本《尔雅音图》

名物，故在语言学、文学、文化学等方面均有重要价值。

《尔雅》注本甚多，有晋郭璞注、宋邢昺疏《尔雅注疏》，清邵晋涵《尔雅正义》，清郝懿行《尔雅义疏》。通行本有清阮刻《十三经注疏》本，中华书局影印，1980年第1版。

经部·十三经

012 论语

半部治天下，布衣成圣贤

《论语》是孔子弟子及再传弟子追记孔子及其弟子言行思想的著作，约成书于战国初期。传至西汉，有《鲁论语》《齐论语》《古文论语》等不同版本，其后版本的离合流变情况复杂。今本《论语》来源于东汉郑玄综合多种版本而成的改订本，凡二十篇。《论语》全文采用语录体，章节简短，每事一段，语句多警句形式，篇名取自每篇首章中的前二三字，与该篇主旨无关。

《论语》内容广博，涉及政治、教育、礼仪、经济、文学、天道观、认识论等等，反映了孔子伦理体系最基本的思想，这个体系的核心是“仁”，实施“仁”的手段和途径是“礼”。

《论语》一书，对后世的思想和学术影响至深，在汉代已被视为辅翼“五经”的传或记，汉文帝时列于学官，东汉时被尊为经。从此，《论语》受到历代统治者的推崇，成为言行是非的标准，甚至有“半部《论语》治天下”的赞誉。《论语》在中华民族的道德、文化、心理状态和民族性格的铸造过程中，起到了巨大的作用。我们今天所熟知的许多警语箴言都出自《论语》，如“三人行则必有我师”，“知之为知之，不知为不知，是知也”，“己所不欲，勿施于人”

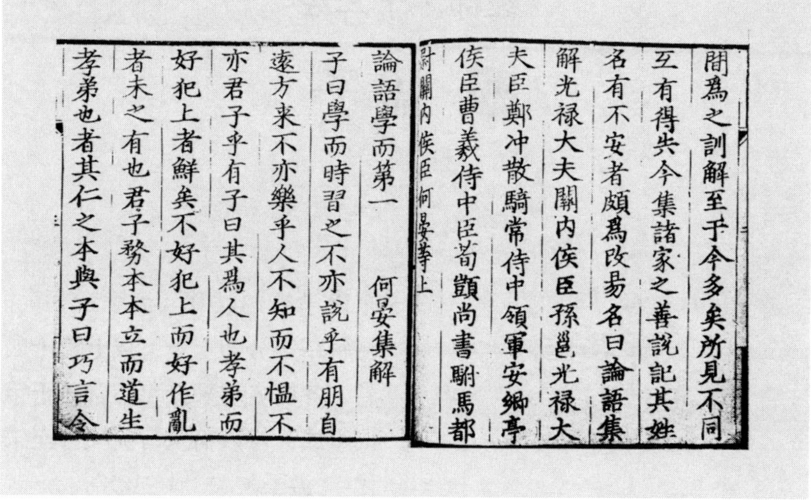
閒爲之訓解至于今多矣所見不同
互有得失今集諸家之善說記其姓
名有不安者頗爲改易名曰論語集
解光禄大夫關内侯臣孫邕光禄大
夫臣鄭冲散騎常侍中領軍安鄉亭
侯臣曹羲侍中臣荀顗尚書駙馬都
尉關内侯臣何晏等上

論語學而第一　何晏集解
子曰學而時習之不亦說乎有朋自
遠方来不亦樂乎人不知而不愠不
亦君子乎有子曰其爲人也孝弟而
好犯上者鮮矣不好犯上而好作亂
者未之有也君子務本本立而道生
孝弟也者其仁之本與子曰巧言令

*日本天文二年（1533）刻本（1644年重印）《论语》

等等。每读至此，我们不能不感叹古人的智慧与眼界。司马迁有言：“余读孔氏书，想见其为人。……天下君王至于贤人众矣，当时则荣，没则已焉。孔子布衣，传十余世，学者宗之。自天子王侯，中国言六艺者折中于夫子，可谓至圣矣！”

布衣而成圣，三千弟子，七十二贤人，孔子早已蜚声海内外，两千多年后，我们仍然可以通过阅读《论语》，感受我们身体中从古圣先贤流淌至今的热血脉动。

《论语》注本众多，重要的有三国魏何晏《论语集解》、南朝梁皇侃《论语义疏》、北宋邢昺《论语注疏》、南宋朱熹《论语集注》、清刘宝楠《论语正义》等。通行本有清阮刻《十三经注疏》本，中华书局影印，1980年第1版。

经部·十三经

013 孟子

民贵君轻，王道荡荡

《孟子》系语录体著作，十四卷。据《史记·孟子荀卿列传》，为战国时代孟子与其弟子万章、公孙丑等编著，约成书于战国中后期。孟子（约前385—约前304），名轲，战国中期邹国（今山东邹县）人，受业于孔子之孙子思的门人，以孔门传人自任，被后世尊称为“亚圣”。孟子主张实行“仁政”而成“王道”，认为人性本善，强调个人人格完善的作用，其学说与孔子学说一起，称为“孔孟之道”。《孟子》一书，《史记》本传中称有七篇，东汉学者赵岐作《孟子章句》，将每一篇分为上下，成七篇十四卷，各篇名均采撷每篇首若干字词组成，与该篇主旨无关。至宋代，《孟子》入“十三经”。

孟子之文气势磅礴，如滔滔泉涌，不择地而出，横行无阻。据说孟子本人自傲自负，锋芒毕露，好辩而且善辩，动辄与人言辞交锋，必欲争胜，这也许是胸中“浩然之气”与“万物皆备于我”的豪放襟怀所致。加之喜用层层迭迭的排比句式，善用形象说理，行文磊落舒畅，嬉笑怒骂，绝不滞涩生硬，“笔锋中常带感情”，对后世散文影响至深，其关于个人修养与古诗理解的一些看法，对后世的文学批评也建功甚伟。当孟子之时，诸国

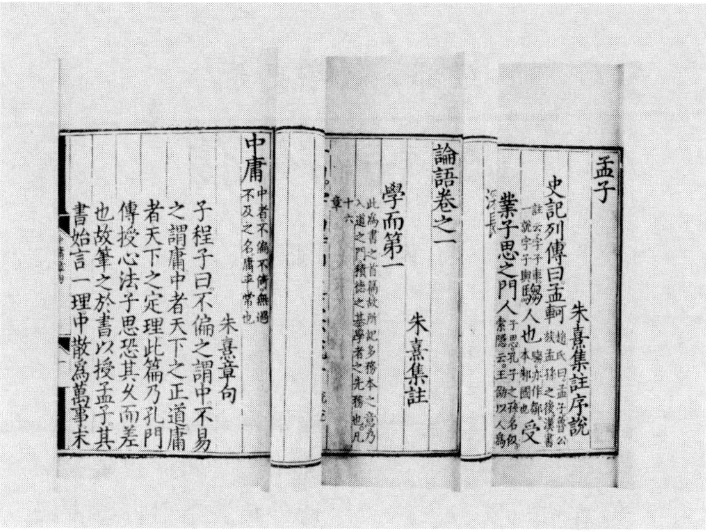

明早期内府刻本《四书集注》

争霸，孟子主张仁政，也曾周游列国，鼓吹以德为王，言仁义而不言利，被认为是“迂阔而远于事情”，终不见用，甚至在邹国绝粮。于是他退而著书讲学，在文字的王国驰骋自己的理想，认为天降大任，必当经受一番痛苦，这段话我们耳熟能详。这让我们知道，不可能每个人都是圣人，但是，每个人都要做好成圣之前苦心志、劳筋骨等准备，以“箪食豆羹”为乐。孟子还告诉我们，贫贱不能移，富贵不能淫，威武不能屈，其真大丈夫欤！静下心来，高声诵读《孟子》，感受山高水长的坦荡之风，天地会更加广阔。

《孟子》注本主要有东汉赵岐《孟子章句》、南宋朱熹《孟子集注》、清焦循《孟子正义》等。通行本有清阮刻《十三经注疏》本，中华书局影印，1980年第1版。

014 韩诗外传

西汉·韩婴

诗在言外，意在诗外

《韩诗外传》系训解《诗经》之书，西汉韩婴撰。韩婴，生卒年不详，燕人，西汉今文《诗》学三家之一的韩诗开创者。汉文帝时为博士，汉景帝时为常山王太傅。据《汉书》记载，汉武帝时，他曾与董仲舒在皇帝面前辩论，“其人精悍，处事分明，仲舒不能难也”。《汉书·艺文志》著录其著述有《韩故》《韩内传》《韩说》《韩外传》四种，至南宋仅存《韩外传》。

西汉今文《诗》学，仍守原始儒家传统，“以三百五篇为谏书”。《四库提要》曰：“《韩诗外传》杂引古事古语，证以《诗》词，与经义不相比附，故曰外传。”《韩诗外传》主要是借《诗》发挥作者的政治思想，所以多述孔子逸闻、诸子杂说和春秋故事，引《诗》以证事，并非叙事以明《诗》，而论《诗》又每每断章取义，触类引申，与《诗》本意大相径庭，诗句成为一种比喻，成为一种纯粹的说理工具。所以，同一首诗用于不同的场合，可以有不同的发挥，成为不同的理论依据，称《诗》以言志。故孔子曰：“不学诗，无以言。”其文章体制大多先叙事，间杂议论，篇末则引《诗》

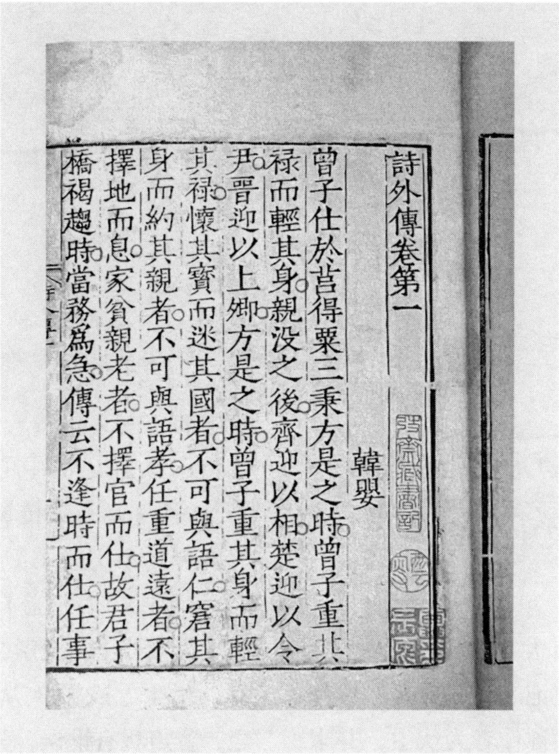
詩外傳卷第一
韓嬰
曾子仕於莒得粟三秉方是之時曾子重其祿而輕其身親沒之後齊迎以相楚迎以令尹晉迎以上卿方是之時曾子重其身而輕其祿懷其寶而迷其國者不可與語仁窘其身而約其親者不可與語孝任重道遠者不擇地而息家貧親老者不擇官而仕故君子橋褐趨時當務爲急傳云不逢時而仕任事

明嘉靖刊本《韩诗外传》

一两句以证明，整部书便如一部短篇寓言集，别具特色，这使其在古代经学阐释中别为一宗。从后世文体学角度言，《韩诗外传》在我国古代小说发展史上占有一席之地。

《汉书·艺文志》载《韩诗外传》六卷，《隋志》载十卷，今本紊乱脱落，已非原本，其佚文散见于李善注之《文选》及唐宋类书，中华书局1980年出版的许维遹《韩诗外传集释》是当前较好的注本。

经部·经学史等

015 尚书大传

旧题 西汉·伏胜

劫后余生，似伪似真

《尚书大传》，旧题伏胜撰。考《史记》《汉书》《经典释文》等，只称作者为伏生，并未说伏生名胜，只有《晋书·伏滔传》称远祖名胜。伏生，生卒年不详，济南（今山东章丘西）人，是西汉首出的《尚书》学家。

《尚书》的今古之争、真伪之辨，自汉至清，旷日持久，而导致这场持久战的根源便是秦始皇的焚书令。焚书令一下，群籍难逃，《尚书》历经劫难，方得存世二种：一种是发现于孔子宅壁中的《古文尚书》，一种便是残留于伏胜记忆中的《今文尚书》。而《尚书大传》则是伏胜为阐释《今文尚书》所作。《尚书大传序》曰："盖自伏生也。伏生为秦博士，至孝文时年且百岁。张生、欧阳生从其学而受之，音声犹有讹误，先后犹有差舛，重以篆隶之殊，不能无失。生终后，数子各论所阐，以己意弥缝其缺，别作章句，又特撰大义，因经属指，名之曰'传'。"《四库全书总目提要》曰："其文或说《尚书》，或不说《尚书》，大抵如《韩诗外传》《春秋繁露》，与经义在离合之间，而古训旧典往往而在，所谓六艺之支流也。"东汉郑玄为之作注，博

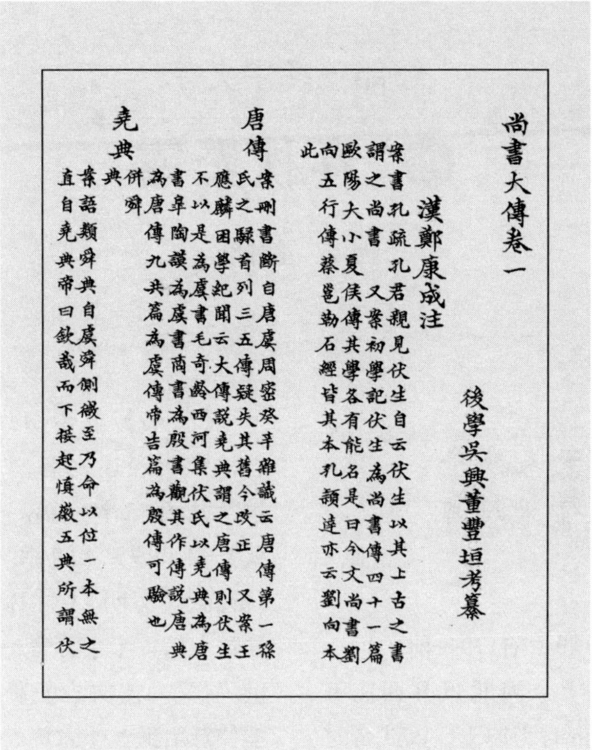
尚書大傳卷一
漢鄭康成注
後學吳興董豐垣考纂
案書孔疏孔君親見伏生自云伏生以其上古之書
謂之尚書　又案初學記伏生為尚書傳四十一篇
歐陽大小夏侯傳其學各有能名是曰今文尚書劉
向五行傳蔡邕勒石經皆其本孔穎達亦云劉向本
此
唐傳
案刪書斷自唐虞周密癸辛雜識云唐傳第一孫
氏之騶首列三五傳疑失其舊今改正　又案王
應麟困學紀聞云大傳說堯典謂之唐傳則伏生
不以是為虞書毛奇齡西河集伏氏以堯典為唐
書皐陶謨為虞書商書為殷書觀其作傳說唐典
為唐傳九共篇為虞傳帝吉篇為殷傳可驗也
併舜
典
堯典
案語類舜典自虞舜側微至乃命以位一本無之
直自堯典帝曰欽哉而下接起慎徽五典所謂伏

清同治十年刘履芬抄本《尚书大传考纂》

采众家，融汇古今，最为人称道。不过，纵然有郑玄这样的经学大师护驾，《尚书大传》仍不免备受质疑，更兼其艰深晦涩，遂往往被视为伪书，言其非伏胜所作。

该书版本以嘉道间陈寿祺的辑校最为完备，先后刊有《尚书大传辑校》三卷，《尚书大传定本》五卷（附叙录、辨讹各一卷）。梁启超说，因为有陈寿祺辑校的《尚书大传》，“此书始渐可读”。

016 春秋繁露

西汉·董仲舒

天人感应，儒术独尊

董仲舒（前179—前104），西汉广川（今河北景县西南）人。汉景帝时为博士，汉武帝时以贤良对策拜江都王相。因言事下狱，几死。后为胶西王相，告病家居。朝廷每有大事，常就其家咨询。《春秋繁露》凡十七卷，是西汉今文经学的重要著作，它秉承《春秋公羊传》以立论，阐释《春秋经》的政治哲学思想，盛行于当时。该书是流传至今的公羊学的鼻祖，其后的继承者是东汉的何休。

《汉书》本传曰："仲舒所著，皆明经述之意，及上疏条教，凡百二十三篇。而说《春秋》事得失，《闻举》《玉杯》《蕃露》《清明》《竹林》之属，复数十篇，十余万言，皆传于后世。"又《艺文志》著录为《公羊仲舒治狱》十六篇、《董仲舒》百二十三篇。《春秋繁露》书名始见于《隋书·经籍志》，其篇名与本传所载不尽相同，因此，该书究竟是董仲舒的文集，还是后人辑其遗文并掺入他人论著而成，自宋以后争论不休。今人多据《四库提要》，以为《春秋繁露》虽未必全出于董仲舒之手，但也未必是后人伪托，大概可说是董仲舒及其同时代的公羊学派

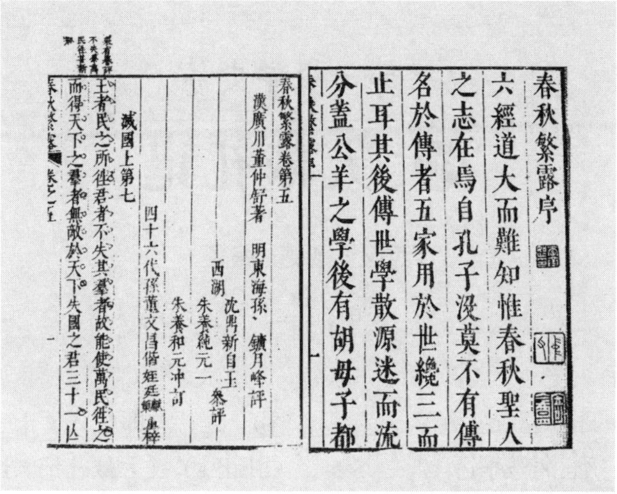
春秋繁露序
六經道大而難知惟春秋聖人
之志在焉自孔子沒莫不有傳
名於傳者五家用於世纔三而
止耳其後傳世學散源迷而流
分蓋公羊之學後有胡母子都

春秋繁露卷第五
漢廣川董仲舒著　明東海孫鑛月峰評
西湖　沈鼎新自玉　朱養純元一　參評
朱養和元冲訂
四十六代孫董文昌偕姪廷獻梓
滅國上第七
王者民之所往君者不失其群者故能使萬民往之
而得天下之群者無敵於天下失國之君三十一

明天启刻本《春秋繁露》

的作品。在皇权至高无上的帝国，皇帝的意志主宰一切，是任何人力不可控制、无法超越的。董仲舒“天人感应”“灾异说”认为上天可以干预人事，并以灾异对人事进行谴责和警告，这是以天道约束人道，是以道、德来引导政治，借助所谓天意约束帝王行为，令其修养德性以转化祸福。这对原始天命观“王权神授”的发展创新，起到过积极的作用。该书提出了一整套“天人感应”的神学目的论的唯心主义哲学体系，一时形成了用神学解释经学的风气。

该书在北宋已有不同写本，现有最早的刻本为南宋嘉定四年（1211）江右计台刻本，今藏于国家图书馆。清四库馆臣据《永乐大典》所存楼钥本详为勘订，刻为聚珍版，以后学者均以聚珍版为基础，或校或注。较早的有乾隆间卢文弨校本，嘉庆中凌曙著《春秋繁露注》，清末苏舆又著《春秋繁露义证》。

017 大戴礼记

西汉·戴德 编纂

礼外别传，今文嫡派

《大戴礼记》相传为西汉戴德编纂。戴德，字延君，西汉梁（今河南商丘）人，曾任信都王刘嚣的太傅，汉宣帝时立为博士，世称“大戴”。戴德弟戴仁之子戴圣，字次君，曾任九江太守，汉宣帝时立为礼学博士，参加石渠阁议，世称“小戴”。戴德、戴圣同学《礼》于后苍，选集古代各种有关礼仪的论述，分别编成《大戴礼记》和《小戴礼记》。东汉末郑玄为《小戴礼记》作注，使之成为独占“礼记”之名的“三礼”之一（即收入《十三经》的《礼记》），《大戴礼记》遂被认为“非圣人之言”而不传习。

《大戴礼记》原有八十五篇，北周卢辩始为其作注，到唐代已亡佚四十六篇。又书中《夏小正》一篇单行，实仅存三十八篇。宋淳熙刊本复收《夏小正》，又从《盛德》析出《明堂》一篇，共四十篇，分为十三卷（其中卢辩注只存八卷）。书中与《礼记》大略相同者五篇（《哀公问》《投壶》篇名亦同，《礼察》《曾子大孝》《本命》则分别与《礼记》之《经解》《祭义》《丧服四制》中的各一段相同），收《仪礼》所无的古典礼仪节五篇（《诸侯迁庙》《衅庙》《朝事》《投

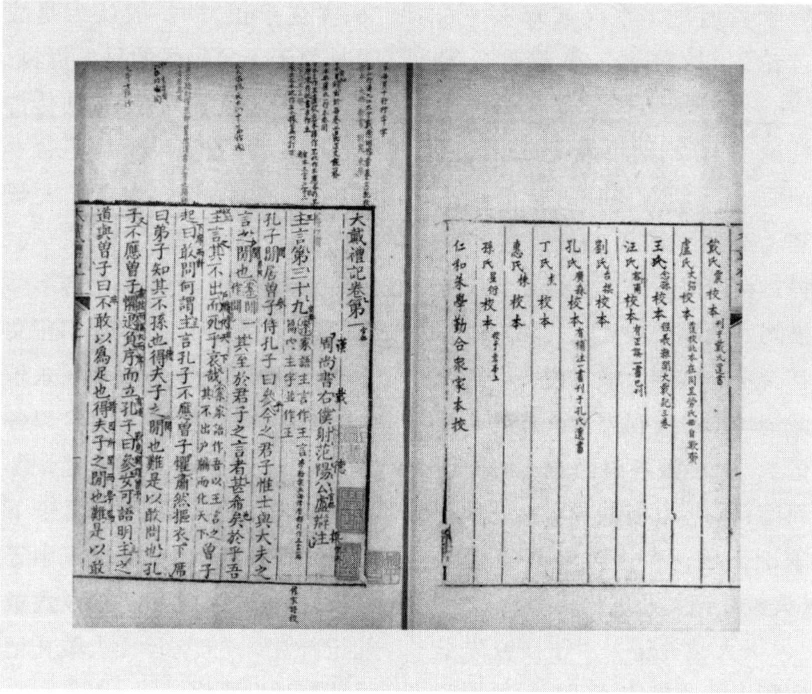
大戴禮記卷第一
周尚書右僕射范陽公盧辯注
主言第三十九
孔子閒居曾子侍孔子曰參今之君子惟士與大夫之
言之閒也其至於君子之言者甚希矣於乎吾
主言其不出而死乎哀哉曾子
起曰敢問何謂主言孔子不應曾子懼肅然摳衣下席
曰弟子知其不孫也得夫子之閒也難是以敢問也孔
子不應曾子懼退負序而立孔子曰參女可語明主之
道與曾子曰不敢以爲足也得夫子之閒也難是以敢

戴氏震校本
盧氏文弨校本
王氏念孫校本
汪氏中校本
劉氏台拱校本
孔氏廣森校本
丁氏杰校本
惠氏棟校本
孫氏星衍校本
仁和朱學勤合衆家本校

《大戴礼记》书影

壶》《公符》)，录自《荀子》者三篇（《哀公问》《劝学》《礼三本》，又《劝问》末“问水”见《荀子·宥坐》），而同于汉单行本《孔子三朝记》者五篇（《哀公问五义》《哀公问孔子》《小辨》《用兵》《少间》），同于《曾子》者十篇，录自《贾子新书》四篇合为一篇《保傅》，其《公符》篇末又载《汉孝昭帝冠辞》。可知其书既有先秦之文，亦有不少为汉代所作。

关于大、小戴之《礼记》，学术史上是有争议的。《汉书·艺文志》著录有《礼记》百三十一篇，注谓孔门七十子后学者所记。东汉末郑玄《六艺论》，始称大、小戴曾分纂《礼》之“传记”。晋陈邵《周礼论序》，则谓小戴记乃删大戴记而成。此说经陆德明、孔颖达和《隋书·经籍志》传述与发挥，在唐以后甚为流行。清代乾嘉间，戴震、钱大昕、陈寿祺等都否定小戴删大戴之说，以为两戴记均出自《汉志》著录的《礼记》，大小戴各以己意选编，因而篇目内容互有同异。由此学者争论不已，今人洪业甚至否认《大戴礼记》乃戴德所撰。

《大戴礼记》对于研究先秦实际上的或是儒家理想化的典章制度，了解孔子之后儒家学派的分化流传，都有重要意义，书中保存了不少很有价值的历史文献。其《诸侯迁庙》《诸侯衅庙》《投壶》《公冠》皆《礼》古文遗文；《夏小正》，一般认为是战国时关于天象物候的科学资料；《五帝德》《帝系》是东周所传古史系统，司马迁据以撰《五帝本纪》《三代世表》。由于《大戴礼记》自汉代起就未立为官学，历代无人重视，传本错乱遂多。《四库总目提要》曰：“是书正文并注，讹舛几不可读，而《永乐大典》内散见仅十六篇。今以各本及古籍中摭引《大戴礼记》之文，参互校订，附案语于下方。”清戴震、卢文弨、汪中等始校订其正误，以孔广森《大戴礼记补注》、王聘珍《大戴礼记解诂》为世所称。

周予同《群经概论》，曾详细考察了大小戴记的来源、性质和学术史价值。天津古籍出版社出版的高明《大戴礼记今注今译》可资学习参考。

经部·经学史等

018 白虎通义

东汉·班固等　编撰

古今论战，继往开来

班固，见《汉书》作者介绍。

自从古文经出现以后，今文经学与古文经学之间就产生了激烈的矛盾冲突。从汉武帝以来占统治地位的今文经学派内部各学派之间的分歧也越来越严重，纷争越来越激烈，这不利于大一统的大汉王朝在社会政治、思想文化等方面的统治。最高统治者需要统一诸经经义，于是在东汉建初四年（79），汉章帝召集经学博士、儒生于洛阳北宫的白虎观，讲论"五经"同异，汉章帝亲临裁决，史称"白虎观会议"。会后命班固整理辩论结果，编撰成《白虎通义》，又名《白虎通德论》，或省称《白虎通》。

《白虎通义》的主要内容是宣扬维护封建统治的"三纲""五常""六论"，广泛解释了封建社会一切政治制度和道德观念，是今文经学的集大成之作。它继承了《春秋繁露》"天人感应"的神学目的论，并加以发挥，以神秘化了的阴阳、五行为基础解释自然、社会、伦理、人生和日常生活的种种现象，把自然秩序和社会秩序相比附，将封建制度下君臣、父子、夫妻之义与天地、日月、星辰、阴阳等各种自然现象相比附，提出了完整的神

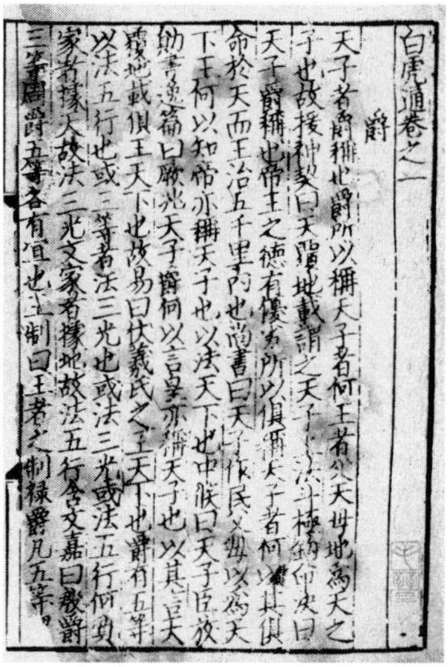

白虎通卷之一

爵

天子者爵稱也爵所以稱天子者何王者父天母地爲天之子也故援神契曰天覆地載謂之天子上法斗極鈎命决曰天子爵稱也帝王之德有優劣所以俱稱天子者何以其俱命於天而王治五千里内也尚書曰天子作民父母以爲天下王何以知帝亦稱天子也以法天下也中候曰天子臣放勛書逸篇曰厥兆天子爵何以言皇亦稱天子也以其言天覆地載俱王天下也故易曰伏羲氏之王天下也爵有五等以法五行也或三等者法三光也或法三光或法五行何也質家者據天故法三光文家者據地故法五行含文嘉曰殷爵三等周爵五等各有宜也王制曰王者之制禄爵凡五等

元刻本《白虎通义》

学世界观，完成了儒家经典与谶纬迷信相结合的国教化进程。就中国经学史而言，属于董仲舒、公孙弘以来今文经学的总结，是继往开来的关键性著作，成为当时封建统治阶级的神学、伦理学经典，对宋明理学产生了较大影响。

该书《隋书·经籍志》著录为六卷，不著撰人，《旧唐书·经籍志》题为汉章帝撰，《新唐书·艺文志》始谓班固等撰。但晁公武《郡斋读书志》、陈振孙《直斋书录解题》，谓十卷。陈振孙认为原书分四十四门，而《玉海》则认为原书四十三篇。据清四库馆臣考证，书名当作《白虎通义》，篇数当为四十四。清代学者对该书多有校勘，首出的是乾隆间庄葆琛本，稍后有卢文弨汲取众校所长的抱经堂校本，而以道光间陈立的《白虎通疏证》较完善。

经部·经学史等

019 四书章句集注

南宋·朱熹　编注

一朝编定，千载不移

朱熹（1130—1200），字元晦，号晦庵，徽州婺源（今属江西）人。宋代理学的集大成者，继承了北宋程颢、程颐的理学，完成了客观唯心主义的体系。朱熹认为理是世界的本质，“理在先，气在后”，提出“存天理，灭人欲”的观点。

《四书章句集注》是继汉代五经合集、唐代五经正义之后出现的又一部儒家单经的群集，亦是朱熹最有代表性的著作之一。全书共二十六卷，包括《大学章句》一卷，《中庸章句》一卷，《论语集注》十卷，《孟子集注》十四卷。朱熹认为“四书”完整地代表了由孔子经过曾参、子思传到孟子的儒家道统，而“二程”和自己则是这一久已中绝的道统的继承和发扬者。因此，他费半生精力为四书分别作了注释，给《大学》区分了经传并重新编排了章节，还将四书作为一部“套书”刊行，“四书”之名由此始定。朱熹吸收并借鉴前贤的研究成果，分别运用集注和章句两种诠释书体对《论语》《孟子》和《大学》《中庸》通加注释，内在地建构起了以四书本文为诠释对象、章句集注为诠释本体的四书系统。该书的行世导

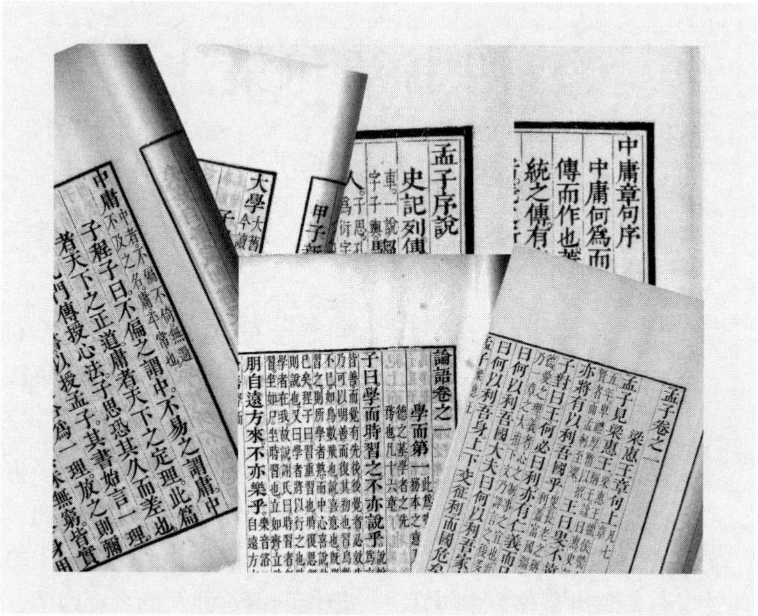

清康熙至乾隆间内府刻本《四书章句集注》

发了以四书本文、《四书章句集注》为双重研究对象的宋代四书学热潮。在中国思想史上产生过深远的影响。

南宋绍熙元年（1190），朱熹知漳州，首次刊印该书，后又多次修改，定本在朱熹去世后刊刻于江西兴国，今均已不见。现存较好的版本有《四部备要》本，明嘉靖年间广东崇正堂刊本，清嘉庆十六年（1811）吴县吴英、吴志忠父子校勘本。

经部·经学史等

020 经学历史

清·皮锡瑞

六经致用，孔教救国

皮锡瑞（1850—1908），字鹿门，一字麓云，湖南善化人。十四岁成县学生员，十年后为拔贡，因部试未通过，再应举，至光绪八年（1882）始中顺天乡试举人，此后三应会试均落榜，以著书讲学终身。

《经学历史》一卷，是皮锡瑞晚年在湖南任教时的讲义，于清光绪三十三年（1907）由湖南思贤书局首刊。全书依时序列十题，认为有孔子才有经学，在孔子“作”六经前，中国既无经名，也就不存在经学。经名始自孔子，经学传于孔门。孔子所定谓之经，弟子所释谓之传，或谓之记，弟子辗转相授而流传后世。他由此开始，将自春秋末至清末近二千五百年的经学史，分为十个“时代”，而以历代统治者对经学的重视程度及官方经学的研究中心作为分期的尺度。他的出发点是“六经致用”，他论证的核心见解是“孔教救国”。他将经学与宗教等同，说两汉经学由“昌明”到“极盛”，必以今文经为主导，其理由就是今文学家无不视孔子乃“为汉制法”的玄圣素王。于是他不仅否定自汉至清的所谓古文经学研究，指斥后者以为孔子“述而不作”是犯了原罪，更强调清代嘉庆、道光期间崛起的今文学派，表征着“经学复盛时代”的降临。他著此书的主要取向是为本宗派张目，名为讲历史而实则反历史，所以此书甫出，便受到“笃信古文经学如故”的章太炎的驳斥。章太炎著《驳皮锡瑞三书》，以为《经学历史》“钞疏原委，顾妄以己意截断，疑《易》《礼》皆孔子所为，愚诬滋甚”。然而章太炎从相反的宗派立场出发，仍纠缠于孔子是否喜《易》制《礼》的古老争论，并不能否定皮著，尤其是皮著在客观上描绘了经学乃中世纪统治学说的历史图景。在皮氏去世二十年后，周予同为否定经学而研究经学史，他一方面毫不容情地揭露皮著宣扬“孔教救国”“六经致用”“纬候足征”诸说的谬误，一方面也揭示了这本书的历史价值，认为其乃“经学入门书籍”，可谓“经学之导言”。正是基于这样的历史估计，周予同为此书作了详尽的注释，重点诠释了皮著述及的历史事实，由此《经学历史》及其作者，获得了皮氏本人生前未曾料到的巨大影响，可以说读《经学历史》若无周注，便难以理解皮著中的合历史或非历史实相。

《经学历史》的通行本为中华书局1959年12月周予同注释本。

集　子　史　经

史

史部·正史

史部·别杂史

史部·野史

史部·目录

021 史记

西汉·司马迁

通古今之变，成一家之言

司马迁（前145—？），字子长，左冯翊夏阳（今陕西韩城）人。早年博读经史，遍游名山大川，从当时著名学者孔安国学《尚书》等。其父司马谈曾立志要写一部全面系统的史书，无奈生年有限，遗命司马迁完成。元封三年（前108），迁为太史令，主管文史资料和天文历法，五年后，着手撰写。天汉二年（前99）遭李陵之祸，身陷囹圄，惨遭宫刑。司马迁不堪此辱，甚至想离开人世，但想到史书“草创未就”，不甘心半途而废，只好忍辱负重，苟且偷生以完成《史记》的写作。征和二年（前91）全书写成，共130篇，五十二万六千余言。

“史记”本是古代史书的通称。司马迁《史记》原名《太史公书》或《太史公记》，是我国第一部纪传体通史，首创了在叙述人物生平事迹中以人载事的写法。记事上起传说中的黄帝，下迄汉武帝元狩元年（前122），首尾相隔将近三千年。全书一百三十卷，分为十二本纪、十表、八书、三十世家、七十列传，博大精深，脉络分明。司马迁撰写《史记》的目的在于“究天人之际，通古今之变，成一家之言”。以个人力量成就纵贯中国整个上古时代的通史，几千年来，无出其右者。司马迁不以成败论英雄，而以其人格魅力作为抑扬的标准。例如对于失败者项羽，司马迁赋予其悲剧风格，并竭力表现其个人的人格力量，几次写项羽之高大，周围之人“不敢仰视”，写虞姬、项羽之别，更是千古离别之冠，赚尽诗人才子墨，荡尽失意之人肠。整部《史记》，帝王将相无数，英雄豪杰无数，鸿儒硕学无数，司马迁“想见其为人”的，唯有孔子与屈原。司马迁欣赏孔子“知其不可而为之”的气魄；屈原的遭遇，与己身之遭遇同病相怜，其恢宏之辞章，也为司马迁所向往，并将其融入历史的写作中，使其成为一幅瑰丽雄浑、荡气回肠、悲天悯人的历史画卷。《史记》不仅是史书之典范，也是不朽的文学名著，鲁迅先生赞其为“史家之绝唱，无韵之《离骚》”。

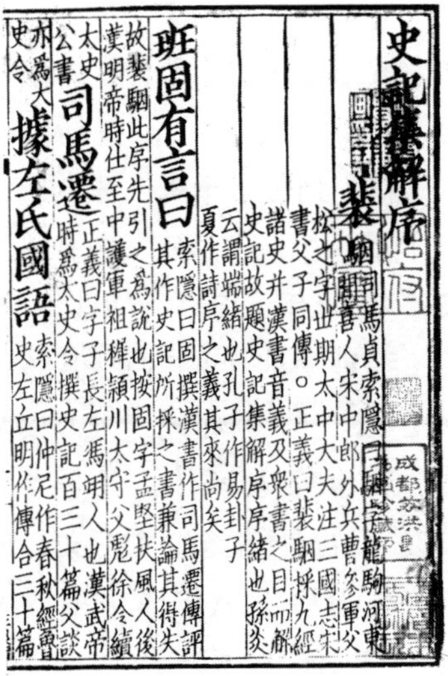
史記集解序 裴駰
班固有言曰
司馬遷
據左氏國語

*明刻本《史记》

《史记》原为完帙，但在流传过程中却有残缺。《汉书·司马迁传》云《史记》“而十篇缺，有录无书”。元帝、成帝时，褚少孙补作的部分，均冠有“褚先生曰”字样，颇易区别。今本《史记》一百三十篇虽非全出自司马迁之手，但绝大部分是司马迁的手笔，基本上保留了《史记》的原貌。现存《史记》有三家注，即南朝宋裴骃的《集解》、唐司马贞的《索隐》和张守节的《正义》。三家注原先各自单行，自北宋始将三家注散列在正文下合为一编。通行本有中华书局1959年出版的点校本。

022 汉书

东汉·班固

断代初开，一朝国史

班固（32—92），字孟坚，扶风安陵（今陕西咸阳东北）人。博学多闻，因续其父班彪所著《史记后传》，被诬私修国史，下狱，其弟班超力辩，乃释。明帝重其学，除兰台令史，迁为郎、典校秘书，奉诏完成父业，遂潜心二十余年，终修成《汉书》。迁玄武司马，撰《白虎通义》。和帝永元元年（89），随车骑将军窦宪征匈奴，为中护军，宪败，受牵连，永元四年（92）死于狱中。其时《汉书》尚有八表和《天文志》未修，其妹班昭奉诏补作，马续协助其完成。班昭是“二十四史”中绝无仅有的女作者。

《汉书》是继《史记》以后出现的又一部史传文学的典范之作，是我国第一部纪传体断代史，共一百二十卷，包括本纪十二篇，列传七十篇，表八篇，志十篇，共一百篇。记事始于汉高祖刘邦元年（前206），终于王莽地皇四年（23）。其体例与《史记》大略相同，惟改书为志，废世家入列传，并创《刑法》《五行》《地理》《艺文》四志，成为后世纪传体史书的准绳。《史通·六家》云：“如《汉书》者，究西都之首末，穷刘氏

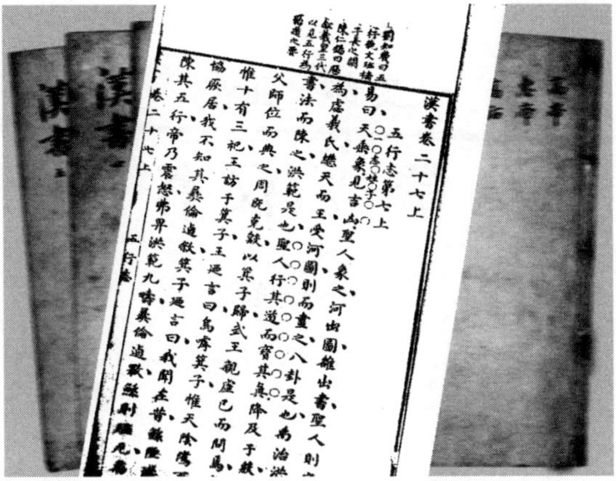

*明刻本《汉书》

之废兴，包举一代，撰成一书。言皆精炼，事甚该密，故学者寻讨，易为其功。自古迄今，无改斯道。”然《汉书》是非爱憎不如《史记》，慷慨陈词也不多见。范晔认为班固“不叙杀身成仁之美，则轻仁义，贱守节愈矣”，语虽直白，但属中的之语。思之，固无身世之悲，奇耻之辱，遭鞭笞乃在其后，笔下少悲慨之气；迁九死一生，忍辱笔耕，是以赏杀身成仁之美，其“发奋著书”之谓欤?《汉书》的文字典雅，笔法精细，与《史记》的疏荡往复恰成鲜明对照。北宋黄庭坚说：“三日不读《汉书》，便觉俗气逼人。”

后世为《汉书》作注者甚多，唐初的颜师古集众家之长，断以己意，写成新注，为现存最早和流行最广的注本。清代学者对《汉书》用功甚勤，王先谦作《汉书补注》一百卷，是继唐颜师古注之后又一次集大成的工作。近人杨树达著《汉书管窥》、陈直著《汉书新证》对王氏补注又有所补正。现存的版本，百衲本用的北宋景祐本为最早的刻本。中华书局1962年出版有点校本。

023 后汉书

南朝宋·范晔

简而且周，疏而不漏

范晔（398—446），字蔚宗，顺阳（今河南淅川南）人。他出身于世族大家，一直以名门之后自居。少好学，善文章，能隶书，晓音律，生性孤傲，不拘小节，仕宦不甘居人后，著述也不甘居人后。他以此成名，也以此丧身。袭封武兴县五等侯。初为彭城王义康冠军参军，后为檀道济司马，随军北征，迁尚书吏部郎。宋文帝元嘉九年（432），触犯义康，左迁宣城太守。不得志，乃删取诸家书而作《后汉书》。元嘉十七年（440），义康以专权被黜，范晔迁左卫将军，官至太子詹事。元嘉二十二年十二月（446年1月），因与孔熙先迎立义康事败，被杀。

《后汉书》共一百二十卷，纪、传九十卷，志三十卷。原书只有纪传，北宋时把晋司马彪的《续汉书》八志与之相配成为今本。此前，已问世的有关东汉历史的重要著作不下十部，范晔以《东观汉记》为基本史料依据，以华峤《后汉书》为主要蓝本，吸取各家之长，删繁补缺，整齐故事，超越众家，后来居上，书成之后众家皆废。至唐代，更与《史记》《汉书》并称“三史”，盛行于世。《后汉书》之记事始

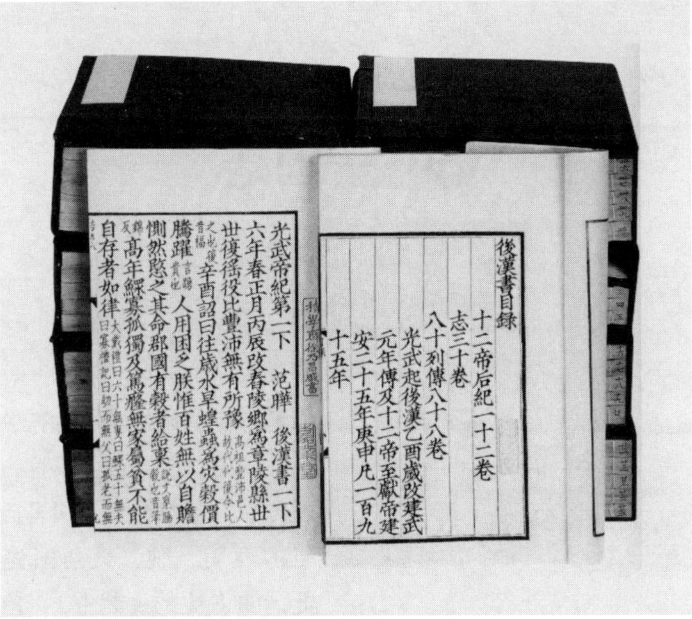

民国嘉业堂刻本《后汉书》

于刘秀起兵推翻王莽（25年），终于汉献帝禅位于曹丕（220年），详载了东汉195年的历史。写人喜以类相从，新立的类传有《党锢列传》《文苑列传》《方术列传》《列女传》等。书中史实剪裁得体，规避得法，彼此间既有照应，又不重复烦冗，井井有条地叙述了东汉一代的历史兴亡大势，错落有致地描画出东汉一代的世俗民情与人物百态。刘知幾因此称赞《后汉书》“简而且周，疏而不漏”（《史通》）。

通行的《后汉书》注本，纪传部分系唐章怀太子李贤注，各志部分系南朝梁刘昭注。清惠栋撰《后汉书补注》，王先谦加以增补，为《后汉书集解》，所搜资料较为完备。通行本有中华书局1965年出版的点校本。

史部·正史

024 三国志

西晋·陈寿

三国鼎立，分久必合

陈寿（233—297），字承祚，巴西安汉（今四川南充）人，少好学，师事谯周。仕蜀为观阁令史，因不依附宦官黄皓被黜。蜀亡入晋，司空张华爱其才，举孝廉，除佐著作郎，出补阳平令，迁著作郎，领本郡中正，终御史治书。

《三国志》共六十五卷，记载了魏、蜀、吴三国鼎立时期的历史，分魏、蜀、吴三志，为纪传体史书，但无表志为憾。魏志前四卷称“纪”，吴、蜀两志有传无纪，对魏的君主称帝，叙入纪中，吴、蜀则称主不称帝，叙入传中。且对曹魏及司马氏多所回护溢美。魏、吴两国先已有史，如王沈的《魏书》、鱼豢的《魏略》、韦昭的《吴书》等，系《三国志》之魏、吴两志的主要依据。蜀国无史，但陈寿本属蜀人，故蜀志亦不逊于魏、吴两志。《三国志》善于叙事，文笔简洁，剪裁得当，其时即备受推崇，与《史记》《汉书》《后汉书》并称“前四史”。南朝宋时裴松之为之作注，博引群书，注文多出原文数倍，保存了丰富的史料，读《三国志》若不读裴松之注乃一大缺憾。

历代研究《三国志》及裴

图像本《三国志》

注者很多，清人用力尤勤。杭世骏、侯康、赵一清、梁章钜、周寿昌等人都曾补注《三国志》。近人卢弼所撰《三国志集解》一书，为迄今最详尽的注本。今有古籍出版社1957年排印本，中华书局1982年据以影印，又有中华书局点校本二十四史《三国志》。

史部·正史

025 晋书

唐·房玄龄等

短暂一统，五胡乱华

房玄龄（579—648），名乔，字玄龄，齐州临淄（今山东淄博市临淄区北）人，初唐名相。他博览经史，工书善文，十八岁举进士，授羽骑尉。隋末大乱，于渭北投李世民，助其经营四方，削平群雄，夺取皇位。贞观中，辅佐太宗，总领百司，掌政务达二十年，恪守职责，不自居功。后世以他和杜如晦为良相的典范，合称“房杜”。

《晋书》是贞观年间由房玄龄、褚遂良、许敬宗等诸大臣奉唐太宗诏命所修，共一百三十卷，包括帝纪十卷，志二十卷，列传七十卷，载记三十卷，记载了从司马懿早年到晋恭帝元熙二年（420）为止西晋和东晋的历史，并用“载记”的形式兼述了十六国割据政权的兴亡。《晋书》在取材方面，不十分注意史料的甄别取舍，只用臧荣绪《晋书》作为蓝本，又集唐初十多家晋朝史书，内容兼采笔记小说，稍加修饰，连《搜神记》《幽明录》中一些荒诞不经之谈也加以收录，有损其史料价值。书中的记载大都流于浮浅，前后矛盾，错误百出，更兼撰者追求词藻华丽，每多夸张失真之处。因此，后人批评它“竞为绮艳，不求笃

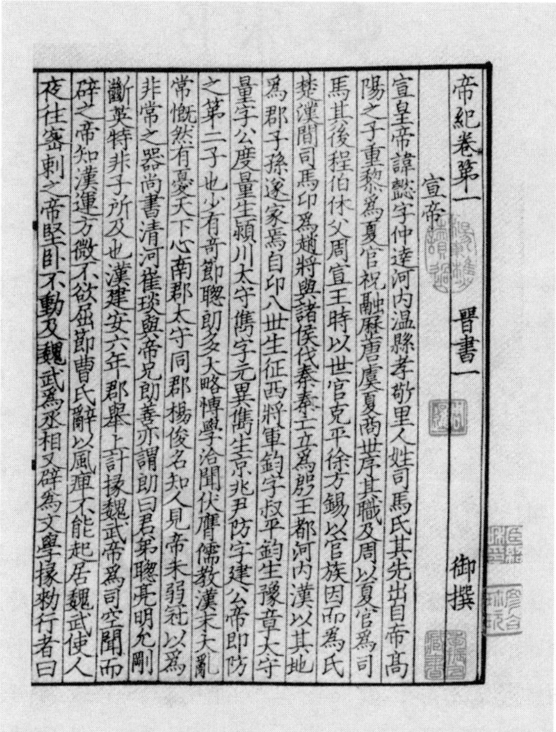
帝紀卷第一　晉書一　御撰

宣帝

宣皇帝諱懿字仲達河内温縣孝敬里人姓司馬氏其先出自帝高陽之子重黎爲夏官祝融歷唐虞夏商世序其職及周以夏官爲司馬其後程伯休父周宣王時以世官克平徐方錫以官族因而爲氏楚漢間司馬卬爲趙將與諸侯伐秦秦亡立爲殷王都河内漢以其地爲郡子孫遂家焉自卬八世生征西將軍鈞字叔平鈞生豫章太守量字公度量生潁川太守儁字元異儁生京兆尹防字建公帝即防之第二子也少有奇節聰朗多大略博學洽聞伏膺儒教漢末大亂常慨然有憂天下心南郡太守同郡楊俊名知人見帝未弱冠以爲非常之器尚書清河崔琰與帝兄朗善亦謂朗曰君弟聰亮明允剛斷英特非子所及也漢建安六年郡舉上計掾魏武帝爲司空聞而辟之帝知漢運方微不欲屈節曹氏辭以風痺不能起居魏武使人夜往密刺之帝堅卧不動及魏武爲丞相又辟爲文學掾勑行者曰

南宋初期刻本《晋书》

实”。不过，《晋书》虽非良史，却仍是研究南北朝时期民族融合的重要文献。

该书有明南北监本、汲古阁本、清武英殿本、民国百衲本等。较通行者为《四部备要》本。中华书局1974年出版有点校本。

026 宋书

南朝梁·沈约

夺鼎代晋，气吞江左

沈约（441—513），字休文，吴兴武康（今浙江德清）人。南朝著名史学家、文学家、声律学家。少遭家难，潜窜流寓，家境孤贫，然而他笃志好学，读书昼夜不倦，遂博通群籍，善属诗文。天监十二年（513）卒，年七十三岁，谥曰“隐”，后世亦称“隐侯”。

《宋书》共一百卷，记载了南朝刘宋王朝自刘裕建基至刘凖退位，首尾六十年的史实，包括纪十卷，志三十卷，列传六十卷。全书以资料繁富而著称于史林，为研究刘宋一代的基本史料。各志工程巨大，内容赡备，篇幅几占全书之半。志前有《志序》，详述前代修志情况，并上溯各志所记制度源流，可为考补前史缺志之助。《州郡志》记三国以来地理沿革并及东晋以来侨州郡县情况，有补于史事考证。《律历志》全载景初、元嘉、大明三历文字，为历法学的珍贵资料。《乐志》记叙汉魏及两晋乐府情况，乐府诗章分类开录，保存了汉魏以来大量乐府诗篇及乐舞文辞，其中“古辞”多为汉代遗篇，是研究乐府及诗史的重要文献。纪传叙事缜密，注重为豪门士族立传，列目入载二百三十

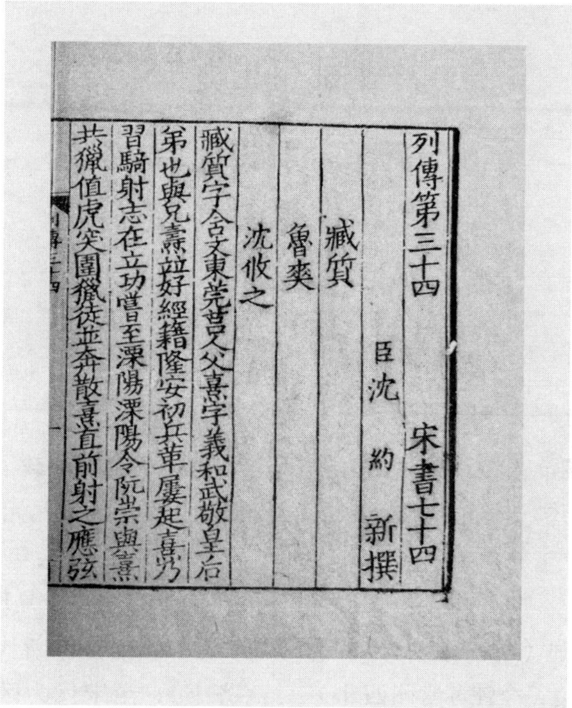
列傳第三十四　宋書七十四
臣沈約新撰
臧質
魯爽
沈攸之
臧質字含文東莞莒人父熹字義和武敬皇后
弟也與兄燾並好經籍隆安初兵革屢起熹乃
習騎射志在立功嘗至溧陽溧陽令阮崇與熹
共獵值虎突圍獵徒並奔散熹直前射之應弦

宋元明递修本《宋书》

余人，其中收录的大量诏令、奏疏、书札及文章，虽冗长，但有多方面的史料价值。

《宋书》于齐永明年间撰成后，唐时流传未广，至宋代始有刻本。在长期流传过程中，残缺较多，如卷四《少帝纪》的论赞全缺，卷四十六《到彦之传》传文全缺，仅存篇目。百衲本所用宋蜀大字本亦有阙佚。今之《少帝纪》《宗悫传》《赵伦之传》等，为后人杂取《南史》等书增补，已非沈约原书，不可不辨。读《宋书》时可以取《南史》对照，以正讹误。中华书局1974年出版有点校本。

027 南齐书

南朝梁·萧子显

佛昌文兴，寄幸永明

萧子显（489—537），字景阳，南兰陵（今江苏常州西北）人，出身皇室，乃齐高帝萧道成之孙。齐亡仕梁，历任记室参军、司徒主簿、太尉录事、国子祭酒、吏部尚书、仁威将军、吴兴太守等职。博学多识，勤于著述，一生撰有《后汉书》一百卷，《齐书》六十卷，《普通北伐记》五卷，《贵俭传》三十卷，《孝经义疏》一卷，《孝经敬爱义》一卷和文集二十卷等，今仅存《南齐书》。因其恃才傲物，死后得谥曰“骄”。

《南齐书》记载了南朝萧齐王朝自齐高帝建元元年（479）至齐和帝中兴二年（502）共二十三年的史事，是现存关于南齐最早的纪传体断代史。原名《齐书》，至宋代为区别于李百药所著《北齐书》，改称《南齐书》。全书六十卷，现存五十九卷，帝纪八卷，志十一卷，列传四十卷，所缺一卷为《自序》。《南齐书》文笔简洁，叙事完备。列传的撰写，继承了班固《汉书》的类叙法，又借鉴沈约《宋书》的代叙法，能于一传中列述较多人物，避免了人各一传、不胜其烦的弊病。书中各志及类传，除少数外，大都写有序

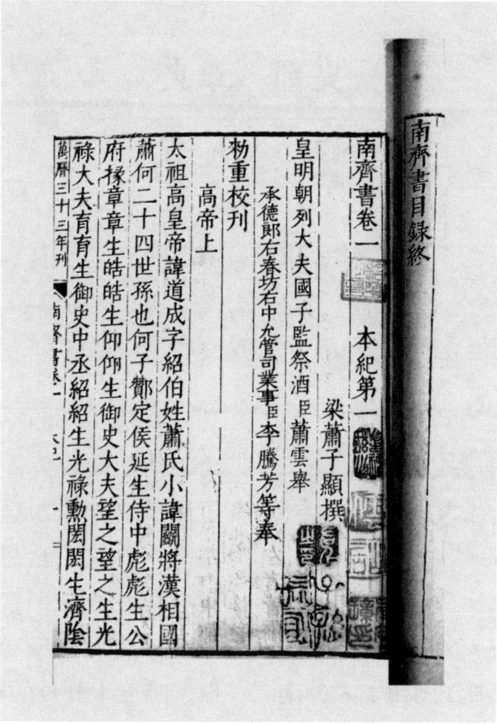

南齊書目録終

南齊書卷一　本紀第一

梁蕭子顯撰

皇明朝列大夫國子監祭酒臣蕭雲舉

承德郎右春坊右中允管司業事臣李騰芳等奉

勑重校刊

高帝上

太祖高皇帝諱道成字紹伯姓蕭氏小諱鬭將漢相國蕭何二十四世孫也何子酇定侯延生侍中彪彪生公府掾章章生皓皓生仰仰生御史大夫望之望之生光祿大夫育育生御史中丞紹紹生光祿勳閎閎生濟陰

萬曆三十三年刊　南齊書卷一

*宋刻元明递修本《南齐书》

文，借以概括全篇内容，提示写作主旨。惜乎史德略亏，多有曲笔讳饰之处，事常伪造，辞尚溢美。如《武帝纪》说武帝“务存节俭”，“不喜游宴雕绮之事”，掩盖了武帝奢侈淫逸的真实面目，不免使该书的史料价值打了折扣。

历代版本中最早的是宋蜀大字本，百衲本二十四史中的《南齐书》即据此影印。此外尚有清武英殿本和金陵书局重刊明汲古阁本。中华书局1972年出版有点校本。

028 梁书

唐·姚察、姚思廉

一朝乱起，繁华落尽

姚察（533—606），字伯审，吴兴武康（今浙江湖州）人，南朝历史学家。历经南朝梁、陈及隋代三朝。于南朝陈任秘书监、领大著作、吏部尚书等职，于隋朝任秘书丞。入隋后于隋文帝开皇九年（589）又受命编撰南朝梁、陈二史，未竟而卒。临终遗命其子姚思廉续修二史。平生著有《汉书训纂》三十卷，《说林》十卷，《西聘道里记》《玉玺记》《建康三锺记》各一卷，文集二十卷。

姚思廉（557—637），字简之，幼随父攻读《汉书》，打下了深厚的史学功底。在陈为扬州主簿，入隋历任汉王府参军、河间郡司法书佐、代王侍读。唐高祖定京师，代邸僚属皆作鸟兽散，唯五十开外的姚思廉护卫于代王左右。兵士拥上殿来，他厉声喝止，唐高祖感其忠义，许其扶代王泣拜而去。唐初，为秦王府文学，唐太宗即位后，得以绘像列入十八学士，褚亮为之撰赞语云："志苦精勤，纪言实录，临危殉义，余风励俗。"姚思廉继承父志，自贞观三年（629）至贞观十年（636），历时七年最终撰写完成《梁书》与《陈书》。

《梁书》是南朝梁的纪传体

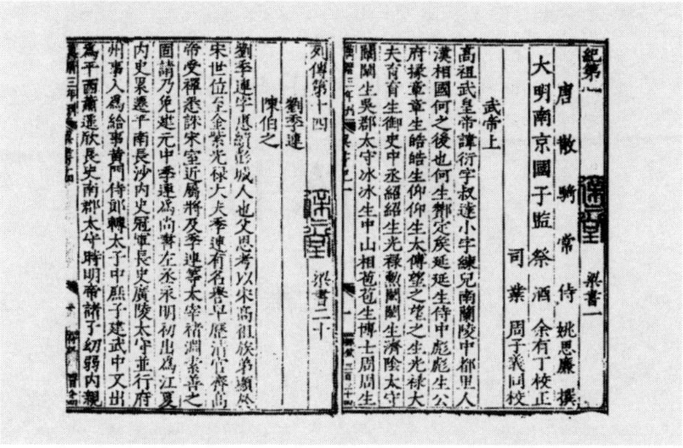

紀第一 梁書一

唐 散騎常侍 姚思廉 撰

大明南京國子監祭酒 余有丁 校正

司業 周子義 同校

武帝上

高祖武皇帝諱衍字叔達小字練兒南蘭陵中都里人漢相國何之後也何生酇定侯延延生侍中彪彪生公府掾章章生皓皓生仰仰生太傅望之望之生光祿大夫育育生御史中丞紹紹生光祿勳閎閎生濟陰太守闡闡生吳郡太守冰冰生中山相苞苞生博士周周生

列傳第十四 梁書二十

劉季連

陳伯之

劉季連字惠績彭城人也父思考以宋高祖族弟顯於宋世位至金紫光祿大夫季連有名譽早歷清官時高帝受禪悉誅宋室近屬將及季連等太宰褚淵素善之固請乃免建元中季連為尚書左丞永明初出為江夏內史累遷平南長沙內史冠軍長史廣陵太守並行府州事入為給事黃門侍郎轉太子中庶子建武中又出為平西蕭遙欣長史南郡太守時明帝諸子幼弱內親

明万历南京国子监刻本《梁书》

断代史著作，是姚氏父子前仆后继的心血结晶，记载了自梁武帝萧衍建国至梁敬帝萧方智亡国共五十六年间的历史。全书共五十六卷，本纪六卷，列传五十卷，无表志。取材丰富，剪裁得当，谋篇布局，章法井然。承《汉书》类叙之法于列传四十一之后分列“孝行”“儒林”“文学”“处士”等门类，安排人物传记。如《滕昙恭传》叙其孝行，《徐普济传》叙其伏棺蔽火、《宛陵女子传》记其搏虎救母，不但文笔精简，而且给人以深刻印象。《文学传》中的《何逊传》，由叙何逊工诗而及虞蓦、孔翁等人，这又很像《三国志·王粲传》附记一时文人之法。《四库全书总目提要》称其：“排整次第、犹具《汉书》以来相传之史法，要异乎取成众手、编次失伦者矣。”《梁书》的行文，力戒华丽与浮泛，颇具简洁洗练的特色，在南朝诸史中尤为难能可贵，用赵翼的话说就是：“直欲远追班马……皆劲气锐笔，曲折明畅，一洗六朝芜冗之习。”

《梁书》通行本有中华书局1973年标点本，用百衲本、明监本、清武英殿本等互校，择善而从，并参考有关史料作了一些补证。

029 陈书

唐·姚思廉

六朝余晖，转瞬成空

姚思廉，见《梁书》作者介绍。

《陈书》是南朝陈的纪传体断代史著作，共三十六卷，帝纪六卷，列传三十卷，无表志。该书记载了自陈武帝陈霸先即位至陈后主陈叔宝被隋文帝灭国首尾三十三年间的史事，成书于贞观十年（636）。叙述了陈朝创建之初恭俭爱民、政策得宜的成功经验，交待了陈朝末代统治者忘患纵欲、偏听偏信造成国破家亡的历史教训。大量陈朝历史人物事迹在书中得到反映，其中争夺诈伪，蝇营狗苟，势利小人的行径，足为世人取戒；安贫乐道，不为势利所动的高风亮节，又足为世人楷模。也许是由于陈朝的短暂，《陈书》在二十四史中也是最短的一部，无论纪传皆很简略，但留给后人的教益启示却很多。在文风上，《陈书》与《梁书》一致，一反六朝以来的颓靡，给人以清新之感。烟花一般绚丽的陈朝早已消失在历史的飞尘中，徒留下陈后主一个凄惶无奈的背影和一阕绮靡万端的《后庭花》。

该书有商务印书馆百衲本，中华书局1972年点校本。

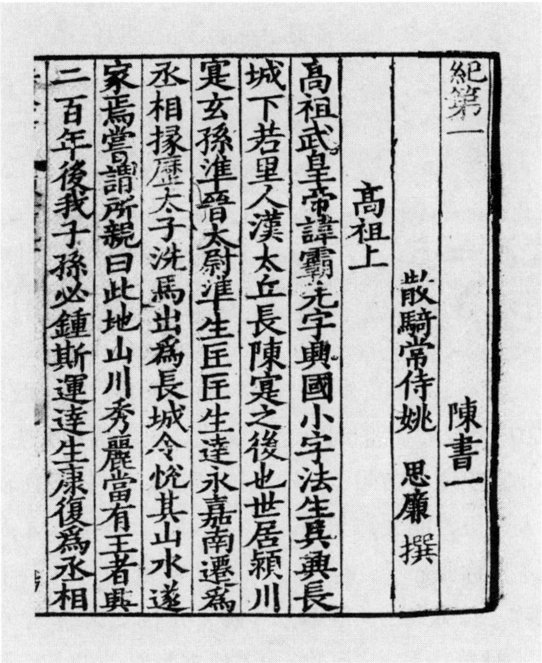
紀第一　陳書一
散騎常侍姚　思廉　撰
高祖上
高祖武皇帝諱霸先字興國小字法生吳興長
城下若里人漢太丘長陳寔之後也世居潁川
寔玄孫準晉太尉準生匡匡生達永嘉南遷爲
丞相掾歷太子洗馬出爲長城令悅其山水遂
家焉嘗謂所親曰此地山川秀麗當有王者興
二百年後我子孫必鍾斯運達生康復爲丞相

宋刻元明递修本《陈书》

030 魏书

北齐·魏收

黄河一统，胡汉合流

魏收（507—572），字伯起，小字佛助，北齐钜鹿下曲阳（今河北晋州）人。机警能文，与温子昇、邢子才号称三才子，但生性轻薄，人称“惊蛱蝶”。他奉命著《魏书》时曾声称：“何物小子，敢共魏收作色，举之则使上天，按之则使入地。”书成之后，众口喧嚷，指为“秽史”。魏收三易其稿，方成定本。

《魏书》记载了鲜卑拓跋部早期至公元550年东魏被北齐取代这一阶段的历史。全书共一百二十四卷，本纪十二卷，列传九十二卷，志二十卷，因有些纪、列传和志篇幅过长，又分为上、下或上、中、下三卷，实共一百三十卷。举凡政治、经济、文化、军事等社会生活各个领域的情况，书中都有较详尽的交待。其二十卷志尤有价值，从东汉初班固修《汉书》到唐初修《五代史志》近六百年间，《魏书》以外的各纪传体史书中或根本没有书志部分，或虽有书志，但缺少刑法、食货等重要内容，《魏书》弥补了这方面的不足，《官氏志》针对北魏政权的特殊情况记录北魏官制，兼及拓跋部所属各部原有姓氏与所改的汉姓。《刑罚志》记载北魏

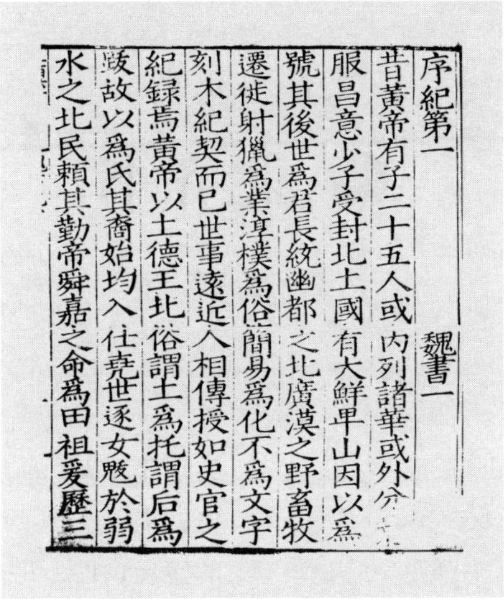
序紀第一　　魏書一
昔黃帝有子二十五人或內列諸華或外分
服昌意少子受封北土國有大鮮卑山因以爲
號其後世爲君長統幽都之北廣漠之野畜牧
遷徙射獵爲業淳樸爲俗簡易爲化不爲文字
刻木紀契而已世事遠近人相傳授如史官之
紀録焉黃帝以土德王北俗謂土爲托謂后爲
跋故以爲氏其裔始均入仕堯世逐女魃於弱
水之北民賴其勤帝舜嘉之命爲田祖爰歷三

宋刻元递修公文纸印本《魏书》

政权司法制度，对于北魏各族人民对统治者的反抗斗争做了如实记述，据不完全统计，见于《魏书》的各族人民起义达一百三十余次。《食货志》对于北魏的均田制有详细记述，为后人研究北魏的土地制度，提供了可贵的材料。《释老志》是《魏书》首创，记载了佛道两教在中原地区的传播及变革，对于佛教发展的记述尤详，可看作是一部中国佛教简史。《魏书》历来为人所诟病处在于其矫饰之过，但作为研究北魏历史的重要著作，仍有其不容忽视的价值。

《魏书》在流传过程中亡佚甚多，本纪缺二卷，列传缺二十二卷，此外又有三卷残缺不全，分别由后人取魏澹《后魏书》、李延寿《北史》、高峻《高氏小史》等补足。中华书局1974年出版有点校本。

史部·正史

031 北齐书

唐·李百药

廿载六帝，墙内相阅

李百药（565—648），字重规，博陵安平（今河北安平）人，出身仕宦之家。少好学，博览经史，隋初曾任太子舍人，袭父爵为安平公。贞观二十二年卒，享年八十四岁。

《北齐书》系奉唐太宗诏命所修，于贞观十年（636）修成，本名《齐书》，后为与《南齐书》相区别，改称《北齐书》。全书共五十卷，本纪八卷，列传四十二卷。它虽以记载北齐历史为主，但实际上记述了从高欢起兵到北齐灭亡前后约八十年的历史，集中反映了东魏、北齐王朝的盛衰兴亡。北齐政权中，皇族内部叔侄兄弟相互残杀，使这个仅存在了二十多年的短命王朝换了六个皇帝，因而《北齐书》对封建统治者之间的权势争夺叙述较多。李百药下笔不苟，对于琐言碎语及一些荒诞不经的史实，作了大量删削，但也往往捡起芝麻丢了西瓜，是为该书之不足。

《北齐书》在流传过程中残缺严重，现在只有十七卷保持原貌，其他都是后人用《北史》等著作增补，遂使《北齐书》的价值大大降低。中华书局1972年出版有点校本。

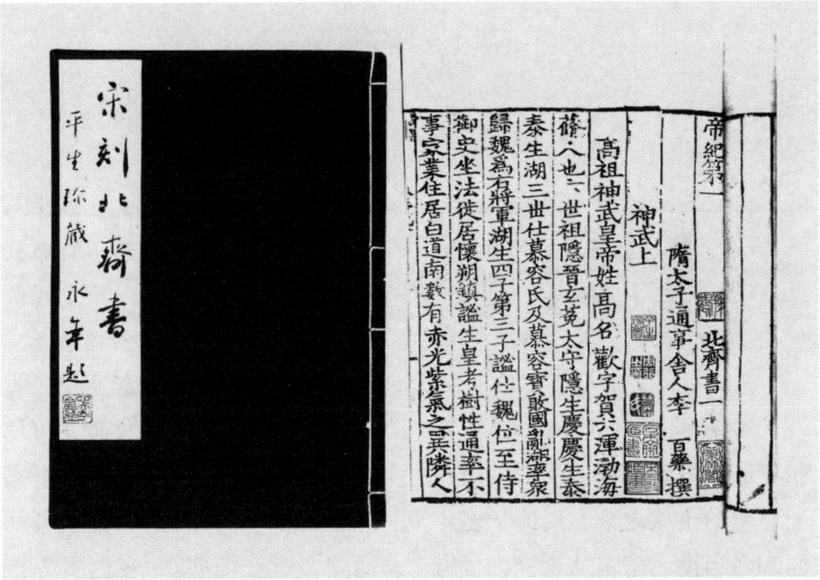
宋刻北齊書
平生珍藏 永年題

帝紀第一　北齊書一
隋太子通事舍人李　百藥撰
神武上
高祖神武皇帝姓高名歡字賀六渾渤海
蓨人也六世祖隱晉玄菟太守隱生慶慶生泰
泰生湖三世仕慕容氏及慕容寶敗國亂湖率衆
歸魏爲右將軍湖生四子第三子謐仕魏位至侍
御史坐法徙居懷朔鎮謐生皇考樹性通率不
事家業住居白道南數有赤光紫氣之異隣人

宋刻宋元明递修本《北齐书》

032 周书

唐·令狐德棻等

以弱胜强，拓土开疆

令狐德棻（583—666），宜州华原（今陕西铜川）人，出身于显赫的士族之家，以博学多才而知名当世。隋末从李渊，待唐高祖称帝，官起居舍人，又升为秘书丞。唐太宗贞观年间，受废太子李承乾牵连，被免职。后被召回修撰《晋书》。书成后累官至爵为公，年近八十，加金紫光禄大夫。唐高宗乾封元年逝世，年八十四岁。

《周书》虽以“周”题名，但实际上记述了从公元534年东西魏分裂到杨坚代周为止四十八年的西魏、北周历史。全书共五十卷，其中本纪八卷，列传四十二卷。虽修撰时资料缺乏，《周书》却以材料丰富见长，收录了很多当时的重要文献，可见令狐德棻搜罗之力。《四库全书总目提要》评论曰：“德棻旁征简牍，意在摭实。”在赵贵等传后，总叙八柱国、十二大将军，可以考见周代授勋之典。《苏绰传》中载录六条诏书和《大诏》全文，可以考见周代创制之事。《宇文护传》记其母子互寄的书信，今天读来，其母子真情犹催人泪下。《王褒传》记其《寄周宏让书》，《庾信传》记其《哀江南赋》，都是文学史上的杰

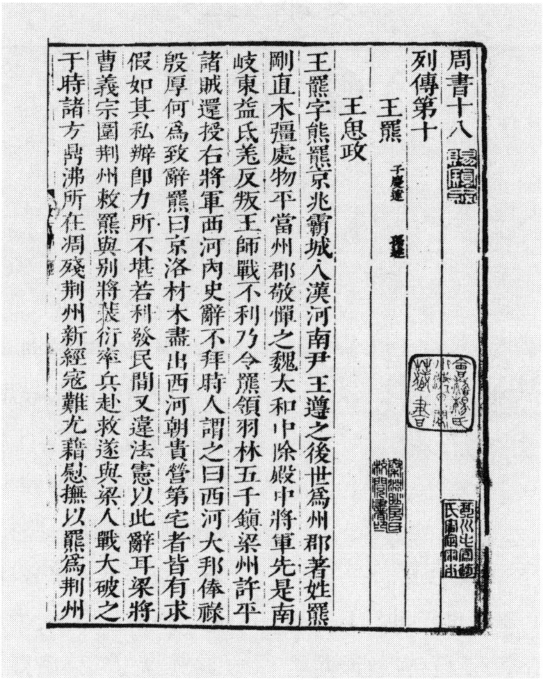
周書十八
列傳第十
王羆 子慶遠 孫述
王思政
王羆字熊羆京兆霸城人漢河南尹王遵之後世爲州郡著姓羆
剛直木彊處物平當州郡敬憚之魏太和中除殿中將軍先是南
岐東益氐羌反叛王師戰不利乃令羆領羽林五千鎮梁州討平
諸賊還授右將軍西河內史辭不拜時人謂之曰西河大邦俸祿
殷厚何爲致辭羆曰京洛材木盡出西河朝貴營第宅者皆有求
假如其私辦即力所不堪若科發民間又違法憲以此辭耳梁將
曹義宗圍荊州詔羆與別將裴衍率兵赴救遂與梁人戰大破之
于時諸方鼎沸所在凋殘荊州新經寇難尤藉慰撫以羆爲荊州

*明汲古阁本《周书》

作。《周书》基本上反映了宇文政权的建立，建立后三个封建政权之间的战争，以及宇文政权上层集团内部斗争的情况，是今天研究和了解西魏、北周历史最基本的一部史书。

原书北宋时已有残缺，全缺者为第十八、二十四、二十六、三十一、三十二等五卷，另尚有半缺或大半缺者。北宋熙宁元年至七年（1068—1074）第一次刻板。中华书局1971年出版有点校本。

033 隋书

唐·魏徵等

兴也勃焉，亡也忽焉

魏徵（580—643），字玄成，钜鹿曲城（今河北晋州）人，初唐著名政治家，以直言敢谏闻名当世。

《隋书》共八十五卷，帝纪五卷，列传五十卷，志三十卷，是现存最早的隋史专著，也是“二十五史”中修史水平较高的史籍之一。首先，它有明确的指导思想。下令修隋史的唐太宗亲历了灭隋战争，执政之后，经常谈论隋朝灭亡的教训，明确提出“以古为镜，可以见兴替”的看法。汲取历史教训，以史为鉴就成了修隋史的指导思想。其次，《隋书》弘扬秉笔直书的优良史学传统，品评人物较少曲笔，主编魏徵刚正不阿，坚持纪传应不为亲者隐，不为尊者讳。如隋文帝之“刻薄”专断，“不悦诗书”，“暗于大道”，隋炀帝之矫情饰貌，杀父淫母，“锄诛骨肉，屠剿忠良”等情况，都照实写来，了无隐讳。再次，《隋书》保存了大量政治、经济以及科技文化资料。其中十志记载南朝梁、南朝陈、北齐、北周和隋五朝的典章制度，有些部分甚至追溯到汉魏。尤其是《隋书·经籍志》是继《汉书·艺文志》之后最重要的一部史志目录专著，它考究了

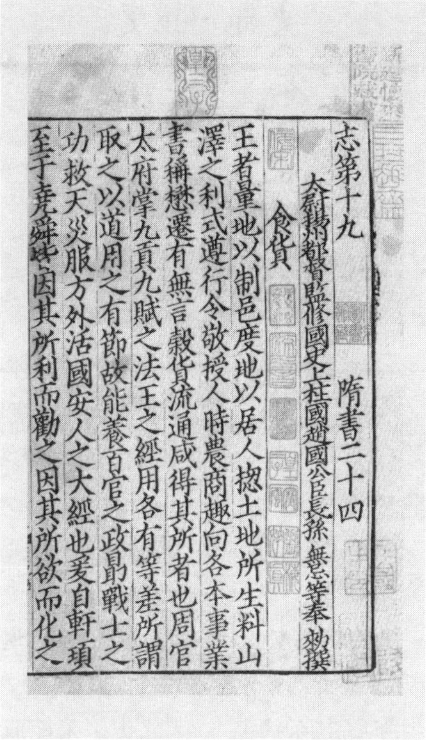

志第十九　隋書二十四
太尉揚州都督監修國史上柱國趙國公臣長孫無忌等奉勑撰
食貨
王者量地以制邑度地以居人揔土地所生料山
澤之利式遵行令敬授人時農商趣向各本事業
書稱懋遷有無言穀貨流通咸得其所者也周官
太府掌九貢九賦之法王之經用各有等差所謂
取之以道用之有節故能養百官之政勗戰士之
功救天災服方外活國安人之大經也爰自軒頊
至于堯舜皆因其所利而勸之因其所欲而化之

宋刻本《隋书》

书籍的存亡，著录了各种书籍，采用了最新出现的经、史、子、集四部分类法，对于唐以后的图书分类法产生了重大影响。

流传最早的是北宋天圣二年（1024）刻本，今已失传。中华书局1973年出版有点校本，主要用宋刻递修本（宋小字本）和元大德饶州路刻本（元十行本）、元至顺瑞州路刻明修本（元九行本）进行互校，并参校其他刻本，择善而从。

034 南史

唐·李大师、李延寿

杏花春雨江南

《南史》是合南朝宋、齐、梁、陈四代为一编的纪传体史著，记载了自南朝宋武帝刘裕永初元年（420）至陈后主陈叔宝祯明三年（589）共一百七十年的历史。《南史》与《北史》为姊妹篇，是由李大师及其子李延寿两代人编撰完成的。

李大师（570—628），相州（今河南安阳）人，南朝末期由隋入唐的历史学家。他认为南北朝时期各朝的断代史，彼此孤立，记事重复，又缺乏联系，打算采用编年体撰写《南史》与《北史》，使南朝与北朝各代的历史，分别统编于这两部史著之中。唐初，李大师因曾参加窦建德所建立的夏政权并任尚书礼部侍郎，而被流放至西会州（今甘肃境内），后遇赦放回，死于唐太宗贞观二年，所撰《南史》与《北史》未能成书。此后，由其子李延寿继续撰成，合称为《南北史》。

李延寿，生卒年不详，字遐龄，唐初历史学家，曾任崇贤馆学士，官至符玺郎。唐太宗时，李延寿曾参加《隋书》纪、传、志和《晋书》的编写，又参与唐朝国史的编纂工作。但他的主要成就在于继承父业，完成

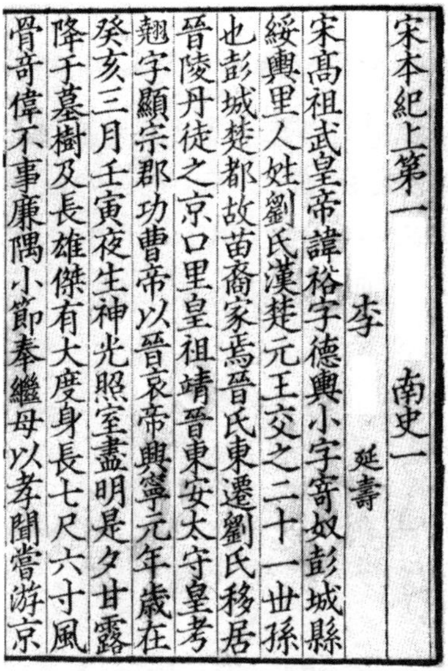
宋本紀上第一　南史一
李　延壽
宋高祖武皇帝諱裕字德輿小字寄奴彭城縣
綏輿里人姓劉氏漢楚元王交之二十一世孫
也彭城楚都故苗裔家焉晉氏東遷劉氏移居
晉陵丹徒之京口里皇祖靖晉東安太守皇考
翹字顯宗郡功曹帝以晉哀帝興寧元年歲在
癸亥三月壬寅夜生神光照室盡明是夕甘露
降于墓樹及長雄傑有大度身長七尺六寸風
骨奇偉不事廉隅小節奉繼母以孝聞嘗游京

宋刻本《南史》

《南史》与《北史》的写作。

《南史》以《宋书》《南齐书》《梁书》及《陈书》为本，删繁就简，重新编纂，成为史林新著。全书共八十卷，本纪十卷，列传七十卷，无表志。其编撰方法按朝代顺序、帝王在位先后，排列各朝帝王、宗室、诸王、大臣等纪传。本纪中有《宋本纪》三卷，《齐本纪》二卷，《梁本纪》三卷，《陈本纪》二卷。列传中除专传外，列“类传”九种。文字简明，事增文省，在史学上占有重要地位。其不足处在于作者突出门阀士族地位，过多采用家传形式，例如将不同朝代的一族一姓人物不分年代，集中于一篇中叙述，实际成为大族族谱。另外，《南史》《北史》中，某些传文亦有重复现象。

通行本有中华书局1975年点校本。

035 北史

唐·李延寿

骏马秋风塞北

李延寿，见《南史》作者介绍。

《北史》共一百卷，本纪十二卷，列传八十八卷。记述北朝从公元386年到618年魏、齐（包括东魏）、周（包括西魏）、隋四代共二百三十三年的历史，与《南史》可参照而读。二史“编次别代，共为部帙”，贯通南北各朝，展现出一个宏大的历史时空。其内容虽偶呈芜杂之弊，但体例完整、材料充实、文字简练，不失为一部优秀的史著。魏、齐、周三书唐以后皆残缺不完，后人多取《北史》加以补足。作为研究北朝历史的资料，《北史》与魏、齐、周、隋四书有互相补充的作用，不可偏废。

通行本有中华书局1972年点校本。

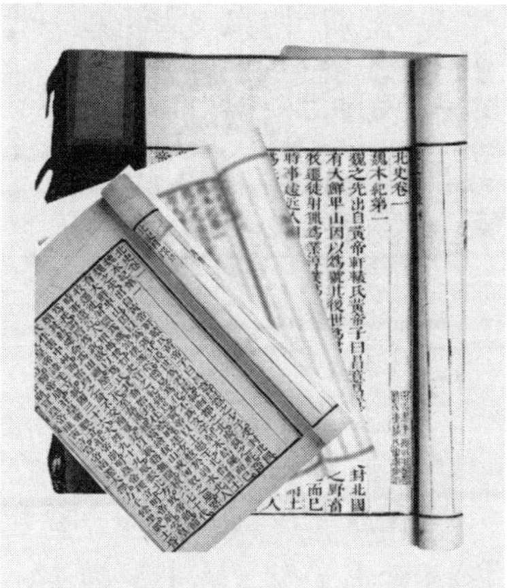

明毛晋汲古阁刻本《北史》

史部·正史

036 旧唐书

后晋·刘昫等

志与表，不如新

刘昫（887—946），字耀远，涿州归义（今河北容城东北）人。五代时后晋大臣。有文才，与兄刘晅、弟刘皞知名燕蓟间。后唐庄宗时拜太常博士，擢翰林学士。后唐明宗时为端明殿学士，不久拜相，兼判三司，当政期间，曾改革财政弊端。后晋时，受封为谯国公。后唐、后晋两朝，奉命监修国史，开运二年（945）领衔上《唐书》二百卷，即《旧唐书》。

《旧唐书》是关于唐代的纪传体史书，共二百卷，帝纪二十卷，志三十卷，列传一百五十卷。记述了唐代自高祖武德元年（618）至哀帝天祐四年（907）共二百九十年的历史。编撰比较粗疏，在材料的剪裁、体例的完整、文字的简洁等方面，都存在不少缺点，但也因此保存了大量原始的历史资料。司马光编写《资治通鉴》唐纪时，充分采用了《旧唐书》的资料。

在北宋编撰的《新唐书》问世以后，《唐书》始有新旧之分。《新唐书》通行，《旧唐书》受到冷遇。南宋初年刻印之后久无印本。明嘉靖十七年（1538），余姚闻人铨等重新刊印《旧唐书》，但传播不广。

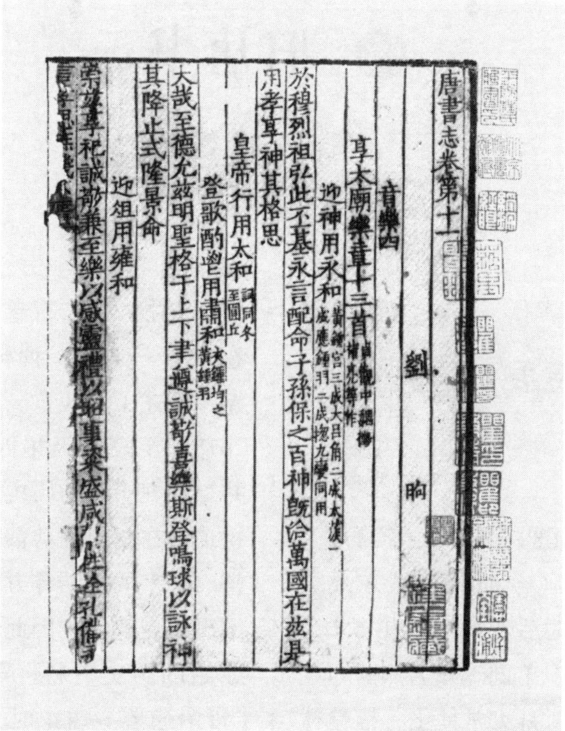

唐書志卷第十

劉昫

音樂四

享太廟樂章十三首

迎神用永和

於穆烈祖弘此丕基永言配命子孫保之百神既洽萬國在茲是用孝享神其格思

皇帝行用太和 詞同冬至圜丘

登歌酌鬯用肅和

大哉至德允茲明聖格于上下聿遵誠敬嘉樂斯登鳴球以詠祚其降止式隆景命

迎俎用雍和

第茲享祀誠敬兼至樂以感靈禮以昭事粢盛咸

后晋刘昫等撰宋绍兴两浙东路茶盐司刻本《唐书》

清乾隆时，《旧唐书》始复刻于世。由于长期没有印本，书中存在不少残缺和相互歧异之处。清人罗士琳等撰《旧唐书校勘记》六十六卷，可供参看。百衲本《旧唐书》是用南宋绍兴刊本残存的六十七卷，配以闻人铨本影印的，也是目前最好的版本。通行本有中华书局1975年出版的点校本。

史部·正史

037 新唐书

北宋·欧阳修、宋祁等

纪与传，不如旧

欧阳修（1007—1072），北宋文学家、史学家。字永叔，号醉翁、六一居士，吉州吉水（今属江西）人。他主张文章应“明道”“致用”，不喜宋初以来靡丽、险怪的文风，领导了北宋诗文革新运动，开创了一代文风，并因此成为北宋的文坛领袖。在史学方面，他也有较高的成就，曾与宋祁合修《新唐书》，独撰《新五代史》。又撰《六一诗话》，为最早以诗话名书的著作。有《欧阳文忠公文集》传世。

宋祁（998—1061），字子京，开封雍丘（今河南杞县）人。天圣二年（1024）与兄宋郊同登进士第，奏名第一。章献太后以为弟不可先兄，乃擢郊为第一，置祁第十，时号“大小宋”。历任大理寺丞、国子监直讲、史馆修撰。与欧阳修同修《唐书》，书成，进工部尚书，拜翰林学士承旨。嘉祐六年卒，年六十四，谥景文。

《新唐书》是关于唐代的纪传体史书，共二百二十五卷，帝纪十卷，志五十卷，表十五卷，列传一百五十卷。所增列传多取材于本人的章奏或后人的追述，碑志石刻和各种杂史、笔记、小说都被采辑编入。新书诸志大多

本紀第一　唐書一

端明殿學士兼翰林侍讀學士龍圖閣學士朝散大夫給事中知制誥充史館修撰臣歐陽脩奉勅撰

高祖神堯大聖大光孝皇帝諱淵字叔德姓李氏隴西成紀人也其七世祖暠當晉末據秦涼以自王是爲涼武昭王暠生歆歆爲沮渠蒙遜所滅歆生重耳魏弘農太守重耳生熙金門鎮將戍于武川因留家焉熙生天賜爲幢[illegible]天賜生虎西魏時賜姓大野氏官至太尉與李弼等八人佐周代魏有功皆爲柱國號八柱國家周閔帝受魏禪虎已卒乃追録其功封唐國公謚曰襄襄公生昞襲封唐公隋安州總管柱國大將軍卒謚曰仁仁公生高祖於長安體有三乳性寬仁襲封唐公隋文帝獨孤皇后高祖之從母也以故文帝與高祖相親愛文帝相周復高祖姓李氏以爲千牛備身事隋譙隴二州刺史大業中歷岐州刺史滎陽樓煩二郡太守召爲殿內少監衛尉少卿煬帝征遼東遣高祖督運糧於懷遠鎮楊玄感將反其兄弟從征遼者皆

宋绍兴刻元递修公文纸印本《唐书》

比旧志详细。《新唐书》增写《兵志》《选举志》和《仪卫志》，这在正史中是第一次，为《宋史》以后诸史所沿袭。《新唐书》还恢复了《史记》《汉书》设表的传统，立宰相、方镇、宗室世系和宰相世系四表。其中《宰相世系表》尤有特色，颇便于稽查人物。但自宋代以来，不断有人指出，它采用各家谱牒，多有谬误与遗漏。

《新唐书》最早刻于北宋仁宗时，现存八卷；另有北宋十六行本，现存一百二十四卷；南宋刊十行本，现存二卷。百衲本《新唐书》即据上述诸书影印。清乾隆年间武英殿刊本流行较广。1975年中华书局印行的点校本是以百衲本《新唐书》为底本，并参考其他刊本整理而成，是目前最好的版本。

史部·正史

038 旧五代史

北宋·薛居正等

五代分叙，十国合述

《旧五代史》，原名《五代史》，也称《梁唐晋汉周书》，后人为区别于欧阳修的《新五代史》，便习称《旧五代史》。这是由宋太祖诏令编纂的官修史书，由薛居正监修，卢多逊、扈蒙、张澹、刘兼、李穆、李九龄等同修。编纂工作始于宋太祖开宝六年（973）四月，至次年闰十月甲子日完竣呈上，历时一年半左右时间。

《旧五代史》记述了公元907年朱温代唐称帝到公元960年北宋王朝建立的五十三年间的历史，这是中国历史上最后一次大规模分裂割据的时期，中原地区相继出现后梁、后唐、后晋、后汉、后周等五代王朝，中原以外存在过吴、南唐、吴越、楚、闽、南汉、前蜀、后蜀、南平、北汉等十个政权，周边地区还有契丹、吐蕃、渤海、党项、南诏、于阗、东丹等少数民族建立的政权，习惯上称之为“五代十国”。全书一百五十卷，有本纪、列传、志三部分。十国中对五代称臣奉朔各国，如荆南（南平）、楚、吴越等，入《世袭传》，余入《僭伪传》，契丹、吐蕃等入《外国传》。人物传各归本朝，不再分类，故无类传名

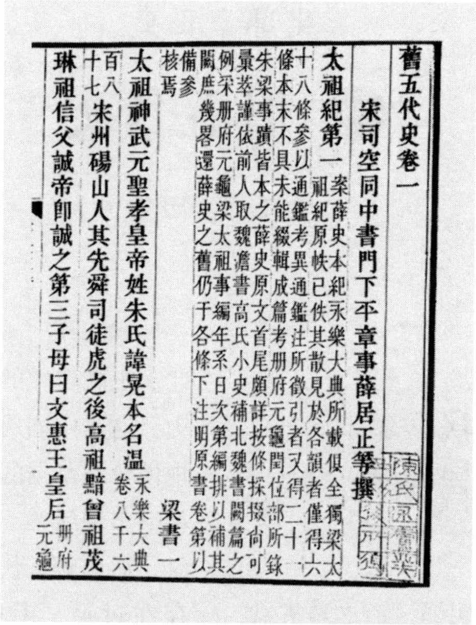

舊五代史卷一
宋司空同中書門下平章事薛居正等撰
太祖紀第一案薛史本紀永樂大典所載俱全獨梁太祖紀原帙已佚其散見於各韻者僅得一六十八條參以通鑑考異通鑑注所徵引者又得二十條本末不具未能綴輯成篇考冊府元龜閏位部所錄朱梁事蹟皆本之薛史原文首尾頗詳按條採掇尚可彙萃謹依前人取魏澹書高氏小史補北魏書闕篇之例采冊府元龜梁太祖事編年系日次第編排以補其闕庶幾畧還薛史之舊仍于各條下注明原書卷第以備參核焉
梁書一
太祖神武元聖孝皇帝姓朱氏諱晃本名温永樂大典卷八千六百八十七
宋州碭山人其先舜司徒虎之後高祖黯曾祖茂
琳祖信父誠帝卽誠之第三子母曰文惠王皇后冊府元龜

*嘉业堂刻本《旧五代史》

目。有天文、历、五行、礼、乐、食货、刑法、选举、职官、郡县等十志。该书取材于各朝实录及范质《建隆五代通录》等书，文献完备；且修史时五代结束未久，编撰人对当时情况多能了解，故史料较丰富。

自金章宗泰和七年（1207）明令立欧阳修《五代史记》于学官后，该书渐废。自明中叶至清乾隆约二百年间，传本不行于世。今本系清乾隆修《四库全书》时，馆臣邵晋涵等自《永乐大典》中辑出。1976年中华书局点校本乃以《四库全书》初写本为底本，并参校其他版本和有关书籍整理而成。

史部·正史

039 新五代史

北宋·欧阳修

五代合叙，十国分述

欧阳修，见《新唐书》作者介绍。

欧阳修是北宋古文运动的领袖，唐宋八大家之一，也是著名的史学家，奉命和宋祁领衔编撰《新唐书》。崇儒复古是他的政治主张，也是他修史的指导思想。他着意秉承孔子的春秋笔法、“褒贬”义例，对《旧五代史》改编重修。在编排体例上，推翻《旧五代史》一朝一史的基本格局，取法《南史》《北史》，打破朝代界限，把五朝的人事综合统编在一起，按时间顺序排列。

《新五代史》是记载中国后梁、后唐、后晋、后汉、后周五代五十四年历史的纪传体史书。全书共七十四卷，纪十二卷，传四十五卷，考三卷，世家及年谱十一卷，四夷附录三卷。原名《五代史记》，为与薛居正所撰《五代史》相区别，故称《新五代史》，是唐代设馆修史以后唯一的私修正史。薛居正之书系五代分叙，该书则将五代融而为一。其本纪连叙五代，诏令全删去，事迹简净。传皆采用类传形式，设立《家人传》《臣传》《死节传》《死事传》《一行传》《唐六臣传》《义儿传》《伶官传》《宦

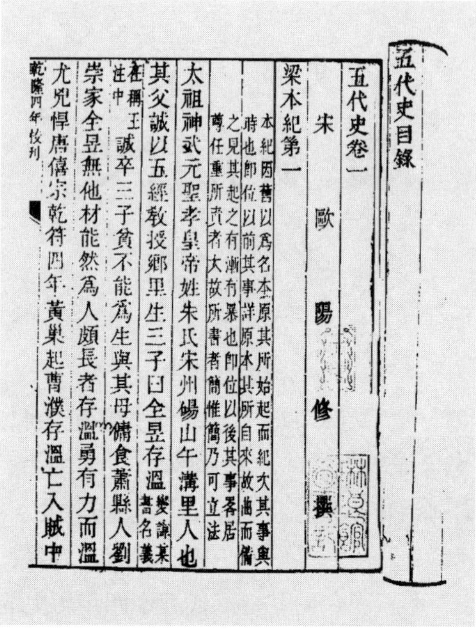
五代史目錄

五代史卷一

宋 歐陽修 撰

梁本紀第一

本紀因舊以爲名本原其所始起而紀次其事與時也即位以前其事詳原本其所自來故曲而備之見其起之有漸有暴也即位以後其事略居尊任重所責者大故所書者簡惟簡乃可立法

太祖神武元聖孝皇帝姓朱氏宋州碭山午溝里人也其父誠以五經教授鄉里生三子曰全昱存溫變諱某書名義梁稱王注中誠卒三子貧不能爲生與其母傭食蕭縣人劉崇家全昱無他材能然爲人頗長者存溫勇有力而溫尤兇悍唐僖宗乾符四年黃巢起曹濮存溫亡入賊中

乾隆四年校刊

清乾隆武英殿刻本《五代史记》

者传》《杂传》等名目。每类传目，内寓特定涵义，比如将相大臣，凡专事一朝的在《臣传》，历事几朝的则列《杂传》。又如根据死者忠的不同程度，分为两等，头等的进《死节传》，次等的入《死事传》。一般史书的“志”，《新五代史》称作“考”，只有《司天考》《职方考》，分别相当于《旧五代史》的《天文志》《郡县志》。作者认为五代是个名分纲常颠倒的乱世，其典章制度一无可取，所以将《旧五代史》的“志”删除。这也是为了体现以“礼”修史的原则。世家及世家年谱，大致相当于《旧五代史》的《世袭列传》和《僭伪列传》，明确将中原以外的割据政权分为吴、南唐、前蜀、后蜀、南汉、楚、吴越、闽、南平、东汉等十国。各政权的划分编排，条理清晰，首尾完具，显然胜于旧史。《四夷附录》相当于旧史的《外国列传》。全书仿效春秋笔法，多所褒贬，突出尊王思想，强调君臣父子封建秩序。

就整体而论，《新五代史》的史料价值比《旧五代史》要略逊一筹，这是欧阳修在删繁就简时，将不少具体资料也一同削去造成的。至于他对旧“志”部分的大事砍削，人为造成史料空白，更是不足为训。但《新五代史》后出，采用了实录以外的笔记、小说等多种材料，在删削的同时也新增了一些史料，尤其对十国部分的补充。由于《旧五代史》已非原帙，残缺不全，《新五代史》特有的价值就更不应低估。再从其他角度来着眼，欧阳修撰史，浑然一体，结构严谨，选材讲究，文字凝炼；思想上不像旧史那样大肆渲染“天命”，注重人事；创《职方考》，独树一帜，提纲挈领，眉清目秀，颇受称道，都是它的长处。平心而论，两部《五代史》各有短长，可以互为补充，不应偏废。

金章宗泰和七年（1207），明令立该书于学官，从此该书大行于世。该书原有徐无党注，多发挥义例。宋吴缜撰《五代史纂误》，是纠举《新五代史》谬误的专著，原本已佚，今辑存三卷。清彭元瑞、刘凤浩有《五代史记注》，引书二百余种，皆可作该书的补充和订正。

040 宋史

元·脱脱等

文盛武衰，衣冠南渡

脱脱（1314—1356），字大用，蒙古蔑里乞氏。至元四年（1338），进御史大夫。时伯父伯颜为中书右丞相，专权恣横，为顺帝所忌，脱脱恐受累，与顺帝近臣密谋除伯颜。至元六年（1340），乘伯颜猎于柳林之机，受命将他逐出京师。至正元年（1341），任中书右丞相，改伯颜旧政。至正三年（1343），主修《辽史》《金史》《宋史》，任都总裁官。

《宋史》是关于宋代的纪传体史书。全书共四百九十六卷，包括本纪四十七卷，志一百六十二卷，表三十二卷，列传世家二百五十五卷，是二十四史中最庞大的一部官修史书。元顺帝至正三年（1343）三月，下令修辽、金、宋三史，到五年（1345）十月，历时仅两年半，即修成《宋史》。《宋史》由总裁与史官三十人集体编撰，是在故宋国史的基础上删削而成的。两宋时期，史官组织完备，雕版印刷术广泛应用，书籍流传和保存都较为便利，积累了大量史料。这就为元修《宋史》提供了良好的基础。但是由于《宋史》修撰者匆匆急就，在史料的裁剪、史实的考订、文字的修饰、

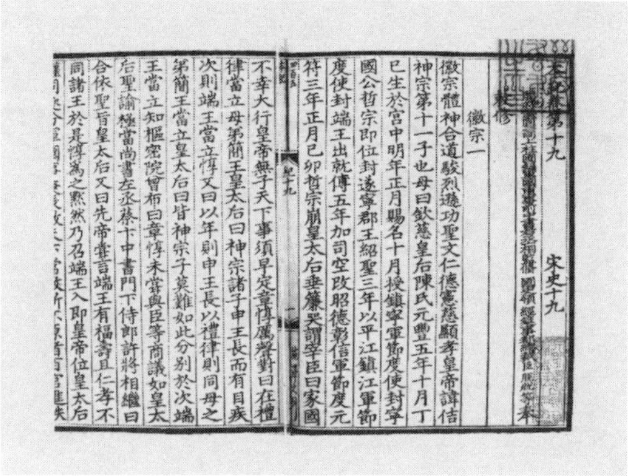
本紀第十九　宋史十九

徽宗一

徽宗體神合道駿烈遜功聖文仁德憲慈顯孝皇帝諱佶神宗第十一子也母曰欽慈皇后陳氏元豐五年十月丁巳生於宮中明年正月賜名十月授鎮寧軍節度使封寧國公哲宗即位封遂寧郡王紹聖三年以平江鎮江軍節度使封端王出就傳五年加司空改昭德彰信軍節度元符三年正月己卯哲宗崩皇太后垂簾哭謂宰臣曰家國不幸大行皇帝無子天下事須早定章惇厲聲對曰在禮律當立母弟簡王皇太后曰神宗諸子申王長而有目疾次則端王當立惇又曰以年則申王長以禮律則同母之弟簡王當立皇太后曰皆神宗子莫難如此分別於次端王當立知樞密院曾布曰章惇未嘗與臣等商議如皇太后聖諭極當尚書左丞蔡卞中書門下侍郎許將相繼曰合依聖旨皇太后又曰先帝嘗言端王有福壽且仁孝不同諸王於是惇爲之黙然乃召端王入即皇帝位皇太后

元至正六年江浙等处行中书省刻本《宋史》

全书体例等方面存在不少缺点，如一人两传，无传而说有传，一事数见，有目无文，纪与传，传与传，表与传，传文与传论之间互相牴牾等，这使它在二十五史中有繁芜杂乱之称。尽管《宋史》存在不少缺点，但是它卷帙浩繁，仅“列传”就有两千多篇，比《旧唐书》列传多出一倍；叙事详尽，就史料的学术价值而言，详胜于略。同时《宋史》的主要材料是宋代的国史、实录、日历等书，这些史籍现在几乎全部佚失了，而《宋史》是保存宋代官方和私家史料最系统的一部书。

《宋史》的主要版本有：至正六年（1346）杭州路刻印的至正本；明成化十六年（1480）的成化本；明嘉靖南京国子监本（南监本）；明万历北京国子监本（北监本）；清乾隆四年（1739）武英殿本（殿本）；清光绪元年（1875）浙江书局本（局本）；1934年上海商务印书馆百衲本。1977年中华书局校勘本以百衲本为底本，同时吸收叶渭清《元椠宋史校记》和张元济《宋史校勘记》稿本的成果，参校了殿本和局本，是目前较好的版本。但中华书局点校本中亦有不少错误，故百衲本仍不可废。

041 辽史

元·脱脱等

南越长城，北绝大漠

脱脱，见《宋史》作者介绍。

《辽史》是关于辽代的纪传体史书。全书共一百一十六卷，包括本纪三十卷、志三十一卷、表八卷、列传四十五卷，记载了辽代和建国以前的契丹及西辽的历史。末一卷是《国语解》，凡官制、宫卫、部族等以契丹语为称号者，多参考史文，略加注释；也解释了部分非契丹语的名物制度。辽曾编修《起居注》《日历》《实录》和《国史》，最后由宰相耶律俨集成一代《实录》。金代两次纂修《辽史》，都以这部《实录》作底本，但未能最后完成。元末顺帝至正三年（1343），脱脱任纂修三史都总裁，决定辽、金、宋“各与正统，各系其年号”，草率从事，前后费时不到一年，记录简略，重复甚多，错讹疏略及相互牴牾之处也不少，史笔不够规范，不少人有名无姓。由于辽代的记载流传不多，《辽史》以外，有关的资料极少，因此它成为辽代的唯一史书。

1976年中华书局出版的标点校勘本，是比较好的版本。

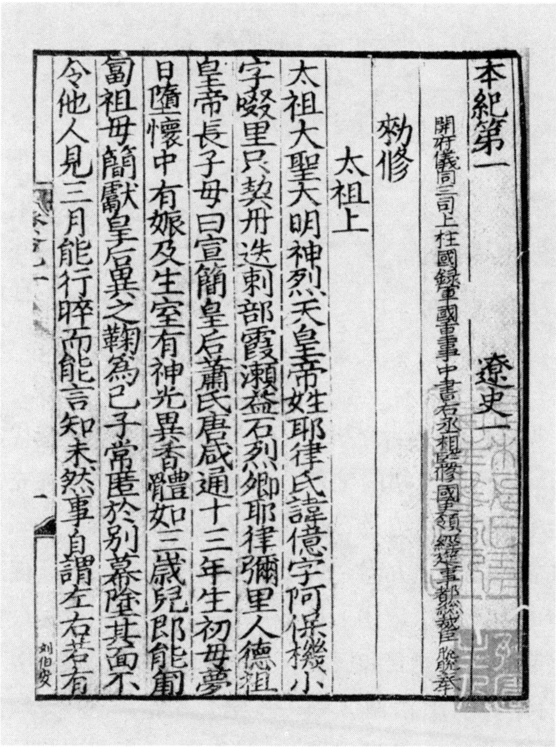
本紀第一　遼史一
開府儀同三司上柱國錄軍國重事中書右丞相監修國史領經筵事都總裁臣脫脫奉
敕修
太祖上
太祖大聖大明神烈天皇帝姓耶律氏諱億字阿保機小
字啜里只契丹迭剌部霞瀨益石烈鄉耶律彌里人德祖
皇帝長子母曰宣簡皇后蕭氏唐咸通十三年生初母夢
日墮懷中有娠及生室有神光異香體如三歲兒即能匍
匐祖母簡獻皇后異之鞠為己子常匿於別幕塗其面不
令他人見三月能行晬而能言知未然事自謂左右若有

明初刻本《辽史》

史部·正史

042 金史

元·脱脱等

金生黑水，泪殇黄河

脱脱，见《宋史》作者介绍。

《金史》是关于金朝的纪传体史书。全书一百三十五卷，包括本纪十九卷、志三十九卷、表四卷、列传七十三卷，记述了从女真族的兴起到金朝建立和灭亡的历史，后附《金国语解》一卷。《金史》纂修始于元世祖忽必烈时期。中统二年（1261），议修辽、金二史。灭宋后，又议修辽、金、宋三史。但终因体例无法确定而不能成书。元顺帝至正三年（1343）三月，诏修辽、金、宋三史，以中书右丞相脱脱为都总裁官，翰林学士欧阳玄等六人为总裁官，主持修纂。至正五年（1345）十月，辽、金、宋三史告成。元人修《金史》所依据的资料主要有金代实录，又经元好问、王鹗等补充，元初以来又经几次修撰，实际上是经营已久，与宋辽二史仓促成书不同，故在三史之中号称最善。它仿效《魏书·序纪》的办法，首作《世纪》一卷，记叙完颜部自始祖函普以来女真部兴起的历史。又在卷十九作《世纪补》一卷，为金熙宗的父亲宗峻、金世宗的父亲宗尧、金章宗的父亲允恭作传而附列于本纪，是《金史》的特点。《交聘表》详细记载了金与

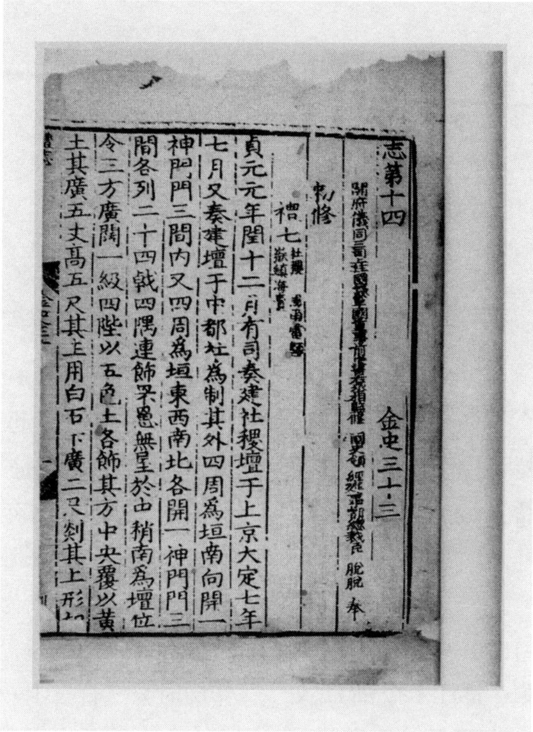
志第十四　　金史三十三
開府儀同三司上柱國錄軍國重事中書右丞相監修國史領經筵事臣脫脫等奉
勅修
禮七 社稷 風雨雷師 嶽鎮海瀆
貞元元年閏十二月有司奏建社稷壇于上京大定七年
七月又奏建壇于中都社爲制其外四周爲垣南向開一
神門門三間內又四周爲垣東西南北各開一神門門三
間各列二十四戟四隅連飾罘罳無屋於中稍南爲壇位
令三方廣闊一級四陛以五色土各飾其方中央覆以黃
土其廣五丈高五尺其主用白石下廣二尺剡其上形如

元刻明初递修本《金史》

宋、西夏、高丽的使臣往来。但是，《金史》也存在一些叙事矛盾重叠，史实错误疏略，年次颠倒脱舛，人地名混乱和记述战争扬胜讳败的现象。

《金史》初刻于元顺帝至正五年（1345），后有明监本、清殿本。清人施国祁尽毕生精力著《金史详校》十卷，校勘和考订《金史》四千余条，是一部很有价值的著作。商务印书馆曾据两种元代刊本（元至正初刻本八十卷及元末复刻本五十五卷）影印为百衲本。1975年中华书局以此为底本，校以他本及有关史籍，标点出版。

043 元史

明·宋濂等

大哉乾元，横扫天下

宋濂（1310—1381），字景濂，号潜溪，浦江（今浙江义乌）人，为明朝开国文臣之首。他博通经史，文章雄丽温雅，久享盛名。

《元史》是关于元朝的纪传体史书，记述了从蒙古族兴起到元朝建立和灭亡的历史。全书共二百一十卷，包括本纪四十七卷、志五十八卷、表八卷、列传九十七卷。明洪武元年（1368），朱元璋下令编修《元史》，意欲借此来说明元朝的灭亡和明朝的兴起都出于“天命”，而他自己则是“奉天承运”的真命天子。第二年，以左丞相李善长为监修，宋濂、王祎为总裁，赵埙等十六人为纂修，于南京天界寺开局编写，全部编撰工作历时只三百三十一天。由于成书仓促，而且出于众手，错漏谬误之处所在多有，历来就遭到学者们的非难。清代著名学者钱大昕说：“古今史成之速，未有如《元史》者；而文之陋劣，亦无如《元史》者。”《元史》的问题主要在于：随得随抄，前后重复，失于剪裁；又不彼此互对，考定异同，时见牴牾。

但作为研究元代的史料来看，《元史》比其他某些正史的

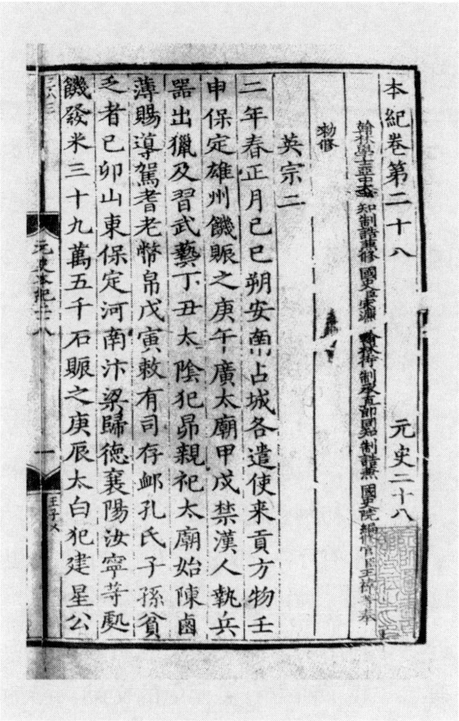
本紀卷第二十八　元史二十八
英宗二
二年春正月己巳朔安南占城各遣使来貢方物壬
申保定雄州饑賑之庚午廣太廟甲戌禁漢人執兵
器出獵及習武藝丁丑太陰犯昴親祀太廟始陳鹵
薄賜導駕耆老幣帛戊寅敕有司存䘏孔氏子孫貧
乏者己卯山東保定河南汴梁歸德襄陽汝寧等郡
饑發米三十九萬五千石賑之庚辰太白犯建星公

明洪武三年内府刻本《元史》

芟削，然而这种做法却起到了保存上述失传史料的作用。就见于列传的蒙古、色目人而言，其中有一小半人已没有别的史料可供参考，对这些当时有很大影响的历史人物的事迹，后世只能通过《元史》才能了解。

书成不久，就有朱右作《元史拾遗》，解缙作《元史正误》，解缙还奉旨改修。清代以来，不断有人重修《元史》。流传到现在的，有邵远平的《元史类编》，魏源的《元史新编》，曾廉的《元书》，柯劭忞的《新元史》，屠寄的《蒙兀儿史记》等。但它们都不能取代《元史》原书。1976年中华书局出版了《元史》标点校勘本，是较好的版本。

史料价值更高。元代的十三朝实录和《经世大典》已经失传，其部分内容赖《元史》得以保存下来。《元史》的本纪和志占去全书一半，而本纪占全书近四分之一，《文宗纪》竟多达一年一卷。有人批评它不合定例，不知

史部·正史

044 新元史

民国·柯劭忞

一人之力，千钧之功

柯劭忞（1848—1933），近现代著名学者，字凤荪，号蓼园，山东胶县人，光绪年间进士，曾任翰林院编修、京师大学堂总监督。民国初年，为废帝溥仪侍讲，以遗老自居；北洋军阀政府请他主持一些学术机构，他除接受主持纂修《清史稿》的职务外，其他都不肯承担。他一生用了较多的时间研究元史，成就以此为最大。

《元史》成书以后，当时就有很多人不满意，陆续有许多学者纷纷著书对《元史》作增补考证，但仍有许多遗漏。直到清末民初柯劭忞撰成了《新元史》，才有了一部差强人意的元代史书。柯劭忞以《元史》为底本，利用明清有关元史的研究，又吸收了西方有关元史的文献，斟酌损益，重加编撰，历经三十年，于1920年修成《新元史》。第二年，北洋政府总统徐世昌，明令把《新元史》列入正史，1922年刊行于世，遂有“二十五史”之名。

《新元史》对蒙古族世系源流、诸大汗国始末、元末农民起义领袖、宋末入元隐逸志士增立纪传，对百官、兵、刑、食货等志多有辑补，是近代篇幅巨大的

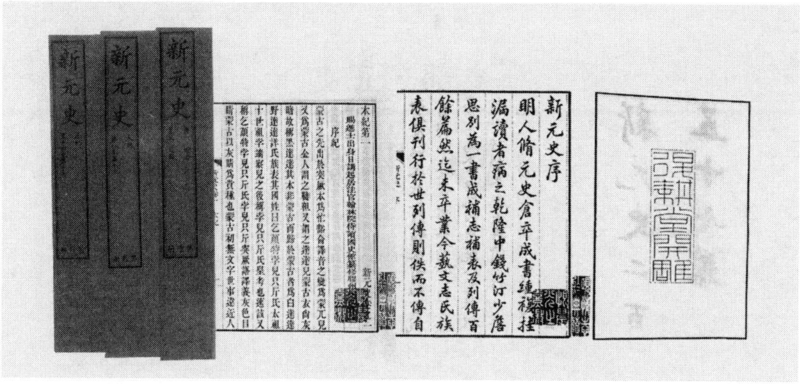

民国十一年徐氏退耕堂刊本《新元史》

一部断代史。全书二百五十七卷，包括本纪二十六卷，表七卷，志七十卷，列传一百五十四卷。体例基本沿袭旧史，但也有一些改动。内容则比《元史》充实得多，补充了元兴之前的蒙古史事及元亡之后的北元史事；增立了许多列传，如元初不肯降元的一些英雄志士，尤其是元末农民大起义中的领袖人物，如韩林儿、徐寿辉、张士诚、陈友谅等，详述他们的事迹；纠正了《元史》的一些错误，将《元史》的列传编排不合理之处做了合理的调整。不过《新元史》仍未脱历代重修旧史之弊，叠床架屋，卷帙浩繁，缺《艺文志》，《释老传》里也没有补上回教传和耶教传。加之书首没有叙例，所引资料亦未注明出处，用来深感不便。虽然如此，《新元史》集明清学者研究元史之大成，以一人之力成此巨著，功不可没。近人李思纯在《元史学》中说：“其书（指《新元史》）兼具全部改造与详备博赡之二种长处。中国元史学之有柯劭忞，正如集百川之归流以成大海，集众土之积累以成高峰。”

有民国九年（1920）天津徐氏退耕堂刻本。

史部·正史

045 明史

清·张廷玉等

一波三折，百年乃成

张廷玉（1672—1755），字衡臣，号研斋，安徽桐城人。康熙三十九年（1700）进士，历官内阁学士、吏部侍郎。清世宗继位，擢礼部尚书，入直南书房。任《圣祖实录》副总裁，纂修缮写实录及起居注，深合上意，又任《明史》总裁，为世宗所倚任，军国大事，多与参决，鸿典巨文，也多出其手。张廷玉为人谨小慎微，谨守“万言万当，不如一默”，故世宗赞扬他“器量纯全，抒诚供职”，称其为“大臣中第一宣力者”。

《明史》是清代官修的记述明代历史的纪传体史书，始纂于康熙十八年（1679），乾隆四年（1739），保和殿大学士张廷玉等在康熙时所撰《明史稿》的基础上撰成。从顺治二年（1645）开史馆起历时九十五年，是中国历史上纂修时间最长的一部官修史书。全书共三百三十二卷，包括本纪二十四卷、志七十五卷、表十三卷、列传二百二十卷，另有目录四卷。该书取材于《明实录》《大明会典》、档册、邸报，以及文集、奏议、稗史、方志、传记等有关著述和材料，以编纂得体、材料翔实、叙事稳妥、行文简洁为史家所称道，反

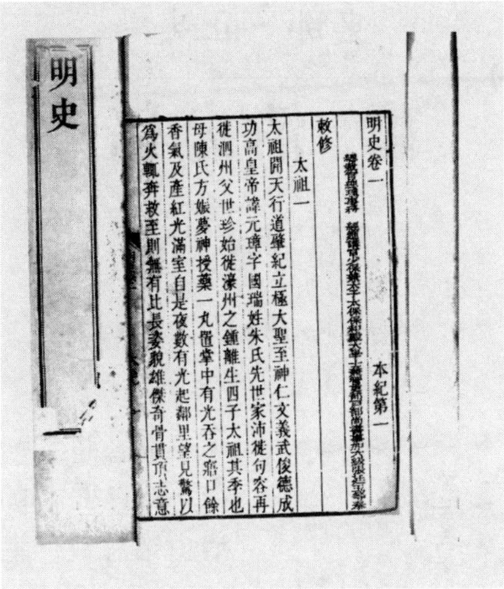
明史

明史卷一　　本紀第一
敕修
太祖一
太祖開天行道肇紀立極大聖至神仁文義武俊德成
功高皇帝諱元璋字國瑞姓朱氏先世家沛徙句容再
徙泗州父世珍始徙濠州之鍾離生四子太祖其季也
母陳氏方娠夢神授藥一丸置掌中有光吞之寤口餘
香氣及產紅光滿室自是夜數有光起鄰里望見驚以
爲火輒奔救至則無有比長姿貌雄傑奇骨貫頂志意

清乾隆四年武英殿刊本

映出编者对史实的考订、史料的运用、史事的贯通以及语言的驾驭能力都达到较高的水平。《明史》体例多有不同于前代正史或其他史书者。建文、景泰两朝均列为本纪，不同于《明实录》的附录形式；《历志》中的图表，简便易明，为过去所未有；《艺文志》只记述明代著述，不同于前代正史中的《艺文志》；在表的部分，较前代诸史增加了《七卿表》；另专门立有《阉党》《流贼》《土司》等列传，突出记述了明代的主要社会问题，为了解明代宦官、农民起义和民族关系，提供了比较集中、系统的材料。《明史》的记事有些过于简略，立传的人物也不够完备，且多回护之处，是为其不足。

现通行的《明史》版本是乾隆四年（1739）的武英殿原刊本，1974年中华书局又据以校勘、标点出版。

史部·正史

046 清史稿

民国·赵尔巽等

草书之笔，急就之章

赵尔巽（1844—1927），字公镶，号次珊，清末汉军正蓝旗人。同治进士，授翰林院编修，历官安徽、陕西等省布政使，署理山西巡抚。光绪二十九年（1903）署湖南巡抚，是年冬奏准将湖南阜湘、沅丰两矿务公司并为湖南全省矿务总公司，垄断全省采矿、炼砂之权，抵制外国侵略者攫取湖南的矿权。倡导教育改革，将长沙所有书院改为新式学堂。后历任户部尚书、盛京将军、湖广总督、四川总督及东三省总督。武昌起义后避居青岛，1914年，他被北京政府委为清史馆总裁，主编《清史稿》，为“二十六史”之一。

《清史稿》是记载中国清代史事的纪传体史书，上起努尔哈赤称帝，下至宣统三年（1911）清朝灭亡，并涉及辛亥革命后张勋复辟、溥仪离宫出走天津、王国维投昆明湖自杀等事件。全书共计五百二十九卷：本纪二十五卷，共十二帝；志一百三十五卷，共十六类，其中《交通志》《邦交志》为前史所无；表五十三卷，共十类；传三百一十六卷，畴人、藩部、属国三传为新创。1914年，民国特设清史馆编修该书，至1927年基本完成，先后参与其事者有百余人。该书以丰富的史料为基础，按传统史书体裁，详细叙述了清代的人物、史事及典章制度，是一部较重要的大型清史著作。但由于编纂者多系清代遗老，顽固地站在清代统治者的立场上，对其统治大加褒扬，而对反清人物、史事则一概加以贬斥，更因成于众人之手，彼此照应不够，完稿后既未经仔细核改，刊行时又不认真校对，是以体例不一，繁简失当，以致年月、事实、人名、地名之类错误往往可见。赵尔巽在《发刊缀言》中指出，本书是“作为史稿披露”的“急就之章”，“并非视为成书”。该书付印时只为“初稿”，亦称“未定稿”，未能作为正史得到当时官方的承认。

《清史稿》有关内本及关外本之分。1976年中华书局点校本是以关外二次本为底本出版的。

047 逸周书

战国

收之圣人，失之圣人

《逸周书》原名《周书》，晋代始称此名，《隋书·经籍志》又误题为《汲冢周书》（实际并非汲冢所出），相传乃孔子所删百篇之余，故不入六经。作者不详。此书经后代学者考定为先秦古籍，与《尚书》相类，是一部周时诰誓辞命的记言性史书。今本全书十卷，正文七十篇，其叙事上起文王、武王，下至春秋后期的灵王、景王。内容庞杂，体例不一，性质各异，如前三篇皆以王者师的口吻，讲为政牧民之道；第五篇和第十一篇讲救助灾荒的措施与制度；第六至十篇等均类兵家言；而自第十一篇以下，各篇又多以“维（王）某祀（或某月）”的形式开头，记事或言；第三十至五十篇，主要记伐商前后事；第五十一、五十二篇是有关天文历法的文字等等。其中不少事实，可以和《史记》《礼记》《周礼》等典籍中的记载相互印证。如《克殷》篇所载周武王待首于太白事及《度邑》《作雒》篇所载周公营建洛邑事等，皆为研究周代历史的重要史料。然此书文字多误脱，还间杂有后人羼补、更动之作，尤须注意。

由于《逸周书》部分内容

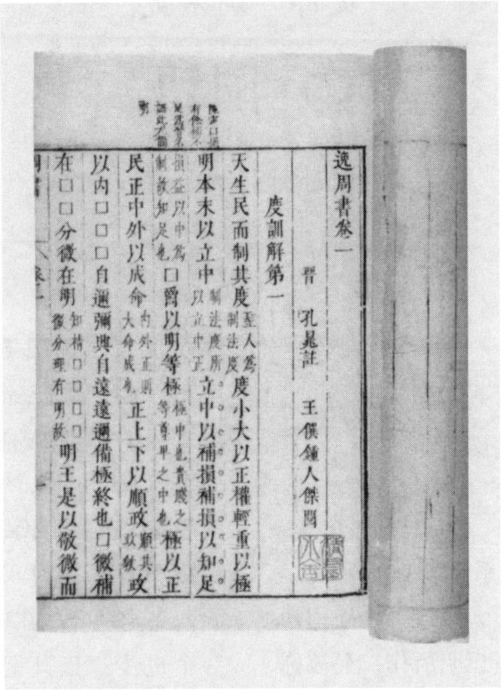

逸周書卷一

晉 孔晁註　王　鍾人傑閱

度訓解第一

天生民而制其度　度小大以正權輕重以極

明本末以立中　立中以補損補損以知足

□爵以明等極　極以正

民正中外以成命　正上下以順政　政

以內□□□自邇彌興自遠遠邇備極終也□微補

在□□分微在明　明王是以敬微而

明末王潩、钟人杰评阅本《逸周书》

及思想与儒家道德理论相违背，其书在清代以前一直不太受人重视，清代以来颇受关注，注者数家，以朱右曾《周书集训校释》流传最广，另有潘振《周书解义》、陈逢衡《周书补注》、唐大沛《逸周书分编句释》，及王念孙《读逸周书杂志》、俞樾《周书平议》、刘师培《周书补正》和陈汉章《周书后案》，均可参考。

史部·别杂史

048 国语

旧题战国·左丘明

风云一代，春秋八国

《国语》系记言体国别史，共二十一篇，大致成书于战国初年，相传为左丘明所作，又被称为《春秋外传》，和作为《春秋内传》的《左传》并列，两书互为表里，互相参证。

《国语》是一部历史文集汇编，关于春秋八个国家史事的记载详略不同，文风迥异，非出自一人之手，可能为当时各国史官所记载，再经整理润色而成，至西汉刘向考校最后定型。《国语》以国分类，各自成章，记载了上自西周穆王征犬戎，下至韩、赵、魏三家灭智伯，约五百年的历史。《国语》以记言为主，兼以记事，通过上层统治阶级士大夫的言论、辩论来反映历史事件，探讨兴衰治乱之根源，史论结合，在史学思想上是一个进步；且其记叙涉及边远地区，也记载了诸如经济、制度、风俗等方面的内容，可补《左传》之阙。

关于《国语》的评价，较为复杂。在先秦典籍中受责难最多的就是此书。直至清代，崔述仍在批评其“荒唐诬妄，自相矛盾”，“文词支蔓，冗弱无骨”。其原因一是在于其对各国历史分别叙述，难成体系；二是在于其

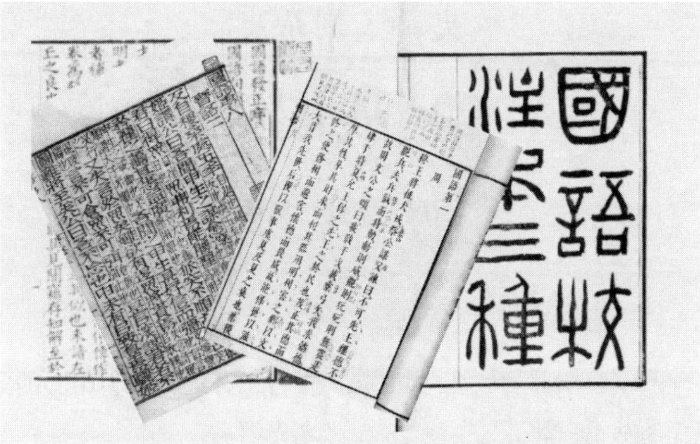

古本《国语》

有较浓重的神秘色彩，遇事求神问卜；三是在于其所述情节每多虚构，一直受人诟病。这里，有必要为《国语》“伸冤”。首先，这是一本史料汇编，各国史官难免风格不同，不能苛求；其次，在神与人的关系上，已是人神并重，由对天命的崇拜，转向对人事的重视，重视人民在江山社稷中的作用；最后一点，实际上是《国语》最具特色的部分，其虚构的章节往往是全书的点睛之笔，如骊姬夜半而泣进谗言（《晋语一》），非第三者能知，显然是作者援情度理的虚构，却成功刻画出一个口蜜腹剑、阴险狠毒的人物形象，这正是《国语》值得为之喝彩之处。

《国语》现存的版本，有宋代刻印的两种本子，一为昭道本，一为公序本。《四部备要》本即是据清士礼居翻刻的昭道本排印的，而《四部丛刊》本则是据明代翻刻的公序本影印的。

史部·别杂史

049 战国策

西汉·刘向　集录

纵横四方，睥睨天地

《战国策》者，战国游士辅所用之国，为之策谋，故名之，为战国时期的史料汇编，共三十三篇，四百九十章。非一时一人之作，最初也没有统一的名字，“或曰国策，或曰国事，或曰短长，或曰事语，或曰长书，或曰修书”，刘向在整理编订为一书之后，才确立了现在的书名。《战国策》为叙事体，以记言为主，以国分类，各自成策，反映了各诸侯国之间尖锐复杂的兼并斗争和谋臣策士往来游说的言行，开以人物为中心的纪传体之先河。

《战国策》对历史记叙的忠实性不敢恭维，记叙史实简略，又有颇多失实之处。不似《左传》，有浓郁的神的色彩，这里活动的主角完全是有血有肉的人，是战国的辩士、处士、隐士，抛开了道德、善恶的评判，反映士的独特价值，从人格力量上予以肯定。可以说，《战国策》反映了另外一种真实，用现在的话来说，就是心态真实，作者往往对自己笔下的人物过分偏爱，倾慕非常，甚至不惜以牺牲史实为代价。

战国时代，是英雄辈出的时代，翻开《战国策》，一个没

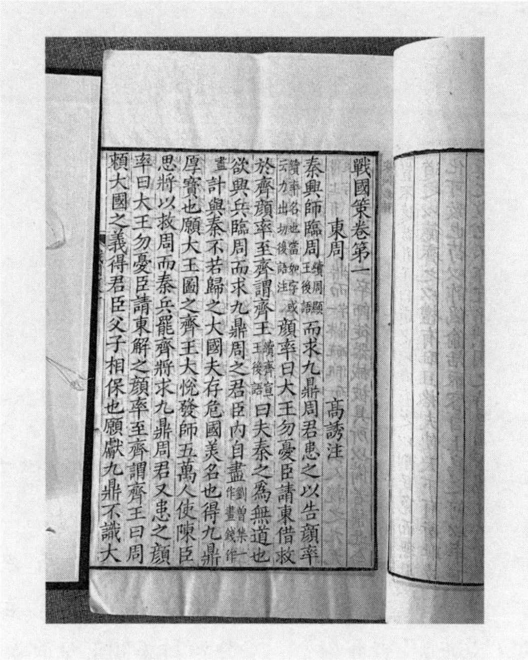
戰國策卷第一
東周 高誘注
秦興師臨周（續周顯王後語）而求九鼎周君患之以告顏率
（續率名也當如字或云力出切後語注）顏率曰大王勿憂臣請東借救
於齊顏率至齊謂齊王（續齊宣王後語）曰夫秦之為無道也
欲興兵臨周而求九鼎周之君臣內自畫（劉曾集一作畫錢作）
（畫）計與秦不若歸之大國夫存危國美名也得九鼎
厚寶也願大王圖之齊王大悅發師五萬人使陳臣
思將以救周而秦兵罷齊將求九鼎周君又患之顏
率曰大王勿憂臣請東解之顏率至齊謂齊王曰周
賴大國之義得君臣父子相保也願獻九鼎不識大

清嘉庆覆刻宋版《战国策》

有硝烟的战场向你敞开，这是一个辩丽横肆、铺张扬厉、气势纵横而又从容不迫的世界，别出心裁的寓言、风趣形象的比喻，或体验衣锦还乡、指点江山、易水送别之豪迈慷慨，或深味落魄江湖、功败垂成、寄人篱下之炎凉无奈，你可以游走于“战国七雄”之间，仿佛时间与空间尚未销蚀掉舌尖的锋芒与力量，男儿不佩剑，同样可以笑傲人间。

最早为《战国策》作注的是东汉的高诱。至北宋曾巩合诸家之本作了订补，后世递有补注。今有金正炜《战国策补释》和缪文远《战国策新校注》，是目前较好的校注本。通行本有上海古籍出版社1985年点校本。

史部·别杂史

050 列女传

西汉·刘向

女子无才便是德

刘向，见《说苑》作者介绍。

《列女传》成书具体时间不详，成书后历朝屡经传写，补入不少汉代之后各朝的列女传记，到宋代已非原本。现在所见之《四部丛刊》本，共七卷，分别为《母仪》《贤明》《仁智》《贞顺》《节义》《辨通》《孽嬖》，每卷介绍十五名女子，历述各人之功德，前六卷末皆有颂。古籍中记录妇女事迹如此详尽的并不多见，故该书影响较大。

《四部丛刊》称《古列女传》，六卷之外尚有一卷，名《续列女传》，撰者不详，为后人所加。《四部备要》收《列女传校注》，是清代梁端的注本，分卷与《四部丛刊》相同。今有上海古籍出版社1978年3月版。

清光绪振绮堂本《列女传校注》

史部 · 别杂史

051 吴越春秋

东汉 · 赵晔

不类信史，反类小说

赵晔，生卒年不详，字长君，会稽山阴人，少为县吏，耻迎送上官，遂弃车马归，从杜抚学《韩诗》，积二十年乃归，州召补从事，不就，后举有道，卒于家。

《吴越春秋》记载春秋末期吴、越两国攻伐争霸之事。《隋书 · 经籍志》《旧唐书 · 经籍志》《郡斋读书志》都著录为十二卷，宋以后残缺。今传世本《吴越春秋》仅十卷，前五卷记吴事，称“内传”，后五卷记越事，称“外传”。《吴越春秋》编排史事较为系统，但因多有神仙怪异，复加以作者的主观色彩，不类信史，反类小说。某些记载颇有特色，如孙武为吴将等较《史记》为详。

古本有元大德十年刊本，附徐天佑音注；又有明弘治邝璠翻刻本；清顾观光《吴越春秋校勘记》以元大德本为底本，以《太平御览》《初学记》《文选》《史记》等校勘。周生春先生的《吴越春秋辑校汇考》是目前《吴越春秋》较好的校正版本。

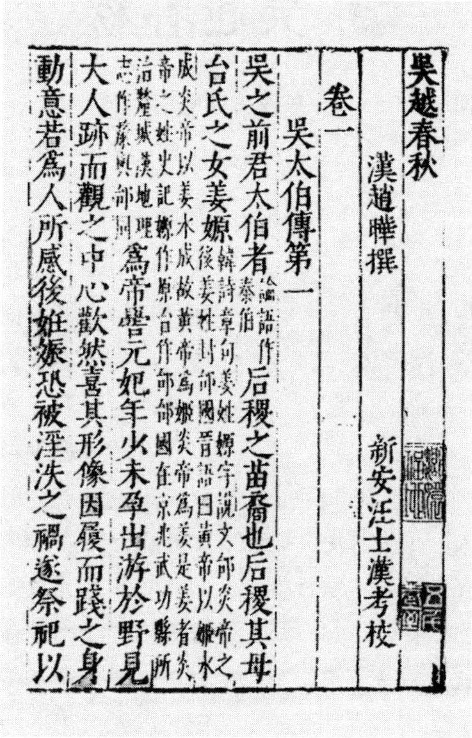

吳越春秋

漢趙曄撰　　新安汪士漢考校

卷一

吳太伯傳第一

吳之前君太伯者論語作泰伯后稷之苗裔也后稷其母台氏之女姜嫄韓詩章句姜姓嫄字說文邰炎帝之後姜姓封邰國晉語曰黃帝以姬水成炎帝以姜水成故黃帝爲姬炎帝爲姜是姜者炎帝之姓史記邰作斄台作邰國在京兆武功縣所治斄城漢地理志作斄與邰同爲帝嚳元妃年少未孕出游於野見大人跡而觀之中心歡然喜其形像因履而踐之身動意若爲人所感後姙娠恐被淫泆之禍遂祭祀以

清刊本《吴越春秋》

史部·别杂史

052 越绝书

东汉·袁康、吴平

吴言越语，君问臣答

《越绝书》作者不详，《四库全书总目》认为作者是东汉的袁康和吴平，二人生卒年均不详。

《越绝书》主要记载春秋末年吴、越两国的历史文化，是我国地方志的鼻祖。今存十五卷，传世本共十九篇，其中称经者二篇，余皆为传，内传六篇，外传十一篇。各篇皆直叙其事，中间多载吴越君臣问答之语，杂有议论。该书思想内容庞杂，涉及历史、方志、权谋、兵法等多方面，不少记载颇能保持历史原貌，具有珍贵的史料价值。

最早刻本为南宋嘉定本；明嘉靖二十三年张佳胤双柏堂刻本较好，今《四部丛刊》本即影印此本；1956年商务印书馆有张宗祥校注本，附清钱培名、俞樾《札记》二种；1959年中华书局有排印本；又有上海古籍出版社1985年排印本。

053 人物志

三国魏·刘劭

知人善任，书中伯乐

刘劭，生卒年不详，三国时著名政治家、思想家、文学家。曾在魏国担任多种官职，官拜散骑常侍，后执经讲学，赐爵关内侯。刘劭思虑玄远，博学多才，特别擅长品评、鉴别人才。

《人物志》又名《鉴人智源》，分上、中、下三卷，共十二篇，其篇名为《九征》《体别》《流业》《材理》《材能》《利害》《接识》《英雄》《八观》《七缪》《效难》《释争》。全书内容以儒家思想为主，兼采道、法、名、阴阳各家学说，对人的本性、道德、才能、性格以及识别、选取、任用人才的理论和方法作了全面论述。

《人物志》是我国第一部人才学专著，纳诸家学说，集道德、仁义、才能、功利诸种观点，用来品评人物，将人才学、心理学、伦理学和政治融为一体，奠定了中国人才学的理论框架。它的出现，满足了汉魏时期选官制度的时代需求，也得益于当时人才学的积累，此外刘劭本人的政治实践与才华，使《人物志》最终成书。《人物志》以人君为核心，以各类人才为主导，将不同人才的生理、心理、个性、才能、政治风格和道德修养

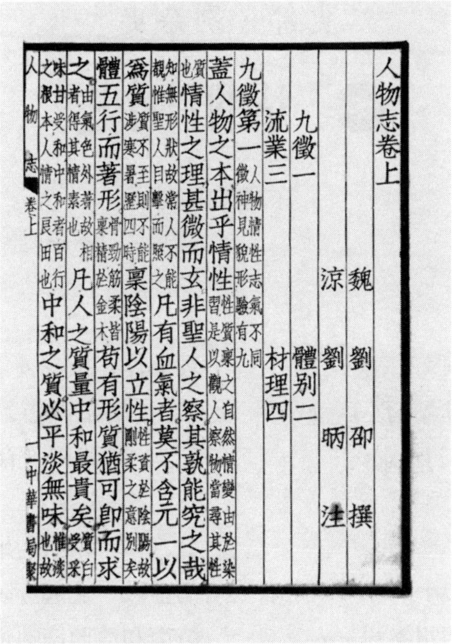

人物志卷上

魏 劉卲 撰

涼 劉昞 注

九徵一 體別二

流業三 材理四

九徵第一人物情性志氣不同徵神見貌形驗有九

蓋人物之本出乎情性性質稟之自然情變由於染習是以觀人察物當尋其性質也情性之理甚微而玄非聖人之察其孰能究之哉知無形狀故常人不能觀惟聖人目擊而照之凡有血氣者莫不含元一以為質質不至則不能涉寒暑歷四時稟陰陽以立性性資於陰陽故剛柔之意別矣體五行而著形骨勁筋柔皆稟精於金木苟有形質猶可即而求之由氣色外著故相者得其情素也凡人之質量中和最貴矣質白受采味甘受和中和者百行之根本人情之良田也中和之質必平淡無味惟淡也故

人物志 卷上 一 中華書局聚

《人物志》书影

等，巧妙地统一起来，形成了一件多维结构的理论珍品，构思精巧，表达精美。曾国藩不吝置之案头，朝夕研磨。如果说《论语》为处世之书，《孙子兵法》为战伐之书，《韩非子》为统治之书，那么《人物志》即可当之无愧而为识人之书。

整理本有巴蜀书社2001年李崇智《人物志校笺》、中华书局2019年王晓毅《人物志译注》。

史部·别杂史

054 华阳国志

东晋·常璩

巴蜀春秋，美不胜收

常璩（约291—361），东晋蜀郡江原（今四川崇州）人。自后汉迄晋世，常氏世代为官，乃江原巨族。氐人李氏在四川建立成汉政权以后，着意网罗旧家大族，李期、李寿之世，常璩任成汉史官，有机会读到宫中图籍版档，曾撰《梁益二州地志》《巴汉志》《蜀志》《南中志》等书。东晋永和三年（347），桓温伐蜀，常璩与中书监王嘏等劝李势降晋。入晋后，受到歧视，不再汲汲于仕进，转而发愤著书，整理旧作，撰成《华阳国志》。

《华阳国志》又名《华阳国记》，是我国现存最早的方志之一。全书共十二卷，包括三部分：一至四卷为地理部，所涉及的疆域，北起今陕甘南部，南至滇南和滇西南边境，西起川西地区，东至长江三峡；五至九卷为历史部，采用编年体形式，时间从远古蚕丛、鱼凫的传说时期起，迄东晋咸康五年（339）止，其叙述的侧重点，则在公孙述、刘焉据蜀时期，三国蜀汉时期和氐李成汉统治时期；十至十二卷为人物部，记载自西汉迄东晋初年的“贤士贞女”。该书体制完备，资料丰富，考证翔实，具有很高的史料价值。《华阳国志》

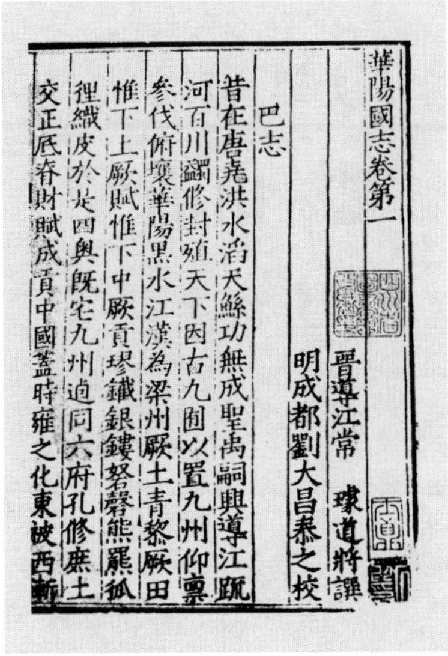
華陽國志卷第一
晉導江常璩道將譔
明成都劉大昌泰之校
巴志
昔在唐堯洪水滔天鯀功無成聖禹嗣興導江疏
河百川蠲修封殖天下因古九囿以置九州仰禀
參伐俯壤華陽黑水江漢為梁州厥土青黎厥田
惟下上厥賦惟下中厥貢璆鐵銀鏤砮磬熊羆狐
貍織皮於是四奥既宅九州攸同六府孔修庶土
交正厎慎財賦成貢中國蓋時雍之化東被西漸

明嘉靖四十三年刘大昌刻本《华阳国志》

在内容上历史、地理、人物的三结合，体裁上地理志、编年史、人物传的三结合，是方志史上的一个创举。各志前每有总序，各郡前又必有分序，提纲挈领，至为条理，行文典雅，言简意赅，优美生动。范晔著《后汉书》，裴松之注《三国志》，曾大量采用其文，后来崔鸿著《十六国春秋》、郦道元注《水经》、刘昭注《后汉志》，凡涉及西南史地者，亦无不尽量吸收《华阳国志》的成果。从《隋书·经籍志》开始，历代书志均加著录。任乃强先生认为“其开我国地方史志创造之局，有如《史记》之于我国史籍”。

现存最早刻本有明嘉靖四十三年张佳胤蒲州刻本，另有刘大昌本（明嘉靖四十三年）、钱谷抄本（明嘉靖、隆庆间）、函海本（清乾隆四十七年丁杰、李调元）、题襟馆本（清嘉庆十九年廖寅），上海古籍出版社1987年版任乃强校补图注本。

史部·别杂史

055 山海经

山中奇谭，海外奇观

《山海经》乃古代地理类史书，撰者不详，今本为十八卷，计《山经》五卷、《海经》十三卷。《山经》主要讲述山川地理、矿产，以及奇禽异兽、怪蛇怪鱼、珍奇草木等；《海经》包括《海内经》《海外经》和《大荒经》三部分，主要记叙海内外各种国家和民族的神奇物产及历史、传说。《山海经》全书记大小名山五千三百七十座，河流大泽三百余，动物百二十七种，异国九十五个。所载地理、博物、故事、巫术、神话极为丰富，自古号称奇书，具有“百科全书”的性质，影响深远。正如神话学家袁珂所言，《山海经》“非特史地之权舆，亦乃神话之渊府”。鲁迅就十分喜爱《山海经》，儿时为之着迷，后来研究古代小说史，又将其定义为“古之巫书”，在他最后一部著作《故事新编》里，一共有8篇小说，有3篇取材于《山海经》，可见《山海经》一直贯穿着他的阅读、研究和创作生涯。

《山海经》传本较多，除各种单行本外，收入丛书者有《道藏》本、《四库全书》本、《格致丛书》本、《二十二子》本、《百子全书》本、《四库备要》本、《龙溪精舍丛书》本等。现存最早的注本是晋郭璞《山海

清光绪石印本《山海经》

经注》。清郝懿行采前人注释之长，撰《山海经笺疏》十八卷，别为《订论》一卷，贡献甚大。今人袁珂《山海经校注》集诸家之长而又时有发明，通行本有上海古籍出版社1980年版。

056 水经注

北魏·郦道元

别开生面，妙不可言

郦道元（约470—527），字善长，范阳涿县（今河北涿州）人，出身官宦世家，后入仕途。道元好学，博览群书。晚年因遭谗言，被雍州刺史杀害。

《水经注》为郦道元注释《水经》并记述全国河道水系的历史地理专著，共四十卷，成书年代尚无定论，当在延昌四年（515）至孝昌三年（527）之间。《水经注》沿用《水经》因水证地之法，以河水（黄河）和江水（长江）为主线，依自然地理特点，由南向北分述南北朝时期遍布我国甚至域外的大小河流一千二百五十二条，囊括了人文地理、自然地理和历史资料三方面的内容，引用古文献四百三十余种，采录了许多今已失传的金石碑刻、民间传说、诗词歌赋，具有极高的学术价值。

据说郦道元任职期间，以执法威猛严峻著称，甚至曾经因“严酷”被免职，以这样的态度治学，其严谨可想而知。该书既是一部严肃的学术专著，也是不可多得的散文佳作，其文笔深峭清丽，精妙优美，在实事求是地记述地理历史之际，穿插了多姿多彩的传说故事和风土人情，增强了文章的可读性，许多成为脍

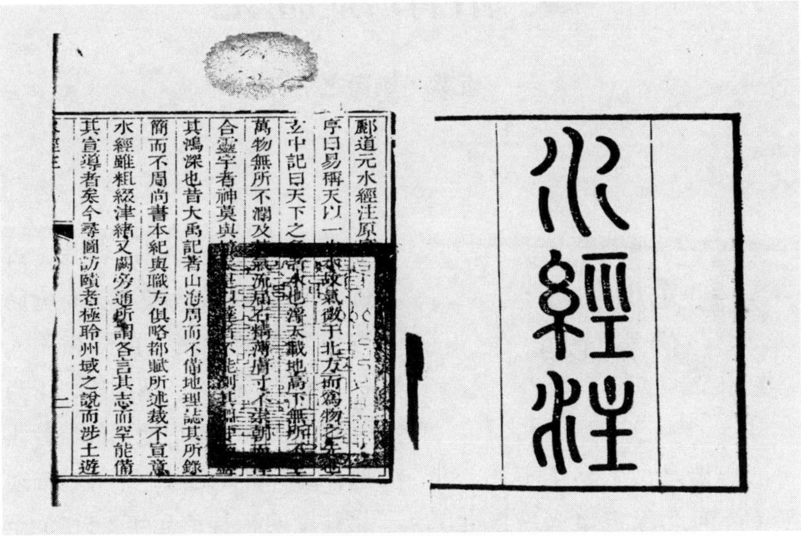
水經注

酈道元水經注原序
序曰易稱天以一生水故氣微于北方而爲物之先也
玄中記曰天下之多者水也浮天載地高下無所不至
萬物無所不潤及其氣流屆石精薄膚寸不崇朝而澤
合靈宇者神莫與並矣是以達者不能測其淵沖而盡
其鴻深也昔大禹記著山海周而不備地理誌其所錄
簡而不周尚書本紀與職方俱略都賦所述裁不宣意
水經雖粗綴津緒又闕旁通所謂各言其志而罕能備
其宣導者矣今尋圖訪賾者極聆州域之說而涉土遊

*武英殿聚珍本《水经注》

炙人口、传诵一时的名篇。唐代李白、柳宗元以及宋代的苏轼，都对其十分推崇。苏轼曾说过：“嗟我乐何深，水经亦屡读。”苏子尚且如此喜爱，不妨亲自验证一番。

该书注本以清全祖望《七校水经注》、王先谦《合校水经注》及近人杨守敬、熊会贞《水经注疏》最为著名。今有上海人民出版社1984年版的王国维《水经注校》。

史部·别杂史

057 洛阳伽蓝记

北魏·杨衒之

梵乐已远，佛香犹闻

杨衒之，生卒年不详，北平（今河北保定市满城区北）人，博学多才，以文章传家，与佛界人士多往来，亲睹洛阳城佛寺兴衰，感慨系之，乃撰《洛阳伽蓝记》。

伽蓝，梵文音译，僧伽蓝摩之略称，意译为“众园”或“僧院”，为佛教寺院之统称。《洛阳伽蓝记》乃北魏都城洛阳的佛寺及园林建筑志，成书于东魏武定五年（547）。全书按地域分为五卷：前四卷记载洛阳的城址、佛寺、住宅、名胜、古迹，其体例为先写立寺人、寺庙方位及建筑风格，再写相关人物、事件、传说、逸闻等，于当时豪门贵族、僧侣地主的骄奢淫逸，寓有讥评之意；第五卷描述北魏孝明帝神龟元年（518）至正光元年（520）宋云、惠生西域取经所经各国的地理、山川、物产、风俗、习惯，为中西交通史的重要资料。其文笔生动优美，“秾丽秀逸，烦而不厌”，兼用骈俪，风格与《世说新语》相类，亦是上品文章，为我国早期地区专业志的佳作之一。

北魏之际，佛教盛行，寺庙林立，僧尼遍布，杨衒之著该书之目的一为存史，二为劝诫资

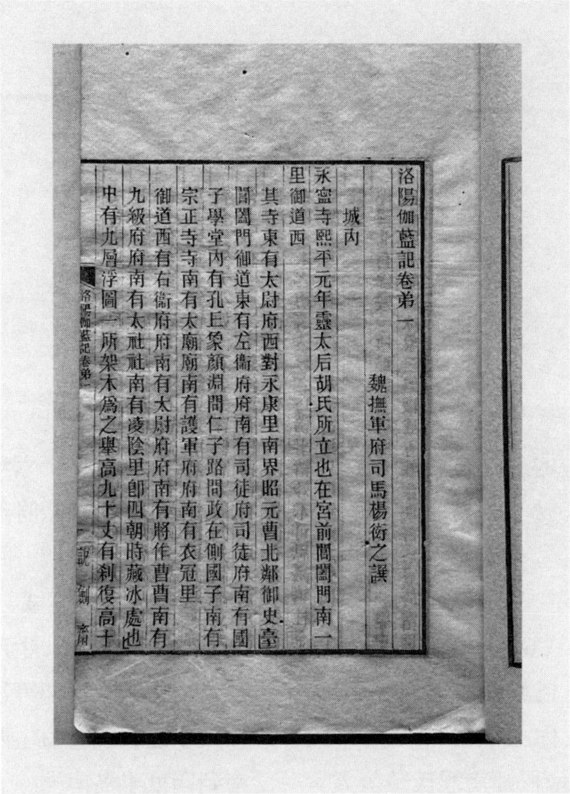

洛陽伽藍記卷第一

魏撫軍府司馬楊衒之譔

城內

永寧寺熙平元年靈太后胡氏所立也在宮前閶闔門南一
里御道西

其寺東有太尉府西對永康里南界昭元曹北鄰御史臺
閶闔門御道東有左衛府府南有司徒府司徒府南有國
子學堂內有孔丘象顏淵問仁子路問政在側國子南有
宗正寺寺南有太廟廟南有護軍府府南有衣冠里
御道西有右衛府府南有太尉府府南有將作曹曹南有
九級府府南有太社社南有凌陰里即四朝時藏冰處也
中有九層浮圖一所架木爲之舉高九十丈有刹復高十

清光绪刊本《洛阳伽蓝记》

政，借古讽今，臧否人物。使今人得以流连忘返于青灯古佛之际，梦回洛阳古都，察其风俗，观其人物，增广逸闻，陶冶情致，世代兴废，繁华不过一瞬，幸赖才人之笔，斯时可存，敢不趋而读之？

该书版本以明嘉靖隐堂本最善，另有《四部备要》本、《丛书集成》本等。今有古典文学出版社1958年范祥雍校注本。

058 大唐西域记

唐·玄奘 述，辩机 编

遐方异俗，绝壤殊风

玄奘（600—664），唐代著名高僧，俗姓陈，名炜，法名玄奘，敬称三藏法师，洛州缑氏（今河南偃师南缑氏镇）人，出生于一个世代儒学之家。贞观元年（627），玄奘为了探究佛学，寻求经典，从长安（今陕西西安）出发，经西域各国抵达印度。在印度遍访名师，游学各地，搜求经典，于贞观十九年（645）返回长安。遵太宗意旨，玄奘口述，门人辩机笔录，撰写而成《大唐西域记》。

《大唐西域记》凡十二卷，为玄奘西行印度十六年间之游历见闻录。书中按亲身经历的先后为序，记述了西域一百二十八个邦国的都城、疆域、地理、历史、语言、文化、生产生活、物产风俗、宗教信仰等情况，范围涉及东起我国新疆、西尽伊朗、南到印度半岛南端、北达吉尔吉斯斯坦、东北到孟加拉国这一广阔地区。内容丰富，叙事翔实，再加上执笔人辩机学精内外典，文笔优美简洁，使全书增色不少。《大唐西域记》已问世一千三百多年，随着时光的流逝，愈加显示出这部著作的灿烂光辉。对于具有悠久文明的印度古国而言，此书是基本史料，7

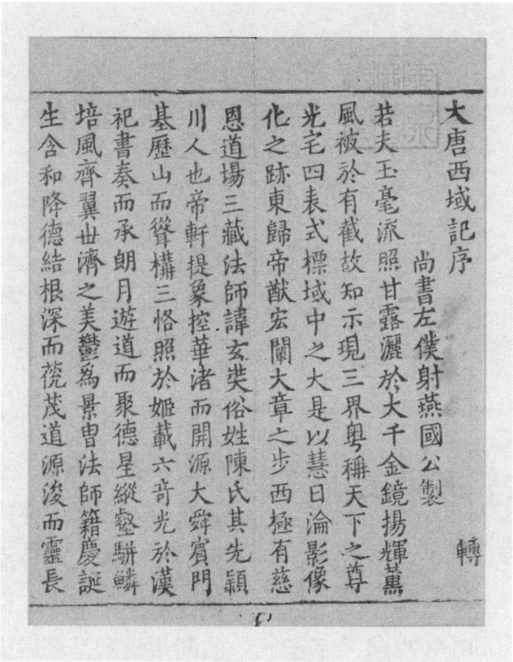

大唐西域記序

尚書左僕射燕國公製　轉

若夫玉毫派照甘露灑於大千金鏡揚輝薫
風被於有截故知示現三界粤稱天下之尊
光宅四表式標域中之大是以慧日淪影像
化之跡東歸帝猷宏闡大章之步西極有慈
恩道揚三藏法師諱玄奘俗姓陳氏其先潁
川人也帝軒提象控華渚而開源大舜賓門
基歷山而聳構三恪照於姬載六奇光於漢
祀書奏而承朗月遊道而聚德星縱壑騈鱗
培風齊翼世濟之美鬱爲景胄法師籍慶誕
生含和降德結根深而莌茂道源浚而靈長

南宋绍兴二年刊本《大唐西域记》

世纪前后印度混沌的历史地理，赖此书得以在幽暗中略睹光明，散乱中稍存秩序。近代中外学者对它进行了大量的研究，依据《大唐西域记》所提供的线索，对著名的印度那烂陀寺、圣地王舍城、鹿野苑古刹等遗址进行考古发掘，出土了大量的文物，成为考古史上一大奇迹。

现在国内通行的版本有两种，一种为1977年上海人民出版社出版的章巽校点本，一种为1985年中华书局出版的季羡林等校注本。国外版本甚多，主要有儒连（S. Julien）的法文译本、比尔（S. Beal）的英文译本、水谷真成的日文译注本等。

史部·别杂史

059 史通

唐·刘知幾

为史者宜置于座右

刘知幾（661—721），字子玄，唐代彭城（今江苏徐州）人。曾“三为臣史”，“再入东观”，修史二十余年，生平著述甚多，为唐初著名史学家。

《史通》是中国古代第一部系统的史学评论著作，其修撰历经九年，成于景龙四年（710）。全书凡二十卷，分内外篇，内篇三十九篇、外篇十三篇，今存四十九篇。内篇着重论述史书体例、史料采集、史学方法、史家修养；外篇着重论述史官制度、史籍源流并杂评诸史得失，见解中肯，多所贡献。《史通》总结了唐初以前编年体史书和纪传体史书在编纂上的特点，认为这两种体裁不可偏废，而在此基础上的断代史则是今后史书编纂的主要形式。就整体而言，《史通》确实是经过“区分类聚，编而次之”的一部结构完整的史学论著。《史通》成书后不久，即引起社会上的强烈反响。唐代史学家徐坚见而叹曰：“夫为史者宜置于座右也。”其后，因书不见重于时，虽至南宋始有刻本，但博学如朱熹“犹以未获见《史通》为恨”。

现今所见最早版本是明嘉靖十四年（1535）陆深刻本，脱

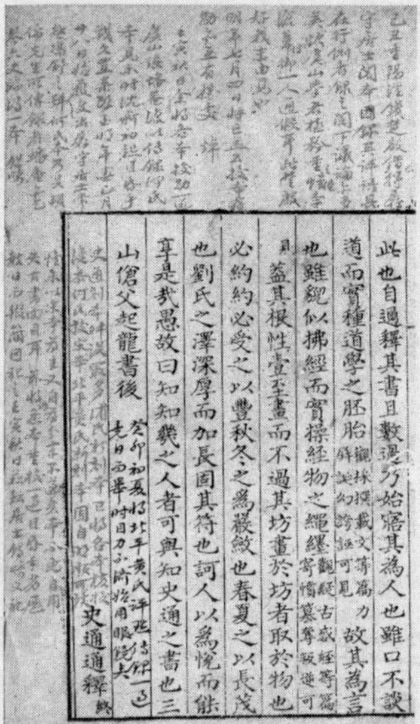

此也自通釋其書且數退乃始竊其為人也雖口不談
道而實種道學之胚胎故其為言
也雖貌似拂經而實操經物之繩纆
蓋其根性豈至晝而不過其坊晝於坊者取於物也
必約約必受之以豐秋冬之為歛斂也春夏之以長茂
也劉氏之澤深厚而加長固其待也訶人以為悖而能
享是哉愚故曰知知幾之人者可與知史通之書也三
山倌父起龍書後
史通通釋

《史通通释》

讹颇多。明万历五年（1577）张之象得见宋刻本，校而刊之，较为完善，1961年中华书局影印刊行。清代有浦起龙的《史通通释》，吸收前人成果，最为详密。1978年上海古籍出版社出版浦起龙的《史通通释》，由王煦华校点，书末附有陈汉章的《史通补释》、杨明照的《史通通释补》和罗常培的《史通增释序》，便于检阅参考。1980年，中华书局出版程千帆校笺的《史通笺记》，在历代各家旧注之外，别著《笺记》以申述，纠正诸家之未及或疏失，新义迭见，是研究《史通》不可缺少的参考书。

史部·别杂史

060 大业拾遗记

旧题　唐·颜师古

隋炀一世，烟花一现

《大业拾遗记》二卷，不知何人所作，旧题唐颜师古撰，亦名《隋遗录》，又名《南部烟花录》。文末有《跋》，言沙门志彻于会昌年间得于上元瓦棺寺阁上，乃《隋书》遗稿，惜多缺落，因补以传；《跋》未署名，可能出自该书作者。书中主要记述了隋炀帝游幸广陵江都时的宫中秘事。王德臣《麈史》称其“可恶可疑”。姚宽《西溪丛语》亦谓其“文极俚俗”，系“流俗伪作此书”。鲁迅《中国小说史略》评其曰：“叙述颇陵乱，多失实，而文笔明丽，情致亦时有绰约可观览者。”

该书《说郛》本、《香艳丛书》本均一卷。《百川学海》本、鲁迅《唐宋传奇集》本，均二卷。2000年，北京出版社出版的史仲文编撰的《中国文言小说百部经典》，亦收有该书。

史部·别杂史

061 贞观政要

唐·吴兢

君贤臣忠，长治久安

吴兢，生卒年不详，汴州（今属河南）人。唐史臣，诏直史馆，修国史。私撰《唐书》《唐春秋》，叙事简核，人以董狐目之。另撰《乐府古题要解》，成就亦高，足堪补史。晚年更撰《贞观政要》，流传至今，影响深远。

《贞观政要》属专题性史书，共十卷，约成书于唐开元八、九年。吴兢写作此书是借古讽今，借歌颂唐太宗时代的德政，告诫后世君王要择善从之，以利江山稳固。此书的体例和方法与《尚书》《国语》相类，所记基本为贞观年间唐太宗与魏徵等四十五位大臣的问答，也有大臣的劝谏奏疏及政治、经济上的重大措施。内容广泛，对唐太宗君臣治国安邦的经验进行了全面总结，将贞观年间的太平盛世展现在读者眼前，对于唐太宗的过错，吴兢也秉笔直书，列举唐太宗晚年的奢靡放纵。因书中论述统治之道，受到历代统治者的重视，9世纪之后的日本皇室、幕府也十分看重此书。

该书现存最早刻本是明洪武三年王氏勤有堂刻本。元代戈直集各古本，加以校释，是为戈本，流传至今。1978年上海古籍出版社以涵芬楼影印之明成化刻戈直注本加以校点刊行。

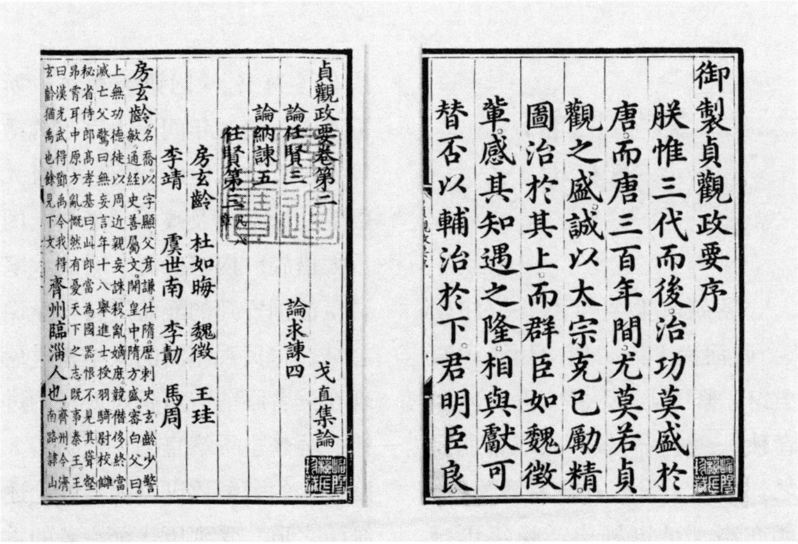

貞觀政要卷第二

戈直集論

論任賢三　論求諫四

論納諫五

任賢第三凡八章

房玄齡　杜如晦　魏徵　王珪

李靖　虞世南　李勣　馬周

房玄齡名喬以字顯父彦謙仕隋歷刺史玄齡少警敏通經史善屬文開皇中隋方盛密白父曰上無功德徒以周近親妄誅殺亂嫡庶競侈終當滅亡父驚曰無妄言年十八舉進士授羽騎尉校讎秘省侍郎高孝基曰此郎當為國器恨不見其聳壑昂霄耳中原方亂慨然有憂天下之志既事秦王王曰漢光武得鄧禹禹今我得玄齡猶禹也餘見下文齊州臨淄人也齊州今濟南路隸山

御製貞觀政要序

朕惟三代而後治功莫盛於唐而唐三百年間尤莫若貞觀之盛誠以太宗克己勵精圖治於其上而群臣如魏徵輩感其知遇之隆相與獻可替否以輔治於下君明臣良

明成化内府刻本《贞观政要》

史部·别杂史

062 吴地记

唐·陆广微

大唐江南，全景苏州

陆广微，生平不详，唐僖宗时人。

《吴地记》一卷，为今存最早的苏州地方志，也是存世不多的唐人地方志之一。书中详记唐时苏州及所领吴、长洲、嘉兴、昆山、常熟、华亭、海盐七县的沿革掌故，举凡山水、地池、坊巷、桥梁、寺观、坛庙、赋税、风物土产、名人墓葬及户口变化、城邑迁改，无不具体而翔实，对研究唐代江南文化及苏州地区的经济人文状况，有重要参考价值。

该书有明吴琯校本，见于《古今逸史》。

史部·别杂史

063 唐六典

唐·李林甫等

建官之制，为政之方

唐开元十年（722），起居舍人陆坚被诏集贤院修《六典》，唐玄宗手写六条纲目：理典（即“治典”，唐人避高宗讳易“治”为“理”）、教典、礼典、政典、刑典、事典，令以类相从，撰录以进。经过十几年间前后众多集贤院学士如毋煚、余钦、咸廙业、孙季良、韦述、陆善经、苑咸等人的不懈努力，由宰相兼学士知院事者领衔主修，历经张说、萧嵩、张九龄，至李林甫知院事任内，于开元二十七年（739）始全部撰成进上，题曰“御撰，李林甫等奉敕注”。因为唐玄宗欲依《周礼》太宰六典之文，成唐六官之典，而唐代官制又与《周礼》迥异，学士们不得已乃“以令式入六司，象《周礼》六官之制，其沿革并入注”的方法，修成此书。

《唐六典》是现存最早的一部会典，所载官制源流自唐初至开元止，凡三十卷，近三十万字，以三师、三公、三省、六部、九寺、五监、十二卫以至地方三府、督府、州县等为目，详述其职官品秩，并注周秦至唐以前的官制沿革。正文记述唐代中央与地方各级政府组织机构、官员编制（包括定员与品级）及其

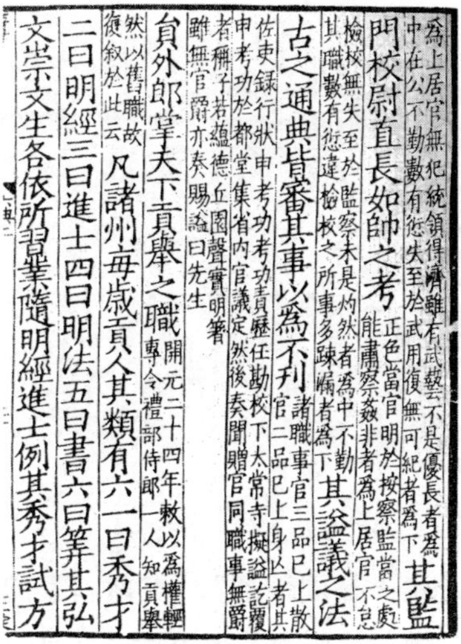
爲上居官無犯統領得濟雖有武藝不是優長者爲
中在公不勤數有愆失至於武用復無可紀者爲下 其監
門校尉直長如帥之考 正色當官明於按察監當之處
能肅察姦非者爲上居官不怠
檢校無失至於監察未是灼然者爲中不勤
其職數有愆違檢校之所事多踈漏者爲下 其謚議之法
古之通典皆審其事以爲不刊 諸職事官三品已上散
官二品已上身亡者其
佐吏録行狀申考功考功責歷任勘校下太常寺擬謚訖覆
申考功於都堂集省内官議定然後奏聞贈官同職事無爵
者稱子若蘊德丘園聲實明著
雖無官爵亦奏賜謚曰先生
員外郎掌天下貢舉之職 開元二十四年敕以爲權輕
專令禮部侍郎一人知貢舉
然以舊職故
復叙於此云 凡諸州每歲貢人其類有六一曰秀才
二曰明經三曰進士四曰明法五曰書六曰筭其弘
文崇文生各依所習業隨明經進士例其秀才試方

影印宋本《大唐六典》

职权范围等内容，层次分明，眉目清晰，便于检索；注文约占全书三分之一，或记职官沿革，或补充具体说明，或附录当代诏敕文诰，均属第一手文献资料。唐代百官职掌所涉及范围至广，其内容兼及唐代的土地制度、赋税土贡、都城规制、宫殿建筑、官方手工业分工、礼乐仪制、文化教育，乃至宗教等政治、经济、文化的许多方面，具有很高的史料价值，是研究唐史，特别是唐代官制极为重要而不可或缺的一部书。

宋代以后，该书各朝均有刊刻，今存版本众多，主要有：南宋绍兴四年（1134）温州州学刻本，残存十五卷，分藏国家图书馆、北京大学图书馆和南京博物院；清嘉庆五年（1800）扫叶山房刻本；清光绪二十一年（1895）广雅书局刻本；日本享保九年（1724）近卫家熙刻本等。日本广池千九郎训点、内田智雄补订本，广池学园事业部1973年刊行本在享保本上用宋残本校注，脱文也据宋本补入，成为较完善的本子。1991年，西安三秦出版社有影印本。1983年中华书局《古逸丛书三编》影印现存十五卷残宋本。目前最为完善的本子是1992年中华书局出版陈仲夫点校本，吸收了中日各本的校勘成果，汇为一编。

064 通典

唐·杜佑

典章制度之通史，经国治世之良模

杜佑（735—812），字君卿，京兆万年（今陕西西安）人。十八岁入仕，从兵曹参军事的八品地方小官，做到淮南节度使这样的封疆大吏；而在人生的最后十年又官至宰相，经历了由盛唐繁荣转向中唐变乱的年代。唐代宗大历初年（约766）始撰《通典》，至唐德宗贞元十七年（801）上表进书，首尾三十六年。《通典》成书，其艰辛可以想见。杜佑做人为官的宗旨是“以富国安人之术为己任”。他作为一个政治家，被誉为“岩廊上才，邦国茂器”，堪称国家的栋梁。他作为一个史学家，是继司马迁之后又一位长于“通古今之变”的史学巨擘。

《通典》是一部综合性的制度通史，其内容包含三个部分：一是对历代制度的梳理、条贯，二是历代群士关于各种制度的分析、论议，三是杜佑本人的注释和评论。全书共二百卷，分为九门：食货、选举、职官、礼、乐、兵、刑、州郡、边防。每一门目之中，又细分子目，每事以类相从，结构严谨，层次分明，条理清晰。杜佑在《通典·自序》里对此作了说明：“夫理道之先，在乎行教化，教化之本，

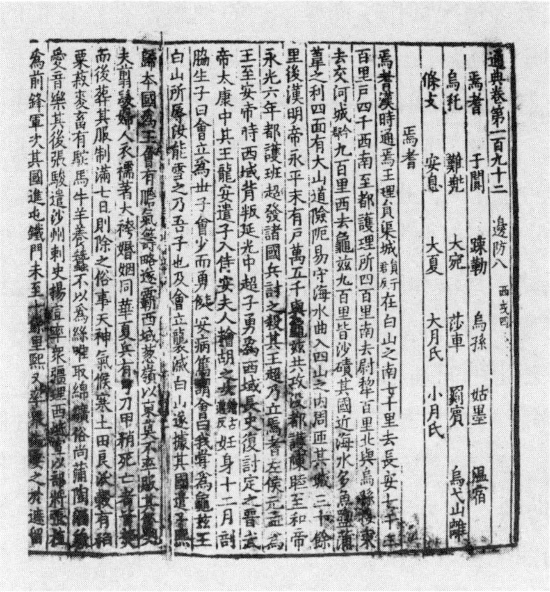
通典卷第一百九十二　邊防八　西戎四
焉耆　于闐　疏勒　烏孫　姑墨　溫宿
烏秅　難兜　大宛　莎車　罽賓　烏弋山離
條支　安息　大夏　大月氏　小月氏
焉耆
焉耆漢時通焉王理員渠城（員于君反）在白山之南七十里去長安七千
百里戶四千西南至都護理所四百里南去尉犁百里北與烏孫接東
去交河城九百里西去龜茲九百里皆沙磧其國近海水多魚鹽蒲
葦之利四面有大山道險阨易守海水曲入四山之內周匝其城三十餘
里後漢明帝永平末有戶萬五千與龜茲共攻沒都護陳睦至和帝
永元六年都護班超發諸國兵討之殺其王超乃立焉耆左侯元孟為
王至安帝時西域背叛延光中超子勇為西域長史復討定之晉武
帝太康中其王龍安遣子入侍安夫人獪胡之女（獪古邁反）妊身十二月剖
脅生子曰會立為世子會少而勇傑安病篤謂會曰我嘗為龜茲王
白山所辱汝能雪之乃吾子也及會立襲滅白山遂據其國遣子熙
歸本國為王會有膽氣籌略遂霸西域葱嶺以東莫不率服其[illegible]
丈夫翦髮婦人衣襦著大袴婚姻同華夏兵有弓刀甲矟死亡者[illegible]
而後葬其服制滿七日則除之俗事天神氣候寒土田良沃穀有稻
粟菽麥畜有駝馬牛羊養蠶不以為絲唯取綿纊俗尚蒲陶酒兼
愛音樂其後張駿遣沙州刺史楊宣率眾疆理西域宣以部將張植
為前鋒軍次其國進屯鐵門未至十餘里熙又率眾[illegible]之於遺留

宋刻元递修本《通典》

在乎足衣食。……夫行教化在乎设职官。设职官在乎审官才。审官才在乎精选举。制礼以端其俗，立乐以和其心，此皆先哲致治之大方也。故职官设，然后兴礼乐焉，教化隳，然后用刑罚焉，列州郡俾分领焉，置边防遏戎狄焉。是以食货为之首，选举次之，职官又次之，礼又次之，乐又次之，刑又次之，州郡又次之，边防末之。”除兵典外，每一分典都是一项制度专史，上起传说中的黄帝，下迄唐玄宗天宝末年，个别事例及至唐德宗贞元十三年（797），距作者上奏其书时间贞元十七年（801）仅仅四年，基本包罗了封建社会政治、经济制度的主要方面。《食货典》十二卷，叙述历代的土地、财政制度，对历代土地形态的变迁，租税的轻重，户口的盛衰，货币的变革，盐铁的管理，杂税的兴起等等情况都作了详尽的考察。《职官典》二十二卷，叙述历代官制的沿革变化，把从中央到地方，从文官到武官，从员额到官阶的情况，也都叙述得清清楚楚。《兵刑典》二十三卷，叙述兵略、兵法和历代的刑法制度，把唐以前所有战争的胜负经验，兵法上的原理原则，统一归纳起来，各标以适当的题目，成就为一部系统的军事理论著作。《边防典》十六卷，叙述历代边防与四境各族政权替嬗沿革，交待了丰富的民族地区历史发展的情况，为民族史和国防史研究提供了极大方便。《礼典》一百卷，占全书之半，叙述古代礼制演变，材料丰富。在封建政权建设中，礼是关键环节之一，杜佑对此表现出极大的兴趣，这与其身份地位和他对封建制度的理解，有着直接的关系。《通典》为人们研究、了解典章制度，提供了系统的知识和材料，为封建政权建设提供了一部翔实可靠的参考书。

《通典》在历史编纂学史上占有重要地位，它是典章制度专史的开创之作。杜佑“统前史之书志，而撰述取法乎《官礼》”，创造性地撰成综合性制度通史，在中国史学发展史上树立了一座里程碑。后世所谓“三通”“九通”“十通”，都与《通典》有关。清代乾隆皇帝把《通典》视为“恢恢乎经国之良模”。其影响之大，可以想见。

1935年商务印书馆出版有《万有文库》十通本，1982年中华书局据十通本重新影印，并增编了目录。

史部·别杂史

065 资治通鉴

北宋·司马光

鉴于往事，资于治道

司马光（1019—1086），字君实，陕州夏县（今属山西）涑水乡人，世称涑水先生。宝元进士，宋仁宗末年任天章阁待制兼侍讲知谏院。治平三年（1066）撰成战国迄秦的《通志》八卷上进，宋英宗命设局续修，宋神宗时赐书名《资治通鉴》。王安石推行新政，司马光竭力反对，强调祖宗之法不可变。被命为枢密副使，坚辞不就，于熙宁三年（1070）出知永兴军（今陕西西安）。次年退居洛阳，以书局自随，继续编撰《资治通鉴》，至元丰七年（1084）成书。他从发凡起例至删削定稿，都亲自动笔。元丰八年（1085）哲宗即位，高太皇太后听政，召他入京主持国政，次年任尚书左仆射兼门下侍郎，数月间尽废新法，罢黜新党。司马光为相八个月就病死了，被朝廷追封为温国公。他的遗著有《司马文忠公集》《稽古录》等。

《资治通鉴》简称《通鉴》，是我国第一部编年体通史，规模宏大，历时十九年始完成。全书共二百九十四卷，又考异、目录各三十卷，约三百多万字。神宗以其“鉴于往事，有资于治道”，故定名为《资治通鉴》。

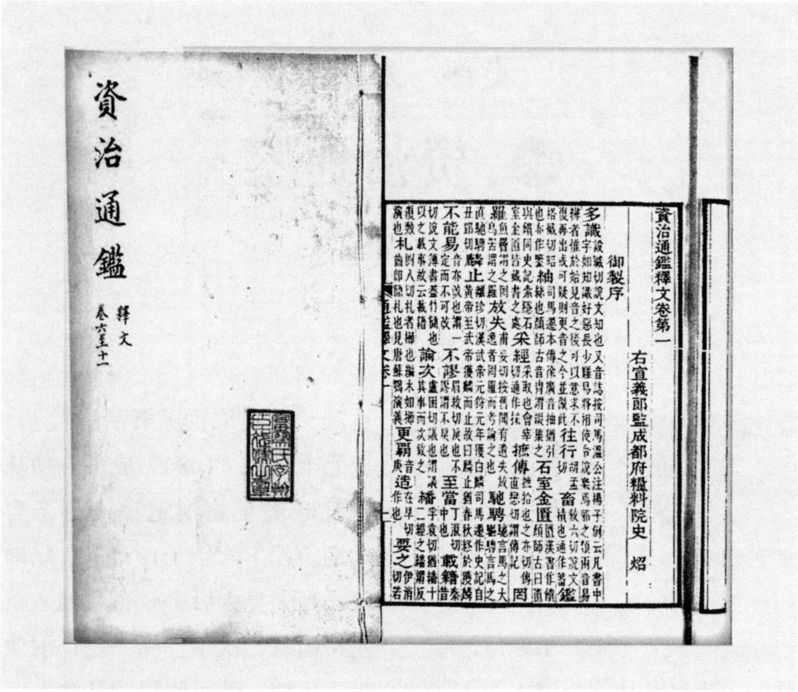

清光绪间长沙杨氏刻本《校刊资治通鉴全书》

记事上起周威烈王二十三年（前403），下迄后周世宗显德六年（959）。取材除十七史以外，尚有野史、传状、文集、谱录等二百二十二种。协助者有刘攽、刘恕、范祖禹等，各就所长，分段负责，先排比材料为“丛目”，再编成“长编”，然后由司马光总其成，删订定稿。内容以政治、军事为主，兼及经济、文化。全书贯串一千三百六十二年史事，有“考异”以明取材不同之故，有“目录”以备查阅之用。《资治通鉴》秉持了据实直书，不为亲者贤者讳，不隐恶扬善的史学精神，叙事平实稳健，文笔简洁优美，考据精审核准，与《史记》并称“史学之双璧”。毛泽东曾十七次批注过《资治通鉴》，对司马光及《资治通鉴》给予了极高评价。欲了解中国历史，不可不读“二十五史”，亦不可不读《资治通鉴》。“二十五史”皆仿司马迁《史记》体例修撰，以纪传做纲要，成骨干，其纵向脉络明晰，一家一事之由来发展，历历在目，但横向脉络不清，很难把某个事件放到当时的大环境下去剖析。《资治通鉴》的编年体手法，却令不同历史主线在时间轴上齐头并进，由此天下诸多事件内外关联便尽数跃然纸上了。看“二十五史”易知某事之来龙去脉，看《资治通鉴》却可知此事之历史环境、历史作用和历史地位。“二十五史”和《资治通鉴》相互参照，一呼一应，交叉来读，最是上乘。

注释主要有宋末元初人胡三省的《资治通鉴音注》。清初严衍著《资治通鉴补正》，为《通鉴》拾遗补缺，刊正错误，也做了一些工作。清胡克家曾据元刊胡注加以复刊。1935年世界书局据胡克家本出版缩印本。1987年5月上海古籍出版社又据世界书局本影印。

066 五代史补

北宋·陶岳

道听途说，亦足补史

陶岳，生卒年不详，字舜陟，祁阳（今属湖南）人。太宗太平兴国五年（980）进士，官太常博士、尚书职方员外郎，后出为郡守。历官四十余年，所至皆有清名。曾为端州（今广东肇庆）知府，当地老百姓称说，历任刺史、知府不索取砚石的，只有包拯、陶岳两个人。著有《荆湖近事》《零陵总记》及《五代史补》。

《五代史补》五卷，其自序称，因五代史书漏落尤甚，因录自幼及长所得传闻，编成本书。南宋晁、陈二家书目，记本书凡一百七事，今本凡梁二十一条，唐、晋、汉各二十条，周二十三条，总一百零四条，则略有残缺。《挥麈余话》有毋丘俭一则不见今本，即为已逸三则之一。本书所录虽多得自传闻，颇近小说，但有关五代重要史事者尤多，于南方诸国遗事采录较详，向为治五代史者所重视。

清辑本《旧五代史》即将本书大多采入。

史部·别杂史

067 通志略

南宋·郑樵

总天下学术，纪百代宪章

郑樵（1104—1162），字渔仲，宋兴化军莆田（今福建莆田）人。自16岁起，不应科举，无心仕进，谢绝人事，闭门读书，深居夹漈山读书、讲学30年，“欲读古人之书，欲通百家之学，欲讨六艺之文而为羽翼”（《夹漈遗稿》卷二《献皇帝书》）。故世人称之为夹漈先生。授右迪功郎、礼兵部架阁。《通志》著成，入为枢密院编修官，又兼摄检详诸房文字。

《通志略》，《通志二十略》的简称，是《通志》的一部分。《通志》是宋代史学家郑樵编纂的一部史学巨著，是继唐杜佑《通典》以后又一部系统记载历代制度的通史，与《通典》和元代马端临的《文献通考》共同构成“三通”，也是史学工作者必备的重要著作。

《通志》是郑樵毕生心血的结晶，共有200卷，记上古至隋唐的制度（二十略记上古至唐，纪传记三皇至隋）。总序和二十略是全书的精华，也是《通志》中郑樵用功最深、创造性最大的部分。他自己对此颇为自负，《总序》中说：“总天下之大学术，而条其纲目，名之曰‘略’。凡二十略，百代之宪章，学者之能事，尽于此矣。”《四库提要》卷五十也评说：“其平生

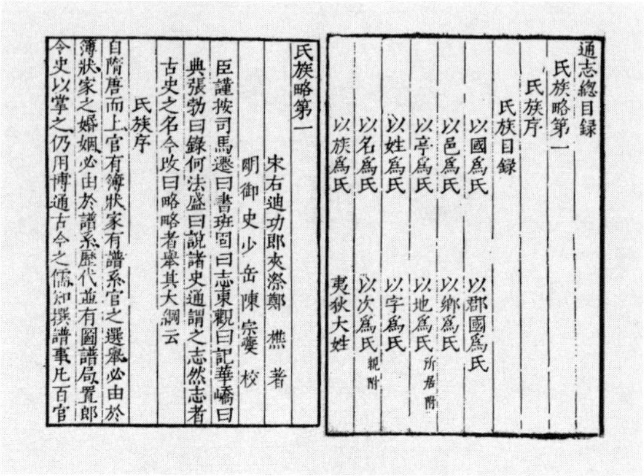

通志總目録
氏族略第一
氏族序
氏族目録
以國爲氏 以郡國爲氏
以邑爲氏 以鄉爲氏
以亭爲氏 以地爲氏 所居附
以姓爲氏 以字爲氏
以名爲氏 以次爲氏 親附
以族爲氏 夷狄大姓

氏族略第一 宋右迪功郎夾漈鄭 樵 著
明御史少岳陳 宗夔 校
臣謹按司馬遷曰書班固曰志蔡邕曰記華嶠曰
典張勃曰録何法盛曰說諸史通謂之志然志者
古史之名今攺曰略略者舉其大綱云
氏族序
自隋唐而上官有簿狀家有譜系官之選舉必由於
簿狀家之婚姻必由於譜系歷代並有圖譜局置郎
令史以掌之仍用博通古今之儒知撰譜事凡百官

明嘉靖二十九年陈夔等刻本《通志》

之精力，全帙之菁华，惟在二十略而已。”除《礼》《器服》《选举》《刑》等略外，其余各略都有新意。像《氏族》《六书》《七音》《都邑》《草木昆虫》等略，都是郑樵独创。其中,《金石略》和《图谱略》扩大了历史文献资料的范围。《艺文略》通录了古今存佚的文献，创立了新的图书分类方法。《校雠略》是通志二十略最富有创造性的部分。它文字不多，但内容丰富，对文献资料的搜访、典藏、整理、使用等问题的看法都包括在内。在我国学术史上，将校雠之学写成专著，是从《校雠略》开始的，郑樵的发轫之功，不可抹煞。

《通志二十略》作为专题学术编纂之作，颇具考索之功，只是它的考索主要不体现在某一部题的原始结论上，而是体现在对有关材料和考索成果的归纳、综合、按断、抉择、类编等方面，从而达到百科学术史的高度。因此可以说《通志二十略》是独断、考索、比次三者兼备的极有价值的学术著作。

早在宋元时代，二十略曾得以别行，如《宋史·艺文志》即有《通志·六书略》，明清以来，更是单刻流传广于全刻。今有中华书局王树民1995年点校本。

史部·别杂史

068 程史

南宋·岳珂

说朝说野，公是公非

《程史》是岳珂记载两宋时代朝野见闻的一部史料随笔。岳珂（1183—1242后），字肃之，号亦斋、倦翁，相州汤阴（今属河南）人，岳飞之孙。官至户部侍郎，淮东总领兼制置使。

岳珂工诗文，其诗爽朗俊美，自成一格。传词八首，或慷慨壮烈，或明畅雅洁。著有《棠湖诗稿》《愧郯录》《程史》《宝真斋法书赞》《金陀粹编》《玉楮集》等。

《程史》共十五卷，一百四十条，分别记叙两宋人物、政事、旧闻等，其中南宋部分是作者亲身经历，比较可信。以“公是公非”为写作目的，通过许多目击耳闻的朝野各阶层人物的言行，揭露了两宋政治的腐败黑暗和南宋统治集团中投降派祸国殃民的罪恶，歌颂了诤臣战将、布衣义士的抗金热忱和凛凛气节，词严义正，爱憎分明，保留了许多文学史料。

现有中华书局1981年点校本。

史部·别杂史

069 读通鉴论

明·王夫之

读前人之书，揣今世之争

王夫之（1619—1692），字而农，号薑斋，湖南衡阳人。因晚年居于衡阳石船山，人称“船山先生”。自幼从学于父兄，聪敏好学，博览群书，十四岁即考入衡阳县学，成为秀才，但继续科举仕进的梦想在农民大起义的冲击下破灭。壮年时，明清两朝交替，积极参加抗清斗争，思想趋于成熟。后迫于抗清形势逆转而遁迹林泉，近四十年幽居穷乡僻壤、荒山野岭，苦其心志，以全部精力从事著述，力图回答时代所提出的各种问题，寻找挽救危局的革新之路。其著作涉及哲学、政治、历史、文学各方面，多达百余种。

《读通鉴论》是王夫之晚年系统的史论代表作之一，是他在认真研读了司马光的《资治通鉴》后有感而发撰成的，对历史上的治乱兴衰作了多方面的评论，集中表现了王夫之发展进化的历史观。全书约六十余万字，按朝代分为三十卷，卷末又附有《叙论》，没有篇题。王夫之以其深邃的历史见解，阐述了历史上的种种经验教训，他所总结的“谀臣”是否得势、得宠与国之存亡的关系，统治阶层是否看重“积聚”“宝货”与政治得失的关

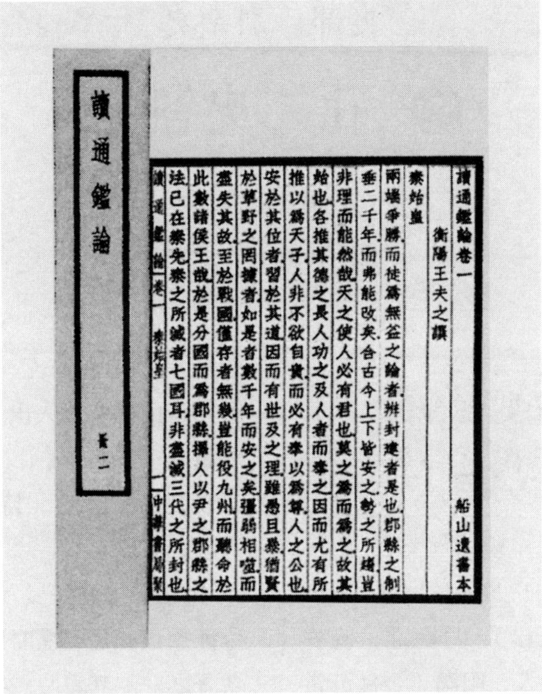

民国上海中华书局排印本《读通鉴论》

系，“风教之兴废”与朝代兴亡的关系等历史经验，都是极具启发性的通论。他还有意识地把评史与论政结合起来，认为“读古人之书”必须“揣当今之争”，才能“为治之资”。

该书版本有中华书局1975年印行的整理本，以1865年金陵刊刻的《船山遗书》为底本，又根据两个抄本的校记作了校补改正，并将抄本多于刻本的五论及清人刘毓崧的校勘记、对史实作的若干订正都附于有关各论之后，供作参考。

史部·别杂史

070 廿二史劄记

清·赵翼

考正史之得失，究历代之兴废

赵翼（1727—1814），字云崧（一作耘松），号瓯北，晚岁自号三半老人，阳湖（今江苏常州）人。乾隆二十六年（1761）中探花，官至贵西兵备道，旋辞官，主讲安定书院，潜心著述。长于史学，考据精赅；亦善诗文，是清代著名诗人，其诗与袁枚、蒋士铨齐名，时称“江左三大家”。诗风清晰畅达，主张“独创”，反对摹拟，认为“大凡才人必创前所未有而后可以传也”。其《论诗》绝句云：“李杜诗篇万口传，至今已觉不新鲜。江山代有才人出，各领风骚数百年。”著有《廿二史劄记》《陔馀丛考》《瓯北诗钞》《瓯北诗话》等。

《廿二史劄记》系历代正史考证劄记，是乾嘉时期三大考史名著之一。其着眼点主要在于探究“古今风会之递变，政事之屡更，有关于治乱兴衰之故”（《廿二史劄记·小引》），因而不仅考史，也评史论史，注重史学的功能作用。该书对历代正史进行了系统的考订，并按二十四史先后分卷编次，每卷以类相从，各立标题，共为六百零九条。该书考订了从《史记》至《明史》的作者、编纂经过、成书年代、资

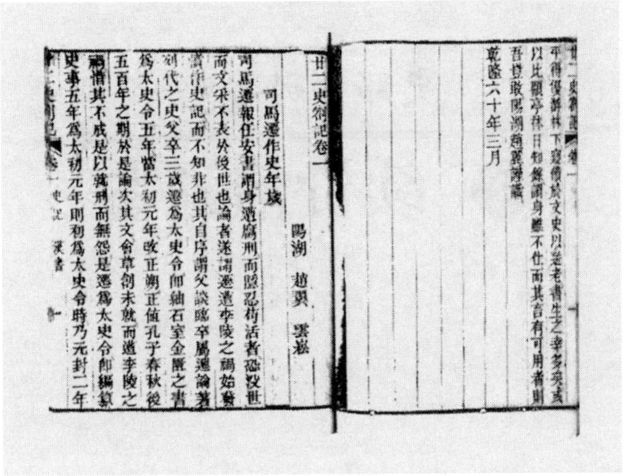
廿二史劄記卷一

陽湖 趙翼 雲崧

司馬遷作史年歲

司馬遷報任安書謂身遭腐刑而隱忍苟活者恐沒世而文采不表於後世也論者遂謂遷遭李陵之禍始發憤著書作史記而不知非也其自序謂父談臨卒屬遷論著列代之史父卒三歲遷爲太史令紬石室金匱之書爲太史令五年當太初元年改正朔正值孔子春秋後五百年之期於是論次其文會草創未就而遭李陵之禍惜其不成是以就極刑而無慍色是遷爲太史令即編纂史事五年爲太初元年則初爲太史令時乃元封二年

乾隆六十年三月

清赵氏湛贻堂家刻本《廿二史劄记》

料来源、编纂体例得失等，通过纠谬、考异、辨误等形式，进行了辨析与纠正，并评其高下得失。如指出正史中避讳处颇多，致使正史在史实上并不完全可信，客观上暴露了正史作为封建权威的御用实质和虚伪性。作者善用归纳法考证和分析史事，不执单词孤证以论史，每每胪列众多相类的史实，“参互勘校”，以史证史，比其异同，寻其可疑，证其谬误，往往收到很好的效果。故梁启超评说：“赵翼之《廿二史劄记》虽与钱大昕、王鸣盛之作齐名，然性质有绝异处。钱、王皆为狭义的考证，赵则教吾侪以搜求抽象的史料方法。昔人言‘属辞比事，春秋之教’，赵书善于此事也。”

该书首刊于乾隆六十年（1795），但传世者甚少。嘉庆年间以湛贻堂名义再行刊印，即为后来的通行本，虽为家刻，而校勘欠精。广州广雅书局及湖南西畲山馆邹氏重刊此书，均改正书中错误不少，西畲本改正尤多，但此本流传不广，重刊者多以广雅本为据。1984年中华书局出版王树民《廿二史劄记校证》，吸取二本之长，改正错误一千余条。

史部·别杂史

071 续资治通鉴

清·毕沅

宋元易鼎，蒙汉交锋

毕沅（1730—1797），字缥蘅，一字秋虹，自号灵岩山人，镇洋人，清代大臣、著名学者。

《续资治通鉴》凡二百二十卷，含宋纪、元纪两大部分，起自宋太祖建隆元年（960），迄于元顺帝至正二十八年（1368），在时间上承接《资治通鉴》，体例上借鉴《资治通鉴》，故得名。虽然《续资治通鉴》不及《资治通鉴》跨越年代久远，但宋、元两朝，是中国历史上极重要的时期。宋朝把中国人的精神从唐的渊源博大，局限到了“生死小，失节大”的极端，把中国知识分子封闭到即便亡国也夜郎自大的畸形。而元朝是我国历史上第一个统一全国入主中原的少数民族政权。自宋入元，汉族士大夫的思维变化更值得玩味。有志上溯历史，看透今天中国举步维艰阻力所在的人，不可不详察宋之一代；有志辨析元朝异族统治下的汉人心态，拔除衍传至今天的旧道德、旧思维的人，不可不周考元之一代。于此，考宋、元两代，就不得不遍览《续资治通鉴》了。

该书1935年国学整理社据冯集梧刻本断句整理，由世界书局缩印出版。1987年上海古籍出版社又据世界书局本影印。

續資治通鑑卷第一
賜進士及第兵部尚書兼都察院右都御史總督湖北湖南等處地方軍務兼理糧餉世襲三等輕車都尉畢沅編集
宋紀一 起上章涒灘正月盡十二月凡一年
太祖啓運立極英武睿文神德聖功至明大孝皇
帝 帝諱匡胤姓趙氏涿郡人高祖朓唐幽都令曾祖珽唐御史中丞祖敬涿州刺史考宏殷周檢校司徒天水縣男贈太尉母杜氏後唐天成二年帝生於洛陽夾馬營赤光繞室異香經月不散既長容貌雄偉器度豁如識者知非常人事周世宗累官殿前都點檢恭帝即位改宋州節度使進封開國侯依前都點檢
建隆元年遼應歷十年 春正月乙巳周歸德軍節度使檢校
太尉殿前都點檢趙匡胤稱帝先是辛丑朔周羣臣方

清嘉庆冯集梧刊本
《续资治通鉴》

072 文史通义

清·章学诚

六经皆史，学兼性情

章学诚（1738—1801），字实斋，会稽（今浙江绍兴）人，清代史学家、思想家，中国古典史学的终结者，方志学奠基人。他苦读经史，后受知于朱筠，建议朱筠搜访遗书，各疏原委，朱筠遂上书乾隆帝，四库自此开馆。

《文史通义》系史评专著，凡八卷，内篇五卷，外篇三卷，内篇涉及哲学、史学、文学、社会学等领域，外篇为方志论文集。章学诚在《易教》中言“六经皆史”，此观点实倡自明代王守仁，章学诚将其“经就是史”的观点加以发展，使人们从历史学的观点来研究六经，将经学建立在历史学的基础之上。《文史通义》写作时，部分篇章传出，段玉裁便为之叹绝，近人对此书的评价很高，列为大学历史专业的基本读物之一。

在做学问方面，章学诚主张“言学术功力，必兼性情”，反对空谈，反对言不及义，提倡学术要经世，与现实相结合。值得注意的是他对于妇女的看法。在《妇学》篇里，他阐述了自己的妇女观，也可以说是一部“妇学”史，认为上天赐予男女的聪明智慧是相同的，妇女也可以明

章学诚像

诗礼，重要在于“明礼”，即恪守礼教，男子可以耍小聪明，但是要讲求学识。故此，他批判了才子佳人小说一番：“男必纤佻轻薄，而美其名曰才子风流；女必冶荡多情，而美其名曰佳人绝世。”批评小说传奇的同时，也批评了主张性灵说的袁枚，看来，性情与性灵差别还是很大。不过，章学诚率性臧否人物，倒是足见真性情之风致，非道貌岸然之讲经论史，其畅行于世，亦不足怪。

该书版本有当时章氏自刻本，现只见于传钞本。咸丰元年之《粤雅堂丛书》为较早翻刻本。《丛书集成初编》《四部备要》都收入《文史通义》。1985年中华书局有叶瑛校注本。

073 穆天子传

思接千里，神驰八极

《穆天子传》，先秦古书，一名《周王游行记》，共六卷，作者不详，晋郭璞曾为之作注，荀勖为之作序，《隋书·经籍志》将其归入史部起居注类，也有论者因其多虚构与想象，认为是传闻故事，明代胡应麟称之为“小说滥觞”，《四库全书总目提要》亦将其归入小说家类。

此书前五卷记周穆王驾八骏西征，周行天下之事，途中见西王母，历国家地区若干，末一卷记穆王美人盛姬之死及返葬事。此书记事以日月为序，并详记巡行路线及沿途所见，写人物言行、赋诗酬答颇为生动，书中不少故事，常被诗人用作典故，对传奇小说和戏剧影响甚深。如李商隐《瑶池》一诗：“瑶池阿母绮窗开，黄竹歌声动地哀。八骏日行三万里，穆王何事不重来。”飞天入地，日行三万，见美人，饮甘泉，闻仙乐，跟随穆王作天子之游，可谓尽善尽美矣！然《四库全书总目提要》竟有言：所谓西王母者，不过西方一国之君；所谓县圃者，不过飞鸟百兽之所饮食，为大荒之圃泽，无所谓神仙怪异之事……不禁让人从云端跌回现实，足见所谓正史与学问之途，徒教人耳目

穆天子傳序

穆天子傳出汲冢晉荀勗校定為六卷有序言其事雖
不典其文甚古頗可觀覽予攷書序稱穆王享國百年
耄荒太史公記穆王賓西王母事與諸傳說所載多合
則此書蓋備記一時之詳不可厚誣也春秋之時諸侯
各有國史多龎雜之言下逮戰國王迹熄而聖言湮處
士橫議而異端起人人家自為說求其欲不龎雜其可
得乎其書紀王與七萃之士巡行天下然則徒衛簡而
徵求寡矣非有如秦漢之千騎萬乘空國而出也王之
自數其過及七萃之規未聞以為迕也登羣玉山命邢
侯攻玉而不受其牢是先生恤民之法未嘗不行至遇
雨雪士皆使休獨王之八駿超騰以先待輙旬日然後
復發去是非督令致期也其承成康熙洽之餘百姓晏

清抄本《穆天子传》

向下，少情寡志。

《穆天子传》传世版本较多，主要有《四部丛刊》影印明天一阁本、《道藏》本、《汉魏丛书》本、《四部备要》本、《四库全书》本、《碧琳琅馆丛书》本等，其中清人洪颐煊校本是目前最完备的校注本。1990年上海古籍出版社有影印本出版。

074 唐摭言

五代·王定保

登科落榜，得意失意

王定保（870—940），南昌（今江西）人，唐末光化三年（900）进士，后仕南汉。

《唐摭言》十五卷，写成于唐亡后不久，备载唐代科举制度及文人墨客的遗闻轶事，保存了许多唐代诗人文集中失载的零章断句，可为其补阙。每卷分若干标题，每个标题下或作综合论述，或分记若干有关故实，大致前三卷汇录科举制度掌故，其余十二卷按类记叙科举士人言行。记叙详细生动，但又很少神奇怪异；且次序较有系统，多为选举志所未备。《四库全书总目提要》云："据定保自述，盖闻之陆扆、吴融、李渥、颜荛、王溥、王涣、卢延让、杨赞图、崔籍若等所谈云。"故所述多真实可信，是研究唐代科举、文学以至士人生活的必读书。李慈铭指出："唐人登科记等尽佚，仅存此书，故为考科名者所不可少。"（《越缦堂读书记》）

该书版本有：（1）《稗海》本，不足。（2）清乾隆卢见曾刻《雅雨堂丛书》本。（3）《学津讨原》本。（4）1957年古典文学出版社本，据《雅雨堂丛书》本，又用《学津讨原》本校补，并附清蒋光煦《斠补隅录》中该书的

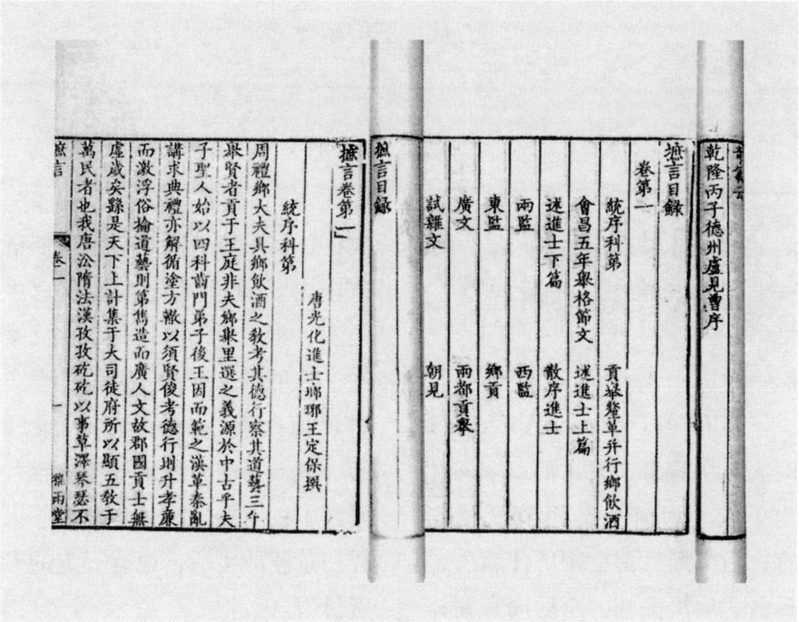
乾隆丙子德州盧見曾序

摭言目錄

卷第一

統序科第　貢舉釐革并行鄉飲酒

會昌五年舉格節文　述進士上篇

述進士下篇　散序進士

兩監　西監

東監　鄉貢

廣文　兩都貢舉

試雜文　朝見

摭言目錄

摭言卷第一

唐光化進士瑯琊王定保撰

統序科第

周禮鄉大夫具鄉飲酒之教考其德行察其道藝三年舉賢者貢于王庭非夫鄉舉里選之義源於中古乎夫子聖人始以四科齒門弟子後王因而範之漢革秦亂講求典禮亦解循塗方徵以須賢俊考德行則升孝廉而激浮俗掄道藝則第雋造而廣人文故郡國貢士無虛歲矣繇是天下上計集于大司徒府所以顯五教于萬民者也我唐沿隋法漢孜孜矻矻以事草澤琴瑟不

摭言　卷一　一　雅雨堂

清乾隆二十一年雅雨堂刻本《摭言》

校勘记。1960年中华书局、1978年上海古籍出版社相继重印。（5）《历史语言研究所集刊》第九本载岑仲勉《跋唐摭言》，对该书纪事本身的错误作了纠正。

史部·野史

075 开元天宝遗事

五代·王仁裕

闲话宫中事，有裨后世闻

王仁裕（880—956），五代时人，字德辇，天水郡（今属甘肃）人。为唐末秦州节度使判官，后入蜀，蜀亡则历仕后唐、后晋、后汉三朝，至后周官翰林学士，显德三年卒。

《开元天宝遗事》四卷，乃采集民间传说中的唐玄宗开元天宝时期（713—756）遗事笔录而成，列一百四十六条，多为宫中琐闻。《四库全书总目提要》说此书："盖委巷相传，语多失实，仁裕采摭遗民之口，不能证以国史。"但其中记载唐代宫中七夕、寒食等节日习俗以及豪支、传书燕等事有一定的社会史料价值；索斗鸡、肉阵、肉腰刀、风炭、楼车载乐等项内容，暴露了权臣杨国忠、李林甫等人昏朽荒淫的生活，也有一定的参考价值。

现有版本主要有《历代小史》《顾氏文房小说》《唐代丛书》等本，1985年上海古籍出版社据《顾氏文房小说》本出版点校本。

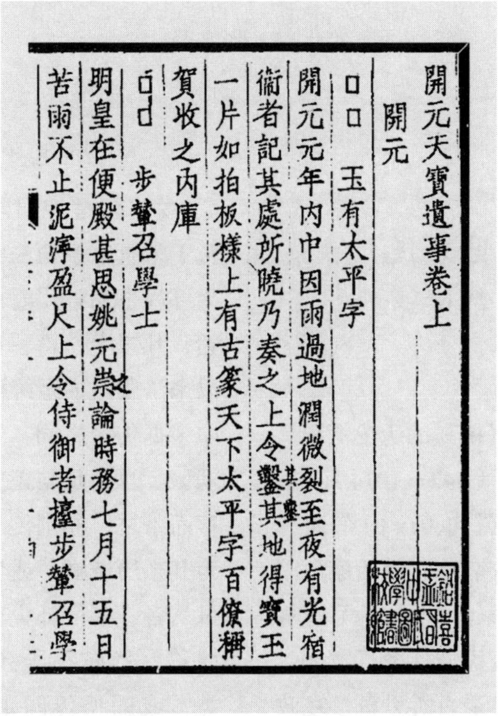

開元天寶遺事卷上

開元

□□ 玉有太平字

開元元年內中因雨過地潤微裂至夜有光宿衛者記其處祈曉乃奏之上令鑿其地得寶玉一片如拍板樣上有古篆天下太平字百僚稱賀收之內庫

□□ 步輦召學士

明皇在便殿甚思姚元崇論時務七月十五日苦雨不止泥濘盈尺上令侍御者擡步輦召學

清光绪西泠印社木活字印本《开元天宝遗事》

史部·野史

076 洛阳缙绅旧闻记

北宋·张齐贤

末世衰民，旧都遗老

宋张齐贤撰写的历史笔记。

张齐贤（942—1014），字师亮，曹州冤句（今山东菏泽南）人，北宋名相，政治家、军事家、文学家。他居官无论尊卑，皆能考究民情，务行宽大，尽心为民，广受百姓爱戴。在政治上具有卓越的才能，在军事上亦多有建树，曾多次指挥抗辽，每战必胜。所著《洛阳缙绅旧闻记》可补五代史之缺，《孝和中兴故事》亦为世人所推崇。

《洛阳缙绅旧闻记》系张齐贤于宋真宗景德二年（1005）以兵部尚书知青州时作。全书共五卷，凡二十一篇，皆述唐末五代以来洛阳城内缙绅旧老事迹，书中多据传说之词，约载事实以为劝诫。自称凡与正史差异者，并存而录之，亦别传外传之比。多为其亲历亲闻，或与书中人物有过从者，多可补史文之阙，足资博览，然亦有语涉因果报应之类，或因据传闻事有失实者。该书史料价值较高，又间有乡言俚语。

传世有《知不足斋丛书》《四库全书》《说郛》《丛书集成初编本》等版本。

史部 · 野史

077 靖康传信录

宋 · 李纲

开封之战，靖康之耻

《靖康传信录》为李纲著编年体史书。

李纲（1083—1140），字伯纪，谥忠定，邵武（今属福建）人，历仕宋徽、钦、高宗三朝，累官至丞相。他生于内忧外患交相煎迫、民族危机空前严重之时，坚决反对外族入侵，维护国家统一，挽救民族危亡，公忠亮节，大义凛然。晚年潜心经学，所著有《易传内外篇》《论语传说》《诗文奏议》《靖康传信录》《建炎时政记》及《进退志》等，后人总辑《梁溪集》一百八十卷。

《靖康传信录》三卷，主要记载宋钦宗靖康元年（1126）李纲参与的第一次开封保卫战的经过，对宋金和战以及宋廷内部的政治斗争都有详叙，对北宋灭亡的原因也进行了分析，是研究宋金交涉的重要史料。有《函海》《丛书集成初编》本。

078 蒙鞑备录

南宋·赵珙

草原之鹰，天骄之国

赵珙，旧题孟珙，经王国维考证应为赵珙，生卒年不详，宋宁宗时镇守两淮，为都统司计议官。宁宗嘉定十四年（1221），赵珙奉淮东制置使贾涉之命，前往河北蒙古军前议事，记其所见所闻撰成《蒙鞑备录》。

《蒙鞑备录》记载了蒙古立国纪年、军事制度、太子诸王、诸将功臣等十几个方面的内容，介绍了蒙古族上层的生活方式、礼制习俗，为现存最早的记载蒙古开国事迹的著作，具有较高的史料价值。

该书有《古今说海》《历代小史》《丛书集成初编》等版本。

史部·野史

079 大宋宣和遗事

宋·佚名

内忧外患，两宋交迫

《大宋宣和遗事》四集，为笔记小说集，结合了多种类型的笔记小说并以说书的方式连贯而成。作者不详，一般认为该书为宋人的作品，后经元人增益改写。该书虽为民间讲史话本，但除了一般话本的套路外，所记大都有史可据，多为北宋末年和南宋初年之朝野故实，集中反映了北宋衰亡和南宋南迁的政治状况。其中所述梁山泊宋江起义故事，大约有四千字，写到杨志卖刀，智取生辰纲，宋江杀阎婆惜，玄女授天书，受招安、征方腊等关目，成为《水浒传》的蓝本，具有重要的文学史料价值。

该书有1937年商务印书馆黎烈文校点本，1954年上海古典文学出版社（今上海古籍出版社）排印本。

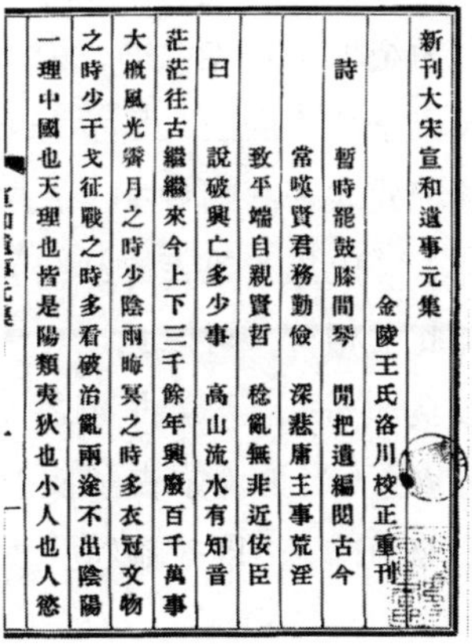
新刊大宋宣和遺事元集
金陵王氏洛川校正重刊
詩　暫時罷鼓膝間琴　閒把遺編閱古今
常嘆賢君務勤儉　深悲庸主事荒淫
致平端自親賢哲　稔亂無非近佞臣
曰　說破興亡多少事　高山流水有知音
茫茫往古繼繼來今上下三千餘年興廢百千萬事
大概風光霽月之時少陰雨晦冥之時多衣冠文物
之時少干戈征戰之時多看破治亂兩途不出陰陽
一理中國也天理也皆是陽類夷狄也小人也人慾

民国排印本《新刊大宋宣和遗事》

080 圣武亲征录

元·佚名

弯弓大漠，立马中原

《圣武亲征录》又名《皇元圣武亲征录》，一卷，不著撰人名氏，成书于元世祖忽必烈时。此书为纪事本末体史书，记元太祖成吉思汗（谥圣武皇帝）史事并续记元太宗窝阔台事。波斯拉施特丁《史集·成吉思汗纪》所载与此书相符，可以互证。学者多以为此书出于蒙古文之《脱卜赤颜》（当为《蒙古秘史》的一个修订本），即拉施特丁所谓的汗庭秘籍《阿勒坛·迭卜帖儿》（金册），故此书之编撰或翻译当在元世祖忽必烈在位时期（1260—1294）。明修《元史》中太祖、太宗二纪多取材此书，是蒙元史研究的基本文献。

该书版本以元陶宗仪《说郛》所收者为最古。清修《四库全书》以汪启淑所进抄本著录，道光年间何秋涛得抄本，作《圣武亲征录校注》。近人王国维综合各本，疏其史实，存其异同，撰成“校注”本一卷。今有中华书局2020年新校本《圣武亲征录》。

史部·野史

081 元朝秘史

元·佚名

黄金家族黄金册

《元朝秘史》原文是畏兀儿体蒙古文，作者不详。现存的文本是明四夷馆的汉文本，明初翰林译员出于教学蒙古语的需要，用汉字音写蒙古语原文，逐词傍注汉译，并分段作了节译，题名《元朝秘史》，收入《永乐大典》，清代改称《蒙古秘史》。

13世纪蒙古贵族入主中原，建立元朝，定都北京，皇帝祖先被称为“黄金家族”，所遗留下的家谱档案称作“金册”，均珍藏于皇宫之中，历代皆如此。元朝末年，明军北伐，围攻大都（今北京），元惠宗妥懽帖睦尔仓皇逃离大都，金册遂被明军所得。明朝仅用三百三十一天就编纂了《元史》，最主要的文献材料即来源于元朝王室内的这些金册。由于金册收藏在皇宫之内，不仅外人看不到，就连朝廷中的一般史官也未曾见过，所以人们称它为《蒙古秘史》，又称《元朝秘史》。

该书记载了成吉思汗祖先的谱系、蒙古各氏族部落的源流，突出描述成吉思汗早年的艰难经历和他在战乱中壮大自己的势力，建立蒙古汗国的过程，记载蒙古国南征金、夏，收服畏兀儿，进兵中亚，远征欧洲的情

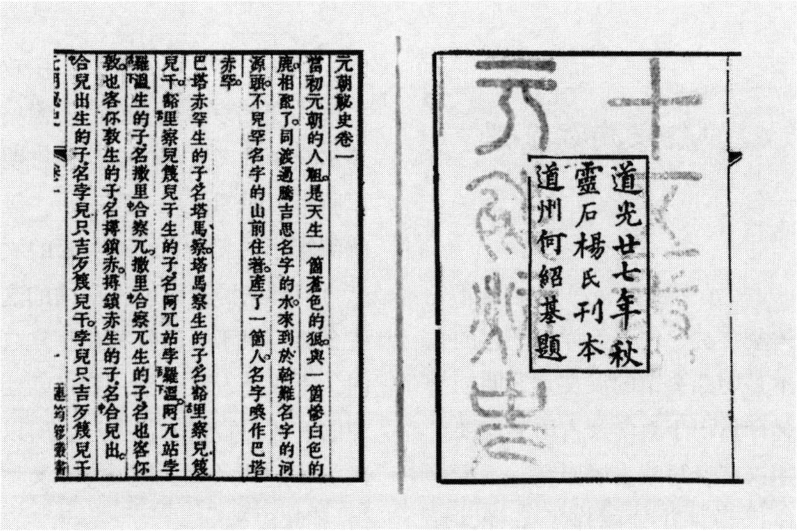

道光廿七年秋
靈石楊氏刊本
道州何紹基題

元朝祕史卷一
當初元朝的人祖是天生一箇蒼色的狼與一箇慘白色的
鹿相配了同渡過騰吉思名字的水來到於斡難名字的河
源頭不兒罕名字的山前住着產了一箇人名字喚作巴塔
赤罕
巴塔赤罕生的子名塔馬察塔馬察生的子名豁里察兒蔑
兒干豁里察兒蔑兒干生的子名阿兀站孛羅溫阿兀站孛
羅溫生的子名撒里合察兀撒里合察兀生的子名也客你
敦也客你敦生的子名撏鎖赤撏鎖赤生的子名合兒出
合兒出生的子名孛兒只吉歹蔑兒干孛兒只吉歹蔑兒干

清道光二十七年灵石杨氏刊本《元朝秘史》

况。书中包含关于12、13世纪蒙古社会状况的丰富资料，是一部重要的蒙古史典籍。该书2012年中华书局出版校勘本。

史部·野史

082 万历野获编

明·沈德符

虽云野获，堪比正史

沈德符（1578—1642），字景倩，浙江秀水（今嘉兴）人，明万历四十六年（1618）举人。家世仕宦，随父寓于京邸，同当时士大夫多有交往，博洽多闻，尤明于时事和朝章典故。功名不就，返归家乡，遂仿欧阳修《归田录》，将自己耳闻目睹，随录成篇，撰成《万历野获编》。

《万历野获编》三十卷，《续编》十二卷，《补遗》四卷，书名寓“野之所获”之意。沈德符留心史事，颇具特识。该书记述起于明初，迄于万历末年，内容包括明代典章制度、人物事件、典故遗闻、阶级斗争、民族关系、对外交往、山川风物、经史子集、工艺技术、释道宗教、神仙鬼怪等诸多方面，尤详于典章制度和典故遗闻。所记大都博求本末，收其是而芟其伪，常者固加详而异者不加略，内容翔实，且书中所记多为作者耳闻目睹，故某些史事较《明史》尤信。特别是所提供的朝廷种种情况，足以补苴史阙。如记世宗朝张璁、桂萼的横肆，霍文敏的险忮，徐文贞的谄媚；穆宗朝高文襄的纵恣；神宗朝给事中王元翰的贪戾，以及废辽府、勘楚狱二事等等，都叙述详备。该书在明代笔

萬曆野獲編序
余生長京邸孩時即聞朝家事家庭間又竊聆父祖緒
言因喜誦說之比成童適先人棄養復從鄉邦先達剽
竊一二雅談或與隴畝老農談說前輩典型及瑣言剩
語娓娓忘倦久而漸忘之矣因阨名場寥寂京國今年
鼓篋游成均不勝令威化鶴歸來之感即文武衣冠亦
幾作杜陵藏府想矣垂翅南還舟車多暇念年將及壯
邅迴無成又無能著述以名世輒復紬繹故所記憶間
及戲笑不急之事如歐陽歸田錄例并錄置敗簏中所
得僅往日百之一耳其間見偶新者亦附及焉若郢書

清道光扶荔山房刻本《万历野获编》

记中堪称上乘之作，为研究有明一代历史的重要史料。

该书著成后，未即刊刻，后有明末刻大字本，流传甚罕。清康熙间桐乡钱枋，见朱彝尊旧抄本，即据以辑录于《日下旧闻》中，然因其书事多猥杂，难以查考，又重新列门分部，事以类序，分为三十卷，目为列朝、宫闱、宗藩、公主、勋戚、内监、内阁、词林、六部、科场、督抚、司道、府县、畿辅、士人、外郡、释道、土司、风俗、技艺等。沈德符五世孙沈振又搜辑诸家所藏，得二百三十余条，编为八卷，后依钱枋体例，编成四卷附后。但全书已失原书的本来面貌。清道光年间有钱塘姚祖恩扶荔山房重刻本。未分门类的原刻本，则很难见到。通行本有1958年中华书局以姚氏刻本为底本出版的标点本。

史部·野史

083 备倭记

明·卜大同 辑

空言空语，纸上谈兵

卜大同，生卒年不详，字吉夫，明浙江秀水（今嘉兴）人。嘉靖戊戌（1538）进士，由刑部主事历任湖广按察司佥事，弭蕲黄盗有功，升布政司参议。又有平苗功，终于福建巡海副使。

《备倭记》二卷，系卜大同居官福建时为讲求备倭之术所作。上卷分置制、方画、将领、士卒、烽堠、险要、战舸、边储八篇；下卷分奏牍、策议两篇。四库馆臣评其"所言颇简略，不足以资考核，又喜征古事，尤属空谈"。

该书本名《备倭图记》，原本卷首尚有海图，后佚。今有《丛书集成初编》本。

史部·野史

084 晋五胡指掌

明·张大龄

兴废始末，焕焉在目

《晋五胡指掌》共三卷，明张大龄撰。张大龄，字玄羽，生卒年不详。他同时还撰有《唐藩镇指掌》，两本书合称《晋唐指掌》。该书记载了十六国北朝各政权的兴亡过程，使“兴废始末，焕焉在目”（原叙），所采内容与今本《晋书》不尽相同，展现了这一时期纷繁历史的主线，具有一定史料价值。

该书传世有明万历三十九年张养正刻本。

史部 · 野史

085 郎潜纪闻

清 · 陈康祺

清史遗珠，四笔探骊

陈康祺（1840—1890），字均堂，浙江鄞县人。在京仕宦十余年，官至刑部员外郎，后任江苏昭文知县，因事罢官。

《郎潜纪闻》是一部内容丰富、材料广泛的史料笔记，共“四笔”：《郎潜纪闻初笔》，光绪庚辰年（1880）刊于琴川；《郎潜纪闻二笔》（即《燕下乡脞录》），辛巳年（1881）刊于暨阳；《郎潜纪闻三笔》（即《壬癸藏札记》），癸未年（1883）刊于吴门；《郎潜纪闻四笔》（即《判牍馀渖》），未刊行。该书多辑录清代掌故佚闻，兼及风土人情，有些可补正史之不足。如道光庚子、壬寅江南提督陈化成抗英纪略，潘柽章修《明史记》，纂述详尽，是有价值的史料。其他如官场中的互相倾轧，达官权贵的骄奢淫逸，清官廉吏的耿介忠直，也写得生动具体，从中可以反映出清代社会的一个侧面。

086 南明野史

清·南沙三余氏

江山已逝，苟延残喘

《南明野史》三卷，附录二卷，清南沙三余氏撰。南沙三余氏生平不详，可能是托名。南明（1644—1662）是京都北京失陷后，明朝宗室在南方建立的政权合称。该书记南明王朝福王由崧、唐王聿键、桂王由榔、鲁王以海等人的事迹，“采摭旧闻，多所折衷”，所写亡国君臣之状，民众涂炭之苦，非正史所能及，为研究南明史的重要资料。

史部·目录

087 崇文总目

北宋·王尧臣等　编辑

秘阁藏书，官修名册

宋真宗大中祥符八年（1015），王宫失火，蔓延至崇文秘阁，所藏图书遭到波及焚毁，王钦若奉诏提点抄写校勘馆阁书籍，陈彭年辅佐此事，并以太清楼本补写。宋仁宗天圣九年（1031），新建崇文院落成，增募书吏，抄补图书；景祐元年（1034），由于三馆秘阁所藏有谬乱不全的图书，遂命翰林学士张观、知制诰李淑和宋祁等人着手，勘详讹谬，定其存废，删其重复，如有差漏处，则补写校正；又命翰林学士王尧臣、史馆检讨王洙、馆阁校勘欧阳修校正条目，讨论撰次，仿开元四部目录，于庆历元年（1041）奏上，赐名为《崇文总目》。

《崇文总目》共六十六卷，每种书下有叙释，另有序录二卷，有如《七略》的辑略以及《七志》的九篇条例，也就是小序；部类有四部四十五类，著录书目三万六百六十九卷。《崇文总目》与《古今书录》《旧唐书·经籍志》类数相同，而类目则略有损益：经部删去谶纬，因为这一类书入宋以后已经不传，经解则附入《论语》之中，小学则包有训诂；史部删去故事，增加岁时；子部将历算分为算术、历

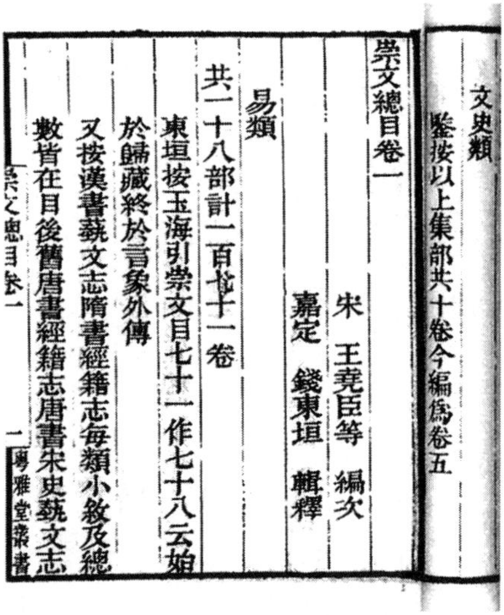
文史類

鑒按以上集部共十卷今編爲卷五

崇文總目卷一

宋 王堯臣等 編次

嘉定 錢東垣 輯釋

易類

共一十八部計一百七十一卷

東垣按玉海引崇文目七十一作七十八云始

於歸藏終於言象外傳

又按漢書藝文志隋書經籍志每類小敘及總

數皆在目後舊唐書經籍志唐書宋史藝文志

崇文總目卷一 二 粵雅堂叢書

清粤雅堂刻本《崇文总目》

数，天文析为天文占书、卜筮，合并经脉、医术为医书，新增道书、释书；集部去掉楚辞，另从总集分出文史。其余则是类名略有改易，这些增改大都为后代的四部目录所沿用。《崇文总目》为馆阁合并著录的总目，所以篇帙繁多，牴牾之处在所难免，后代诸家陆陆续续有所修订，如：黄伯思《东观余论》摘十七条，焦竑《国史经籍志》有二十二条，郑樵更有《校雠略》，并且讥讽每书下的序释文繁无用。虽然如此，自古以来的著作目录，总汇于此，百世以下，要对各书作存佚、真伪、核校的工作时，仍然是一份好凭借。

《崇文总目》在宋末元初已无完本，明清仅有简目流传。清修《四库全书》时，四库馆臣据清朱彝尊传抄明天一阁藏南宋绍兴改定抄本，又辑得《永乐大典》中所引《崇文总目》内容进行补校，厘为十二卷。嘉庆四年（1799），嘉定钱东垣、钱侗两兄弟又从《欧阳文忠公文集》《玉海》《文献通考》中增辑，共得原序三十篇，原释九百八十条，编为《崇文总目辑释》五卷，并附补遗一卷、附录一卷，比十二卷本内容还多。钱氏辑本间有疏误，民国陈汉章又有《崇文总目辑释补正》四卷，为之订误补缺。今有《汗筠斋丛书》本、《粤雅堂丛书》本、《后知不足斋丛书》本、《丛书集成初编》本、《缀学堂丛稿初集》本，及1987年北京现代出版社《中国历代书目丛刊》本。

史部·目录

088 郡斋读书志

南宋·晁公武

校雠之余，提要之祖

晁公武（1105—1180），字子止，号昭德先生，祖籍澶州清丰（今属河南），出身世宦大族。绍兴二年（1132）登进士第，历任成都知府等官职。建有“郡斋”藏书处，并编撰出我国现存最早的提要书目《郡斋读书志》。此志自序云：“公武家自文元公以来，以翰墨为业者七世，故家多书。”晁氏藏书，积传数世，屡聚屡毁，然家风不绝。故清人叶昌炽赞曰：“昭德先生书满家。”不过，郡斋之所以能成为名扬后世的大藏书楼，主要是因为晁公武接受了藏书家井度的大批藏书。《郡斋读书志》自序中叙述，井度好藏书，“历二十年，所有甚富”。井度晚年将其收集的五十箧书赠给公武。公武“惕然从其命”受之，加上自己郡斋旧藏，除其重复，计二万四千五百卷。大约在他任荣州知府时，对这批宝贵的藏书“日夕躬朱黄，校雠舛误，每终篇，辄撮其大旨”，撰成了提要书目《郡斋读书志》。

《郡斋读书志》初成于高宗绍兴二十一年（1151），终成于孝宗淳熙七年至十四年（1180—1187），共著录晁公武实际收藏图书一千四百六十八部，基本包

昭德先生郡齋讀書志卷第一
門人姚應績編
自漢武帝之後雖世存治亂無不知崇尚典籍劉歆始著七畧總錄羣書一曰輯畧二曰六藝畧三曰諸子畧四曰詩賦畧五曰兵書畧六曰術數畧七曰方技畧至荀勗更著新簿分爲四部一曰甲部紀六藝及小學等書二曰乙部有古今諸子家及兵書術數三曰丙部有史記及故事四曰丁部有詩賦圖讚勗之簿蓋合兵書術數方技於諸子自春秋類摘出史記別而爲一六藝

清光绪六年会稽张氏重刊本《郡斋读书志》

括了南宋以前我国古代的各类主要图书。它按照当时已通行的分类，总分经、史、子、集四部，部下设类，每类之内，各书大致以时间先后排列，每书下有提要，少则十余字，多则数百字，这是《郡斋读书志》最重要的特色和贡献。提要大体可分四类：一是介绍作者；二是评论图书价值；三是记录校本异同；四是判别书之真伪。《郡斋读书志》把晁氏郡斋藏书记述得十分清楚，且集著录、介绍、校勘、考订于一书，故受到历代学者的重视和称赞，并为后来目录学的发展起到了重要的引导作用。

《郡斋读书志》有衢本和袁本两种。衢本是信安郡守游钧于淳祐九年（1249）在衢州刊刻的二十卷本，已失传。同年，宜春郡守黎安朝刊刻了《郡斋读书志》的蜀中传本四卷。当黎氏见到衢本之后，于第二年加刻了四卷本中没有的图书，且补考异一卷并刊，这就是袁本。目前，人们认为最为精善的刻本是光绪十年（1884）长沙王先谦以旧抄衢本校之，并以袁本订补，合为二十卷、附志一卷、卷首一卷的王氏光绪刻本。

史部·目录

089 校雠通义

清·章学诚

辨章学术，考镜源流

章学诚，见《文史通义》作者介绍。

《校雠通义》是中国清代目录学著作，成书于乾隆四十四年（1779），共四卷。此书秉承自汉代刘向、刘歆以来目录学的优良传统，继承与发展了宋代郑樵的目录学理论，是通过亲身编纂地方志与书目的实践经验而写成的。在理论与方法上有新创见，明确提出校雠学的根本任务是"辨章学术，考镜源流"，提倡图书编目应用辅助著录法的"互著与别裁"，主张编制索引。

该书于道光十三年（1833）由章学诚次子华绂刊印行世。后有1922年吴兴刘承幹嘉业堂据王宗炎校订本刊入《章氏遗书》。《遗书》本除《内篇》三卷外，还有《外篇》一卷，辑入章氏论文二十一篇。上海古籍出版社1956年据《章氏遗书》本标点印行，1987年又出版了王重民《校雠通义通解》，删去《外篇》，另代以附录一卷，附录《章学诚目录论文选》和《章学诚大事年表》二种。

史部·目录

090 书林清话

清·叶德辉

百科书史，源远流长

叶德辉（1864—1927），字奂彬，号直山，别号郎园，湖南长沙人。清光绪十八年（1892）进士，官吏部主事，也是著名的藏书家和出版家。

《书林清话》共十卷，是中国近代论古籍版本目录学的专著，以笔记体裁系统地介绍了有关中国历代雕版印刷书籍的各项专门知识。该书从书籍和版本的各种名称，宋元以来历代官刻、私刻、坊刻的源流，各时代突出的著名刻本，古代活字印刷、彩色套印的创始和传播，历代刻书的规格，所用材料以及工料价值的比较，印刷、装潢、鉴别、保存的方法，乃至有关刻书、抄书、藏书、卖书的遗闻掌故，皆有论述。该书材料丰富，直接引用了六十余种七百四十多卷书目题跋，运用分析、综合、分类比较以及逻辑推证等方法，采用主题标举的著述方式，把全书论及的内容细分为一百二十六个主题，每一标题即是一篇专论，初步确立了中国书史的学科体系，是研究版本目录学的入门之作。

1920年叶氏观古堂刻三次修改本，1935年其子启倬编入《郎园先生全书》，又据此版重印。

史部·目录

091 四库全书总目提要

清·纪昀 主编

经史子集，纲举目张

《四库全书总目提要》又简称《四库全书总目》，乃《四库全书》的伴随产物，共二百卷，合三百余万字。在《四库全书》纂修过程当中，于每种古籍前置一篇该书的提要，是具有独创性的体例，其内容包括：版本源流、作者概况、内容泛论、考据甄别、总体评价等等。把全部提要汇集在一起，遂成为《四库全书总目提要》。这部前无古人的大著作的总纂官和撰稿人是纪昀和陆锡熊。该书内容浩大，资料丰富，文笔从容翔实，是《四库全书》中价值最高的部分，已为学术界所公认。《四库全书总目提要》所著录之书，除《四库全书》所收录的三千四百六十一种之外，尚有存目书籍六千七百九十三种，合计著录书籍一万零二百五十四种，十七万二千八百六十卷，基本反映了18世纪前我国古籍的总体状况，对后世学人搜罗资料、研讨古籍，有着极其重要的参考价值。

乾隆五十八年（1793）武英殿首次刊印该书，简称殿本。乾隆六十年（1795）浙江在地方官谢启昆、阮元和士绅沈青、鲍士恭的合作下，据文澜阁藏殿本

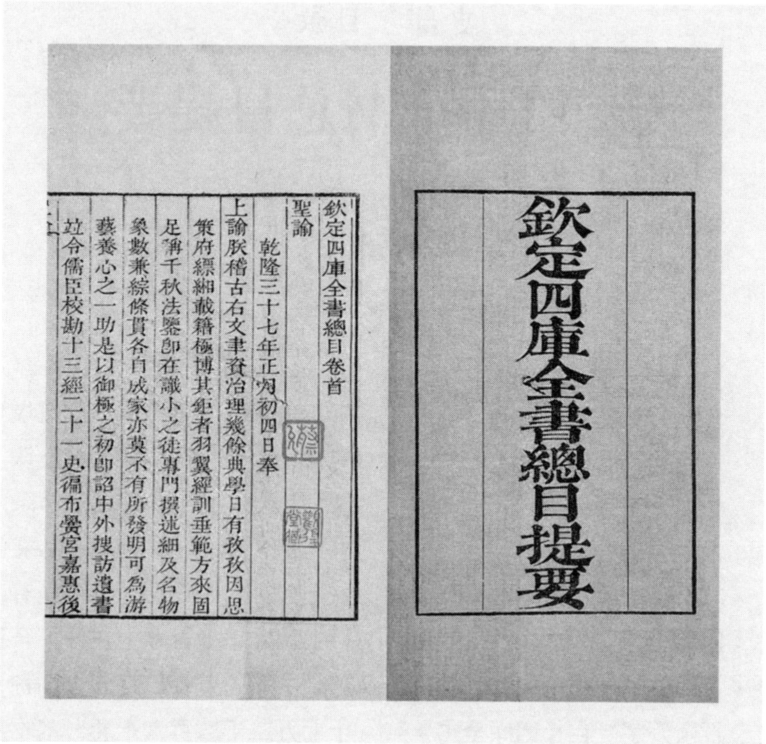

欽定四庫全書總目提要

欽定四庫全書總目卷首
聖諭
乾隆三十七年正月初四日奉
上諭朕稽古右文聿資治理幾餘典學日有孜孜因思
策府縹緗載籍極博其鉅者羽翼經訓垂範方來固
足稱千秋法鑒即在識小之徒專門撰述細及名物
象數兼綜條貫各自成家亦莫不有所發明可為游
藝養心之一助是以御極之初即詔中外搜訪遺書
並令儒臣校勘十三經二十一史徧布黌宮嘉惠後

清同治重刊本《四库全书总目提要》

翻刻，校正了殿本不少错误，简称浙本。后来的一切版本都是从这两种刻本翻印的。同治七年（1868）广东书局以浙本为底本复刻，个别字句据殿本校改，简称粤本。1964年中华书局用浙本作底本，参用殿本和粤本相校，作校记附后，由王伯祥先生断句，影印出版。后附《四库撤毁书提要》《四库未收书提要》，以及书名、著者姓名索引。

史部·目录

092 书目答问

清·张之洞

读书指南，治学门径

张之洞（1837—1909），字孝达，号香涛，晚号抱冰，直隶南皮（今河北沧州南皮）人，同治进士，为后期洋务派代表人物之一。

《书目答问》为指导治学门径的举要目录，共五卷，初刊于光绪二年（1876）。该书继承和发展了传统四部分类法，将所著录的两千二百余种书籍分为经、史、子、集、丛书五部，每部又分若干类。其收录图书能够驭繁就简，慎择约取，选录历史上流传至今的重要古籍，并重视清代学术成就。其中，《四库全书》所未收者占十之三四，并在重要书籍下作按语，书后附有初学读本，使读者渐识其门径。该书对扩大读者知识面、指导治学门径具有一定参考价值。但是，囿于正统观念，书中对戏曲、小说一概不收，对四库禁毁书也未作补充，不能不说是一个遗憾。

张之洞乃一代名臣，在西学东渐、在大清江山危亡之际，欲力挽狂澜，别寻出路，主张“中学为体，西学为用”，属于“清流”一派。其幕下人才济济，晚清著名的文化怪杰辜鸿铭即跻身其中，跟随张之洞学习中国古籍。

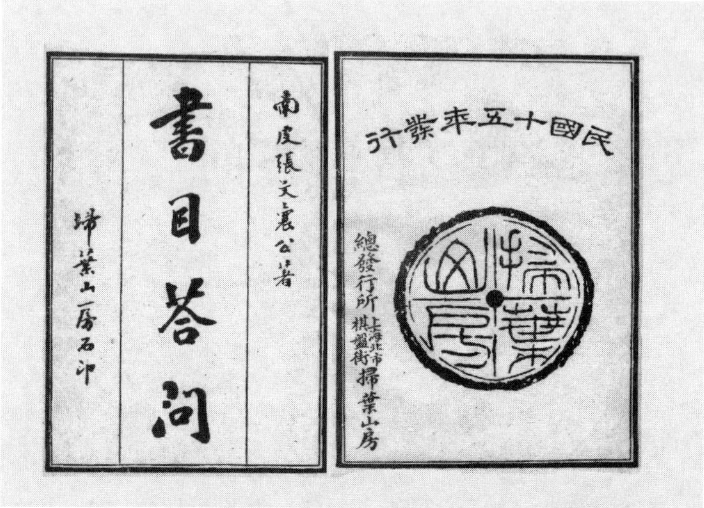

民国扫叶山房本《书目答问》

该书最早于光绪二年（1876）在四川成都大字写刻初印，光绪三年（1877）原刻本经作者勘定，增补二十余处，于是有了原刻初印本和后印改定本的区别。以后五十年间各地翻刻重印大率不出这两个版本。光绪五年（1879）在贵阳刊印的王秉恩校刻本，即据后印改定本校正凡二百八十余处。光绪二十三年（1897）河北莲池书院刊印的卢靖《慎始基斋丛书》本，则据原刻初印本重刊，校补七十余条。1931年南京国学图书馆排印出版了范希曾《书目答问补正》，补录图书一千二百种左右，还补足或纠正了《答问》漏略或讹误的书名、卷数、作者姓氏、刻书年代近百处，大大提高了原著的学术参考价值。《补正》有1963年中华书局出版的柴德赓校本和1983年上海古籍出版社出版的徐鹏校本。

子

集　史　经

子部·诸子

子部·佛教

子部·道教

子部·杂家等

子部·笔记

子部·类书

子部·小说

子部·诸子

093 老子

春秋·李耳

道可道，玄又玄

老子，生卒年不详，姓李，名耳，字聃，春秋时期人，曾做过周朝管理图书的守藏史。中国古代思想家、哲学家、道家学派的始祖。

《老子》又名《道德经》，道家学派的经典著作，最后成书于战国中晚期。今本《老子》全书共五千余言。西汉河上公曾作《老子章句》，将《老子》分为八十一章，称前三十七章为《道经》，后四十四章为《德经》，名之为《道德经》。《老子》的哲学系统，由宇宙论而人生论，再由人生论而政治论。“道”是最高范畴，也是宇宙万物的本体，含有辩证法思想，其社会政治观集中体现为“无为而治”。该书语言简约而幽深，多有对偶，以古音读之，大致合韵，今音读来亦有诗歌之节奏韵味。

孔子与老子所代表的儒道文化构成了中国文化中互补而又有所对立的两极。春秋战国礼崩乐坏之际，中国历史上最伟大的思想家却纷纷闪亮登场。两千年来，老子五千言无人能够超越，是否是因为听了老人家无为而治的忠告，不尽可知。不过，这五千字究竟有多大魅力，倒是值得亲自吟诵一番。老子曰“人法

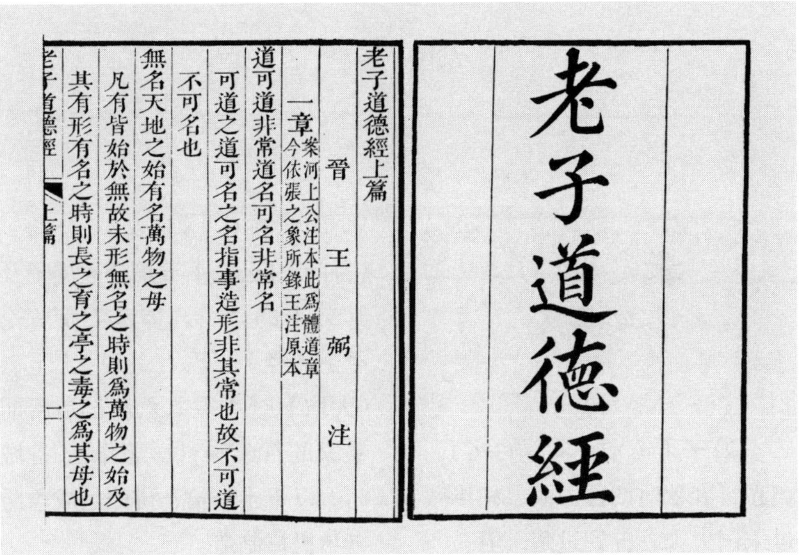
老子道德經

老子道德經上篇
晉 王弼 注
一章 案河上公注本此爲體道章今依張之象所錄王注原本
道可道非常道名可名非常名
可道之道可名之名指事造形非其常也故不可道不可名也
無名天地之始有名萬物之母
凡有皆始於無故未形無名之時則爲萬物之始及其有形有名之時則長之育之亭之毒之爲其母也
老子道德經 上篇 二

*武英殿聚珍版《老子道德经》

地，地法天，天法道，道法自然”，如长河瀑布，警语连珠。不过，在老子面前，“道可道，非常道”，更多的话都是多余的，我们姑且翻开这震撼世界的五千字吧！

郭店楚简和长沙马王堆汉墓帛书中都有《老子》。魏王弼《老子注》最为通行。清魏源《老子本义》掘其意蕴。近人马叙伦《老子校诂》则详于章句训诂。

子部·诸子

094 墨子

战国·墨翟

兼爱其仁，非攻其义

墨子（约前468—前376），名翟，春秋时期鲁国人，相传做过宋国大夫，曾到过楚、卫、齐等国，是墨家学派的创始人。

《墨子》是先秦时期墨家学派的著作总集，《汉书·艺文志》著录七十一篇，现仅存十五卷，五十三篇，一般认为是由墨子的弟子及其后学在不同时期记述编纂而成。其中《兼爱》《非攻》《天志》《明鬼》《尚贤》《尚同》《非乐》《非命》《节葬》《节用》等篇代表了墨子的主要思想；《耕柱》《贵义》《公孟》《鲁问》《公输》五篇记述墨子及其弟子的言行，体裁类似《论语》；《经》上下、《经说》上下、《大取》、《小取》六篇，是后期墨家的哲学和科学著作；《备城门》以下十一篇，讲的是战争防御与机械制造。

墨家倡导兼爱、非攻、尚贤、尚同，宣扬天志、明鬼；针对当时流行的命定论，墨家又主张“非命”；在伦理思想上，墨家的根本观念是“义”，“义”的观念来源于“天”，以此为基础建立了义利统一的道德观；《墨子》确立了“三表法”作为立论说理的准则，在中国哲学史和逻辑史上占有重要地位，其体

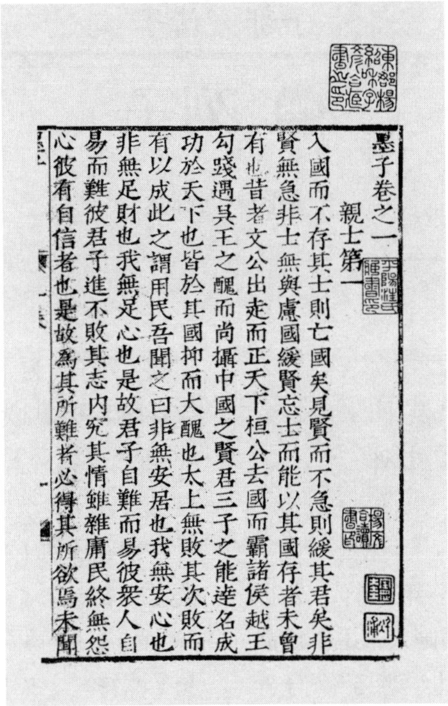

墨子卷之一
親士第一
入國而不存其士則亡國矣見賢而不急則緩其君矣非賢無急非士無與慮國緩賢忘士而能以其國存者未曾有也昔者文公出走而正天下桓公去國而霸諸侯越王勾踐遇吳王之醜而尚攝中國之賢君三子之能達名成功於天下也皆於其國抑而大醜也太上無敗其次敗而有以成此之謂用民吾聞之曰非無安居也我無安心也非無足財也我無足心也是故君子自難而易彼衆人自易而難彼君子進不敗其志內究其情雖雜庸民終無怨心彼有自信者也是故為其所難者必得其所欲焉未聞

明嘉靖三十一年芝城铜活字蓝印本《墨子》

裁虽保留了对话的形式，但基本上已具论说文的雏形。

《墨子》的注本有清傅山《墨子大取篇释》、毕沅《墨子注》、汪中《墨子表征》、孙诒让《墨子间诂》、吴毓江《墨子校注》、梁启超《墨子校释》、高亨《墨经校诠》、谭戒甫《墨辨发微》等。

095 列子

战国·列御寇

入乎其内，出乎其外

列子，生卒年不详，名御寇，战国时期郑国人，主张虚静无为，独立处世，善于修身养性。《庄子》中有很多关于他的传说。列子是介于老子和庄子之间道家学派承前启后的重要传承人物，是老子和庄子之外的又一位道家学派代表人物。

《列子》又名《冲虚经》，一般认为成书于战国早期，为列子及其弟子所著。目前部分学者认为该书为后世伪托之作，成书年代大约在魏晋之际。唐天宝年间诏号《列子》为《冲虚真经》，北宋景德年间加封为“至德”，号曰《冲虚至德真经》，列为道教重要经典之一。

现存《列子》全书共八篇，分别为《天瑞》《黄帝》《周穆王》《仲尼》《汤问》《力命》《杨朱》和《说符》。《汉书·艺文志》有著录，但今本已非原书，恐有后人窜入。《列子》文字浅显易懂，长于在叙事中说理，内容多为寓言、传说和故事，把“道”融汇于故事之中，入乎其内，出乎其外，包含着深刻的哲学思想，并具有很高的文学价值。很多为人耳熟能详的寓言故事，如愚公移山、纪昌学射、薛谭学讴等，就出于该书。该书主旨为万物生于

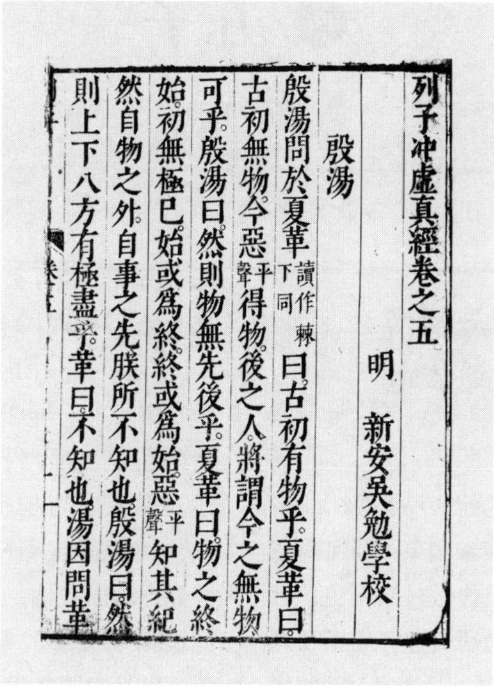
列子冲虛真經卷之五

明　新安吳勉學校

殷湯

殷湯問於夏革（讀作棘）曰古初有物乎夏革曰古初無物今惡（平聲下同）得物後之人將謂今之無物可乎殷湯曰然則物無先後乎夏革曰物之終始初無極已始或為終終或為始惡（平聲）知其紀然自物之外自事之先朕所不知也殷湯曰然則上下八方有極盡乎革曰不知也湯因問革

*明刻本《列子》

无形，变化不居，强调人要掌握并利用自然规律的重要性。值得一提的是，《列子》一书中还有大量关于养生与古代气功的论述，对我们全面了解中国传统文化大有裨益。

《列子》的主要注本，旧有张湛《列子注》，近有杨伯峻的《列子集释》和严北溟的《列子注》。

子部·诸子

096 庄子

战国·庄周

神与物游，逍遥尘外

庄子（约前369—前286），名周，战国时期宋国蒙（今河南商丘东北）人。曾做过漆园吏，后厌弃仕途，隐居著述。庄子和老子并称“老庄”，是道家学派的代表人物。

《庄子》又称《南华经》，系庄周及其后学所撰，约成书于战国中期。《汉书·艺文志》著录五十二篇，今本三十三篇。其中内篇七，外篇十五，杂篇十一。一般认为内篇是庄子所著，是其思想核心，外篇和杂篇则为后人托名所著。魏晋玄学将《庄子》与《老子》《周易》合称“三玄”。

《庄子》一书内容包罗万象，对宇宙观、人与自然的关系、生命的价值、批判哲学等都有论述，展现出超越精神、博物审美、批判思维。《庄子》行文汪洋恣肆，瑰丽诡谲，意出尘外，乃先秦诸子文章的典范之作。《庄子》也是中国文学浪漫主义的代表作之一。

《庄子》善于讲故事，全书以“寓言”“重言”“卮言”为主要表现形式，蔑视礼法权贵而倡言逍遥自由，主张顺其自然。庄子的这种哲学思想构成的完整理论体系，在内篇中得到了集中体现。内篇篇目为《逍遥游》《齐物论》

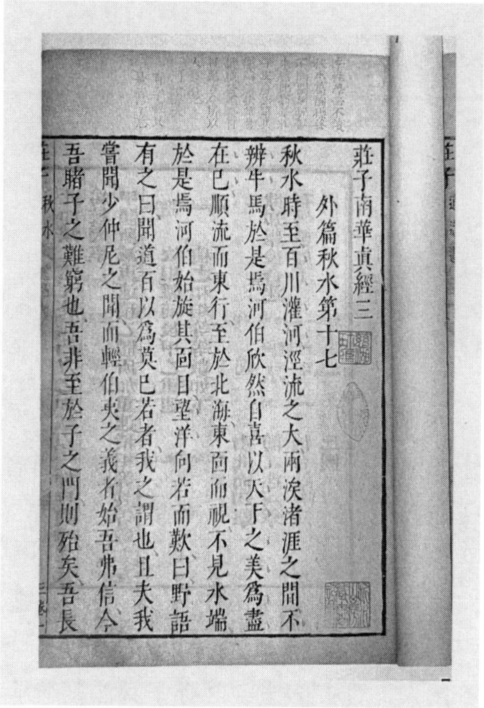
莊子南華真經三
外篇秋水第十七
秋水時至百川灌河涇流之大兩涘渚涯之間不
辨牛馬於是焉河伯欣然自喜以天下之美爲盡
在己順流而東行至於北海東面而視不見水端
於是焉河伯始旋其面目望洋向若而歎曰野語
有之曰聞道百以爲莫己若者我之謂也且夫我
嘗聞少仲尼之聞而輕伯夷之義者始吾弗信今
吾睹子之難窮也吾非至於子之門則殆矣吾長

明刊朱墨套印本《庄子南华真经》

《养生主》《人世间》《德充符》《大宗师》和《应帝王》，其中，《逍遥游》为庄子哲学“总纲”，也展现了庄子的人生理想与思想境界，其雄奇丰富的想象力、纵横捭阖的构思、收放自如的文字，都奠定了该篇在中国文学史、思想史上“千古名篇”的地位。

《庄子》现存最早的注本是晋郭象的《庄子注》。清郭庆藩撰《庄子集释》，吸收了晋至清注解《庄子》的成果。清王先谦的《庄子集解》博采众长，亦是较好的注本。

子部·诸子

097 孙子兵法

春秋·孙武

知己知彼，百战不殆

孙武，生卒年不详，字长卿，春秋末期齐国人，后从齐国流亡到吴国，辅佐吴王经国治军，显名诸侯，被尊为“兵圣”。

《孙子兵法》又称《孙子》《孙武兵法》，是现存最早的兵书。凡十三篇，每篇皆以“孙子曰”开头，按专题论说，有中心，有层次，逻辑严谨，语言简练，文风质朴，善用排比铺陈叙说，比喻生动具体，如写军队的行动：“其疾如风，其徐如林，侵掠如火，不动如山，难知如阴，动如雷震。”（《军争》）既贴切又形象，且音韵铿锵，气势不凡。故刘勰称“孙武兵经，辞如珠玉”（《文心雕龙·程器》）。

“兵者，国之大事，死生之地，存亡之道，不可不察也。”《孙子兵法》继承和发展了前人的军事理论，把政治作为决定战争胜败的首要因素，归纳出战争的原理原则，举凡战前之准备，策略之运用，作战之部署，敌情之研判等，无不详加说明，巨细靡遗，周严完备，两千多年来一直被视为兵家之经典，至今仍具有重大的现实意义。

现存最早的刻本为南宋孝宗、光宗年间的《十一家注孙子》本。《孙子兵法》的注本以

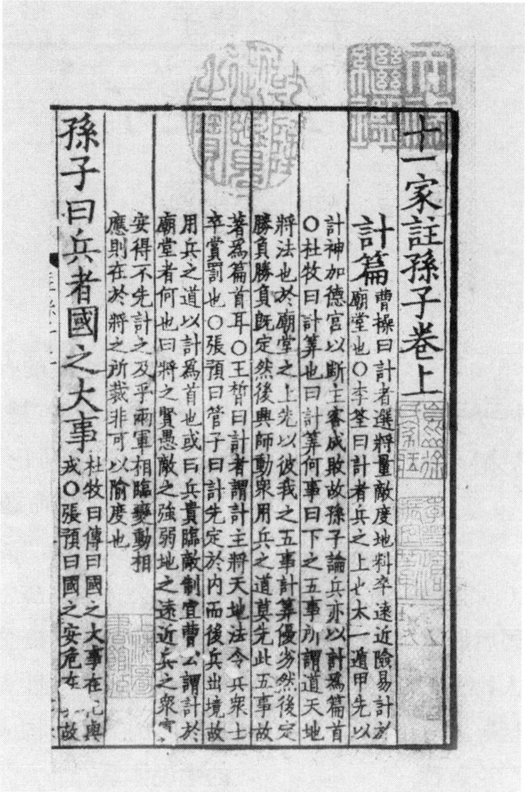
十一家註孫子卷上

計篇 曹操曰計者選將量敵度地料卒遠近險易計於廟堂也○李筌曰計者兵之上也太一遁甲先以計神加德宫以斷主客成敗故孫子論兵亦以計爲篇首○杜牧曰計算也曰計算何事曰下之五事所謂道天地將法也於廟堂之上先以彼我之五事計算優劣然後定勝負勝負既定然後興師動衆用兵之道莫先此五事故著爲篇首耳○王晳曰計者謂計主將天地法令兵衆士卒賞罰也○張預曰管子曰計先定於內而後兵出境故用兵之道以計爲首也或曰兵貴臨敵制宜曹公謂計於廟堂者何也曰將之賢愚敵之強弱地之遠近兵之衆寡安得不先計之及乎兩軍相臨變動相應則在於將之所裁非可以隃度也

孫子曰兵者國之大事 杜牧曰傳曰國之大事在祀與戎○張預曰國之安危在此故

宋刻本《孙子兵法》

曹操注最早，此后注家颇多，如清孙星衍校《孙子十家注》、清朱墉《武经七书 · 汇解》、清夏振翼《武经体注大全会解 · 孙子》。近人校注本有郭化若《孙子译注》、杨炳安《孙子会笺》等。

子部·诸子

098 公孙龙子

战国·公孙龙

白马非马，名相怨实

公孙龙（约前320—前250），字子秉，战国后期赵国人。名家学派的代表人物，常常与孔子后人孔穿及邹衍等人辩论，其学说以“离坚白”论著称。

《公孙龙子》又名《守白论》，是针对社会上名不副实的现象所作，《汉书·艺文志》著录十四篇，列为名家，传本或为三卷，内容均为六篇。首篇《迹府》是后人编集的有关公孙龙的简介，其余五篇是公孙龙的作品。其中《白马论》所提出的“白马非马”的命题，以及《坚白论》所提出的“离坚白”的命题，是公孙龙名辩思想的中心。该书着重探讨了概念的内涵和外延以及事物的共性和个性、存在和思维的关系，构成了一个完整的学说体系。

《公孙龙子》注本有栾星的《公孙龙子长笺》、庞朴的《公孙龙子研究》、王琯的《公孙龙子悬解》、吴毓江的《公孙龙子校释》。

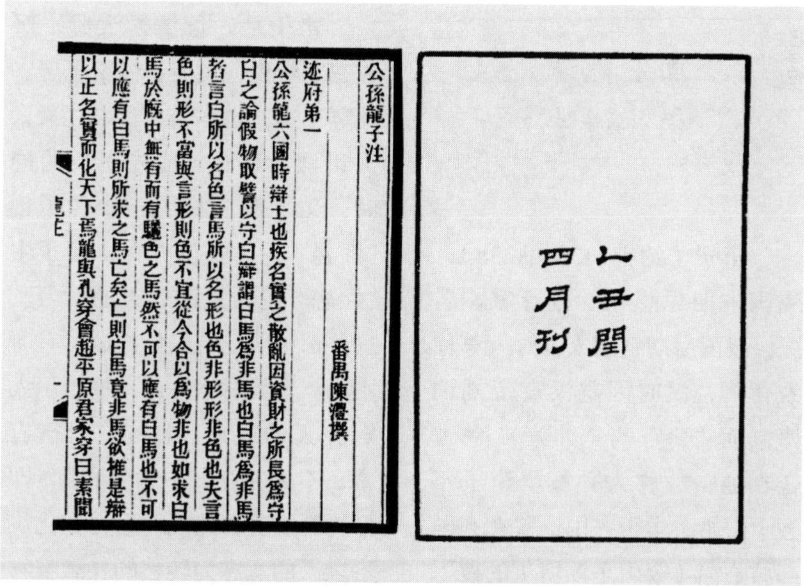

乙丑閏四月刊

公孫龍子注

番禺陳澧撰

迹府第一

公孫龍六國時辯士也疾名實之散亂因資財之所長爲守白之論假物取譬以守白辯謂白馬爲非馬也白馬爲非馬者言白所以名色言馬所以名形也色非形形非色也夫言色則形不當與言形則色不宜從今合以爲物非也如求白馬於廄中無有而有驪色之馬然不可以應有白馬也不可以應有白馬則所求之馬亡矣亡則白馬竟非馬欲推是辯以正名實而化天下焉龍與孔穿會趙平原君家穿曰素聞

清刻本《公孙龙子》

099 荀子

战国·荀况

尊王称霸，崇礼讲法

荀子（约前313—前238），战国末期思想家、教育家。名况，战国后期赵国人，时人尊称为荀卿，汉时因避汉宣帝刘询讳，而“荀”与“孙”二字古音相通，故称为孙卿。荀子年五十，始游学于齐国，曾在齐国都城临淄（今山东淄博）的稷下学宫任祭酒。因遭谗而适楚国，任兰陵（今山东兰陵）令。以后失官家居，著书立说，死后葬于兰陵。韩非、李斯均是他的学生。

荀子是一位儒学大师，吸收王霸学说，发展了儒家思想。他尊王道，也称霸力；崇礼义，又讲法治；在“法先王”的同时，又主张“法后王”。孟子创“性善”论，强调养性；荀子主“性恶”论，强调后天的学习。这些都说明他与嫡传的儒学有所不同。他反对宿命论，提出了人定胜天的观点，肯定“天行有常，不为尧存，不为桀亡”，即万物都循着自然规律运行变化、不以人的意志为转移的朴素唯物主义观点。

《荀子》一书今存三十二篇，大部分是他自己所写。他的文章擅长说理，组织严密，分析透彻，善于取譬，常用排比句增

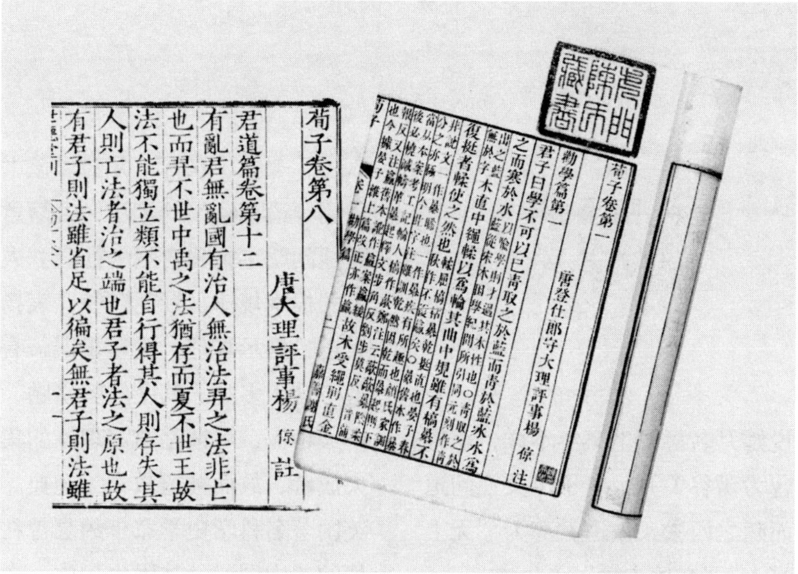

明嘉靖世德堂刻本、清乾隆嘉善谢墉校刻本《荀子》

强议论的气势，语言富赡警炼，有很强的说服力和感染力。

《荀子》的通行注本有唐杨倞的《荀子注》、清王先谦的《荀子集解》、近代梁启雄的《荀子柬释》等。

子部·诸子

100 关尹子

春秋·关尹

九阳至极，大道其成

关尹子，关尹的尊称，一说姓尹名喜，生卒年不详，相传曾为函谷关尹，老子出关，问道而随之西去，被道教尊为“无上真人”“文始先生”。

《关尹子》，道教称《文始真经》，约成书于战国晚期。全书共九篇，因道家重视阳数，而九正是阳数之极，分别为：一宇、二柱、三极、四符、五鉴、六匕、七釜、八筹、九药。该书采用《道德经》的笔法，言简意赅地阐明宇宙和自然、社会和人生的根本规律，针砭时弊，表扬大道，揭示真理，拨迷正误，有益于众生多矣。其文气势磅礴，博大精深，可谓是道家理论的集大成者，故而被道教奉为经典。英国著名科学史学家李约瑟曾在他的《中国科学技术史》中，大量地引用《关尹子》一书里的观点和论断，对其评价甚高。今有中华书局“全本全注全译丛书”本之《关尹子》。

子部·诸子

101 鹖冠子

战国·鹖冠子

深浅莫测，真伪难辨

鹖冠子，战国中晚期楚人。姓名不详。隐居深山，以鹖羽为冠，故有此号。

《鹖冠子》应是战国晚期著作，在《汉书·艺文志》中被列入道家类。该书文字晦涩难懂，内容错综复杂。唐柳宗元有《鹖冠子辨》一首，诋《鹖冠子》为言尽鄙浅，谓其《世兵篇》多同《鵩赋》。据司马迁所引贾生二语，认为《鹖冠子》为伪书。《四库全书总目提要》谓："古人著书，往往偶用旧文，古人引证，亦往往偶随所见……未可以单文孤证，遽断其伪。"认为其未必是伪书。

科学史学家李约瑟觉得《鹖冠子》的一些段落"令人出奇地感兴趣"，但是"因为内容相当混杂而极难确定年代……在其年代经过考订而确定之前，任何阐释都只是仓促之说"。《鹖冠子》皆作三卷，至唐增为十六篇（《韩愈集》称十六篇），北宋陆佃作注的《鹖冠子》已增至十九篇，今传本即陆注三卷十九篇之《鹖冠子》。除第十二、十六、十九等三篇系鹖冠子弟子庞焕《庞子》书混入外，其余基本可信。

该书以《四部丛刊》所收陆佃注本较为通行。

102 文子

春秋·辛钘

杂糅百家，道为其旨

文子，生卒年不详，传说姓辛名钘，字计然，号文子，葵丘濮上人，乃老子弟子，与孔子同时代人。

《文子》，道教称《通玄真经》，约成书于战国晚期，本归老子之学，杂糅名法儒墨诸家，列老子之言加以论释，引言与论释混淆难辨。所引《老子》之语，多数与今本《老子》相同。其关于道的论释，颇为深刻，关于治身、治国、治世之道，也多有精辟之见。《文子》一书，《汉书·艺文志》录九篇，《隋书·经籍志》录十二篇，《七略》录九篇，《四库全书》录两卷，内容大体相同。《文子》是后世研究道家学说的重要典籍之一。

现存版本有明《道藏》（题《通玄真经》徐灵府注）本、清《四库全书》本、《说郛》本、《墨海金壶》本、《元明善本丛书十种》本等。中华书局《新编诸子集成》收有王利器《文子疏义》。

文子　　非一

文子姓辛名鈃一名計然葵丘濮上人也師事老子楚平王問曰聞子得道於老聃可得聞乎對曰道德匡邪以爲正振亂以爲治醇德復生天下安寧要在一人故積德成王積怨成亡堯舜以是昌桀紂以是殃王曰敬聞命矣後南游吳越范蠡師之越欲伐吳蠡諫曰臣聞之師曰兵凶器戰逆德爭者事之末也陰謀逆德好用凶器試身於所末

清冯煦校《通玄真经缵义文子篇》

103 晏子春秋

旧题 春秋·晏婴

传记鼻祖，小说滥觞

晏婴（？—前500），字仲，谥“平”，史称“晏子”，夷维（今山东高密）人，为春秋时期齐国正卿。他历仕齐灵公、庄公、景公三朝，执政五十余年，以节俭力行、谦恭下士著称于时。

《晏子春秋》旧题晏婴撰，实为战国时人搜集他的言行事迹编辑而成。全书共八卷，包括内篇六卷，外篇二卷，计二百一十五章，全部由短篇故事组成，可谓中国最早的故事集；也有人把它看作是最早的人物传记，“虽无传记之名，实传记之祖也”；还有人认为它是我国最早的短篇小说集，是我国小说之滥觞。该书详细地记述了齐国灵公、庄公、景公三朝贤相晏婴的生平轶事及各种传说、趣闻，共二百多个小故事，相互关联和补充，按内容大致可分为三类：一类是历史故事，见于《左传》等书，但作了不同程度的加工；一类是政治故事，讲述治国安邦之经验，多以晏子与齐景公对话的形式出现；一类是生活故事，写晏子日常言行，其中也包括一些嘲笑诸侯、讽刺奸佞的篇章，这部分占的比例最大。书中成功地塑造了晏子这一栩栩如生的人物形象。他智慧非凡，代君使楚而

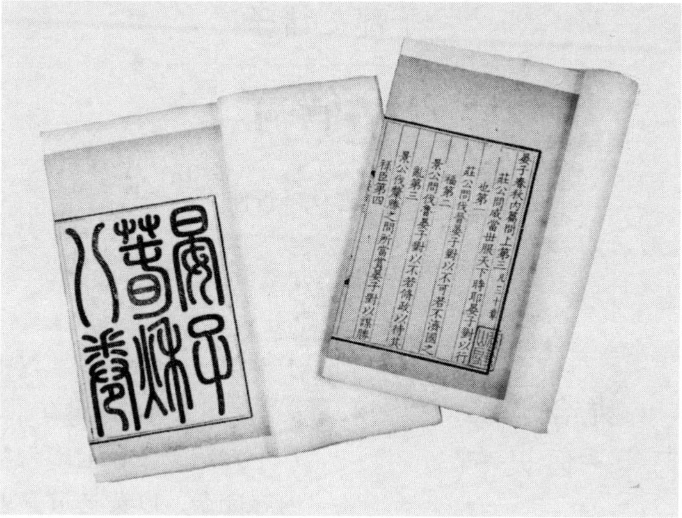

清嘉庆刻本《晏子春秋》

拒不钻狗窦，表现出机敏的口才和从容的气度；他刚直忠义，崔杼弑君，他不顾威胁，“袒免，坐，枕君尸而哭，兴，三踊而出”，大义凛然，不失其节；他清正廉洁，身居高位，功业显赫，却过着极其清贫的生活，穿“缁布之衣”，吃“脱粟之食”，住“近市，湫隘嚣尘”。该书语言明快简洁，幽默风趣，人物对话富于性格特征，往往弦音内蕴，机锋暗藏，佳譬妙喻，迭见层出，令人回味无穷。《晏子春秋》对后世的传记文学产生了深远的影响，其故事虽不能完全作信史看待，但多数有据可依，是反映春秋后期齐国社会历史风貌的重要史料。

《晏子春秋》旧本以明代乌程闵氏刻本为佳，近人吴则虞《晏子春秋集释》较为详备。

子部·诸子

104 管子

旧题　春秋·管仲

九合诸侯，一匡天下

管仲（？—前645），名夷吾，字仲，颍上（颍水之滨）人，春秋初期著名政治家。齐桓公时，任宰相，辅佐齐桓公，以“尊王攘夷”相号召，“九合诸侯，一匡天下”，使齐桓公得以成为春秋五霸之首。

《管子》二十四卷，虽题为管仲撰，但实为战国时齐国“稷下学派”的学者托名管仲所为，其中汉代学者也有所附益。可见该书是由后世管子思想的研究者们整理而成，有人将其视为“管子学派”开山之作。《汉书·艺文志》道家类中著录有《管子》八十六篇，今存七十六篇。其内容庞杂，以黄老道家思想为主，兼及法、名、儒等各家学说，还介绍了天文、历数、舆地、农业、经济等多种知识。其中，《牧民》《形势》《权修》《乘马》等篇存有管仲遗说；《轻重》篇重在阐述经济问题，于生产、分配、交易、财政等方面均有所论及；《心术》《白心》《内业》等篇保存了一部分道家有关“气”的学说；《水地》篇提出了以“水”为万物根源的观点；《度地》篇专论水利；《地员》篇专论土壤。

《管子》现存本有明赵用

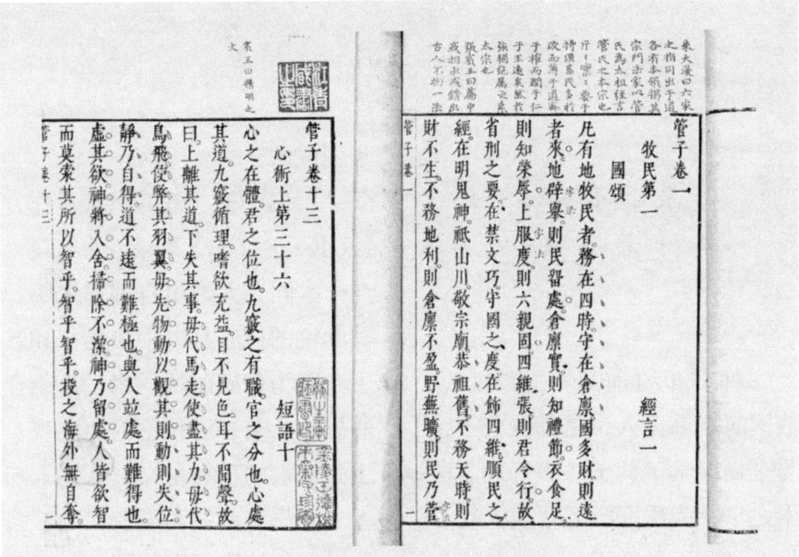
管子卷一
牧民第一
國頌　經言一
凡有地牧民者務在四時守在倉廩國多財則遠
者來地辟舉則民留處倉廩實則知禮節衣食足
則知榮辱上服度則六親固四維張則君令行故
省刑之要在禁文巧守國之度在飾四維順民之
經在明鬼神祗山川敬宗廟恭祖舊不務天時則
財不生不務地利則倉廩不盈野無曠則民乃菅
管子卷一　一

管子卷十三
心術上第三十六　短語十
心之在體君之位也九竅之有職官之分也心處
其道九竅循理嗜欲充益目不見色耳不聞聲故
曰上離其道下失其事毋代馬走使盡其力毋代
鳥飛使弊其羽翼毋先物動以觀其則動則失位
靜乃自得道不遠而難極也與人並處而難得也
虛其欲神將入舍掃除不潔神乃留處人皆欲智
而莫索其所以智乎智乎智乎投之海外無自奪
管子卷十三　一

现代影印本《管子》

贤所刊本。明有刘绩《管子补注》，清有戴望《管子校正》，今有郭沫若《管子集校》、马非百《管子轻重篇新诠》、赵守正《管子注释》等。

105 韩非子

战国·韩非

人非有爱，法本无情

韩非（约前280—前233），战国时期韩国人，是韩国公子，与李斯同学于荀子，喜好刑名法术之学，为法家学派代表人物。他在韩国不受重用，著《孤愤》《说难》等，受到秦王政的重视，后受邀出使秦国。不久遭李斯等人陷害，自杀于狱中。韩非吸收儒、道、墨各家思想，继承发展了前期的法家思想，集法家学说的大成。

《韩非子》一书是韩非的著作总集，是在其逝世后，后人辑集而成的。

《韩非子》乃法家代表著作，《汉书·艺文志》著录五十五篇，与今本同，大都出自韩非之手。其学说的核心是以中央集权和君主专制为基础的法、术、势结合的思想，秉持进化论的历史观，主张极端的功利主义，认为人与人之间只有利害而没有仁爱，强调以刑法治国，以利用人，对秦汉以后中国封建社会制度的建立产生了重大影响。重要的有《孤愤》《解老》《喻老》《五蠹》《显学》《问田》等篇。该书在先秦诸子中具有独特的风格，思想犀利，文字峭刻，逻辑严密，善用寓言。

今存《韩非子》以宋乾道

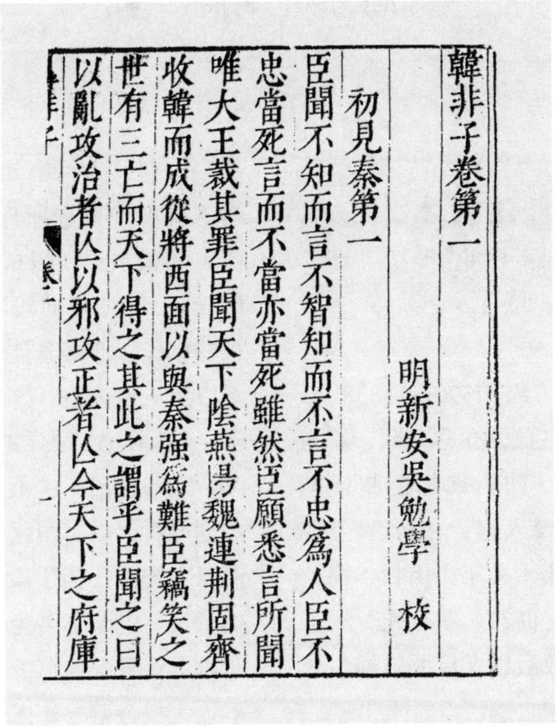
韓非子卷第一
明新安吳勉學　校
初見秦第一
臣聞不知而言不智知而不言不忠爲人臣不忠當死言而不當亦當死雖然臣願悉言所聞唯大王裁其罪臣聞天下陰燕陽魏連荆固齊收韓而成從將西面以與秦强爲難臣竊笑之世有三亡而天下得之其此之謂乎臣聞之曰以亂攻治者亾以邪攻正者亾今天下之府庫

明万历间吴勉学刻本《韩非子》

刊本为最早。较好的注本有清王先慎的《韩非子集解》以及今人陈奇猷的《韩非子集释》。

子部·诸子

106 商君书

旧题 战国·商鞅等 编

任法明术，强兵弱民

商鞅（约前390—前338），公孙氏，名鞅，亦称卫鞅，原为卫国公族。初为魏相公叔痤家臣，后自魏入秦，辅秦孝公变法，为秦相十九年，因封于商，故称商鞅、商君。孝公死，太子即位，为政敌以谋反罪追捕，处商鞅以车裂之刑。

《商君书》是商鞅及其后学的言论著作集。《汉书·艺文志》法家类著录二十九篇，今实存二十四篇。《商君书》旧题商鞅撰，《史记》说“商君开塞耕战书，与其人行事相类”。然亦有人怀疑非商鞅所作，“殆法家流，掇鞅余论，以成是编”。四库馆臣曰：“其词峻厉而刻深，虽非鞅作，亦必其徒述说之，非秦以后人所为也。”

《商君书》从君主独裁的角度，推行法治，注重农战，主张极刑厚赏，以富国强兵为急务，而以去智愚民为手段，自有其历史意义。但该书名为任法，实则明术，着眼点唯在于如何使臣而不致大权旁落，如何弱民而驱之从事耕战，而视知识为寇仇，以智慧为虮虱，似为提倡君主权威，其实教导君主与一切人为敌。因而该书在中世纪的中国，既是阳儒阴法的专制者的枕中鸿秘，

清光绪二年浙江书局刻本《商君书》

也是历代学者口诛笔伐的对象。

该书文笔古奥，流传过程中又有脱文错简。清代以来学者校本有多种，但文字句读仍难完全订正。今有朱师辙《商君书解诂定本》、王时润《商君书集解》，又有蒋礼鸿《商君书锥指》等。

107 慎子

战国·慎到

天道因循，贵势尚法

慎到（约前395—前315），战国时期赵国人。齐宣王、湣王时，与邹衍、淳于髡、接舆等为稷下学人，著有《慎子》，是三晋法家思想理论的开拓者之一。他主张“贵势”“尚法”，其思想为后代统治者所接受，成为中国古代帝王统治术的源泉。

《慎子》在政治上提出较系统的法、术、势理论，为后期法家之源。因法家缘于黄老道家，所以慎子哲学思想的基础是道家。庄子在《天下》篇中，便把他和彭蒙、田骈放在一起，作为道家来看待。司马迁也认为他所学乃“黄老道德之术”。慎子继承了道家崇尚自然的传统，把天地造化作为世界运行的完美楷模，他在论述社会治理时要求“因循”，即效法自然。他说：“天道因则大，化则细。”“天道”的概念，在《慎子》一书中具有普遍意义。“因循”天道，即按规律办事，慎子认为只有因循自然，才会长久。中国哲学史上的道家体系，从慎子开始，走上了积极干预社会的道路，他的“贵势”“尚法”理论精辟地阐述了“民能”与“君用”的关系，其思想基础是人的平等，即君主与民众一样。从根本上否定了传统

清刻本《慎子内外篇》

的“天生圣人，作君作师”理论，至今仍有现实意义。

《汉书·艺文志》法家类著录《慎子》四十二篇，隋唐以来编为十卷。北宋时《崇文总目》著录《慎子》三十七篇。

民国时王斯睿校正本，1935年作为《国学小丛书》之一种，由商务印书馆出版。今有华东师范大学出版社《历代子家选刊》点校本。

子部·诸子

108 尹文子

战国·尹文

名有三科，法有四程

尹文，战国时齐国人，生卒年及事迹不详。

《尹文子》，《汉书·艺文志》列为名家，今本仅一卷，分《大道》上、下两篇，语录与故事混杂，各段自成起迄。上篇论述形名理论，下篇论述治国之道，可以看作是形名理论的实际运用。其思想特征以名家为主，综合道法，亦不排斥儒墨。自道以至名，由名而至法，上承老子，下启荀子、韩非。《尹文子》的形名论思想，为研究中国逻辑思想史者所重视，其对语言的指称性与内涵等关系的思考，颇值得玩味。文章善于运用寓言说理，虽然不如“白马非马”有名，但是却很有趣味，其中讲一个人，给儿子取名“盗”和“殴”，结果挨了一顿打。抛开让人犹如雾里看花般的“道”“名”“形”，看看古人的调皮之处，也是一得。

《尹文子》的主要版本有明《子汇》本、《诸子集成》本。新注本有厉时熙的《尹文子简注》。

子部·诸子

109 邓析子

春秋·邓析

操两可之说，设无穷之辞

邓析（？—前501），春秋末年郑国名家思想家，首倡“刑名之论”，操“两可之说”，被视为玩弄巧辩之术；宣扬刑名之治，制定竹刑，主张刑法公开化，引发贵族不满，终为郑国大夫子产所杀。

《邓析子》传为邓析后学所作，但书中内容亦掺杂有别家说法，关于其真伪，学术界争论不一。全书共两卷，分别为《无厚篇》与《转辞篇》。《无厚篇》强调君主与臣民的共生关系，劝勉君王治国时应该以平等之心对待臣民，归结到最后就是无厚、无偏私之意，是民本的反映。《转辞篇》主要强调“缘身而责名，缘名而责形，缘形而责实，臣惧其重诛之至，于是不敢行其私矣”，也就是君王对官员的控制。

该书在《汉书·艺文志》《旧唐书·经籍志》《新唐书·艺文志》中皆著录为名家，但其中展现出明显法家思想，《四库全书》将其列为法家，今人也多以法家目之。

110 吕氏春秋

战国·吕不韦等　编著

市门悬金，一字不易

吕不韦，生卒年不详，战国后期卫国人。本是阳翟富商，在赵国邯郸经商时，受到秦公子子楚的赏识，弃商从政，任秦国丞相。秦始皇执政后，吕不韦被免职，迁往蜀郡，忧惧自杀。

《吕氏春秋》又称《吕览》，乃吕不韦召集门下三千宾客，“兼儒墨，合名法”，编纂而成，有八览、六论、十二纪，共一百六十篇，《汉书·艺文志》将其归入杂家。该书兼收并蓄，细大不捐，是先秦思想文化之总结，以儒家为主流，以道家为基础，取老子顺应客观的思想，舍其消极避世的成分，旁采名、法、墨、兵、农、阴阳诸家之长，初步形成了包括政治、经济、哲学、道德、军事等各方面内容的理论体系，同时保存了医学、音乐、天文历法及农业等多方面的宝贵资料。文章明朗犀利，故事、比喻、议论有机结合，成书之后，曾布之于咸阳市门，有能增损一字者悬赏千金。大概吕不韦想借此向世人昭示他一统天下和治理天下的政见。可惜志未申而身先死，其理论不能行于当世。汉兴起后，吸取亡秦教训，王霸并用，崇尚无为，与民休息，许多方面与《吕氏春

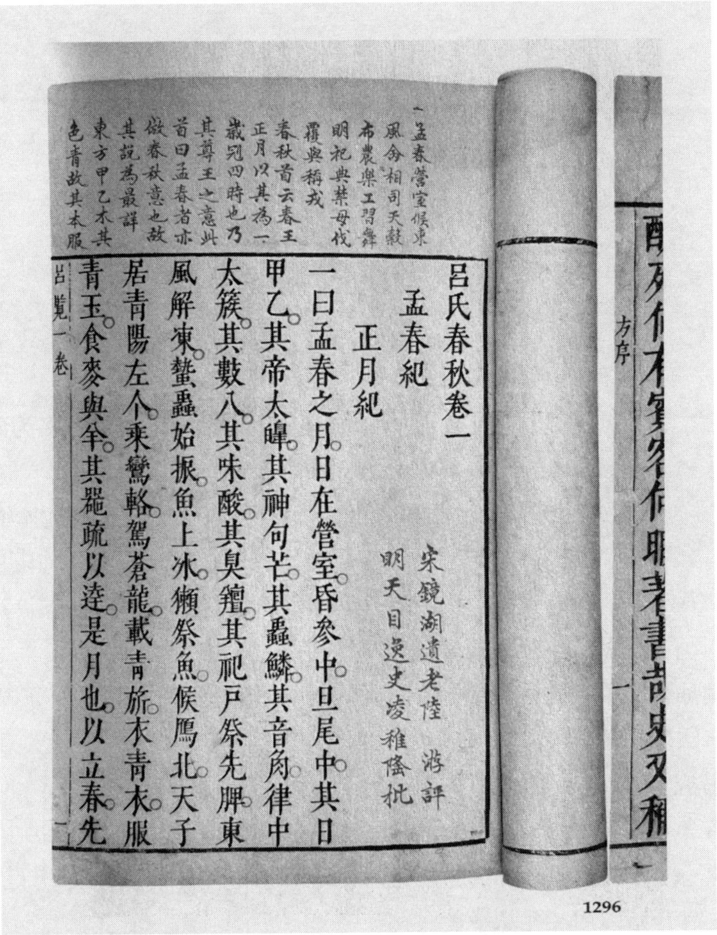

明泰昌朱墨套印本《吕氏春秋》

秋》的思想一致。

最早为《吕氏春秋》作注的是东汉的高诱，今人许维遹《吕氏春秋集释》、陈奇猷《吕氏春秋校释》都是较好的校注本。

子部 · 诸子

111 孔丛子

秦 · 孔鲋

圣人之言，后世之教

《孔丛子》传为秦末时孔子八世孙孔鲋撰。孔鲋，字子鱼，秦末儒生，曾任陈胜博士。关于此书究竟为何人何时所撰一直存有争议。《汉书 · 艺文志》没有著录，三国魏王肃撰《圣证论》时开始引用《孔丛子》。《隋书 · 经籍志》著录为七卷。今《四部丛刊》七卷本，《四库全书》《汉魏丛书》为三卷本。《孔丛子》保留了不少孔子及其门人的言行事迹，是研究孔子家学的重要资料。其《小尔雅》篇保存有文字训诂学的资料，多为研究文字学、训诂学者所用。

《孔丛子》的重要注本有清光绪元年（1875）海昌陈氏重刻嘉祐本，还收入《四库全书》《百子全书》中。

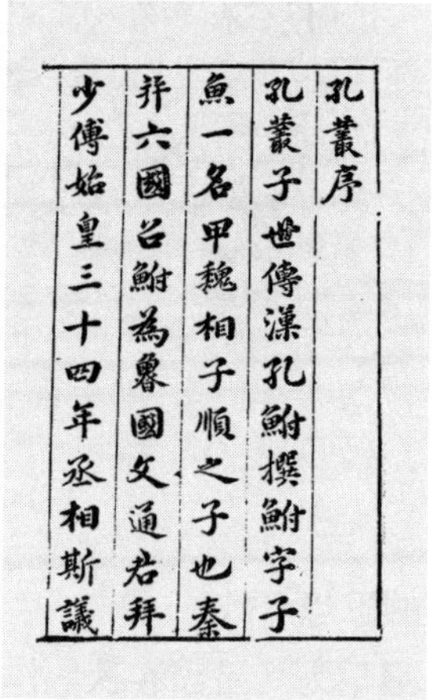
孔叢序
孔叢子世傳漢孔鮒撰鮒字子
魚一名甲魏相子順之子也秦
幷六國召鮒爲魯國文通君拜
少傅始皇三十四年丞相斯議

明末写刻本《孔丛子》

子部·诸子

112 素书

旧题　秦·黄石公

运筹帷幄，决胜千里

黄石公（？—前195），秦汉时人。秦始皇二十九年（前218），张良挟亡国之恨，偕刺客以铁椎击始皇于博浪沙（今河南原阳县城东郊），误中副车，遂改名换姓，逃匿于下邳（今江苏睢宁古邳镇）。传说遇黄石公，得兵书《素书》。

《素书》又名《黄石公素书》，旧题黄石公所撰，传张良，北宋末年的张商英为之作序并刊行于世。《素书》基本是从《三略》推衍而来的，将《三略》所讲的道、德、仁、义、礼，应机待时，尚贤重民等思想加以发挥，与《三略》在精神实质上完全一致。因此常有人误将二者混淆为一。不过，《素书》也并不是《三略》的简单模仿。在很多问题上，《素书》对于《三略》做了非常精辟的总结、提炼与升华。并且《素书》比之《三略》，结构相对严谨，语言相对凝练，思想相对明晰。

《素书》版本甚多，仅明代就有绵眇阁刊《先秦诸子合编》本、《汉魏丛书》本、唐琳刊本、《说郛》本、《二十二子》本、《百名家书》本、王士祺本、溪香馆刻杨慎评本等。

子部·诸子

113 孔子家语

孔氏家学，源远流长

《孔子家语》，或称《家语》，今本十卷四十四篇，主要记述孔子及孔门弟子的思想言行。

关于其作者和成书年代，历来有不同说法。《汉书·艺文志》著录二十七卷，列在六艺略《论语》类，卷次与今本不同。今本《家语》在三国魏王肃作注后流行于世，内容多见于《左传》《国语》《荀子》《礼记》《大戴礼记》《韩诗外传》《说苑》等书。

因此，自宋以来，就有学者将《家语》视作伪书，认为系王肃伪作。其间也有学者持有异议，但并未引起重视。晚近以来，学界疑古之风盛行，《家语》乃王肃伪作的观点几成定论。1973年，河北定县（今定州）八角廊西汉墓出土的竹简《儒家者言》，内容与今本《家语》相近。1977年，安徽阜阳双古堆西汉墓也出土了篇题与《儒家者言》相应的简牍，内容同样和《家语》有关。这些考古发现说明，今本《孔子家语》是有来历的，早在西汉即已有原型存在和流传，并非伪书，更不能直接说成是王肃所撰著。它陆续成于孔安国以及与王肃同时的孔僖、孔猛等孔氏学者之手，经历了一个很长的编纂、改动、增补过程，是孔氏家学的产物。应当承认它在有关孔子和孔门弟子及古

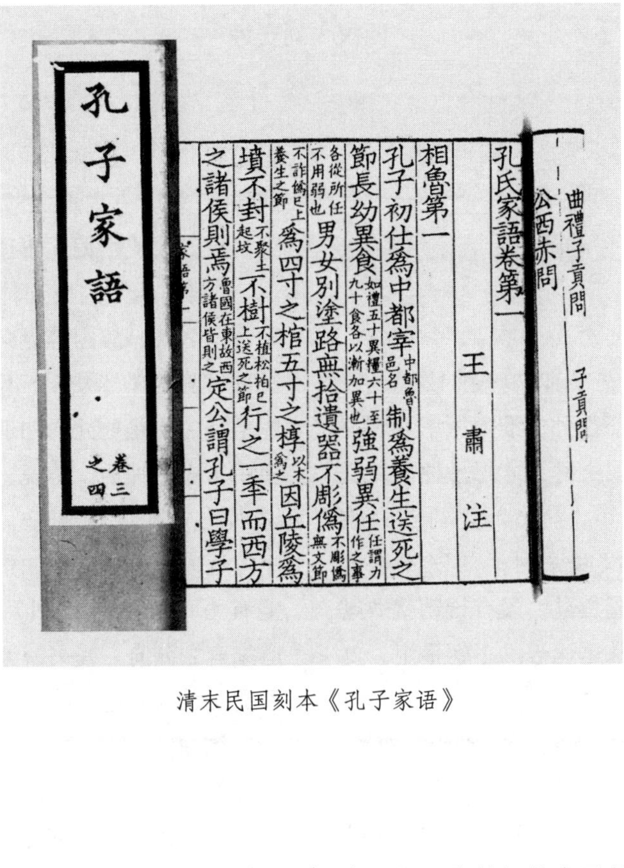
孔子家語　卷三之四

曲禮子貢問　子貢問
公西赤問
孔氏家語卷第一
王肅注
相魯第一
孔子初仕爲中都宰（中都魯邑名）制爲養生送死之
節長幼異食（如禮五十異糧六十至九十食各以漸加異也）強弱異任（任謂力作之事各從所任不用弱也）男女別塗路無拾遺器不彫僞（不彫僞無文飾不詐僞已上養生之節）
爲四寸之棺五寸之椁（以木爲之）因丘陵爲
墳不封（不聚土起墳）不樹（不植松柏已上送死之節）行之一年而西方
之諸侯則焉（魯國在東故西方諸侯皆則之）定公謂孔子曰學子

清末民国刻本《孔子家语》

代儒家思想研究中的重要价值。

《孔子家语》较好的版本有《四部丛刊》影印明黄鲁曾覆宋本。整理本较好的本子是中华书局“新编诸子集成续编”之《孔子家语校注》。

114 淮南子

西汉·刘安等

荟萃诸子，旁搜异闻

刘安（前179—前122），汉高祖刘邦之孙，淮南厉王刘长之子，善属文辞，才思敏捷。汉文帝十六年（前164），刘安封淮南王。汉武帝时，刘安暗中部署，发起叛乱，没有行动就败露了，叛乱迅速被汉王朝平定，刘安畏罪自杀。

《淮南子》又名《淮南鸿烈》，意即包含了光明宏大之理。其书为淮南王刘安招致门客在其主持下所编撰，约成于汉景帝、汉武帝年间。全书博奥深宏，融道家、阴阳家、墨家、法家、儒家思想于一炉，是汉代学者对汉以前古代文化一次最大规模的汇集，但其主流则偏向于道家。

《淮南子》因属集体创作，采百家之长，故内容庞杂，近乎一部“先汉学术史”，但并非凭虚蹈空，而是处处紧扣现实，并多用历史、神话、传说、故事来说理，文风新异瑰奇，繁富有序。近人评价颇高，如梁启超先生有言：“《淮南鸿烈》为西汉道家言之渊府，其书博大而和有条贯，汉人著述中第一流也。”

该书东汉有高诱注本和许慎注本；清代有庄逵吉校本，较为精善；近人刘文典集诸家之精华作《淮南鸿烈集解》，贡献颇巨；今人何宁《淮南子集释》亦是目前较好的本子。

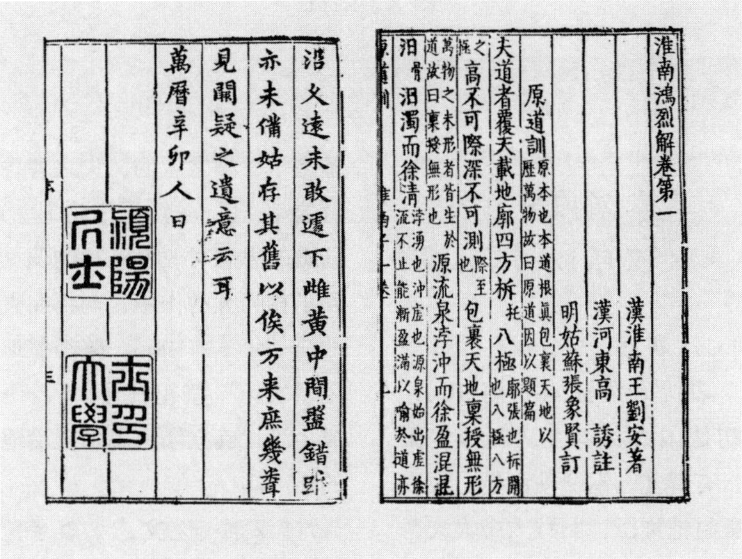

明万历年间张象贤刻本《淮南鸿烈解》

115 新语

西汉·陆贾

秦所以亡，汉所以兴

陆贾（约前240—前170），汉初楚国人。以客从刘邦定天下，有辩才，奉命使南越，说南越王赵佗称臣，归拜太中大夫，时于高祖前称《诗》《书》，高祖乃令其述秦所以亡、汉所以兴之故，遂著《新语》。

《新语》十二篇，为总结秦朝覆亡及汉朝成功的教训和经验而作，旨在强调应“逆取而顺守之，文武并用”，用儒家“六经”来治国，主张“行仁义，法先圣”，认为“仁者道之纪，义者圣之学，学之者明，失之者昏，背之者亡”（《新语·道基》）。陆贾的思想对改变刘邦的偏见起到了相当大的作用，刘邦在去世的前一年（前196），路经鲁地，用“太牢”祭祀孔子。《新语》成为汉代确立儒家思想统治地位的先声。

《汉书·艺文志》著录《陆贾》二十三篇，《隋书·经籍志》《旧唐书·经籍志》皆著录《新语》二卷。流传较广的是《汉魏丛书》本和《四部丛刊》本，还有明代李庭悟、姜思复、胡维新、范大冲刻本，清代严可均本，近代唐晏校本和王利器先生的《新语校注》是目前较好的版本。

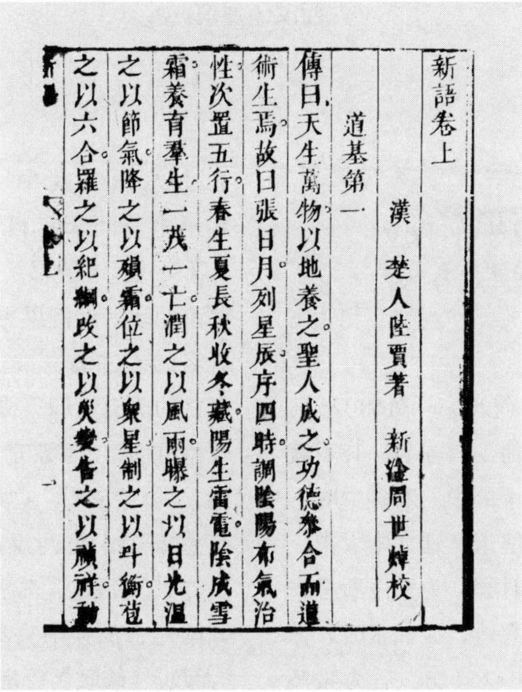
新語卷上

漢　楚人陸賈著　新淦周世焯校

道基第一

傳曰天生萬物以地養之聖人成之功德參合而道術生焉故曰張日月列星辰序四時調陰陽布氣治性次置五行春生夏長秋收冬藏陽生雷電陰成雪霜養育羣生一茂一亡潤之以風雨曝之以日光溫之以節氣降之以殞霜位之以衆星制之以斗衡苞之以六合羅之以紀綱改之以災變告之以禎祥動

新語 卷上 一

清乾隆五十六年刊刻《新语》

子部·诸子

116 新书

西汉·贾谊

伤逝贾子，绝代鸿文

贾谊（前200—前168），河南洛阳人。他少有才名，18岁就以文才闻名于郡中。20多岁时，汉文帝召为博士，迁太中大夫。屡次上疏言时弊，为大臣所忌，贬为长沙王太傅，渡湘水时，作《吊屈原赋》以自伤。后为梁怀王太傅，怀王坠马死，贾谊觉得自己不称职，常常自责哭泣，悒郁以终，年仅33岁。

《新书》又称《贾子》，是贾谊的政论文集，《汉书·艺文志》将其列入儒家，今存十卷五十八篇，其中《问孝》《礼容语上》两篇有目无文，实为五十六篇。《新书》集中反映了贾谊的政治经济思想，开篇即为著名的《过秦论》，总结了秦朝灭亡的历史教训，提出了一系列政治主张，气势充沛，见解深刻，“雄骏宏肆”（姚鼐语），富有感染力，是西汉政论文的代表作。《宗首》《藩强》《权重》等阐述了加强中央集权的思想；《大政》《修政》等提出了利民安民的民本思想。贾谊的政论散文逻辑严密，感情充沛，气势非凡，体现了汉初知识分子在汉帝国大一统创始期之积极进取、力图建功立业的豪情壮志，代表了汉初政论散文的最高成就。

新書卷第一

梁太傅賈誼撰

過秦上 事勢

秦孝公據崤函之固擁雍州之地君臣固守以窺周室有席卷天下包舉宇內囊括四海之意并吞八荒之心當是時也潭本無也字商君佐之內立法度務耕織脩守戰之具潭本從史記作備外連衡而鬭諸侯於是秦人拱手而取西河之外孝公既沒惠文武昭襄王案襄字衍下云始皇奮六世之餘烈張晏數孝公惠文王武王昭王併後孝王莊襄王爲六世史記陳涉世家不誤而始皇本紀則作惠王武王潭本亦同蒙故業因遺策南取漢中西舉

新書 卷一 抱經堂校定本

抱经堂校定本《新书》

贾谊遭谗被贬，英年早逝，每令后人扼腕叹惜。据说其谪居长沙第三年，有一只不祥之鸟飞入宅中，遂写《鵩鸟赋》，似已预感到死之将至，“纵躯委命兮，不私与己。其生兮若浮，其死兮若休。澹乎若深泉之静，泛乎若不系之舟”。嗣后怀王坠马之事，更令其悲悔自伤。

《新书》的通行本有《四部丛刊》本、《诸子集成》本、卢文弨《抱经堂丛书》本等。上海人民出版社1975年出版《贾谊集》。最新注本有王洲明、徐超《贾谊集校注》，阎振益、钟夏《新书校注》等。

子部 · 诸子

117 说苑

西汉 · 刘向

分门别类，稽古谈史

刘向（前77—前6），本名更生，字子政，汉高祖幼弟楚元王刘交四世孙。以宗室，十二岁即为郎，在宣、元、成三朝，历任谏大夫、宗正给事中、光禄大夫等职，奉宣帝命习《穀梁传》，善说《洪范》“五行”，参与石渠阁经学会议。因说灾异，反对宦官外戚擅权，曾三度下狱。成帝即位，刘向奉命主持整理校勘中秘藏书，撰成《别录》，是我国最早的图书分类目录，刘向也被称为古代目录学之祖；著《洪范五行传》《列女传》《说苑》等。

《说苑》为刘向分类纂辑先秦至汉代史事，杂以议论，借以阐明儒家的政治思想和伦理道德观念之书，分为君道、臣术、建本、立节等二十门。其文多与先秦古书所证不合，然古籍散佚，多赖此书以存，因此，该书除了具有一定的思想价值外，复有一定的史料价值。

《说苑》原本二十卷，隋唐志皆同，但宋初王尧臣等编辑《崇文总目》时已无全帙。传世的有湖北崇文书局《百子全书》本等。国外日本关嘉的《说苑纂注》用力颇勤。新注本有向宗鲁的《说苑校证》、赵善诒的《说苑疏证》等。

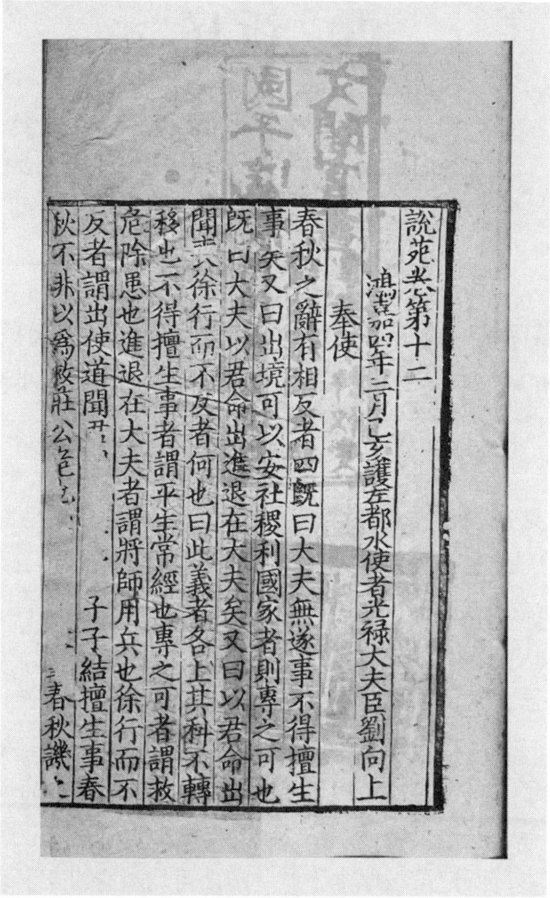

說苑卷第十二
鴻嘉四年三月己亥護左都水使者光祿大夫臣劉向上
奉使
春秋之辭有相反者四既曰大夫無遂事不得擅生事矣又曰出境可以安社稷利國家者則專之可也既曰大夫以君命出進退在大夫矣又曰以君命出聞喪徐行而不反者何也曰此義者各止其科不轉移也不得擅生事者謂平生常經也專之可者謂救危除患也進退在大夫者謂將師用兵也徐行而不反者謂出使道聞喪也　子子結擅生事春秋不非以爲救莊公危也　春秋譏之

元大德七年刻本《说苑》

118 新序

西汉·刘向　编

嘉言懿行，可叹可敬

刘向，见《说苑》作者介绍。

《新序》是刘向以历史故事阐发其政治思想的著作，采集舜、禹至汉代以来的各种传说及文献记载的嘉言懿行，分杂事、刺奢、节士、义勇、善谋五类加以编纂，文字大多引自经传诸子及《史记》等，叙事生动，人物形象丰富多彩，所记虽与原本不尽相同，难作信史，但用作研究诸子学说的异文，以及“《春秋穀梁》学家”刘向的政治历史见解，则是重要的参考资料；同时，其中若干传说，也可视为意味深长的寓言，已具有了小说的雏形，开创了魏晋小说的先声。

《汉书·艺文志》著录刘向所序六十七篇，但包括《说苑》等在内。唐马总《意林》引《七略别录》，谓《新序》三十卷，又引刘向言，“《新序》总一百八十三章”。《隋书·经籍志》仍著录为三十卷，又录一卷。现存十卷，为北宋曾巩校定，《四库全书简明目录》谓“盖不知为合并、为残阙也”。清严可均《全汉文》辑有佚文凡五十二条，可知今本非宋以前旧貌。中华书局出版有石光瑛《新序校释》。

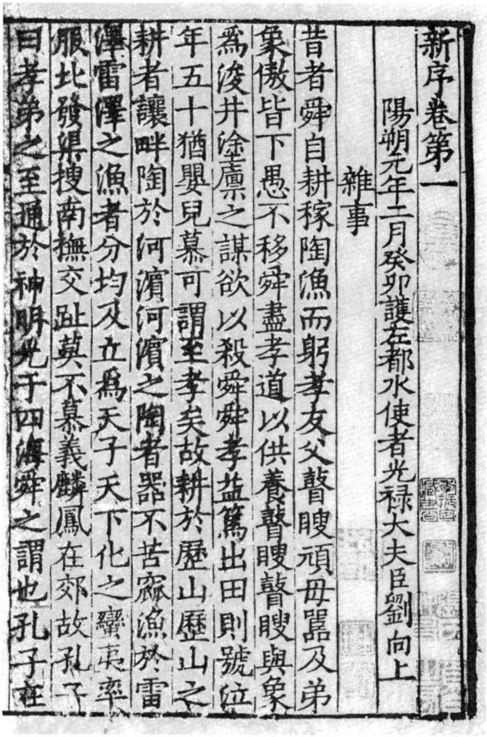
新序卷第一

陽朔元年二月癸卯護左都水使者光禄大夫臣劉向上

雜事

昔者舜自耕稼陶漁而躬孝友父瞽瞍頑母嚚及弟象傲皆下愚不移舜盡孝道以供養瞽瞍瞽瞍與象爲浚井塗廩之謀欲以殺舜舜孝益篤出田則號泣年五十猶嬰兒慕可謂至孝矣故耕於歷山歷山之耕者讓畔陶於河濱河濱之陶者器不苦窳漁於雷澤雷澤之漁者分均及立爲天子天下化之蠻夷率服北發渠搜南撫交趾莫不慕義麟鳳在郊故孔子曰孝弟之至通於神明光于四海舜之謂也孔子在

宋刻本《新序》 钱谦益、黄丕烈、金锡爵跋

子部·诸子

119 法言

西汉·扬雄

儒学正统，孔圣独尊

扬雄（前53—18），一作杨雄，字子云，蜀郡成都（今四川成都郫都区）人，西汉后期著名学者，哲学家、文学家、语言学家。少时喜辞赋，晚年视其为“童子雕虫篆刻”，转而潜心向学，研究哲理。他认为，“经莫大于《易》”“传莫大于《论语》”，遂模仿《周易》写了《太玄》，模仿《论语》写了《法言》。

《法言》是扬雄拟《论语》体裁，采用问答形式撰写的哲学著作，成书于汉哀帝元寿元年（前2）。《法言》十三卷，基本宗旨是用孔孟礼义之道，批判先秦诸子及谶纬迷信，维护儒家正统观念，故名之曰“法言”。该书文学上主张宗经、征圣，强调知识的重要，反对老庄“学无益”之观点，人性论上主张善恶混合说，承认历史之进化，肯定改革之必要。因其对宗教迷信的批判，成为王充唯物主义学说的先导。

《法言》主要版本有《诸子集成》本、《四部丛刊》本。注本晋代有李轨的《扬子法言注》，宋代有司马光的《法言集注》，清代有汪荣宝的《法言义疏》等，内容较为详备。

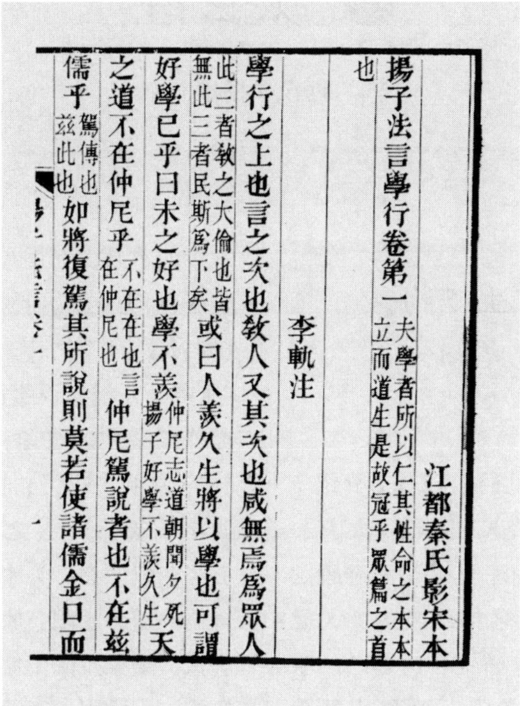
江都秦氏影宋本

揚子法言學行卷第一夫學者所以仁其性命之本本立而道生是故冠乎衆篇之首也

李軌注

學行之上也言之次也教人又其次也咸無焉爲衆人此三者教之大倫也皆無此三者民斯爲下矣或曰人羨久生將以學也可謂好學已乎曰未之好也學不羨仲尼志道朝聞夕死揚子好學不羨久生天之道不在仲尼乎不在在也言在仲尼也仲尼駕說者也不在茲儒乎駕傳也茲此也如將復駕其所說則莫若使諸儒金口而

*江都秦氏影宋本《扬子法言》

120 太玄经

西汉·扬雄

玄生万物，九九归一

扬雄，见《法言》作者介绍。

《太玄经》，简称《太玄》《玄经》，《四库全书》为避康熙皇帝玄烨之名讳，改为《太元经》。该书是扬雄表达自己的宇宙论、本体论等哲学思想的著作，旨在捍卫和发挥正统儒家学说。《新唐书·艺文志》作十二卷，《文献通考》作十卷。其书模仿《周易》体裁，分一玄、三方、九州、二十七部、八十一家、七百二十九赞，以模仿《周易》之两仪、四象、八卦、六十四重卦、三百八十四爻。其赞辞，相当于《周易》之爻辞。《周易》有《彖传》《象传》等"十翼"作补充说明，《太玄经》亦作《玄冲》《玄摛》等十篇作补充说明。"玄"，意为玄奥，源出《老子》"玄之又玄"。《太玄经》以"玄"为中心思想，糅合儒、道、阴阳三家思想，成为儒家、道家及阴阳家之混合体。扬雄运用阴阳、五行思想及天文历法知识，描绘了一个世界图式，提出了"夫作者贵其有循而体自然也"，"质干在乎自然，华藻在乎人事"等观点。《太玄经》含有一些辩证法观点，对祸福、动静、寒暑、因革等对立统一关系及其相互转化情况均作了

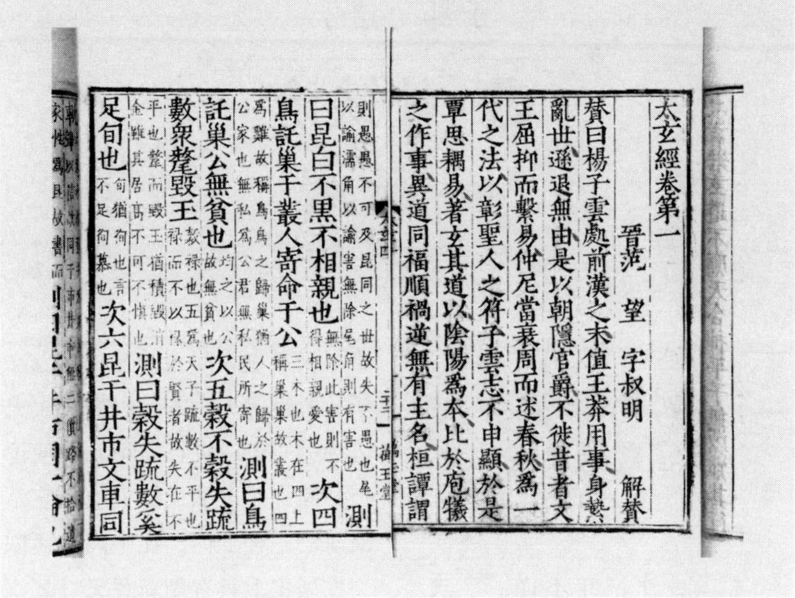
太玄經卷第一

晉范　望　字叔明　解贊

贊曰楊子雲處前漢之末值王莽用事身禁亂世遜退無由是以朝隱官爵不徙昔者文王屈抑而繫易仲尼當衰周而述春秋爲一代之法以彰聖人之符子雲志不申顯於是覃思耦易著玄其道以陰陽爲本比於庖犧之作事異道同福順禍逆無有主名桓譚謂

則愚愚不可及昆同之世故失了愚也黽以論濡角以論害無除黽角則有害也 測曰昆白不黑不相親也無除此害則不得相親愛也 次四鳥託巢于叢人寄命于公三木也木在四上稱巢巢故叢也四爲雖故稱鳥鳥之歸巢猶人之歸於公家也無私爲公君無私民所寄也 測曰鳥託巢公無貧也均之以公故無貧也 次五穀不穀失踈數衆氂毁玉穀祿也五爲天子踈數不平也祿而不以祿於賢者故失在不平也氂而毁玉猶積毁消金雖其居高不可不慎也 測曰穀失踈數奚足旬也旬猶徇也言不足徇慕也 次六昆于井市文車同

明嘉靖孙沐万玉堂影宋刊本《太玄经》

阐述，认为事物皆按九个阶段发展，在每一首“九赞”中，皆力求写出事物由萌芽、发展、旺盛到衰弱以至消亡的演变过程，甚至说天有“九天”，地有“九地”，人有“九等”，家族有“九属”。凡事都用“九”去硬套，反映了扬雄的形而上学观点。

东汉宋衷及三国吴人陆绩曾为《太玄经》作注，晋人范望又删定二家之注，并自注赞文。该书主要注本另有北宋司马光《太玄经集注》、清人陈本礼《太玄阐秘》等。《太玄经集注》有清嘉庆刻本，《太玄阐秘》有清末刻本。

121 盐铁论

西汉·桓宽 编著

朝野对话，官民争胜

桓宽，生卒年不详，字次公，汉汝南郡（今河南上蔡）人，治《春秋公羊传》。汉宣帝时，举为郎，后官至庐江太守丞。

《盐铁论》系西汉后期政论文集，原为汉昭帝时盐铁会议的文献，后经桓宽整理而成此书，共六十篇，内容涉及当时政治、经济、军事、文化等各个方面，反映了当时的社会面貌，是研究西汉后期历史的重要资料。它借鉴了汉赋主客问答的方式，以文学、贤良等为一方，以御史大夫等为另一方，进行辩论，以使论点不断深化。从文体上说，它是汉赋的一种变体，在中国古代散文发展史上具有创新意义。其议论从实际出发，针砭时弊，切中要害，语言简洁流畅，浑朴质实，堪称“对话体的历史小说”。

《盐铁论》自宋以来历代皆有刊本，如《四部备要》本、《诸子集成》本等。较通行的有清张敦仁考证本，郭沫若《盐铁论读本》和王利器《盐铁论校注》（中华书局1992年版）。

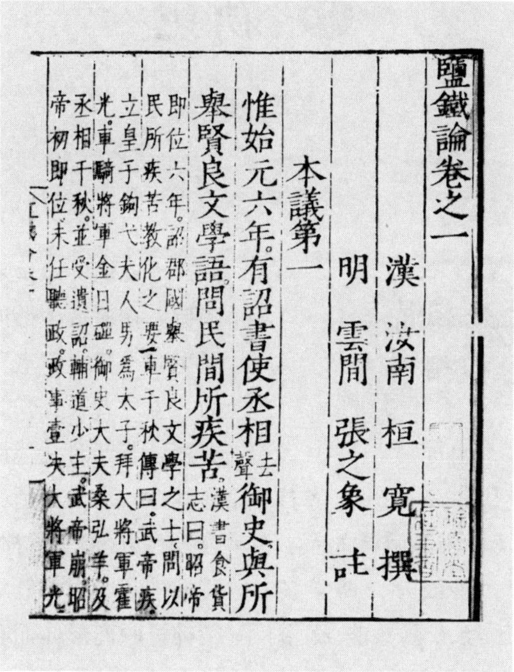
鹽鐵論卷之一

漢 汝南 桓寬 撰

明 雲間 張之象 註

本議第一

惟始元六年有詔書使丞相（去聲）御史與所舉賢良文學語問民間所疾苦（漢書食貨志曰昭帝即位六年詔郡國舉賢良文學之士問以民所疾苦教化之要車千秋傳曰武帝疾立皇子鉤弋夫人男爲太子拜大將軍霍光車騎將軍金日磾御史大夫桑弘羊及丞相千秋並受遺詔輔道少主武帝崩昭帝初即位未任聽政政事壹決大將軍光

明嘉靖三十三年张氏猗兰堂刻本《盐铁论》

122 新论

东汉·桓谭

生死相待，形神相依

桓谭（约前23—56），字君山，沛国相（今安徽濉溪）人。他爱好音律，善鼓琴，博学多通，遍习五经，喜“非毁俗儒”。汉哀帝、平帝间，位不过郎。王莽时，任掌乐大夫。刘玄即位，诏拜太中大夫。光武帝时，任议郎给事中。因反对谶纬神学，“极言谶之非经”，被光武帝目为“非圣无法”，险遭处斩，后被贬，出任六安郡丞，道中病卒。

《新论》是桓谭的政论集，共二十九篇，以反对谶纬神学为宗旨。在对待生命问题上，驳斥了当时“长生不老”的谬见，认为“生之有长，长之有老，老之有死，若四时之代谢矣。而欲变易其性，求为异道，惑之不解者也”（《新论·形神篇》）。在对待形神问题上，针对当时流行的精神可脱离形体而存在的观点，指出“精神居形体，犹火之燃烛矣……烛无，火亦不能独行于虚空”，明确表示精神依赖形体。当然，由于时代的局限，桓谭的观点也有一定不足，但其在哲学史上的贡献和地位却不能因瑕而掩。

《新论》在《隋书·经籍志》有录，原书早佚，今存皆系后人

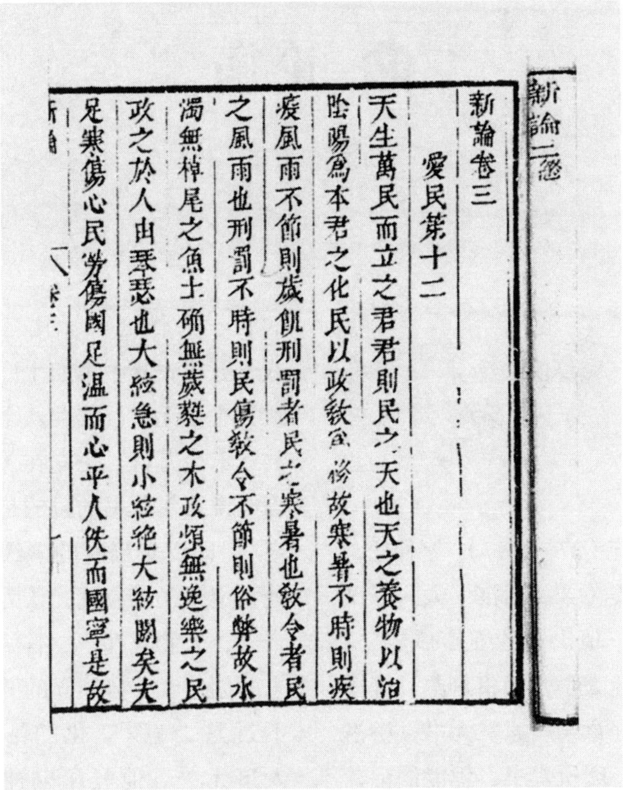
新論二卷

新論卷三

愛民第十二

天生萬民而立之君君則民之天也天之養物以
陰陽爲本君之化民以政教爲務故寒暑不時則疾
疫風雨不節則歲飢刑罰者民之寒暑也教令者民
之風雨也刑罰不時則民傷教令不節則俗弊故水
濁無掉尾之魚土确無葳蕤之木政煩無逸樂之民
政之於人由琴瑟也大絃急則小絃絶大絃闕矣夫
足寒傷心民勞傷國足溫而心平人佚而國寧是故

新論 卷三

清康熙刻本《新论》

辑本。较早的有元人陶宗仪辑《桓谭新论》一卷。明吴康虞本《弘明集》，收有《新论·形神篇》。清代有孙冯翼、严可均辑本，其中以严辑本较为完备，收入《全汉书》中。1976年上海人民出版社以严辑本为底本，校勘出版《新论》单行本。

子部·诸子

123 论衡

东汉·王充

疾虚妄，斥鬼神

王充（27—约97），字仲任，会稽上虞（今属浙江）人，东汉哲学家。他出身"细族孤门"，早年受业太学，师事班彪，好博览而不守章句。家贫无书，游洛阳市肆，阅所卖书，辄能诵记，遂通百家之言。历任都功、治中等官，后罢职家居，从事著述，以为俗儒拘守经义，乃闭户潜思，作《论衡》。其他著述尚有《讥俗书》《政务书》《养性书》等，皆不传。

《论衡》是东汉时期最重要的哲学著作之一，凡三十卷，八十五篇，其中第四十四篇《招致》有目无文，实存八十四篇，共二十余万言。王充在《自纪》篇中说写作此书的目的是"疾虚妄"，即反对当时的谶纬迷信。他否定天人感应论，认为"天地合气，万物自生"，不存在有意志的创造者，自然界的"灾异"不过是"气"变化的结果，与人事无关。他驳斥鬼神观念，认为人的生命也以"精气"为物质基础，"人未死，在元气之中；既死，复归元气"，"死而精气灭"，根本没有脱离形体而独立存在的灵魂。他承认感官经验是知识的来源，批评"生而知之"和圣人"前知千岁后知万

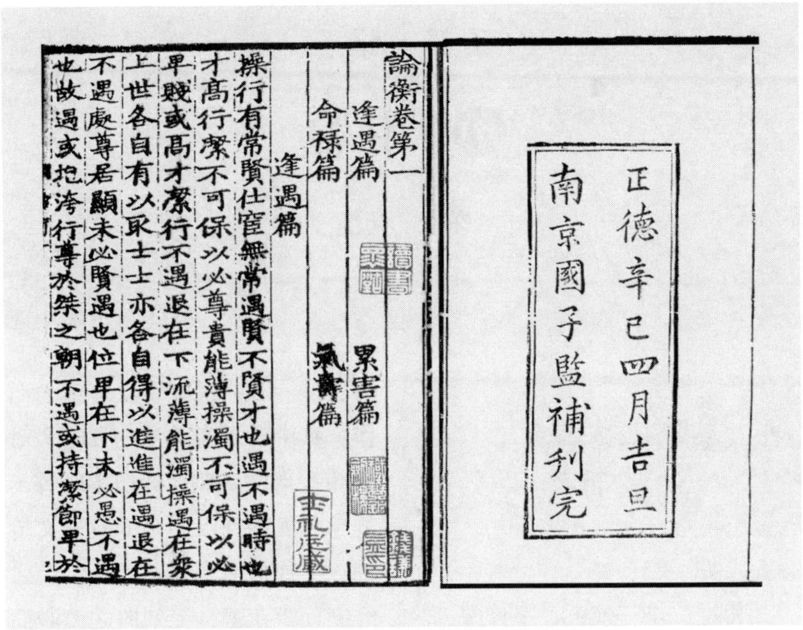

正德辛巳四月吉旦
南京國子監補刊完

論衡卷第一
逢遇篇 累害篇
命祿篇 氣壽篇
逢遇篇
操行有常賢仕宦無常遇賢不賢才也遇不遇時也
才高行潔不可保以必尊貴能薄操濁不可保以必
卑賤或高才潔行不遇退在下流薄能濁操遇在衆
上世各自有以取士士亦各自得以進進在遇退在
不遇處尊居顯未必賢遇也位卑在下未必愚不遇
也故遇或抱洿行尊於桀之朝不遇或持潔節卑於

宋乾道三年绍兴府刻宋元明递修本《论衡》

世”的唯心论调。他主张人性因禀气不同而有善恶，强调人性可以改变。他提倡真与美的统一，将“真美”同“虚妄”相对，并将艺术的目的归结为“劝善惩恶”。《论衡》的语言质朴无华，说理细密，迥异于当时的谶纬之文。

《论衡》传世刊本有明嘉靖中吴郡苏氏通津草堂刻本、明万历中新安程荣《汉魏丛书》刻本、《四部丛刊》影印明通津草堂仿宋刊本，今有刘盼遂《论衡集解》和黄晖的《论衡校释》等。

子部·诸子

124 申鉴

东汉·荀悦

政之大经，法教而已

荀悦（148—209），字仲豫，颍川颍阴（今河南许昌）人，东汉史学家、文学家。幼时聪慧好学，因家贫无书，每到人家，遇书即读，过目成诵。十二岁时，能说《春秋》，尤好著述。灵帝时，因见宦官用权，称病隐于家中。献帝时，应曹操征召，历任黄门侍郎、秘书监等职。著有《汉纪》《申鉴》。

《申鉴》共五篇，是荀悦见当时曹操专权，汉献帝仅有虚名而作。其中对现实政治的评论，对谶纬符瑞的讥刺，都切中时弊，继承和发展西汉以来的政论文传统。明代何孟春称其“无贾谊之经制而近于醇，无刘向之愤激而长于讽”（《申鉴注序》），由此可以窥见荀悦文章风格的特点。

《申鉴》有明黄省曾注本，《四库全书总目提要》称其“引据博洽，多得悦旨”。主要版本有《龙溪精舍丛书》本、《小万卷楼丛书》本以及《四部丛刊》影印明文始堂刊本。2010年，华东师范大学出版社出版《历代子家选刊》点校本。

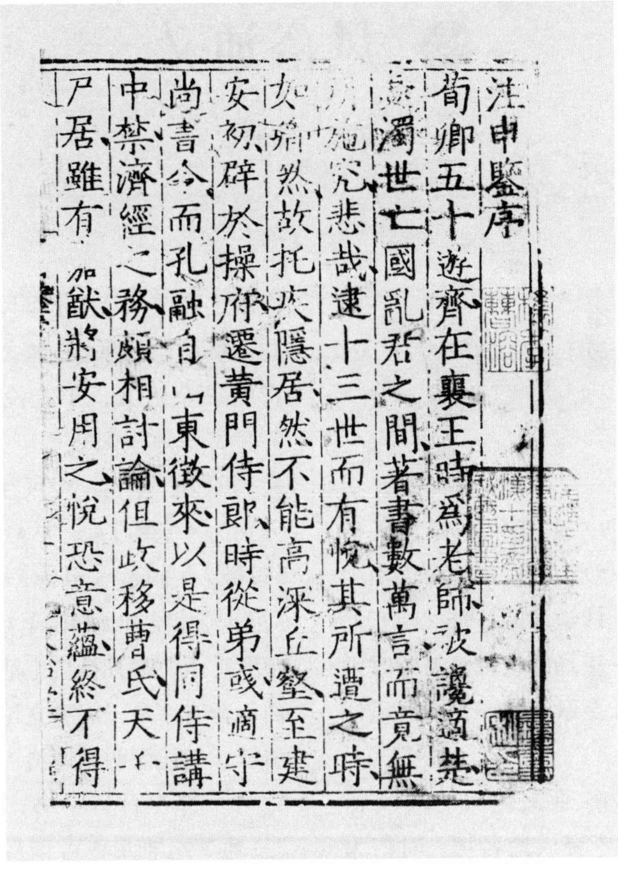

注申鑒序

荀卿五十遊齊在襄王時爲老師波讒適楚遭濁世亡國亂君之間著書數萬言而竟無所施究悲哉逮十三世而有悅其所遭之時如荀卿然故托疾隱居然不能高深丘壑至建安初辟於操府遷黃門侍郎時從弟彧適守尚書令而孔融自以東徵來以是得同侍講中禁濟經之務頗相討論但政移曹氏天子尸居雖有加猷將安用之悅恐意蘊終不得

明嘉靖四年文始堂刻本《申鉴》

125 风俗通义

东汉·应劭

辩风正俗，观微察隐

应劭，生卒年不详，字仲远，东汉汝南郡南顿（今河南项城）人。博学多闻，是“建安七子”之一应玚的叔叔。灵帝时举孝廉，仕至泰山太守，撰《风俗通义》。

《风俗通义》又称《风俗通》，以考释议论名物、时俗为主，对当时的社会风俗和迷信思想颇有批判，是了解汉魏间社会习俗的重要资料。《隋书·经籍志》将其列入杂家。前人评论，大都讥其不纯，侪之俗儒。实则应劭之宗旨，乃在于辩风正俗，观微察隐，于隐恶扬善之中，寓责备求全之义，于人伦臧否之际，寄淳厚民风之愿。《风俗通义》原为三十卷，今仅存十卷，分别为《皇霸》《正失》《愆礼》《过誉》《十反》《声音》《穷通》《祀典》《怪神》《山泽》。全书包罗广泛，举凡社会生活之方方面面皆有涉及，因事立论，文辞清辨，叙述简明，博洽可资，不啻为一部小百科全书，已初具“三通”之雏形，可谓后世“通书”之祖。龚自珍曾评价它为“小说之别祖”。《世说新语》和《搜神记》的故事叙述方法及语言风格都受《风俗通义》的影响。

《风俗通义》版本甚多，较

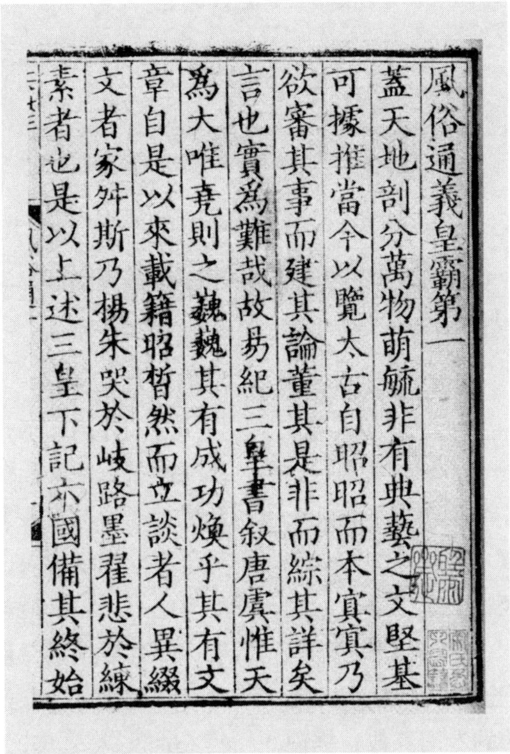
風俗通義皇霸第一
蓋天地剖分萬物萌毓非有典藝之文堅基
可據推當今以覽太古自昭昭而本冥冥乃
欲審其事而建其論董其是非而綜其詳矣
言也實爲難哉故易紀三皇書叙唐虞惟天
爲大唯堯則之巍巍其有成功煥乎其有文
章自是以來載籍昭晳然而立談者人異綴
文者家舛斯乃楊朱哭於岐路墨翟悲於練
素者也是以上述三皇下記六國備其終始

元大德九年无锡州学刻明修本《风俗通义》

早的有《四部丛刊》影印元大德本。今有吴树平《风俗通义校释》（天津人民出版社1980年版），王利器《风俗通义校注》（中华书局1981年版），书后均附有佚文，极便阅览。

子部·诸子

126 忠经

旧题　东汉·马融

天下至德，莫大乎忠

马融（79—166），字季长，右扶风茂陵（今陕西兴平东北）人，名将马援之从孙。他知识渊博，遍注群经，是东汉著名的经学家。

《忠经》全篇共十八章，是系统总结忠德的专门经典，据说因为有《孝经》而无《忠经》，马融作此书来补阙，该书宋以前未见著录，《崇文总目》始列其名，故有观点认为该书为宋人伪作。《天地神明章》把忠说成是天地间的至理至德，是评价人们行为的最高准则。“昔在至理，上下一德。……天之所覆，地之所载，人之所履，莫大乎忠。”忠的要点在于“一其心”；忠的作用是“为国之本，何莫由忠。忠能固君臣，安社稷，感天地，动鬼神，而况于人乎”。《忠经》对于不同等级的人，提出了不同的忠的要求，上至君王，下至平民，须各尽其忠，且尽忠有君子与小人之分：“君子尽忠，则尽其心；小人尽忠，则尽其力。尽力者止其身，尽心者则洪于远。”（《尽忠章》）《忠经》提出了许多对后世忠德观念有深远影响的重要原则，例如“善莫大于忠，恶莫大于不忠”（《证应章》），“仁而不忠则私其恩，知

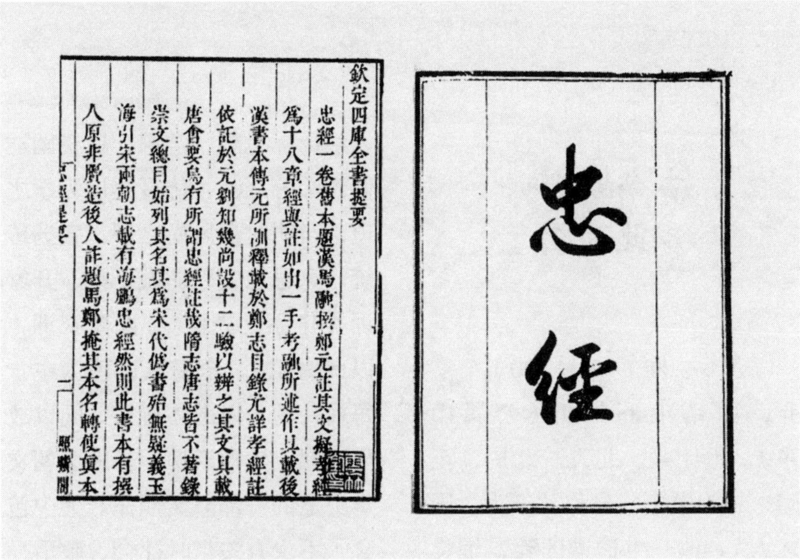

清嘉庆照旷阁精刻本《忠经》

而不忠则文其诈，勇而不忠则易其乱”（《辩忠章》）等等。由此可见，《忠经》系统阐释了忠德思想，对研究宋代文化、理学及政治理念均有重要的史料价值。

127 颜氏家训

北齐·颜之推

古今家训，以此为祖

颜之推（531—590），字介，原籍琅邪临沂（今属山东），历仕梁、北齐、北周，至隋，召为学士，自称“三为亡国之人”。他一生迭遭凶险，饱尝离乱之苦，深怀忐忑之虑，曾著《观我生赋》叙其生平。

《颜氏家训》约成于隋开皇九年（589），共七卷，包括《序致》《教子》《后娶》《治家》等二十篇，颜之推在书中论述了个人经历、思想、学识，旨在阐述修身治家之法，传授处世为学之道，辨明时俗风尚之谬，宣扬传统儒家思想，以训诫子孙，开家训类作品之先河。“古今家训，以此为祖”。全书以说理为主，每篇一题，以散体行文，间以故事逸闻，生动亲切，乃南北朝文学史上的一部散文佳作。书中包含了不少有关当时社会、政治、文化的细致观察和通达议论，具有很高的史料价值。

传世版本现有《四部丛刊》影印明刻本、《四部备要》本。中华书局1980年出版的王利器《颜氏家训集解》增补本较佳。

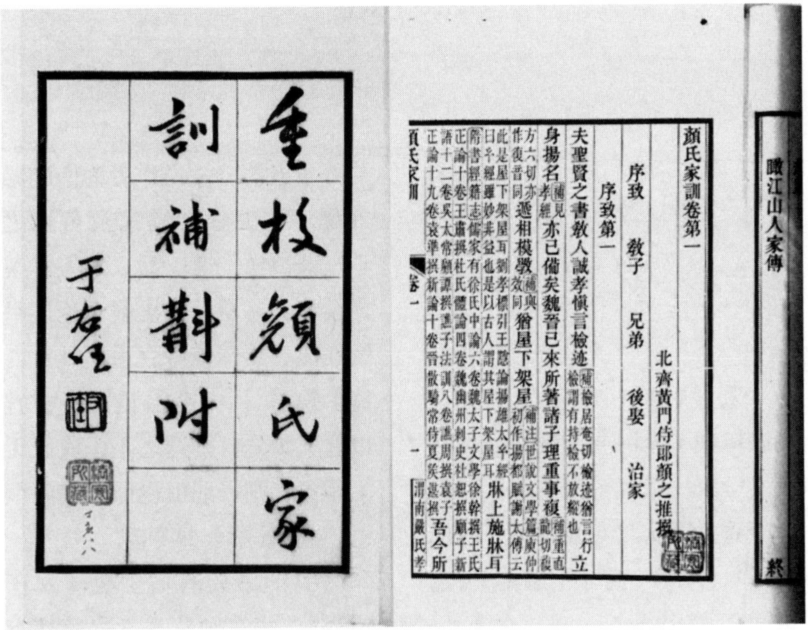
重校顏氏家訓補斠附
于右任
顏氏家訓卷第一
北齊黃門侍郎顏之推撰
序致 教子 兄弟 後娶 治家
序致第一
夫聖賢之書敎人誠孝慎言檢迹立身揚名亦已備矣魏晉已來所著諸子理重事複遞相模斅猶屋下架屋牀上施牀耳吾今所
瞰江山人家傳

*清刻本《颜氏家训》

128 刘子

北齐·刘昼

礼教为先，无为是务

刘昼（514—565），字孔昭，渤海阜城（今河北交河）人，北齐文学家。武成帝河清初年，未考中秀才，从此专心著书。所作有《六合赋》《高才不遇传》《金箱璧言》《刘子》。

《刘子》又名《刘子新论》，《道藏》本十卷，收入太玄部，共五十五篇。一说作者为南朝梁刘勰。该书融会儒家及黄老之学，兼以法、名、兵、农等学说之精粹，广泛征引史料，论述举贤任能、治国修身之道。其《九流》篇有云："今治世之贤，宜以礼教为先；嘉遁之士，应以无为是务。则操业俱遂而身名两全也。"可看作全书要旨。

中华书局有傅亚庶《刘子校释》，华东师范大学出版社有林其锬《刘子集校合编》。

子部 · 诸子

129 金楼子

南朝梁 · 萧绎

常笑淮南之假手，每嗤不韦之托人

萧绎（508—555），即梁元帝，字世诚，号金楼子，梁武帝萧衍第七子。他博览群书，下笔成章，诗风与其兄萧纲（梁简文帝）相近，兼工书画，著述颇多。

《金楼子》是一部笔记体著作，原为十卷，今存六卷，采用随感札记的形式，或借题发挥，以抒己见；或记述史实，以诫子女；或追叙往事，以慰幽怀；或转志奇事，以广闻见。与《吕氏春秋》《淮南子》等皇家著作相比，《金楼子》的最大特点是，它基本上是由萧绎一人撰写而成。萧绎很瞧不起吕不韦、刘安的做法："常笑淮南之假手，每嗤不韦之托人。"萧绎从青年时代起就亲自动手搜集材料逐年撰写《金楼子》。也正是因为这个原因，《金楼子》一书对研究生活在中外文化大交流、南北民族大融合前夕的萧绎的思想、生平、著述和齐梁社会历史而言，都是不可多得的直接材料之一。

传世版本现有《龙溪精舍丛书》（潮阳郑氏用知不足斋本校刊）本。

130 朱子语类

南宋·黎靖德　编

师徒问答，教学相长

《朱子语类》是朱熹弟子记录其师谈经、论事、明理之言，遂成“语录”，有“池录”“饶录”“饶后录”“建录”“蜀本”“徽本”等，各本互有出入，又因翻刻不一，错讹间出。景定四年（1263），导江黎靖德集诸本之大成，删除重复一千一百五十余条，分为二十六门，遂成定编，于咸淳二年（1266）刊为《朱子语类大全》一百四十卷，即今通行本《朱子语类》。

《朱子语类》是朱熹与其弟子问答的语录汇编，综合了97家所记的朱熹语录，辅广所录部分，曾经朱熹本人审阅。其他名家朱熹则均未过目。该书基本代表了朱熹的思想，涉及哲学、史学、文学，自然科学等方面，内容丰富，析理精密。首论理气、性理、鬼神等世界本原问题，以太极、理为天地之始；次释心性情意、仁义礼智等伦理道德及人物性命之原；再论知行、力行、读书、为学之方等认识方法。又分论“四书”“五经”，力崇儒家，排释老、明道统。

主要版本有宋咸淳二年刊本、明成化九年（1473）陈炜刻本、清吕留良宝诰堂刻本、广州书局本等。中华书局出版有排印本。

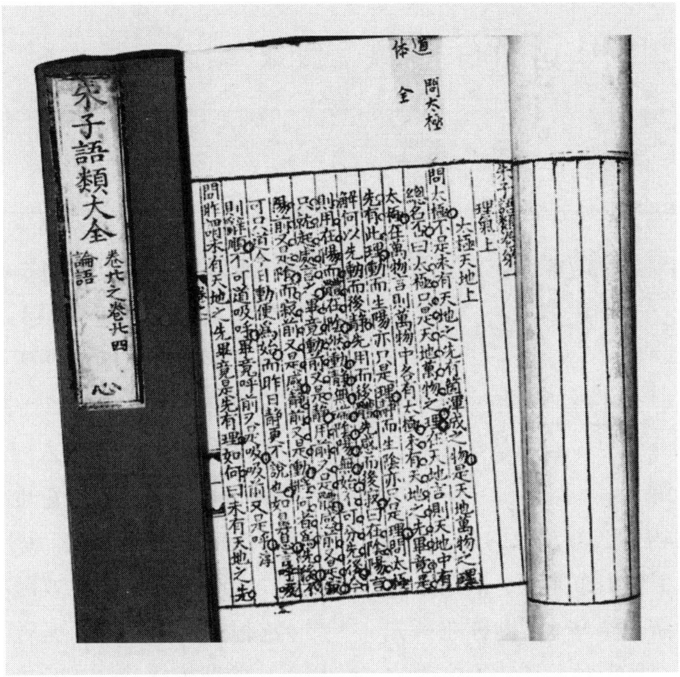

明成化九年陈炜刊本《朱子语类》

131 近思录

南宋·朱熹、吕祖谦　编

身边之事，日常之理

朱熹，见《四书章句集注》作者介绍。

吕祖谦（1137—1181），字伯恭，祖籍山东东莱，后南迁婺州（今浙江金华），世称东莱先生。他幼承家学，得中原文献之传。及长，与朱熹、张栻齐名，时称“东南三贤”。孝宗隆兴元年（1163）登进士第，复中博学宏词科，曾任著作郎兼国史院编修官。为学主“明理躬行”，治经史以致用，反对空谈阴阳性命之说，开浙东学派先声，曾邀集鹅湖之会。著有《东莱吕太史文集》十五卷、别集十六卷、外集五卷等，并辑有《近思录》。

《近思录》十四卷，成书于南宋淳熙二年（1175），乃朱熹、吕祖谦合编之理学入门书。近思者，切问而近思之意也，谓其与人伦日用密切相关。该书依次辑录北宋新儒家周敦颐（濂溪）、程颢（明道）、程颐（伊川）、张载（横渠）“四君子”语录六百二十二条，从宇宙生成的世界本体到孔颜乐处的圣人气象，按照宋明理学的修身、齐家、治国、平天下的修养程序编排成十四门，对研究北宋理学，有重要的史料价值。

宋明理学受禅宗影响颇

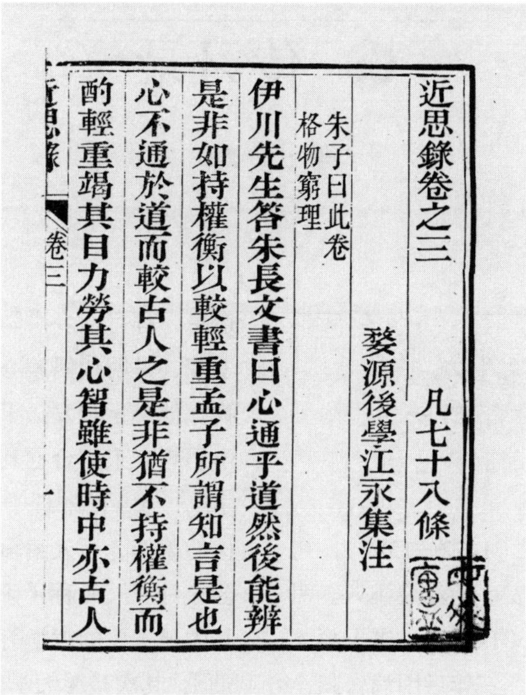
近思錄卷之三　凡七十八條
婺源後學江永集注
朱子曰此卷格物窮理
伊川先生答朱長文書曰心通乎道然後能辨
是非如持權衡以較輕重孟子所謂知言是也
心不通於道而較古人之是非猶不持權衡而
酌輕重竭其目力勞其心智雖使時中亦古人
近思錄　卷三　一

*清刻本《近思录》

深，许多语录暗含禅机，该书则语言平实，与编书者“引领入门”意图相符，将圣人之道融入日常生活的各个环节，简便易行，其理自现，不妨从身边事做起。

今有清吕氏宝诰堂刊《朱子遗书》本行世。

132 传习录

明·王守仁

心外无学，传而习之

王守仁（1472—1529），初名云，字伯安，浙江余姚人。明弘治十二年（1499）登进士第，授兵部主事。三年后因病告归，结庐于故乡会稽山龙瑞宫旁之阳明洞，自号阳明山人，世称阳明先生。病愈复职后，因反对宦官刘瑾，于正德元年（1506）被廷杖四十，谪贬贵州龙场（今贵州修文县治）驿丞，始悟心性之学。正德五年（1510）刘瑾伏诛，复起为庐陵（今江西吉安）知县，累迁官职。后因功高遭忌，辞官回乡讲学，创办阳明书院，是明代儒家心学的代表人物。他继承和发扬了陆九渊的哲学思想，人们合称其为“陆王心学”，与“程朱理学”相对应。他的著作，后人编辑为《王文成公全书》，又称《阳明全书》，其中最主要的哲学著作是《传习录》，其次是《大学问》。

《传习录》是王阳明的讲学语录和论学书信，“传习”一词出自《论语》中的“传不习乎”一语，分上、中、下三卷，包含了王阳明的主要哲学思想，是研究王阳明思想及心学发展的重要资料。卷上是王阳明讲学的语录，卷中主要是王阳明写的七封信，卷下是部分语录和《朱子晚年定论》。该书表述了王阳明心学的主要论点，提出了“心外无物”“心外无理”的命题，比如深山中的花，“你未看到此花时，此花与汝同归于寂，你来看此花时，则花颜色一时明白起来，便知此花不在你的心外”。由此强调客体存在价值在于认识主体的依赖作用。《传习录》继承孟子的“良知”说，提出“致良知”的理论。良知既是先天的道德天理，也是七情的自然流露，致良知便是推致实行良知，做到知行合一。他主张从静处体验，在事上磨练。《传习录》卷下有《朱子晚年定论》，依据部分朱熹思想资料，说明朱子晚年的思想与阳明心学是一致的。

《传习录》系王阳明的学生徐爱自正德七年（1512）开始陆续记录的王阳明论学之谈话。正德十三年（1518），另一学生薛侃将徐爱所录残稿及陆澄与他新录的部分一起出版，仍名为《传习录》。嘉靖三年（1524），南大吉增收王阳明论学书信若干篇，以原名出版。嘉靖三十三年（1554），王阳明的学生钱德洪将陈九川等人所录的《遗言录》加以删削，与他和王畿所录编成《传习续录》出版。嘉靖三十五年（1556），钱德洪又增收黄直所录。隆庆六年（1572），谢廷杰在浙江出版《王文成公全书》，以薛侃所编《传习录》为上卷，以钱德洪增删南大吉所编八篇书信为中卷，以《传习续录》为下卷，附入王阳明所编《朱子晚年定论》，即今本《传习录》。上海商务印书馆曾影印隆庆六年《王文成公全书》入《四部丛刊》本，上海商务印书馆1927年出版了叶绍钧的校注本。

傳習錄上卷一
同邑門人孫應奎重刊
先生於大學格物諸說悉以舊本為正
蓋先儒所謂誤本者也愛始聞而駭既
而疑已而殫精竭思參互錯綜以質於
先生然後知先生之說若水之寒若火
之熱斷斷乎百世以俟聖人而不惑者
也先生明睿天授然和樂坦易不事邊
幅人見其少時豪邁不羈又嘗泛濫於

明刊本《传习录》

子部 · 诸子

133 东西均

明 · 方以智

博采三教，烹庖百家

方以智（1611—1671），字密之，号鹿起，桐城（今属安徽）人，明末“百科全书”式的大思想家。他幼禀异慧，博览群书，诗词歌赋、琴棋书画，无不精通。崇祯十三年（1640）举进士，官翰林院检讨，为明末复社领袖之一。他反对当时朝中的腐朽官僚，是著名的政治活动家。李自成起义军攻入北京后，方以智逃至南方，又受到阉党阮大铖等的迫害。明桂王建立南明永历政权后，任方以智为经筵讲官，后方以智被太监王坤诬劾免职。永历三年（1649），拜礼部尚书、东阁大学士，俱辞不就。明亡后削发为僧，隐居岭南，改名大智，字无可，别号弘智、浮雪山愚者、愚者大师，人称“药地和尚”。著有《浮山全集》《物理小识》《东西均》《通雅》《药地炮庄》《一贯问答》《博依集》等。

《东西均》作于清顺治九年（1652）。该书不分卷，正文包括《扩信》《三征》《反因》《颠倒》等26篇，卷首有《开章》及《东西均》各1篇。在《开章》中，作者对书名做了解释：“均者，造瓦之具，旋转者也。”又说：“均固合形声两端之物也，古者呼均为‘东西’，至今犹

安徽省博物馆藏《东西均》抄本

然。”“均”指旋转的陶均，也指调节编钟音域的器具“均钟”，有“统一两端而运转”的意思，“东西均”表示该书旨在论述物质内在的矛盾及由矛盾统一而产生的运动，也就是“物质的变化”。

《东西均》是方以智思想成熟时期的重要作品，系统表达了他的哲学思想，探讨了几乎所有中国古代哲学家论及的重要话题：如天人、心物、名实、道器、有无、虚实等。该书逻辑体系完整，具有突出的集大成倾向、鲜明的经世特色，“以禅激理学，以理学激禅，以老救释，以释救老”，把儒、释、老融会贯通，达到了“博采三校，烹庖百家”的效果，对中国近代思想有重要的启蒙意义。

《东西均》原有安徽省博物馆藏方以智生前手抄本，1962年中华书局出版了李学勤先生校点本，2001年中华书局又出版了庞朴先生注释本。

子部 · 佛教

134 无量寿经

三国魏 · 康僧铠　译

修德无量，往生极乐

康僧铠，生卒年不详，印度人，于曹魏嘉平五年（253）来华，在洛阳白马寺译出此经。

《无量寿经》乃净土三经之一，两卷，经中介绍阿弥陀佛（无量寿佛）接引众生的大愿，描述了西方极乐世界的美好景象，以及世人所在的婆娑世界的污浊苦难。释迦牟尼在王舍城为一万多人说法，谓过去自在王佛时，有国王出家为比丘，名法藏，发四十八愿，其中有谓他成佛之后，“十方众生，至心信乐，欲生我国，乃至十念，若不往生者，不取正觉”。其后他成了佛，号无量寿，国土清净，功德庄严，所有建筑，皆为七宝严饰。所需饮食，随念即得。伎乐演奏，皆为法音。其国人民，但受诸乐，无诸痛苦，是一个极乐世界。释迦牟尼劝其弟子精勤修习，不存怀疑，便能往生。此经传入我国之后，影响很大，信徒众多。很多人为《无量寿经》作疏。后传入朝鲜、日本，亦广泛流行。

《无量寿经》有多种译本，相传前后有汉译12种，除康僧铠译本，尚有东汉支娄迦谶译本、吴支谦译本、唐菩提流支译本等。1933年印兴大师勘定、康僧铠译本《佛说无量寿经》为标准版本。

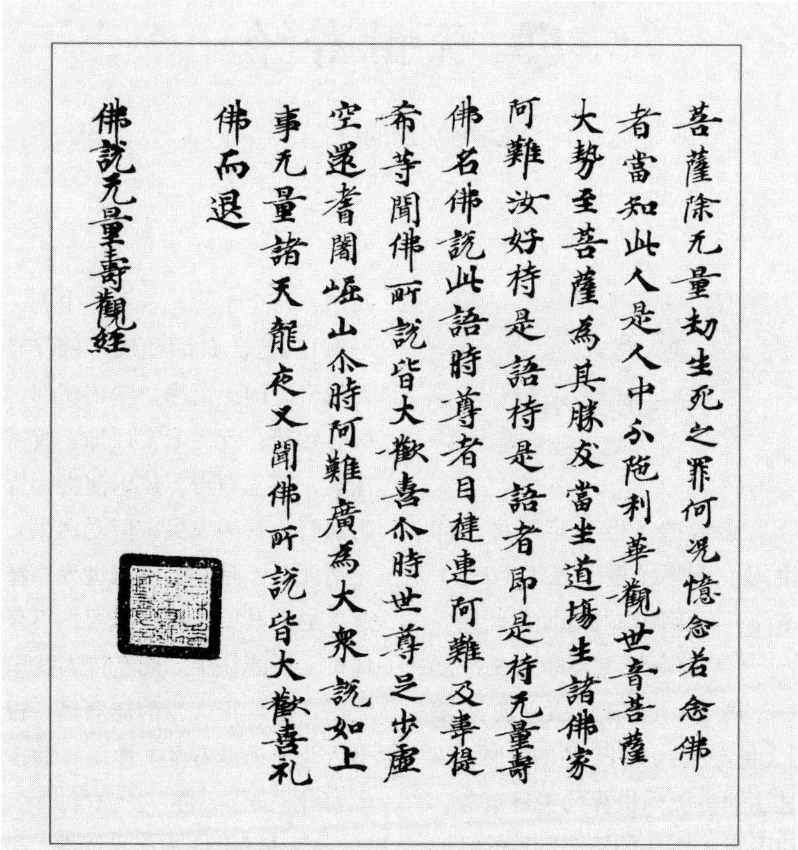
菩薩除无量劫生死之罪何況憶念若念佛
者當知此人是人中分陁利華觀世音菩薩
大勢至菩薩為其勝友當坐道場生諸佛家
阿難汝好持是語持是語者即是持无量壽
佛名佛說此語時尊者目揵連阿難及韋提
希等聞佛所說皆大歡喜尒時世尊足步虛
空還耆闍崛山尒時阿難廣為大衆說如上
事无量諸天龍夜叉聞佛所說皆大歡喜礼
佛而退

佛說无量壽觀經

唐写本《无量寿观经》

子部 · 佛教

135 肇论

东晋 · 僧肇

有即是无，无即是有

僧肇（384—414），本姓张，东晋京兆长安（今陕西西安）人，以佣书为业，善《老》《庄》，后读《维摩经》，认为佛理更深，遂出家。曾远至姑臧（今甘肃武威凉州区）从鸠摩罗什受学，后又在长安参加罗什的译场，有机会完整地吸取鸠摩罗什的译经思想，并进行深入研究，在般若学方面取得了巨大成就，被誉为"东土解空第一"。他生前写的几篇重要文章，在南朝梁、陈之间，被编辑成书，取名《肇论》。

《肇论》共一卷，计五篇：《宗本义》《物不迁论》《不真空论》《般若无知论》《涅槃无名论》。《宗本义》是一篇叙述性质的文章，概括了全书的大意。《物不迁论》发挥般若性空思想，从时间和空间角度，论证世界万物看似变化，实际上并没有真正发生变化，变化着的事物只是一个假相，"若动而静，似去而留"。《不真空论》则从正面阐述了般若性空的思想学说，认为世界万物是由因缘合和而成，所以虽无而有，虽有而无，非有非无，称之为"空"。《般若无知论》着重论述佛教的般若智慧无知无相，却又无所不知，洞照万物。《涅槃无名论》重点论述佛教的最高精神境界“涅槃”的无生无灭，绝言忘相，有九折十演，假托“无名”和“有名”互相对话，一问一答，构成全论。

《肇论》全书文辞优美，思想深邃，在中国佛教史乃至中国思想史上有着持久的影响力，完整地阐述和发挥了大乘佛教般若性空的思想，把魏晋以来般若学的发展推向了一个新的高峰。至此，魏晋时盛行的佛教般若学完成了它自身的发展过程。自晋宋以后，涅槃佛性思想兴起，取代了般若学，成为佛教义学讨论的中心问题。《肇论》从佛教立场出发，引发中外思想的融会贯通，对我们今天的文化建设有重要意义。

该书通行本有北京佛经流通处刻本。今人整理本有中华书局“中国佛教典籍选刊”之《肇论校释》。

子部·佛教

136 金刚经

后秦·鸠摩罗什 译

万事皆空，当如是观

《金刚经》，全称《金刚般若波罗蜜经》，一卷，印度大乘佛教般若系经典，后秦鸠摩罗什译。般若，梵语，意为智慧；波罗蜜，梵语，意为到彼岸。以金刚比喻智慧之锐利、顽强、坚固，能断一切烦恼，故名。此经采用对话体形式，说一切世间事物空幻不实，实相者即是非相；主张认识离一切诸相而无所住，即放弃对现实世界的认知和追求，以般若智慧契证空性，破除一切名相，从而达到不执着于任何一物而体认诸法实相的境地。《金刚经》是中国禅宗所依据的重要经典之一。

唐玄宗为推行三教并重的政策，从三教中各选一典籍，亲自加以注释，刊布流行。儒教选《孝经》，道教选《道德经》，佛教选《金刚经》。《金刚经》不似大小品般若类经典之浩瀚，又不似《心经》之简略，又宣说般若的空慧佛理，所以弘传很广。《金刚经》最后一偈曰："一切有为法，如梦幻泡影，如露亦如电，应作如是观。"被看作是全经的精髓。

原经译文没有分段，传说南朝梁武帝之子昭明太子萧统将全经分为三十二段，称三十二

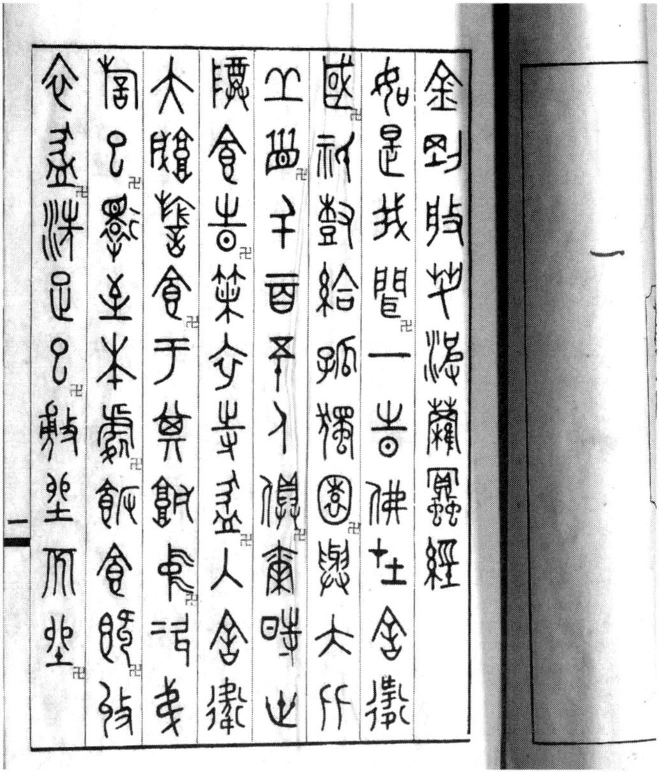

篆书《金刚经》

分，且各加上标题。后世流通本多袭用之。

《金刚经》汉文译本中通行的有北魏菩提流支、南朝陈真谛之同名译本；另有隋达摩笈多译《金刚能断般若波罗蜜经》，唐玄奘译《能断金刚般若波罗蜜多经》，义净译《能断金刚般若波罗蜜多经》。

子部 · 佛教

137 楞严经

唐 · 般剌密谛　译

众心本净，修禅自明

《楞严经》全称《大佛顶如来密因修证了义诸菩萨万行首楞严经》，又名《中印度那烂陀大道场经》，简称《楞严经》《首楞严经》《大佛顶经》《大佛顶首楞严经》，共十卷。传说译者般剌密谛为中印度人，居广州制止道场（今光孝寺），于唐神龙元年（705）从灌顶部中诵出，乌苌国沙门弥伽释迦译语，房融笔受，怀迪证译。中国历代皆视此经为佛教主要经典之一。清代章嘉呼图克图等将其译成藏文，并刊有汉、满、藏、蒙四体合璧的《首楞严经》全帙。

全经分为《序分》《正宗分》《流通分》三部分。首卷为《序分》，讲述此经说法因缘：佛遣文殊师利以神咒保护阿难免受摩登伽女诱惑破戒，并为其说修禅定，能断烦恼，以显常住真心性净明体等。第二卷至第九卷为《正宗分》，主要阐述“一切世间诸所有物，皆即菩提妙明元心，心精遍圆，含裹十方”，众生不明自心“性净妙体”，故流转生死，当修禅定，以破种种“颠例”之见，通过十信、十住、十行、十回向、四加行、十地、等觉、妙觉等由低至高的种种修行阶次，达到方尽妙

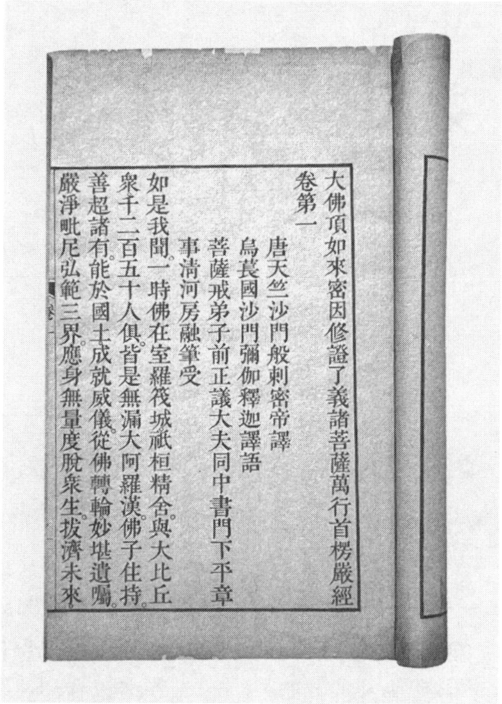
大佛頂如來密因修證了義諸菩薩萬行首楞嚴經
卷第一
唐天竺沙門般剌密帝譯
烏萇國沙門彌伽釋迦譯語
菩薩戒弟子前正議大夫同中書門下平章
事清河房融筆受
如是我聞。一時佛在室羅筏城祇桓精舍。與大比丘
衆千二百五十人俱。皆是無漏大阿羅漢。佛子住持。
善超諸有。能於國土成就威儀。從佛轉輪妙堪遺囑。
嚴淨毗尼弘範三界。應身無量度脫衆生。拔濟未來

清雍正内府刊本《大佛顶首楞严经》

觉，“成无上道”。末卷为《流通分》，讲述此经应永流后世、利益众生等。

此经的中文注本有百余种，主要有宋子睿《楞严经义疏》十卷，智圆《楞严经疏》十卷，咸辉《楞严经义海》三十卷，戒环《楞严经要解》二十卷，王安石《楞严经新解》十卷；传灯《楞严经圆通疏》十卷和《楞严经玄义》四卷，智旭《楞严经玄义》二卷，普寂《楞严经略疏》四卷，兴隆《楞严经义疏显密幽玄记》十卷等。此经在日本也有四十余种注本。

子部·佛教

138 弘明集

南朝梁·僧祐 编

道以人弘，教以文明

僧祐（445—518），俗姓俞，祖籍彭城下邳（今徐州邳州），生于江南建业（今南京）。幼年即入建初寺出家，师事僧范；十四岁时，又投定林寺法达为师。精通律学，深研因果，在佛教文献的整理方面贡献尤多，功垂竹帛。

《弘明集》十四卷，成书于南朝梁天监年间（502—519），广泛搜集了从东汉末至梁初教内外人士护法御侮、弘道明教与之相关的论文、书信、诏令、奏表等各类文章共185篇，是中国佛教史上第一部护法弘教的文献汇编。该书涉及的作者达一百多人，多是梁以前的名流雅士，其中以信奉佛教的士人居多，僧侣仅有十几人。僧祐在后序中解释书名说："总释众疑，故曰'弘明'。"所以他"撰古今之明篇，总道俗之雅论"，抑周孔，排黄老，独申释氏之法。此书反映了自东汉佛教传入中国迄梁代这一段时间内，人们对佛教的理解以及佛教与儒道的斗争与融合，是研究当时佛教史和思想史的重要资料。《弘明集》所收集的文章，辞喻清赡，高论雄飞，充分显示出汉魏南北朝文章的风格与文采。其中许多遗文，仅赖此书

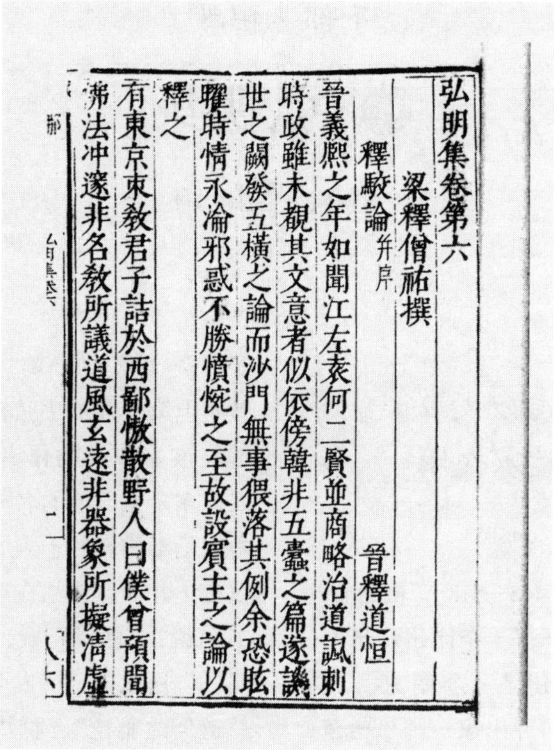

弘明集卷第六
梁釋僧祐撰
釋駁論并序　晉釋道恒
晉義熙之年如聞江左袁何二賢並商略治道諷刺
時政雖未覩其文意者似依傍韓非五蠹之篇遂譏
世之闕發五横之論而沙門無事猥落其側余恐眩
曜時情永淪邪惑不勝憤惋之至故設賓主之論以
釋之
有東京束教君子詰於西鄙傲散野人曰僕曾預聞
佛法冲邃非名教所議道風玄遠非器象所擬淸虛

明万历四十四年径山刻
嘉兴藏本《弘明集》

才得以流传后世，故弥足珍贵。

《弘明集》原有《序》，今单行本多无，唯金陵刻经处本有。该书各种藏本均有收录，单行本以金陵刻经处本为优。日本东京大学人文科学研究所牧田谛亮教授主持编译的《弘明集研究》一书，具有极大的参考价值。

子部 · 佛教

139 童蒙止观

隋 · 智𫖮

止以收心，观以启悟

智𫖮（538—597），俗姓陈，字德安，隋代荆州华容（今湖北监利）人。中国佛教天台宗的创始者，其学说本《法华经》，立一心三观，著述《法华玄义》《法华文句》《摩诃止观》，后世称为“天台三大部”，流传久远，在日本也有很大影响。

《童蒙止观》又名《修习止观坐禅法要》《坐禅法要》《小止观》，收于《大正藏》第四十六册。此书系佛教天台宗创始人智𫖮大师为其俗兄陈鍼所述，为有关《摩诃止观》之梗概及入道枢机之书。该书认为泥洹（涅槃）之法入门虽有多途，但论其捷便，则不出止观二法：止，禅定；观，智慧。止为受养心识之善资，观即策发神解之妙术，故示此二法必须常均等圆备。该书分为十章，阐说修习止观的要领，分别是：具缘、诃欲、弃盖、调和、方便、正修、善发、觉魔、治病、证果十章。从坐禅所需条件、修禅应离的五种欲想、放弃不好的习气、调和五事等方面，次第说明修习“止观”的方法。

通行本有1988年中华书局出版的李安《童蒙止观校释》本。

子部·佛教

140 法苑珠林

唐·道世

华枝春满，天心月圆

道世（？—683），俗姓韩，字玄恽，因避唐太宗讳，以字行世。原籍伊阙（今河南伊川西南），祖上为官，久居长安。十二岁入青龙寺出家，深研律学，博通敏记，尤善辞章。唐高宗显庆年间（656—661），参与玄奘译场，后被召入西明寺，宣扬律学，移风化俗，严持净戒，精勤著述。著有《法苑珠林》《诸经要集》《大小乘禅门观》《金刚经集注》《辨伪显真论》《四分律讨要》《四分律尼钞》《敬福论》《礼佛仪式》等。

《法苑珠林》系佛教类书，具有佛教百科全书的性质。唐显庆四年（659），道世先在《经律异相》的基础上编成《诸经要集》二十卷，此后积十年之功，于总章元年（668）撰成《法苑珠林》。宋代开始编入大藏经，除《嘉兴藏》为一百二十卷外，历经元、明、清，各藏所列均为一百卷。首起《劫量篇》，终以《传记篇》。篇下分部，部又分小部，总计六百四十余目。每篇开始多以简短的骈文总述大意；再以类相从，广采博集经、律、论原典故实，夹叙夹议；篇末或部末多附《感应录》征引感应事迹。该书虽基于《经律异相》而

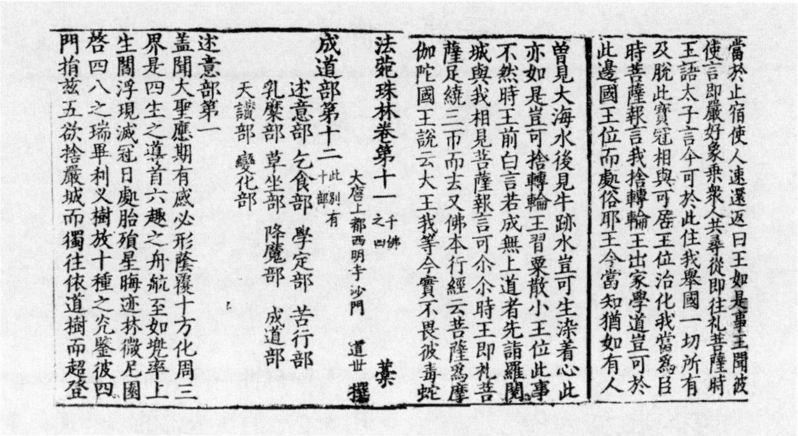
當於止宿使人速還返曰王如是事王聞彼
使言即嚴好象乘衆人共尋從即往礼菩薩時
王語太子言今可於此住我舉國一切所有
及脫此寶冠相與可居王位治化我當爲臣
時菩薩報言我捨轉輪王出家學道豈可於
此邊國王位而處俗耶王今當知猶如有人
曾見大海水後見牛跡水豈可生染着心此
亦如是豈可捨轉輪王習粟散小王位此事
不然時王前白言若成無上道者先請羅閲
城與我相見菩薩報言可尒尒時王即礼菩
薩足繞三帀而去又佛本行經云菩薩爲摩
伽陀國王說云大王我等今實不畏彼毒蛇

法苑珠林卷第十一 千佛之四 葉
大唐上都西明寺沙門 道世 撰
成道部第十二 此別有十部
述意部 乞食部 學定部 苦行部
乳糜部 草坐部 降魔部 成道部
天讚部 變化部
述意部第一
蓋聞大聖應期有感必形蔭覆十方化周三
界是四生之導首六趣之舟航至如兜率上
生閻浮現滅冠日處胎殞星晦迹掎微尼園
啓四八之瑞畢利义樹放十種之光鑒彼四
門揖慈五欲捨嚴城而獨往依道樹而超登

南宋嘉熙二年平江府碛砂延圣院刻本《法苑珠林》

编纂，但摒弃前书以“圣凡差别”“三界五趣”的分类法，以佛教的基础知识及日常生活规范等为重点。最后的《传记篇》，对东汉至唐初历代有关传译的经论、译者及中国佛教著作和因遭禁佛而佚失的经籍以至度僧建寺都作了记述，并对释迦牟尼的生卒年月和出家成道时日作了考订。

全书引用典籍达四百余种。除佛教经论外，还引用儒家学说、道教经籍、谶纬、杂著等约有一百四十余种。自《开元释教录》行世以来就已不见原本的五十余种经书，如《佛本行经》《菩萨本行经》《观佛三昧经》等，在该书中都有引文。此外还有《西域志》《中天竺行记》等佚书的引文十余条，可供研究印度中世纪历史、地理沿革者作参考。

该书主要版本有《大正藏》本、《碛砂藏》本、《南藏》本等，清人蒋因培刻本，今中华书局“中国佛教典籍选刊”之《法苑珠林校释》即以蒋氏刻本为底本整理而成。

子部·佛教

141 坛经

唐·慧能

本来无一物，何处惹尘埃

慧能，俗姓卢，生卒年不详，禅宗第六代祖师，南禅创始人，灭度后被唐宪宗赐号“大鉴禅师”。

《坛经》又称《六祖坛经》《六祖大师法宝坛经》《法宝坛经》。六祖者，慧能也。坛经，设坛讲经之谓。《坛经》乃六祖慧能于韶州大梵寺坛上所说之法，由弟子法海集录而成，凡一卷，基本以慧能的生平活动为序，述其形迹、说法及与弟子的机锋对答，共分十品。主旨在宣称人皆自性清净，本有佛性，但用此心，直了成佛的心性观；主张自悟自修、无念无住的修行观；解脱途径力倡顿悟说，是禅宗最主要的思想依据。

根据佛教的传统，只有继续佛之言教的著作才能称“经”，佛弟子及其后代佛徒无论如何伟大，其著作都只能称“论”，唯一一部中国人自造，虽历经坎坷，但最终确定了“经”的地位的，就是这部《坛经》。此经作者文化水平极低，字不认得几个，悟性却奇高，这说明智慧与“学历”无关，佛性更与“学历”无干，只为这一点，中国人就应该读一读这部经书。况且，禅宗的对话充满了机

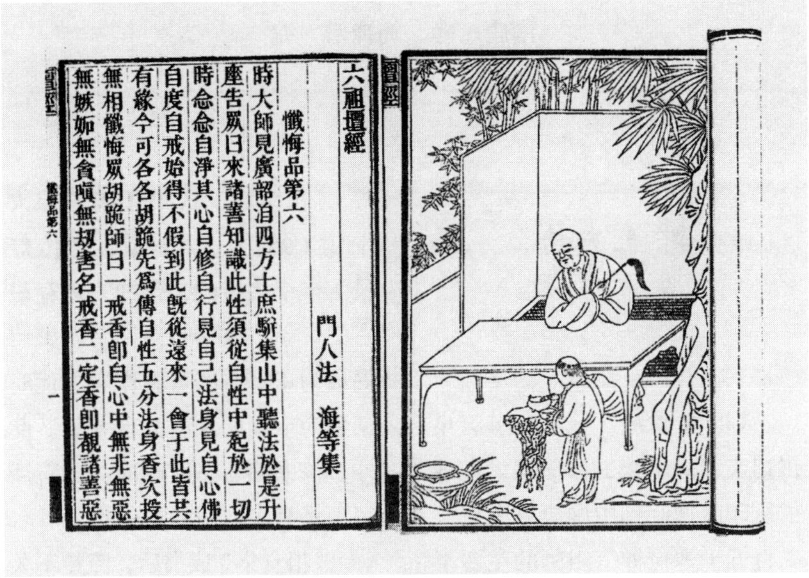

道光二十八年刻本《坛经》

锋与智慧，不妨把禅宗的智慧融入现实生活：本来无一物，何处惹尘埃？

此经版本大致有四种：法海本，又名敦煌写本，是现存最早的版本；晚唐或宋初的惠昕本；宋僧人的契崇本；元僧人德异、宗宝两人删定刊行于世的宗宝本，在法海本发现前，此为最常见的本子。注释本有近人丁福保《六祖大师法宝坛经笺注》和郭朋《坛经校释》。

142 祖堂集

南唐·静、筠禅僧　编

中土失传，海外遗踪

《祖堂集》二十卷，南唐泉州招庆寺静、筠二禅僧编，记载了从印度迦叶到中国唐末五代共二百五十六位禅宗祖师的主要事迹和问答语句，而以南宗雪峰义存一系为基本线索。

该书对所纪传者有三种称呼。其一为“佛”，如毗婆尸佛等七佛；其二为“尊者”，即印度诸祖，如大迦叶尊者、阿难尊者等；其三为“和尚”，即中国诸僧（含中国禅宗初祖菩提达摩），如慧能和尚、牛头和尚等。《祖堂集》成书于南唐保大十年（952），早于《景德传灯录》半个多世纪，是禅宗现存最古的灯录。该书收录禅宗各家诗偈最为丰富，亦可看作唐五代时期最为宝贵的佛教文学总集。此外，该书编写态度严谨，史料翔实，具有多方面的文献价值。

《祖堂集》成书后，流传不久即告失传。仅在北宋契嵩的《夹注辅教篇》及北宋皇家书目《崇文总目》中出现过，其身影在中国本土消失了。直到1912年，日本学者才从高丽版大藏经中发现高丽高宗三十二年（1245）开雕的完整的《祖堂集》二十卷。第二次世界大战后，日本花园大学复印了《祖堂集》的普及本。

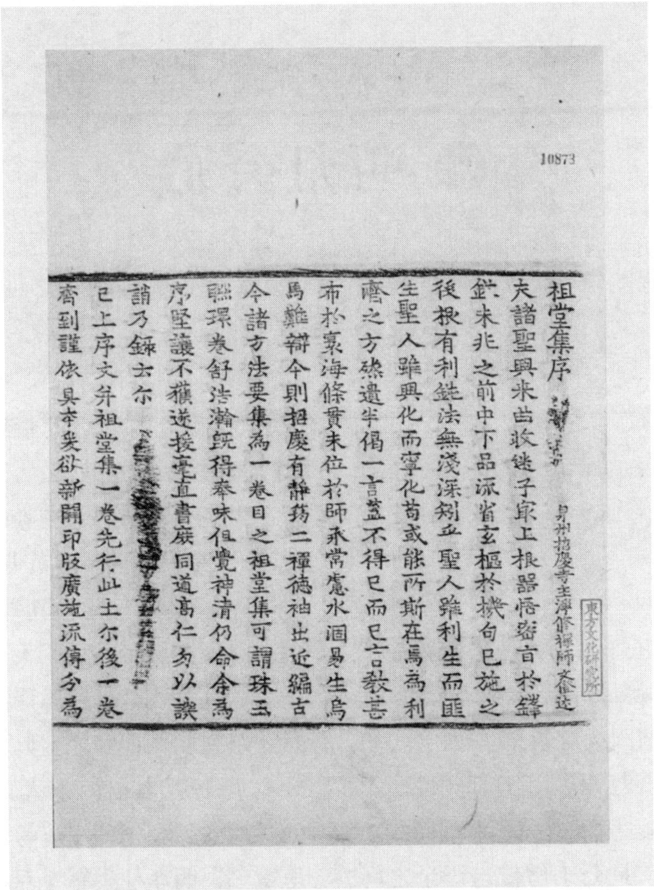

10873

祖堂集序　泉州招慶寺主淨修禪師文僜述

夫諸聖興來出妝迷子宗上根器悟密旨於鐸欽未兆之前中下品流省玄樞於機句已施之後根有利鈍法無淺深刻丑聖人雖利生而匪生聖人雖興化而寧化苟或能所斯在焉為利濟之方殊遺半偈一言蓋不得已而已言教甚布於寰海條貫未位於師承常慮水涸易生烏焉難辯今則招慶有靜筠二禪德袖出近編古今諸方法要集為一卷目之祖堂集可謂珠玉聯環卷舒浩瀚既得奉味但覺神清仍命余為序堅讓不獲遂援毫直書庶同道高仁勿以誚諸乃錄云尔

已上序文并祖堂集一卷先行此土尔後一卷齊到謹依具本爰欲新開印版廣施流傳分為

日本昭和十三年印本《祖堂集》(海印寺藏版)

1972年柳田圣山又在日本出版了其影印本，该书才逐渐被世人认知，并受到学界重视，日本、法国等国学者均有专文研究，法国汉学家戴密微亦撰有《考究祖堂集源流》一文。今人注本有商务印书馆2009年出版的张美兰《祖堂集校注》。

子部·佛教

143 五灯会元

宋·普济 编

佛法如灯，授受传承

《五灯会元》是宋僧普济汇集《景德传灯录》《天圣广灯录》《建中靖国续灯录》《联灯会要》《嘉泰普灯录》等五部“灯录”体佛书，删繁就简，缩编而成。“灯录”是介于僧传与语录之间的一种文体，为禅宗首创，取其灯能照明，祖祖相授，以法传人，譬如传灯之意。与僧传相比，它略于记行，详于记言；与语录相比，它撷取语录之精要，又按照授受传承的世系编列，相当于史籍中的谱录。《五灯会元》共三十卷，目录三卷，内容纵由七佛、六祖至“黄龙”“杨岐”，横由帝王征请至禅师开堂，寻源溯流，浩瀚广大，写人记言，处处机锋，禅思诗情，流贯始终，实为禅宗之宝典。

此书版本在南宋灭亡时为元兵所毁，会稽韩庄节与大尉康里重刻。明净柱撰有《五灯会元续略》八卷，道容撰有《五灯严统》二十五卷，文琇撰有《五灯会元补遗》一卷。1984年中华书局出版有苏渊雷点校本。

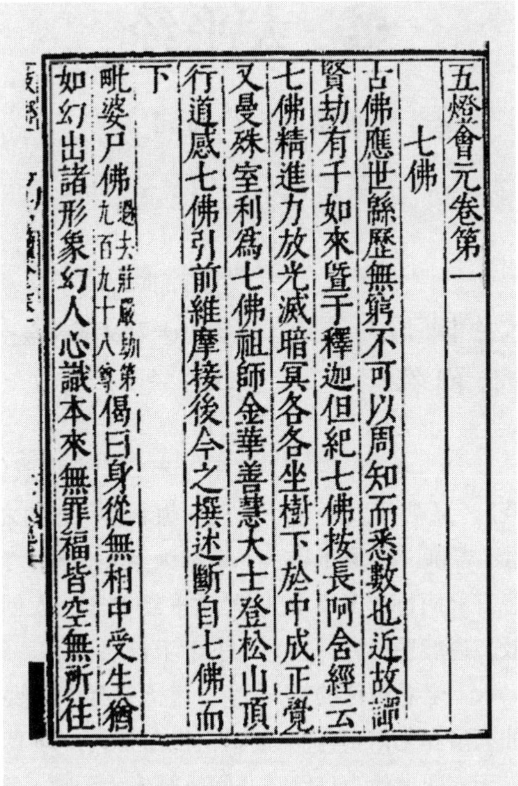

五燈會元卷第一

七佛

古佛應世綿歷無窮不可以周知而悉數也近故譚
賢劫有千如來暨于釋迦但紀七佛按長阿含經云
七佛精進力放光滅暗冥各各坐樹下於中成正覺
又曼殊室利爲七佛祖師金華善慧大士登松山頂
行道感七佛引前維摩接後今之撰述斷自七佛而
下
毗婆尸佛過去莊嚴劫第九百九十八尊偈曰身從無相中受生猶
如幻出諸形象幻人心識本來無罪福皆空無所住

明嘉靖四十年嘉兴径山寺本

子部·道教

144 太平经

旧题　东汉·于吉

木兰树下，神人问答

《太平经》，又名《太平清领书》，旧题于吉撰。传说于吉为北海人，患有癞病，十多年中使用百药无效，遂晨昏祷告，祈求神灵救护。太上老君被他的精诚所感，命仙人帛和化作卖药翁现身于市集。于吉便求他为自己治病，帛和约他翌日鸡鸣时于木兰树下相会。于吉按时赴约，帛和已经先至，怒斥于吉一通，命其半夜再来。于吉不敢怠慢，太阳落山便到木兰树下去等，稍后帛和来到，欣然授他一部经书，于吉叩拜而受，疾病顿然消除。太上老君又下凡亲授旨要，于吉遂将经书扩充为一百七十卷，名曰《太平经》。三百年后，值东汉末，于吉道成仙去，《太平经》辗转落入张角之手，被太平道奉为经典。现代学者大多认为《太平经》非一人创作，最后成书于于吉之手。

《太平经》主要采用的是问答体的形式，即真人（弟子）问，神人（天师）答。《神仙传》说其“专论阴阳、否泰、灾眚之事，有天道，有地道，有人道，云治国者用之，可以长生，此其旨也”。《太平经》“三一为宗”的天人思想起到承上启下的作用，它继承了老子之道和传统天

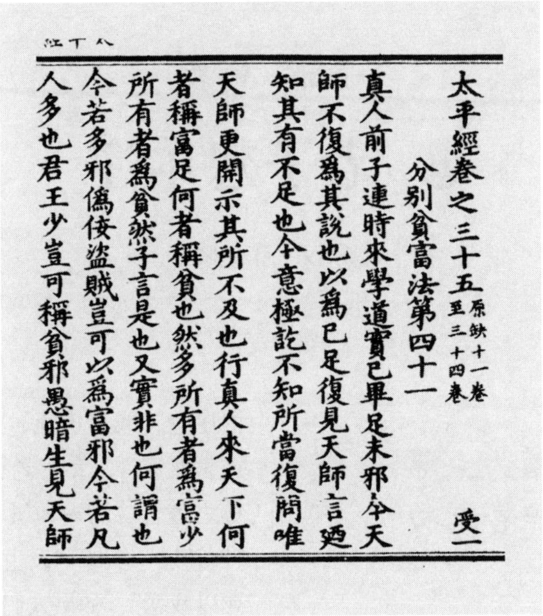
太平經卷之三十五 原缺十一卷至三十四卷　受一
分別貧富法第四十一
真人前子連時來學道實已畢足未邪今天師不復爲其說也以爲已足復見天師言適知其有不足也今意極訖不知所當復問唯天師更開示其所不及也行真人來天下何者稱富足何者稱貧也然多所有者爲富少所有者爲貧然子言是也又實非也何謂也今若多邪僞佞盜賊豈可以爲富邪今若凡人多也君王少豈可稱貧邪愚暗生見天師

民国涵芬楼影印《正统道藏》本《太平经》

神信仰，吸收了阴阳五行说和仙家之术，熔修身、治国于一炉，把前人较模糊的“天人合一”思想观念加以概括并深化为较具体的“三一为宗”思维模式，再以此统合天道观、政治观和内养观而为一个完整的思想体系。这一体系首先以“三一为宗”的思维模式阐述天道，然后以天道观指导个人修行，以个人修行去感悟大道，证得统天地万物于一理的道体，用以治世可致太平，用以内炼可成神仙。此思想与儒家“内圣外王”的思想互补，构成了中国主体文化精神的核心，其深远影响直至当代。

今有中华书局1960年出版的王明编《太平经合校》和2013年出版的杨寄林译注《太平经》。

子部·道教

145 老子想尔注

东汉·张道陵

道为至尊，积善成功

《老子想尔注》又名《老君道德经想尔训》，大体上是老子《道德经》的注释本，传说为东汉张道陵（34—156，原名张陵）所作，用于教化道民。原书二卷，已佚。20世纪初于敦煌莫高窟发现六朝残抄本一件，内容相当于原书上卷第三至三十七章，现藏于伦敦博物馆。此书为现存五斗米道重要经典，以道为最高信仰，认为“道至尊，微而隐，无状貌形像”，道即是“一”，“一散形为气，聚形为太上老君，常治昆仑，或言虚无，或言自然，或言无名”。太上老君由此和至尊之道合二为一，被尊为最高之神。“道”能够“设生以赏善，设死以威恶”，如果人们信守道诫，就可以“积善成功，积精成神，神成仙寿”。《老子想尔注》将儒家伦理和道教仙术相结合，对后世道教有深远的影响。它与《太平经》《周易参同契》齐名，是道教信仰和道教理论形成的标志，为研究早期道教思想的重要资料。

今人饶宗颐依河上公本《道德经》次第，将敦煌残卷连写之经文与注文，按章分别录出增补重刊，撰成《老子想尔注校证》一书，于1991年由上海古籍出版社出版，是目前较为完善的版本。

子部 · 道教

146 周易参同契

东汉 · 魏伯阳

内外兼修，天人合一

魏伯阳（151—221），名翱，字伯阳，号云牙子，会稽上虞（今属浙江）人。性好道术，不乐仕进，遂往罗浮山修道，著《周易参同契》后，服丹而去。

《周易参同契》简称《参同契》，约成书于汉顺帝、桓帝之际，是现存最早的丹经著作，有“万古丹经王”之称。参，三也，即《周易》、黄老、炉火（丹道）三事；同，通也；契，合也，明此书以“三事”言炼丹之事。全书分上中下三篇，并附有《五相类》和《鼎器歌》两篇，约六千余字，基本上为四字、五字一句的韵文及少数长短不一的散文体和离骚体，词韵雅古，隐奥难懂，以阴阳学说为理论基础，讲述炼丹技术。上篇易道为多，而次之以内养，间及炉火；中篇则内养为多，而易道次之，炉火又次；下篇言炉火为多，而内养为次，易道更次。作者在总结前人外丹术和内养术的基础上，结合自身的体验，进行了理论概括，将大易阴阳交合之道、黄老自然养性之道和炉火铅汞炼丹之道合而为一，既肯定外丹术，又肯定内养术，内外兼修，乃臻化境。

明版《道藏》收有《周易

周易參同契註解上篇

會稽魏伯陽撰

廬陵陳致虛註

大易總叙章第一

乾坤者易之門戶衆卦之父母坎離匡廓運轂正輻牝牡四卦以爲槖籥覆冒陰陽之道猶工御者準繩墨執銜轡正規矩隨軌轍處中以制外數在律曆紀月節有五六經緯奉日使兼并爲六十剛柔有表裏朔旦屯直事至暮蒙當受晝夜各一卦用之依次序既未至晦爽終則復更始日辰爲期度動靜有早晚

嘉靖三十一年伊府刻本《周易参同契》

参同契》各家注本多种，较为著名的有后蜀彭晓的《周易参同契分章通真义》，宋朱熹的《周易参同契考异》、陈显微的《周易参同契解》，元俞琰的《周易参同契发挥》、陈致虚的《周易参同契分章注》等。另有清《四库全书》本所收明蒋一彪《古文参同契集解》等。今有西北大学出版社1993年出版的任法融《周易参同契释义》，该书后由东方出版社多次再版。

子部·道教

147 海内十洲三岛记

旧题　西汉·东方朔

海上有仙山，虚无缥缈间

东方朔（前154—前93），字曼倩，西汉平原郡厌次县（今山东德州陵城区）人，汉武帝时为太中大夫，性诙谐滑稽，善辞赋。

《海内十洲三岛记》一卷，叙述传说中的祖洲、瀛洲、玄洲、炎洲、长洲、元洲、流洲、生洲、凤麟洲、聚窟洲十洲和方丈、蓬丘（即蓬莱山）、昆仑三岛（附记沧海岛、扶桑）的山川动植、风物地志等。十洲三岛传为仙人所居之处，其间多产神芝仙草、甘液玉英，及珍禽异兽、灵物奇石等。该书情节离奇，光怪陆离。内容大多荒诞不经，缥缈难考，但文辞缛丽，充满奇妙幻想，如“风生兽”“不死草”“续弦胶”“火浣布”等，虽托系神仙，但书中叙来言之凿凿，遂成典故，对后世文学较有影响。

该书实系魏晋以后人之作品。《隋书》《旧唐书》《宋史》列入史部地理类，《新唐书》列入子部道家类，《四库全书总目》列入子部小说家类。主要版本有《古今逸史》本、《龙威秘书》本、《说郛》本，又有《道藏精华录》本。

148 抱朴子

东晋·葛洪

求仙炼丹，谈玄论道

葛洪（284—364），字稚川，自号抱朴子，晋丹阳郡句容（今属江苏）人，葛玄从孙。东晋道教理论家、医学家、炼丹家。少好神仙导养之法，从葛玄的弟子郑隐受炼丹术。司马睿任丞相时，葛洪为属官，后任谘议参军等职。因镇压石冰领导的农民起义“有功”，赐爵关内侯。听说交趾出丹砂，求为勾漏（今广西北流市东北）令。后葛洪携子侄至广州，在罗浮山炼丹，直到去世。著有《抱朴子》《肘后备急方》《神仙传》等书。

《抱朴子》于东晋建武元年（317）成书，分《内篇》和《外篇》，各自独立。《外篇》著述在先，《内篇》著述在后。今存《外篇》五十卷，《内篇》二十卷。《外篇》言人间得失，世事臧否，以复兴儒教为宗旨，积极救世，基本上属于儒家学说，显示了作者先神仙后儒教的思想发展轨迹。《内篇》强调“道”是天地万物的总根源，寻求长生不死，提倡神仙道教，并载有炼制金丹的方法和实验结果，具有一定的科学价值，是研究我国古代道教史和科学技术史的重要资料。

《抱朴子内篇》现存有宋绍

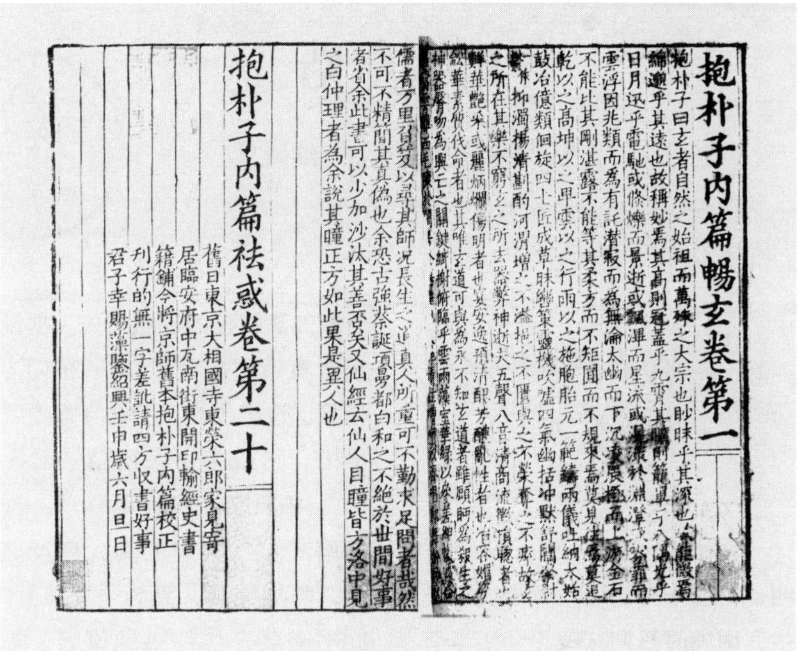
抱朴子內篇暢玄卷第一

抱朴子曰玄者自然之始祖而萬殊之大宗也眇昧乎其深也故稱微焉綿邈乎其遠也故稱妙焉其高則冠蓋乎九霄其曠則籠罩乎八隅光乎日月迅乎電馳或倏爍而景逝或飄滭而星流或滉漾於淵澄或雰霏而雲浮因兆類而為有託潛寂而為無淪大幽而下沉凌辰極而上游金石不能比其剛湛露不能等其柔方而不矩圓而不規來焉莫見往焉莫追乾以之高坤以之卑雲以之行雨以之施胞胎元一範鑄兩儀吐納大始鼓冶億類佪旋四七匠成草昧轡策靈機吹噓四氣幽括沖默舒闡粲尉抑濁揚清斟酌河渭增之不溢挹之不匱與之不榮奪之不瘁故玄之所在其樂不窮玄之所去器弊神逝夫五聲八音清商流徵損聰者也鮮華艷采彧麗炳爛傷明者也宴安逸豫清醪芳醴亂性者也冶容媚姿鉛華素質伐命者也其唯玄道可與為永不知玄道者雖顧眄為生殺之神器唇吻為興亡之關鍵綺榭俯臨乎雲雨藻室華綠以參差

儒者方冊所載又以尊其師況長生之道真人所寵可不勤求足問者哉然不可不精簡其真偽也余恐古強蔡誕項曼都白和之不絕於世間好事者省余此書可以少加沙汰其善否矣又仙經云仙人目瞳皆方洛中見之白仲理者為余說其瞳正方如此果是異人也

抱朴子內篇袪惑卷第二十

舊日東京大相國寺東榮六郎家見寄居臨安府中瓦南街東開印輸經史書籍鋪今將京師舊本抱朴子內篇校正刊行的無一字差訛請四方收書好事君子幸賜藻鑒紹興壬申歲六月旦日

宋绍兴二十二年临安府荣六郎家刻本

兴二十二年（1152）临安刊本，《抱朴子外篇》现存最早版本为明正统《道藏》本。《抱朴子》有明正统《道藏》刊本等，以清孙星衍《平津馆丛书》本较为通行。明清以来学者在文字上有不少校勘，但注释则缺。近有王明集前人所校并加注释编成的《抱朴子内篇校释》和杨明照先生《抱朴子外篇校笺》出版。

子部·道教

149 真诰

南朝梁·陶弘景　编录

众真降授，三君手书

陶弘景（456—536），字通明，自号华阳隐居，卒谥贞白先生，南朝时丹阳秣陵（今江苏南京）人，道教思想家、医学家。自幼聪明异常，十五岁著《寻山志》。二十岁被引为诸王侍读，后拜左卫殿中将军。三十六岁梁代齐而立，隐居句曲山（茅山）。梁武帝礼聘不出，但朝廷每有大事辄就咨询，时人称为“山中宰相”。

《真诰》是早期道教上清派的重要经书。所谓“真诰”，指道教仙真口授的训勉文告。据说东晋哀帝兴宁间（363—365），杨羲、许谧等托言“众真降授”手书，形成茅山宗所谓三君手书。陶弘景将其收集整理，又据南齐顾欢整理的真人口授之诰，略加注释，纂为《真诰》。原书七卷，仿纬书题篇名，篇各一卷。后人析为十卷或二十卷，《道藏》本作二十卷。内容庞杂，既载录仙真传授真诀，论冥数祸福，又载录药物、导引、按摩、摄养修持之事，并记述了道教名山洞府、真仙位业等。书中征考甄辨早期上清派的传授源流，广征博引早期上清派经书，是研究六朝上清派历史、教义、修持方法的珍贵资料。收入《正

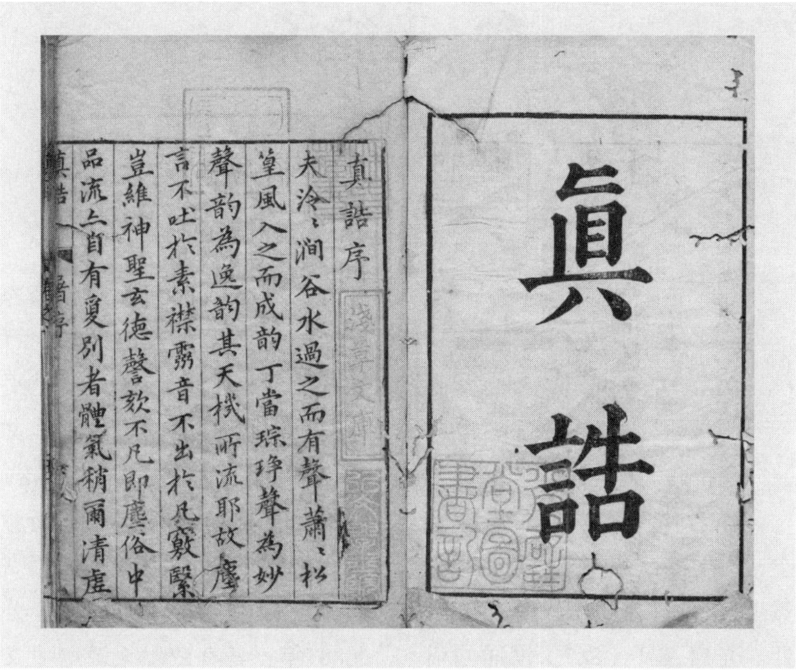

明万历刊本《真诰》

统道藏》太玄部。

该书有《四库全书》《学津讨原》《金陵丛书》等版本，皆作二十卷，《重刊道藏辑要》所收不分卷。注本有2006年中国社会科学出版社出版的日本学者吉川忠夫等的《真诰校注》等。

150 无能子

唐·无能子

天地无心，万物同归

作者生卒年不详，唐末隐士，博学寡欲，长于性理之学。黄巢兵起后，避地流转，不知所处。光启三年（887）寓居同州（今陕西渭南市），兴怀而作文三十四篇，友人收集其文，编为《无能子》。

《无能子》三卷，上卷论理，中卷论史，下卷记述作者所见所闻及昆弟朋友问答之言。此书以“明自然之理，极性命之端”为指归，猛烈抨击唐末乱世纷争“乃圣人之过”，提倡修炼性命，自然无为，认为气生万物，天地无心，人类万物天然平等，反对君权神授之说。其文章说理明快，多为寓言之作。在《无能子》中，道家思想所触发的社会批评的灵感达到了最高峰。在中国历史上，这部写于公元887年、具有浓厚无政府主义色彩的匿名之作，是将老庄思想中的激进元素发挥得淋漓尽致的为数不多的著作之一。

存世之本有《正统道藏》《子汇》等本，皆已缺十一篇。今人王明《无能子校注》（中华书局1981年版）较为通行。

子部·道教

151 化书

五代·谭峭

化之为道，流转无穷

谭峭（？—973），字景升，泉州人，唐国子司业谭洙之子。幼喜黄老，及长访诸名山，拜嵩山道士为师，得辟谷养气之术，夏穿皮裘，冬着布衫，倒卧霜雪之中，四处云游。后晋开运元年（944），南唐灭闽，谭峭退隐庐山栖隐洞，随他学道的有百余人。南唐后主李煜召他至建康（今江苏南京），赐名“谭峭真人”，并颁赐紫金阶和大量财产，他固辞不受，回泉州，入清源山紫泽洞修炼。宋开宝六年（973），无疾而终，享年百余岁。

《化书》共六卷，分别为《道化》《术化》《德化》《仁化》《食化》《俭化》，每卷又分若干章节，共一百一十篇。大抵本齐物以言道化，本虚无以言术化，本无为以言德化，本道德以言仁化，本税多民饥以言食化，三宝之一为俭，本之以言俭化。每章皆以二字为题，多先列举自然现象如蛇化为龟、雀化为蛤之类，从中分析哲理，以明超生脱死及修身持世之道。此即所谓“君子体物而知身，体身而知道”之意。《道化》《术化》二卷，主要论出生死、入神化之道，为本体观、自然观。《德化》《仁化》《食化》《俭化》四卷，主要论

化書道化卷第一
吳相宋齊丘述
紫極宮碑 蜘雀 老
耳目 環舞 鉛丹
形影 蟄藏 梟雞
四鏡 射虎 龍虎
遊雲 噴嚏 大化
正一 天地 稚子

宋刻本康纶钧题款《化书》

修身治世之道，属政治观、伦理观、修养观。全书中心为一个“化”字，认为化之不间，如环之无穷，皆出之于道，而以虚无为体，主要是运用道教哲学思想和儒家伦理观念，以类推比附的手法，从事物的变化中简述修道成仙的思想，探求社会治乱的因由，指出实现太平治世的道路。谭峭希望通过均食和尚俭治理社会动乱，建立一个“无亲、无疏、无爱、无恶”的“大和”社会。《化书》作为道教的重要经典之一，收入《道藏》。从北宋陈抟开始，直到元全真道十方丛林之规制都把《化书》作为必读的经书。明代李贽说：“若关尹子之《文始真经》与谭子《化书》，皆宜随身者，何曾与释迦差异也。”

今有丁祯彦、李似珍点校本，中华书局1996年版。

子部 · 道教

152 云笈七签

北宋 · 张君房　编

摄道藏之英，略诸子之奥

张君房，生卒年不详，岳州安陆（今属湖北）人。北宋道士，道教学者，宋代《道藏》的总编校者。北宋真宗景德（1004—1007）进士，曾任尚书度支员外郎、集贤校理等职，后自御史台谪官宁海。大中祥符五年（1012），经王钦若等人推荐，任著作佐郎，奉命主持校正秘阁所藏道书，乃取朝廷所藏道书及苏州、越州、台州旧存道藏，并广为搜集天下道经图书。同道士十人从事修校，历时七年，至天禧三年（1019）编纂修成《大宋天宫宝藏》四千五百六十五卷（已亡佚）。

《云笈七签》为道教最大的一部类书，共一百二十二卷，分五十二类，约八十七万多字，收于《正统道藏》太玄部。张君房主持编成《大宋天宫宝藏》之后，因卷帙浩繁，常人难以遍读，且翻检不便，便撮其精要，包括经教宗旨、道教本始、经法传授、三洞经教、天文、地理、杂修、斋戒、存思、秘要诀法、诸家气法、金丹、方药、符图、尸解、仙真旨要、赞颂、纪传、灵验等共计万余条，大都摘录原文，分类汇编，不加评说，自谓“习之可以阶云汉之游，览之可

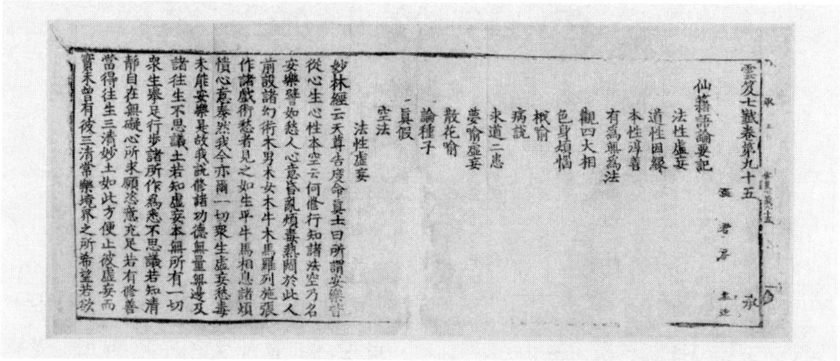
雲笈七籤卷第九十五　張君房 集
仙籍語論要記
法性虛妄
道性因緣
本性淨善
有爲無爲法
觀四大相
色身煩惱
概喻
病說
求道二患
夢喻虛妄
散花喻
論種子
真假
空法
法性虛妄
妙林經云天尊告度命真士曰所謂安樂皆
從心生心性本空云何修行知諸法空乃名
安樂譬如慈人心意昏亂煩毒熱悶於此人
前設諸幻術木男木女木牛木馬羅列施張
作諸戲術慈者見之如生平牛馬相息諸煩
憤心意毒然我今亦爾一切衆生虛妄愁毒
未能安樂是故我說修諸功德無量無邊及
諸往生不思議土若知虛妄本無所有一切
衆生畢足行步諸所作爲悉不思議若知清
靜自在無礙心所求願悉意充足若有修善
當得往生三清妙土如此方便止彼虛妄而
實未曾有彼三清常樂境界之所希望若欲

蒙古乃马真后平阳刊道藏本《云笈七签》

以极天人之际”。因道教称书籍为“云笈”，三洞四辅总称“七签”，故名其书为《云笈七签》，“摄云笈七部之英，略宝蕴诸子之奥”，即是将《道藏》中诸子百家剔除在外，实为《道藏》中全部道教文献之缩影，后人称之为“小道藏”。《云笈七签》集北宋以前道教内容之大成，凡教理教义、方术科仪、神话源流、历史传记、经笈诗词，无不毕具，堪称“小型道教百科全书”。其中保存了不少已佚道经片断，并残留着北宋《天宫宝藏》结构的遗迹，为研究道教之必读资料，亦对研究中国传统文化，如哲学、医学、化学、天文、地理、民俗等诸方面，大有裨益。

较好的版本有涵芬楼影印明正统《道藏》本。

子部·道教

153 太上感应篇

宋·佚名

祸福无门，惟人自召

《太上感应篇》约成于北宋末、南宋初，撰者不详，是道教修真者阐述太上之宗旨及其实践的重要著作，显微阐幽，将道教修养化为世俗生活之种种具体行为，同时宣扬天人感应，强调因果循环，劝人弃恶从善，成为当时人们修身立本之书。

《太上感应篇》仅一千二百七十四字，以开头的“祸福无门，惟人自召；善恶之报，如影随形”十六字为纲，接着叙说人若想长生多福，必须行善积德，并列举了二十多条善行，一百多条恶行，作为趋善避恶的准绳；要求人们“不履邪径，不欺暗室，积德累功，慈心于物，忠孝友悌，正己化人”；声称“欲求天仙者，当立一千三百善，欲求地仙者，当立三百善”，并谓人体中有名为“三尸”的司过之神，时刻都在记录人的恶行，每于庚申日上白天曹，下讼地府，告人罪状，述人过恶，由此而定夺人的寿夭祸福；强调“立善多端，莫先忠孝”，成仙证道的根基就在于此，将道教的方术和戒律贯穿于道德修养之中，由神来对人作道德上的善恶评判，使人从一念起处下工夫；最后以诸恶莫作，众善奉行，积善天必降

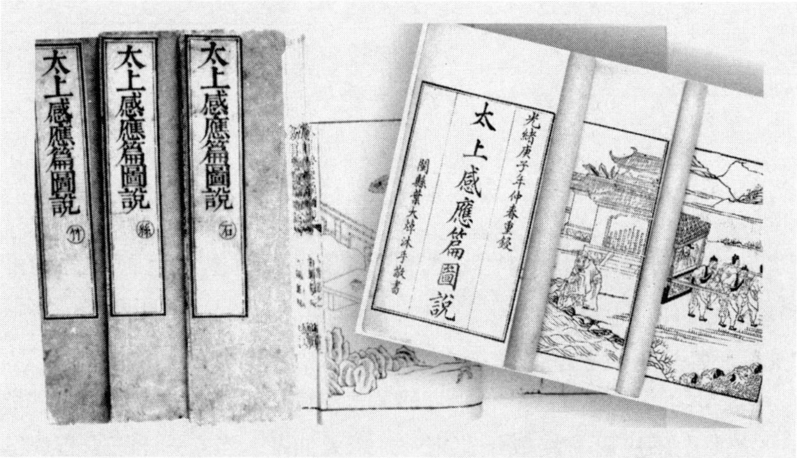

清乾隆刻本《太上感应篇图说》

福，行恶天必降祸作结。全篇既有儒家伦理规范，又有释道的宗教信条，熔儒、释、道三家思想于一炉。宋陈奂子序称：“推本道德之旨，发明祸福之端，究诰天下之证，严于训诫，以警悟人心者矣。”

明《道藏》“太清部”收有《太上感应篇》八卷。后有《粤雅堂丛书》本、《道藏精华录》本等。宋元以降，历代都有注释，较著名者有元陈坚，清惠栋、俞樾等的注本。

子部·杂家等

154 吴子

战国·吴起

内修文德，外治武备

吴起（约前440—前381），战国时卫国左民（今山东菏泽市定陶区西）人。年轻时家境富裕，游说诸侯，求官不成，资财耗尽。后旅居鲁国，拜孔子弟子曾参为师，学儒家之学，并留心兵法。恰值齐国侵略鲁国，鲁君用吴起为将，大败齐军。后吴起在鲁国被谗见疑，投奔魏国，受到器重，历仕魏文侯、武侯两朝。后失宠，投奔楚国，被楚悼王任命为令尹，推行法治。楚悼王死，吴起被作乱的宗族大臣射杀。

《吴子》又名《吴起兵法》，是吴起军事思想的主要载体，分上、下两卷：上卷有《图国》《料敌》《治兵》三篇，下卷有《论将》《应变》《励士》三篇，总共六篇，系统地阐述了战略战术的主要问题，主张“内修文德，外治武备”，把政治和军事紧密结合起来。所谓“文德”，就是“道、义、礼、仁”，并以此治理军队和民众，强调军队、国家要和睦，搞好军民关系，尊重百姓利益；认为“民安其田宅，亲其有司”，“百姓皆是吾君而非邻国，则战已胜矣”。所谓“武备”，就是“安国家之道，先戒为宝”，必须“简募良材，以备不虞”，对战争采取慎重的

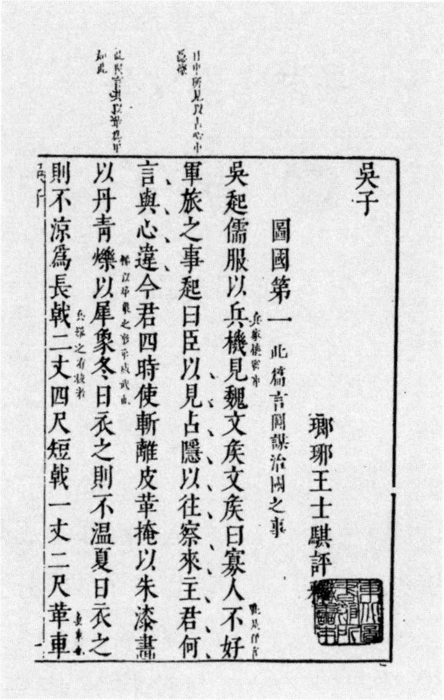
吳子

圖國第一 此篇言圖謀治國之事

瑯琊王士騏評釋

吳起儒服以兵機見魏文侯文侯曰寡人不好軍旅之事起曰臣以見占隱以往察來主君何言與心違今君四時使斬離皮革掩以朱漆畫以丹青爍以犀象冬日衣之則不溫夏日衣之則不涼為長戟二丈四尺短戟一丈二尺革車

明天启元年闵凌刻朱墨套印本《吴子》

态度，反对穷兵黩武，但要做好应战准备。由于吴起军事实践丰富，军事才能杰出，所以书中讨论的问题，见解高明，切合实际。又由于吴起受业于曾参，所以书中主导思想偏向儒家。《吴子》一书虽仅五千字左右，但内容十分丰富，是继《孙子》之后又一部体系完备、思想精深、具有重大理论价值的兵学论著，在中国古代兵学史上占有极其重要的地位。后世将孙吴并称，宋代将《吴子》列入《武经七书》。

《吴子》现存最早的版本是宋代的《武经七书》本。后世版本，如明吴勉学刊《二十子》本、明翁氏刊《武学经传三种》本、清孙星衍《平津馆丛书》本、《四库全书》本等，均源于宋本《武经七书》。

子部·杂家等

155 鬼谷子

战国·王诩

潜谋于无形，常胜于不争

鬼谷子，生卒年不详，姓王名诩，道号鬼谷子，战国时人。常入云梦山采药修道。因隐居清溪之鬼谷，故自称鬼谷先生。鬼谷子为纵横家之鼻祖，被后世称为“谋圣”。传说苏秦、张仪、孙膑、庞涓皆为其弟子。

《鬼谷子》为纵横学派的代表作，其成书当在战国时，共十四篇，其中第十三、十四篇已失传。该书以“道”为依托展开其纵横理论，在百家争鸣的战国时代独树一帜。《鬼谷子》崇尚权谋策略及言谈辩论之技巧，其指导思想与儒家所宣扬的仁义道德大相径庭。因此，历来学者对《鬼谷子》一书推崇者甚少，而讥诋者极多，曾被列为禁书。其实外交战术之得益与否，关系国家之安危兴衰；而生意谈判与竞争之策略是否得当，则关系到经济上之成败得失。即使在日常生活中，言谈技巧也关系到一人之处世为人之得体与否。当年苏秦凭其三寸不烂之舌，合纵六国，佩六国相印，统领六国共同抗秦，显赫一时。而张仪又凭其谋略与游说技巧，将六国合纵土崩瓦解，为秦国立下不朽功劳。所谓“智用于众人之所不能知，而能用于众人之所不能”。潜谋于

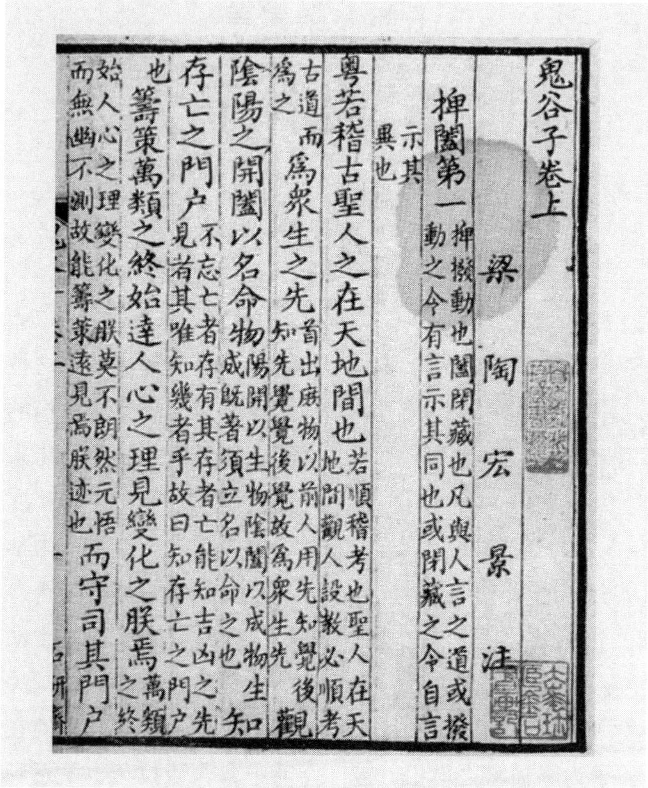
鬼谷子卷上

梁 陶宏景 注

捭闔第一 捭撥動也闔閉藏也凡與人言之道或撥動之令有言示其同也或閉藏之令自言示其異也

粵若稽古聖人之在天地間也 若順稽考也聖人在天地間觀人設教必順考古道而爲之 爲衆生之先 首出庶物以前人用先知覺後知先覺覺後覺故爲衆生先 觀陰陽之開闔以名命物 陽開以生物陰闔以成物生成既著須立名以命之也 知存亡之門戶 不忘亡者存有其存者亡能知吉凶之先見者其唯知幾者乎故曰知存亡之門戶也 籌策萬類之終始達人心之理見變化之朕焉 萬類之終始人心之理變化之朕莫不朗然元悟而無幽不測故能籌策遠見爲朕迹也 而守司其門戶

清嘉庆秦氏石研斋刊本《鬼谷子》

无形，常胜于不争，此为《鬼谷子》之精髓所在。

《鬼谷子》的版本，常见者有《道藏》本及嘉庆十年江都秦氏刊本。

子部·杂家等

156 六韬

旧题　周·姜尚

文韬武略，兵书之祖

《六韬》又称《太公六韬》，中国早期的军事百科全书，旧题周姜尚撰，当是后人依托，其真正作者已不可考，历来对它的真伪颇多争议。现据山东临沂银雀山汉墓、河北定州八角廊汉墓所出《六韬》残本，可以推定它大致成书于战国时代。

今本《六韬》共六卷，每卷分别以文韬、武韬、龙韬、虎韬、豹韬、犬韬为题。《文韬》《武韬》总论治国用人之道，接着分四个方面论述攻伐用兵之方。《龙韬》论军事组织之制，《虎韬》论备战布阵之理，《豹韬》论战略战术之用，《犬韬》论军队指挥之法。该书继承了前人的优秀军事思想，又兼采诸子之长，涉及范围广泛，论述细密，是一部集先秦军事思想之大成的优秀兵书。《六韬》对后来的军事学说影响很大，被誉为兵家权谋的始祖。

《六韬》现存版本很多，较好的是1935年中华学艺社影宋刻《武经七书》本。此外，竹简残本、敦煌遗书残本及《群书治要》摘要本也很有参考价值。另有丁氏八千卷楼藏刘寅《武经七书直解》影印本。

157 黄帝内经素问

旧题 黄帝

黄帝问医，岐伯释疑

《黄帝内经素问》简称《素问》。素者，本也，生命之本；问者，黄帝问于岐伯也。相传岐伯乃上古医学先知，黄帝当时困惑为何上古之人长寿，于是去请教岐伯。岐伯告诉他要有节制，不可挥霍无度，并详细阐述了其中道理。《素问》即是以黄帝与先知问答形式撰写的综合性医学文献，旧题黄帝所作，实际非出自一时一人之手，约成书于春秋战国时期。原九卷，早佚，后经唐王冰订补，编为二十四卷，计八十一篇，定名为《黄帝内经素问》。该书论证了人与大自然千丝万缕的关系，不仅是一部医学典籍，也是一部充满古人智慧的哲学著作。

《素问》以天人合一观、阴阳学说、五行说、脏腑经络学为主线，论述了摄生、脏腑、经络、病因、病机、治则、药物以及养生防病等各方面的关系，集医理、医论、医方于一体，保存了《五色》《脉变》《上经》《下经》《太始天元册》等二十多种古代医籍。

《素问》与《灵枢经》合称为《黄帝内经》，《灵枢经》与《素问》内容大致相同，重点阐述了经络腧穴，针具、刺法及治

元至元五年胡氏古林书堂刻本
《黄帝内经素问》

疗原则等。《黄帝内经》是现存最早的一部医学著作，是中医学理论体系形成和奠基之作。

今本题《重广补注黄帝内经素问》是经过宋林亿等校注的本子，1956年人民卫生出版社据明顾从德翻宋刻本影印。

158 氾胜之书

西汉 · 氾胜之

农耕之本，趋时得法

氾胜之，汉代人，生卒年不详，本姓凡氏，遭秦乱，避地氾水（古河道），因改姓氾。汉成帝时为议郎，曾任劝农使者和轻车使者，在都城长安附近指导农业生产，成绩卓著，后升任为御史。

《氾胜之书》是一部农学论著，一般认为是我国现存最早的一部农书。该书原名《氾胜之》，《汉书 · 艺文志》著录为十八篇，《隋书 · 经籍志》始称为《氾胜之书》，以后就通用此名。原书约在北宋初期亡佚，现存的《氾胜之书》是从《齐民要术》《太平御览》等古书中摘录的原文辑集而成，约三千五百字。内容有耕田法、溲种法、穗选法、区田法，以及禾、黍、麦、稻、稗、大豆、小豆、枲、麻、瓜、瓠、芋、桑等十三种作物的栽培技术。其中耕田法，首次明确提出“凡耕之本，在于趣时，和土，务粪泽，早锄早获”，这是针对关中地区春旱多风、采取以保墒为中心的技术措施，不仅在当时，也是迄今仍在沿用的原则。溲种法，是熬取家畜动物的骨汁，加粪调糊，用以拌种的种子处理技术。区田法，又称区种法，是一种抗旱保墒、

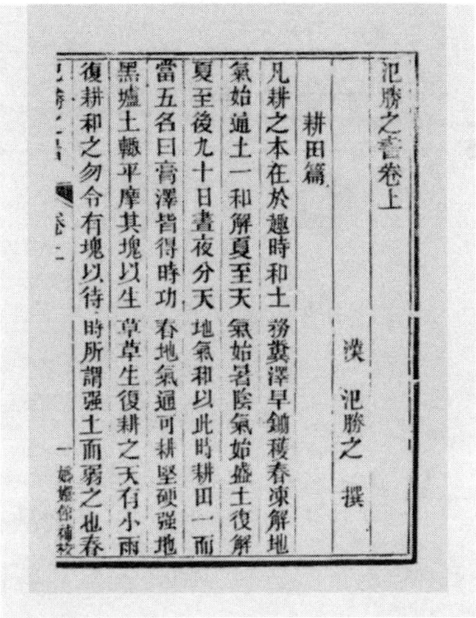
氾勝之書卷上

漢 氾勝之 撰

耕田篇

凡耕之本在於趣時和土務糞澤早鋤早穫春凍解地氣始通土一和解夏至天氣始暑陰氣始盛土復解夏至後九十日晝夜分天地氣和以此時耕田一而當五名曰膏澤皆得時功春地氣通可耕堅硬強地黑爐土輒平摩其塊以生草草生復耕之天有小雨復耕和之勿令有塊以待時所謂強土而弱之也春

一 嫏嬛館補校

清道光刊《玉函山房辑佚书》本《氾胜之书》

集中使用肥水的丰产栽培措施，方法是不必平整土地，将其挖成小方块的“区”（即凹的意思，义同窝），在区中施足基肥，盖土，浇水，然后下种。据书中所称，用此法种植的禾、黍、麦、大豆、瓜、瓠、芋等，都可比常规种植的产量高出数倍，现在西北等地采用的“窝种”技术仍有区田法的遗风。《氾胜之书》记载的作物栽培技术，反映了西汉时期所达到的较高水平，同时也开创了中国农书中作物各论的先例。

该书在19世纪上半期曾出现过三个辑佚本，中华人民共和国建立以后，石声汉、万国鼎分别对该书进行了整理，并用现代农业科学知识予以阐述，撰成《氾胜之书今释》（科学出版社，1956年）和《氾胜之书辑释》（中华书局，1957年），两书向世人展示了汉代农业科学技术的丰厚与精湛，为后来的研究者提供了极大的方便。

159 三略

旧题　汉·黄石公

揽英雄之心，立不败之地

《三略》又称《黄石公三略》，原名《黄石公记》。旧题黄石公撰。黄石公即圯上授张良兵书的神秘老人，当是秦汉之间人。然《黄石公三略》的风格与先秦古书明显有别，故后世推定其乃依托之作，大约成书于西汉末年。

《三略》分上、中、下三卷，作者自称："上略设礼赏，别奸雄，著成败；中略差德行，审权变；下略陈道德，察安危，明贼贤之咎。故人主深晓上略，则能任贤擒敌；深晓中略，则能御将统众；深晓下略，则能明盛衰之源，审治国之纪。人臣深晓中略，则能全功保身。"《三略》不像《孙子》等兵书那样直接论述军事问题，而是侧重从政治策略上阐明治国治军之道，核心是收揽民心，指出："庶民者，国之本。"它吸收儒、道、法、墨诸家思想，糅合而成一部专论战略的兵书。《三略》问世后，受到历代兵家的高度评价，北宋神宗元丰年间，被颁定为《武经七书》之一。《四库全书总目提要》称其"务在沉机观变，先立于不败，以求敌之可胜，操术颇巧，兵家或往往用之"。

《三略》的现存版本中，以

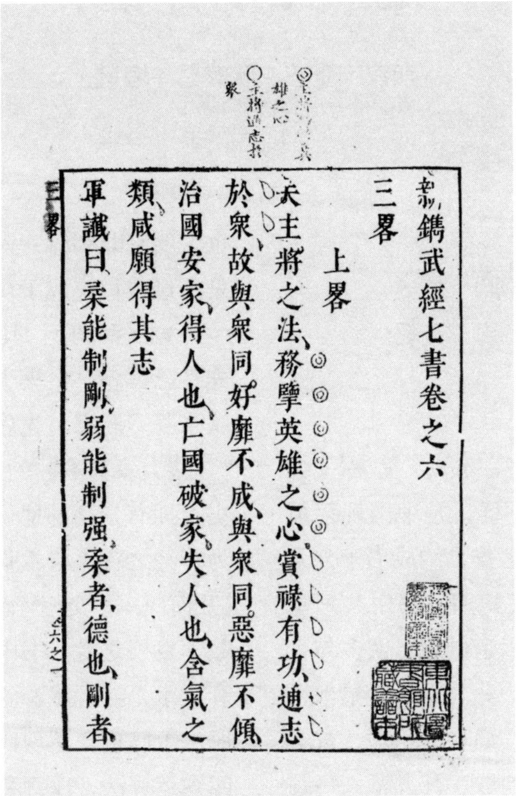
新鐫武經七書卷之六

三畧

上畧

夫主將之法務攬英雄之心賞祿有功通志於衆故與衆同好靡不成與衆同惡靡不傾治國安家得人也亡國破家失人也含氣之類咸願得其志

軍讖曰柔能制剛弱能制強柔者德也剛者

明天启元年闵凌刻朱墨套印本《三略》

宋刻《武经七书》中的《黄石公三略》最佳，1935年中华学艺社影印宋刻《武经七书》本。

子部·杂家等

160 九章算术

西汉·张苍 耿寿昌 编定

一问一答，百题百解

《九章算术》，简称《九章》，作者不详，是中国现存最古老的数学著作，约成书于公元1世纪的东汉初期。书中共列举了二百四十六道例题，大多与生产实践相关，分为方田、粟米、衰分、少广、商功、均输、盈不足、方程、勾股，凡九章。每题一般由问（问题）、答（答案）、术（解法）组成，亦有几题共用一术，或一术连缀几题者。这一方面说明《九章算术》的重心乃在于术，而不在于题；另一方面也说明它非一时一人所编写，而是历经数世，成于众人之手。

据《辞海》，其主要内容在先秦已具备，秦火中散坏，经西汉张苍、耿寿昌先后删补而成。

《九章算术》在中国古代数学史上拥有崇高的地位，历来被尊为算经之首，与希腊欧几里得的《几何原本》交相辉映，同为世界数学发展之源。书中的今有术、衰分术、方程术、盈不足术、勾股术等已包含了现代数学的分数四则运算法，比例和比例分配算法，线性方程组解法，开平方、开立方法，正负数加减法，以及若干面积、体积算法等等。《九章算术》不仅确立了中国传统数学的基本框架，而且许多内容传

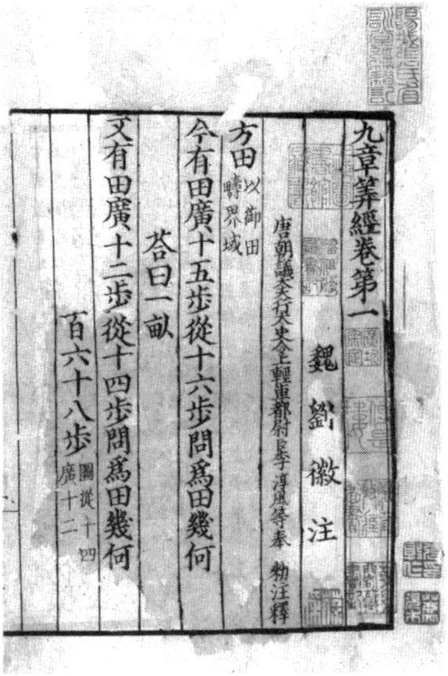

九章筭經卷第一
魏劉徽注
唐朝議大夫行太史令上輕車都尉臣李淳風等奉勑注釋
方田以御田疇界域
今有田廣十五步從十六步問爲田幾何
荅曰一畝
又有田廣十二步從十四步問爲田幾何
百六十八步 圖從十四 廣十二

宋嘉定六年鲍澣之汀州刻本
《九章算术》

入印度、阿拉伯，甚至辗转传入欧洲，对文艺复兴前后世界数学的发展，作出了应有的贡献。

《九章算术》成书之后，注家蜂起。三国时，曹魏刘徽为《九章算术》作注，并自撰《重差》一卷附于书末，故《隋书·经籍志》著录“九章算术十卷，刘徽撰”，后《重差》又以《海岛算经》为名单行，是为《算经十书》之一。刘徽纠正了《九章算术》中的某些错误或不确之处，并运用极限思想和无穷小分割方法证明了《九章算术》的圆面积公式和自己提出的刘徽原理，这在世界数学证明史上还是第一次。唐初，李淳风在刘徽的基础上再行作注，多所创见。今之《九章算术》传本即包括正文、刘徽注和李淳风注三部分。南宋末有杨辉《详解九章算法》十二卷，现仅存商功、均输、盈不足、方程、勾股五章和《九章算法纂类》，其所录之《九章算术》正文和刘、李二家注文多有脱误。清乾隆三十九年（1774）戴震从《永乐大典》中辑录出《九章算术》并加校勘，并取其副本排印入《武英殿聚珍版丛书》，1784年又取其正本抄入《四库全书》。清嘉庆初年，李潢撰《九章算术细草图说》九卷，有校勘、有补图、有详草、有说明，发挥《九章算术》刘徽注的原意，对于读者大有裨益。今有郭书春汇校《九章算术》增补版（2004年，辽宁教育出版社、台湾九章出版社联合出版）。

子部·杂家等

161 神农本草经

东汉·佚名，清·孙星衍等　辑注

医科圣典，药学大全

孙星衍（1753—1818），字伯渊，一字渊如，号季逑，阳湖（今江苏武进）人，清代学者、书法家。乾隆五十二年（1787）榜眼，历任山东按察使、布政使。精诗文，工篆书，与洪亮吉齐名，人称“孙洪”。深究经史文字音训及金石碑版，著有《寰宇访碑录》《平津馆金石萃编》《魏三体石经遗学考》《京畿金石考》《泰山石刻记》《续古文苑》等。

《神农本草经》是我国现存最早的药物学专著，被奉为中药学经典。相传为神农所作，但实际上并非出自一人之手，约成书于东汉时期。原书早已亡佚，清代孙星衍等从《太平御览》《大观本草》《证类本草》等书中辑佚而成，并引用入了《吴普本草》《名医别录》《淮南子》等古书，对原文进行注释。全书分三卷，载药三百六十五种（植物药二百五十二种，动物药六十七种，矿物药四十六种），分上、中、下三品。上品收载丹砂、云母、菖蒲、人参等一百二十种药物；中品收载雄黄、硫黄、石膏、干姜等一百二十种药物；下品收载石灰、代赭石、附子、大黄等一百二十五种药物。书中对每一味药的产地、性质、采集和

孙星衍像

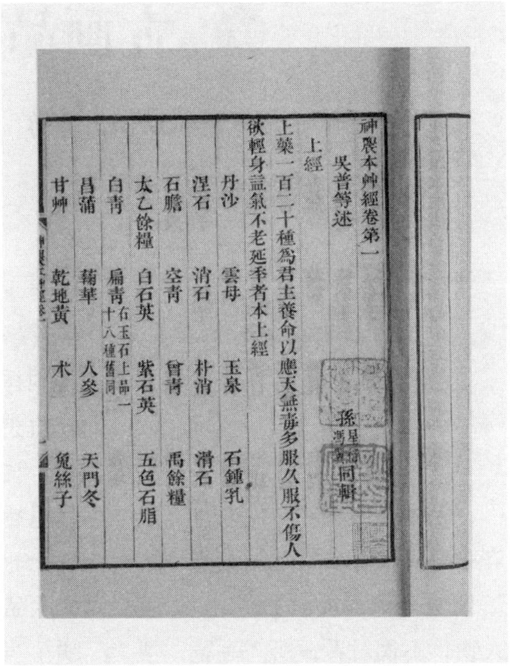

神農本艸經卷第一

吳普等述　孫星衍　孫馮翼同輯

上經

上藥一百二十種爲君主養命以應天無毒多服久服不傷人

欲輕身益氣不老延年者本上經

丹沙　雲母　玉泉　石鍾乳

涅石　消石　朴消　滑石

石膽　空青　曾青　禹餘糧

太乙餘糧　白石英　紫石英　五色石脂

白青　扁青　右玉石上品一十八種舊同

昌蒲　鞠華　人參　天門冬

甘艸　乾地黃　术　菟絲子

清嘉庆刊本《神农本草经》

主治病症都有详细记载。对各种药物怎样相互配合应用，以及简单的制剂，都做了概述。《神农本草经》提出了中药的最早分类方法，总结了中药药性理论和配伍规律，奠定了中药学的基本理论体系。

《神农本草经》的刊本较多，如清《问经堂丛书》本、善成堂刊本、《周氏医学丛书》本、《四部备要》本、《中国医学大成》本和《丛书集成》本等。

162 古画品录

南朝齐·谢赫

画宗六法，气韵为上

谢赫，生卒年不详，南朝齐梁时人，著名宫廷派画家。姚最说他有惊人的观察力，“写貌人物，不俟对看，所需一览，便工操笔”，赞扬了他作画的高度技巧。著有《古画品录》。

《古画品录》是我国最早的画论专著，著成于梁武帝中大通四年至太清三年间（532—549）。《古画品录》讲作画应以“六法”为标准，后世奉为典范。六法即指：一，气韵生动；二，骨法用笔；三，应物象形；四，随类赋彩；五，经营位置；六，传移摹写。其中“气韵生动”更是中国千百年来画家和艺评家一直追求的创作的最高指导原则。《古画品录》的大部分文字是谢赫评论曹不兴及其同时代的二十七位画家作品。他把画家分成六品，以气质风度为标准，反映了当时清议人物之风气。《书画书录解题》评《古画品录》时说：“论画之书，今存者以是书为最古；而品画之作，亦始于是书，弥足珍重。”

该书有《百川学海》《王氏画苑》《津逮秘书》《丛书集成初编》《美术丛书》等版本。国家图书馆所藏《汇刻唐宋画书九种十一卷》含此书，为明嘉靖间刻

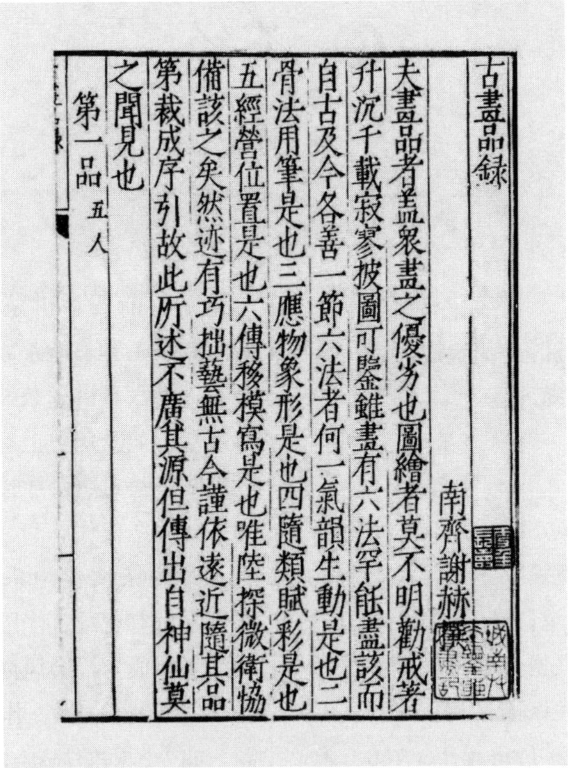
古畫品録
南齊謝赫撰
夫畫品者蓋衆畫之優劣也圖繪者莫不明勸戒著升沉千載寂寥披圖可鑒雖畫有六法罕能盡該而自古及今各善一節六法者何一氣韻生動是也二骨法用筆是也三應物象形是也四隨類賦彩是也五經營位置是也六傳移模寫是也唯陸探微衛協備該之矣然迹有巧拙藝無古今謹依遠近隨其品第裁成序引故此所述不廣其源但傳出自神仙莫之聞見也
第一品 五人

明嘉靖刊本《古画品录》

本，系此书之古籍善本。新刊本为《中国画论丛书》本，与姚最《续画品录》合刊，王伯敏注译，人民美术出版社1959年出版。

子部·杂家等

163 茶经

唐·陆羽

嘉木雅事，茶道千年

陆羽（733—约804），字鸿渐，自号竟陵子，又号桑苎翁，唐代复州竟陵（今湖北天门）人。自幼在僧舍长大，一度曾为伶工，生性诙谐，和官宦、文人相往还，唐上元元年（760）隐居于苕溪，离当时茶产地宜兴极近，爱饮茶，著《茶经》，被后世称为“茶圣”。

《茶经》是我国最早的论茶专著，也是世界上最早最完整、最全面的论茶专著。该书成书于唐建中元年（780）。全书三卷，分十章，前四章讲茶的性状起源、制茶工具、造茶方法和产区分布，后六章讲煮茶技艺、要领与规范，兼及历史上有关茶的典故逸闻，是对唐及唐以前茶文化的系统总结工作。

中国茶文化由来已久，在此书中也有记载，当陆羽之时，饮茶已经成为社会风尚，陆羽遂提出“精行俭德”，作为茶道内涵。如今，附庸风雅也好，附庸风流也罢，都离不开茶。三五好友，月明星稀，品茗论道，谈经评史之际，再加上《茶经》，饮非林下，其风致似之，不妨一试。

该书传世版本很多，主要有《百川学海》《格致丛书》《说郛》《四库全书》诸本。

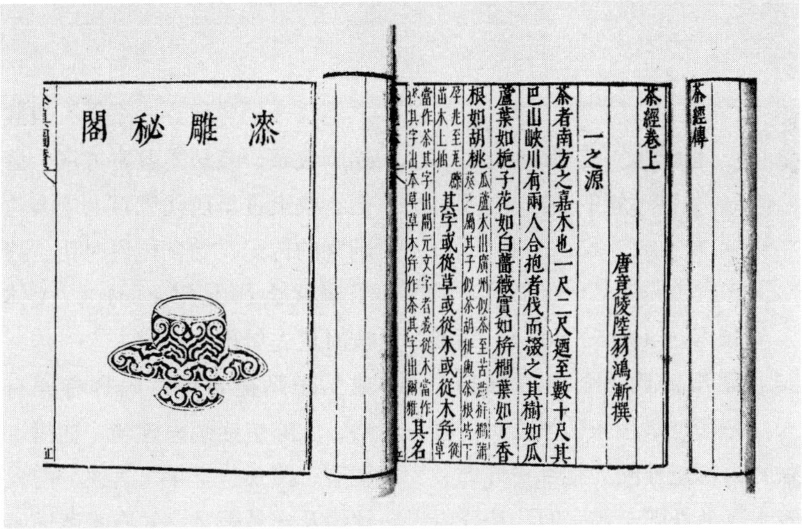
漆雕秘閣
茶經傳
茶經卷上
唐竟陵陸羽鴻漸撰
一之源
茶者南方之嘉木也一尺二尺迺至數十尺其
巴山峽川有兩人合抱者伐而掇之其樹如瓜
蘆葉如梔子花如白薔薇實如栟櫚葉如丁香
根如胡桃瓜蘆木出廣州似茶至苦澀栟櫚蒲葵之屬其子似茶胡桃與茶根皆下孕兆至瓦礫苗木上抽
其字或從草或從木或從草木并從草當作茶其字出開元文字音義從木當作梌其字出本草草木并作荼其字出爾雅
其名

明刊本《茶经》

164 历代名画记

唐·张彦远

画史之祖，遗泽千秋

张彦远（815—907），字爱宾，蒲州猗氏（今山西临猗）人。宪宗时宰相张弘靖之孙。宣宗时，自左补阙为礼部员外郎，转主客员外郎。懿宗时，历任舒州刺史、兵部员外郎。僖宗乾符中，官至大理寺卿。精于书画鉴赏，著《历代名画记》《法书要录》，均为中国书画鉴赏史上集大成的著作，历来为世所重。

《历代名画记》共十卷，前三卷记历代绘画源流兴废，并辑录六朝以来画论，总论诸大画家之笔法，记各地寺观壁画，兼载绘画收藏、装裱、鉴赏方法。后七卷收上古至唐代三百七十余位画家的传记，始自传说时代，终于唐代会昌元年（841），大体按时代先后排列。或一人一传，或父子师徒合传，内容有详有略，大略包括画家姓名、籍里、事迹、擅长、享年、著述、前人评论及作品著录，并有张彦远所列的品级及所作的评论。在绘画理论上，该书指出“书画用笔同法”，提倡“自然”，以“自然、神、妙、精、谨细”等来评判画艺高低的品第，继承发展了史论结合的传统，开创了编写绘画通史的完备体例，长期以来被认为是中国第一部系统完整的绘画通

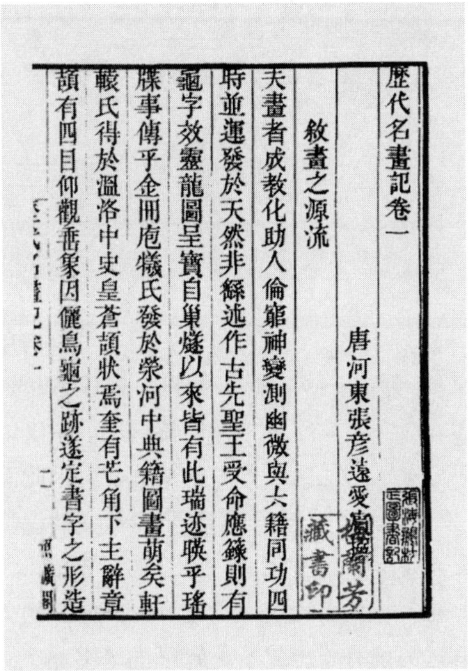
歷代名畫記卷一

唐河東張彥遠愛賓撰

敘畫之源流

夫畫者成教化助人倫窮神變測幽微與六籍同功四時並運發於天然非繇述作古先聖王受命應籙則有龜字效靈龍圖呈寶自巢燧以來皆有此瑞迹映乎瑤牒事傳乎金冊庖犧氏發於滎河中典籍圖畫萌矣軒轅氏得於溫洛中史皇蒼頡狀焉奎有芒角下主辭章頡有四目仰觀垂象因儷鳥龜之跡遂定書字之形造

清照旷阁刊本《历代名画记》

史，亦具有当时绘画“百科全书”的性质，在中国绘画史学的发展中，具有无可比拟的承先启后的里程碑意义。近人推尊此书为画史之祖，可为定评。

该书有明万历十八年王元贞《王氏画苑》本、明崇祯间虞山毛氏汲古阁《津逮秘书》本、清嘉庆十年虞山张氏照旷阁《学津讨原》本等。新刊本有《中国美术论著丛刊》本，秦仲文、黄苗子点校，人民美术出版社1963年版；又有俞剑华注释本，上海人民美术出版社1964年版。

165 法书要录

唐·张彦远　辑

意在笔先，法成书后

《法书要录》共十卷，唐张彦远辑。法书，是对古代名家墨迹的尊称。张彦远另撰有《历代名画记》，自称“好事者得余二书，则书画之事毕矣”。

《法书要录》为传世最早的书法文献著作，收载东汉至唐宪宗元和时各代名家书法理论文章38篇，王羲之、王献之书札458帖，基本上涵盖了这个时段有价值的相关文献。未见原书者，则存其目。对疑为伪托者，如王羲之《教子敬笔论》、张怀瓘《六体书论》等，均在目录下注“不录”。该书采集资料丰赡，选择校核精严。东汉以来，关于书学的论著，多因此而得以保存，其中不少遗文佚篇，亦往往赖以流传，如羊欣的《采古来能书人名》，李嗣真的《后书品》，庾肩吾的《书品》，张怀瓘的《书断》等。又如王愔的《文字志》正文早佚，《法书要录》也录其存目。无论从体例上还是从内容上来看，《法书要录》均在中国书学史上占有无可争议的重要地位。

该书传世版本有《津逮秘书》本、《学津讨原》本、《王氏书苑》本、明正德嘉靖间刊本、涵芬楼何义门校本、《四库全

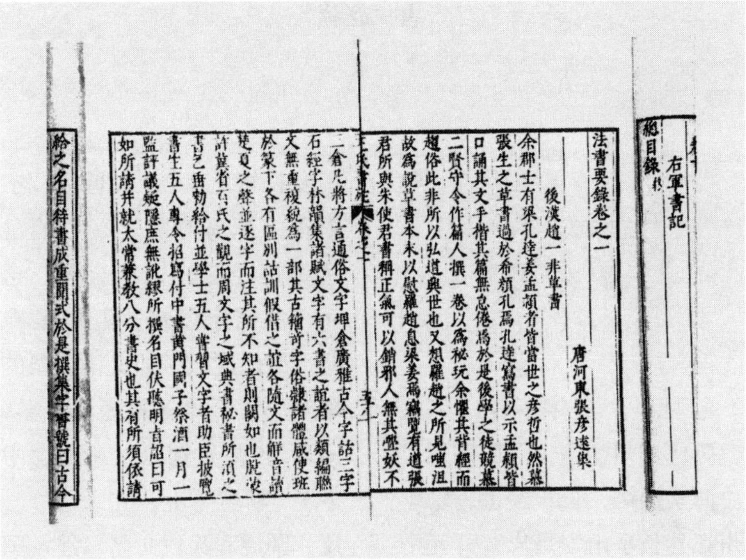

總目錄

右軍書記

法書要錄卷之一

唐河東張彥遠集

後漢趙一 非草書

余郡士有梁孔達姜孟穎者皆當世之彥哲也然慕張生之草書過於希顏孔爲孔達寫書以示孟穎皆口誦其文手楷其篇無怠倦焉於是後學之徒競慕二賢守令作篇人撰一卷以爲秘玩余懼其背經而趨俗此非所以弘道興世也又想羅趙之所見嗤沮故爲說草書本末以慰羅趙息梁姜焉竊覽有道張君所與朱使君書稱正氣可以銷邪人無其釁妖不

王氏書苑 卷之十

二倉凡將方言通俗文字埤倉廣雅古今字詁三字石經字林韻集諸賦文字有六書之詭者以類編聯文無重複統爲一部其古籀奇字俗隸諸體咸使班於篆下各有區別詁訓假借之並各隨文而解音讀楚夏之聲並逐字而注其所不知者則闕如也脫蒙許冀省百氏之觀而周文字之域典書秘書所須之書乞垂勑給付並學士五人嘗習文字者助臣披覽書生五人專令抄寫付中書黃門國子祭酒一月一監評議疑隱庶無訛繆所撰名目伏聽明旨詔曰可如所請并就太常兼教八分書史也其有所須依請

給之名目待書成重聞式於是撰集字書號曰古今

明万历十九年王元贞刊本《法书要录》

书》本等。2021年中华书局出版刘石先生《法书要录校理》，堪称当代最佳整理本。

子部 · 杂家等

166 长短经

唐 · 赵蕤

长谋短术，王霸雄图

赵蕤，生卒年不详，字太宾，唐代梓州盐亭（今属四川）人。博学钤韬，长于经世，隐于梓州郪县长平山安昌岩，开元中征召不赴，李白曾跟随他学帝王学和纵横术。赵蕤著《长短经》，显名于世，时人称“赵蕤术数，李白文章”。

《长短经》又名《反经》《儒门经济长短经》，成书于开元四年（716），是一部纵横学著作，集诸子百家学说，叙历代更迭史实，核心是“论王霸机权、正变长短之术”，大旨为“宁固根蒂，革易时弊，兴亡治乱”（《长短经叙》），糅合儒、道、兵、法诸家思想，汇集王霸谋略，形成这么一部文韬武略的谋略全书。今本《长短经》共9卷64章，9卷分别以文（上、中、下）、霸纪（上、中、下）、权议、杂说和兵权命名，涉及国家兴亡、权变谋略、举贤荐能、善恶德行，以权谋政治和知人善任为核心，为历代有政绩的帝王将相所共悉，被尊奉为“小《资治通鉴》”。毛泽东说《资治通鉴》是权谋，是阳谋；《长短经》是阴谋，是诡谋。不管评价是褒是贬，《长短经》的确深入地剖析了君臣谋略的利害得失，不失为

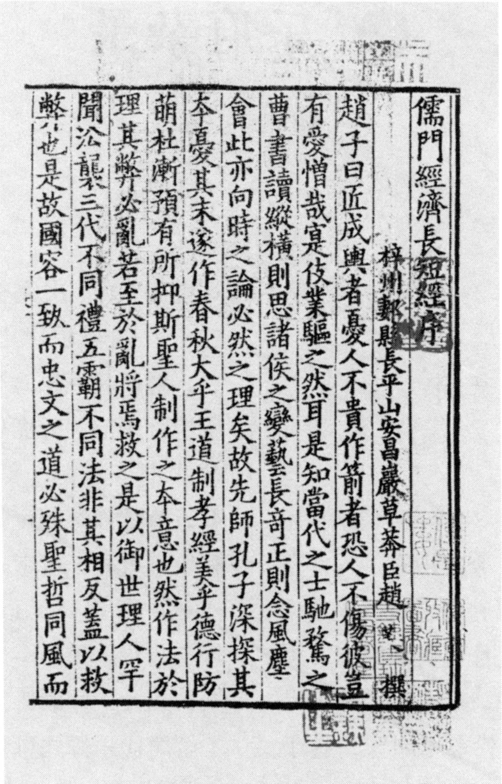
儒門經濟長短經序

梓州郪縣長平山安昌巖草莽臣趙蕤撰

趙子曰匠成輿者憂人不貴作箭者恐人不傷彼豈有愛憎哉寔伎業驅之然耳是知當代之士馳騖之曹書讀縱横則思諸侯之變藝長奇正則念風塵會此亦向時之論必然之理矣故先師孔子深探其本憂其末遂作春秋大乎王道制孝經美乎德行防萌杜漸預有所抑斯聖人制作之本意也然作法於理其弊必亂若至於亂將焉救之是以御世理人罕聞沿襲三代不同禮五霸不同法非其相反蓋以救弊也是故國容一致而忠文之道必殊聖哲同風而

宋刻本《长短经》

官场学扬名立万的顶级范本。

该书现有宋本，藏于上海图书馆，后世流传版本有《读画斋丛书》本、《四库全书》本。2017年中华书局出版《新编诸子集成续编》之校注本《长短经》。

子部·杂家等

167 乐府杂录

唐·段安节

大唐之音，歌舞升平

段安节，生卒年不详，唐代临淄邹平（今属山东）人，段成式之子，温庭筠之婿。乾宁中为国子司业，仕至吏部郎中、沂王傅。善乐律，能自度曲，因见《教坊记》所载未尽周详，遂于乾宁元年（894）编《乐府杂录》一卷。

《乐府杂录》为研究唐代音乐文化的专门资料。该书首列乐部九条、次列歌舞俳优三条，继以乐器十四条、乐曲十三条。后附《别乐仪识五音轮二十八调图》，第一次完整记录了燕乐二十八调与乐律之间的逻辑关系，对研究燕乐意义重大。书中所记雅乐部、云韶乐、清乐部、鼓吹部、驱傩、熊罴部、鼓架部、龟兹部等制度与两《唐书》礼乐志有异，可考知唐代乐制之变化；所记开元以后乐部、歌舞、杂戏、乐器、乐曲、乐律宫调，兼及一些歌舞艺人小传，可了解唐代乐舞之风貌。后世以书中记琵琶一节抽出单行，题为《琵琶录》。

该书传本甚多，现存最早版本为元陶宗仪《说郛》本，惜其为节本，清钱熙祚校勘之《守山阁丛书》本后出，较佳。今有中华书局上海编辑所1958年排印

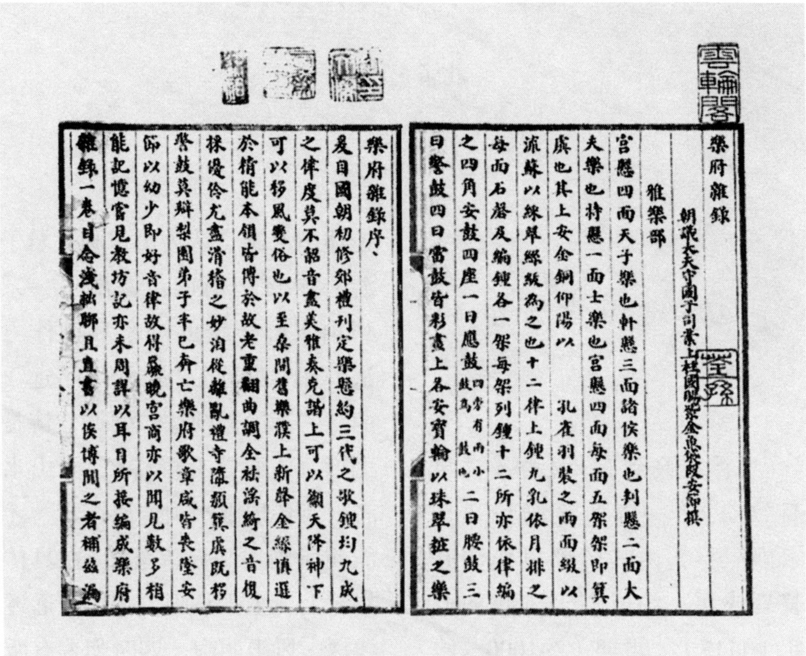

樂府雜錄

朝議大夫守國子司業上柱國賜紫金魚袋段安節撰

雅樂部

宮懸四面天子樂也軒懸三面諸侯樂也判懸二面大夫樂也特懸一面士樂也宮懸四面每面五架架即簨簴也其上安金銅仰陽以 孔雀羽裝之兩面綴以流蘇以綵翠絲紘爲之也十二律上鐘九乳依月排之每面石磬及編鐘各一架每架列鐘十二所亦依律編之四角安鼓四座一曰應鼓（四旁有兩小鼓焉鼓也）二曰腰鼓三曰警鼓四曰雷鼓皆彩畫上各安寶輪以珠翠妝之樂

樂府雜錄序

爰自國朝初修郊禮刊定樂懸約三代之歌鐘均九成之律度莫不韶音盡美雅奏克諧上可以禦天降神下可以移風變俗也以至桑間舊樂濮上新聲金絲慎選於精能本領皆傳於故老重翻曲調全祛淫綺之音復採優伶尤盡滑稽之妙泊從離亂禮寺隳頹簨簴既移警鼓莫辨梨園弟子半已奔亡樂府歌章咸皆喪墜安節以幼少即好音律故得麤曉宮商亦以聞見數多稍能記憶嘗見教坊記亦未周詳以耳目所接編成樂府雜錄一卷自念淺拙聊且直書以俟博聞之者補茲漏

清钞本《乐府杂录》

本。另有1959年中国戏剧出版社出版“中国古典戏曲论著集成”本，参据诸本汇校，亦较通行。

子部·杂家等

168 林泉高致

北宋·郭熙

近水遥山皆磊落

《林泉高致》，又称《林泉高致集》，一卷，绘画论著，宋郭熙撰，由其子郭思作注并整理成集，约成书于宋政和七年（1117）。郭熙（约1000—约1090），字淳夫，河阳温县（今河南温县）人，世称“郭河阳”。其画以山水见长，与李成齐名，并称为“李郭”。

《林泉高致》现存六节，一般版本只有五节，而无《画记》（《四库全书》本有录），其中以《山水训》影响较大。该书主要论述山水画，认为山水画是君子游心游目之消遣，提出了一系列山水画传统的观察和创作方法，如“高远”“深远”“平远”的“三远”透视法。强调“诗是无形画，画是有形诗”，画山水者，对各地山水须饱游饫看，才能使所画“磊磊落落”。在具体技艺上，主张凡画山水，须远近浅深、风雨明晦、四时朝暮有所不同，从理论到实践都达到了一定高度。

《林泉高致序》云，郭熙“少从道家之学，吐故纳新，本游方外。家世无画学，盖天性得之”。“道家之学”陶冶出烟霞山林之志，“游方外”方可不拘泥于俗物，且无家学，也使得郭

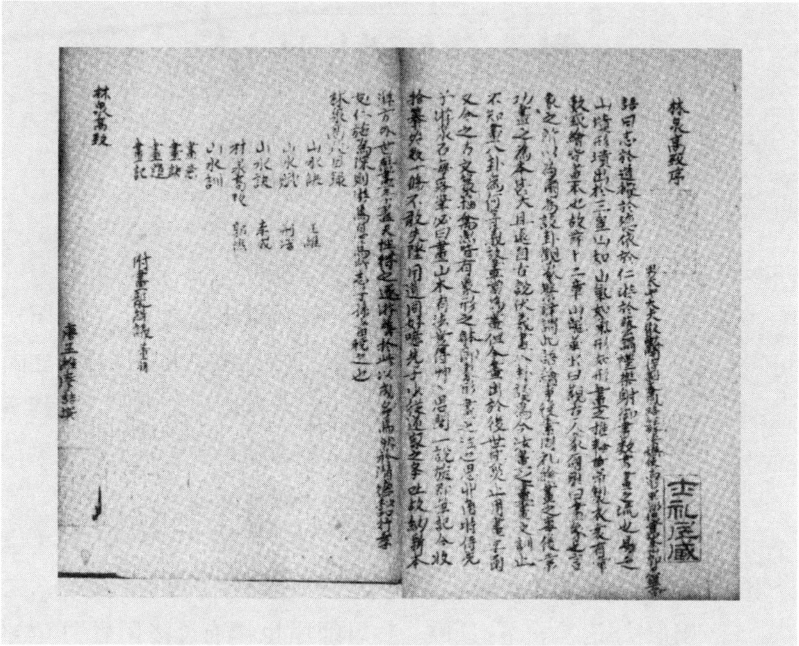
林泉高致序

林泉高致

明抄本《林泉高致》

熙能抛开世俗成见，自创一格。郭熙非常看重人格涵养，认为画乃人之真性情流露，作画之前，先须做人。山水画是中国艺术中之精品，山水画所含蕴之精神，集中体现了文人之“游戏山水”的态度。此书语言雅致，多用排比对偶，学画之外，亦是提高艺术修养的绝佳读本。

该书通行的有《百川学海》《画论丛刊》《古今图书集成》《四库全书》《中国画论类编》等版本。

169 洛阳牡丹记

北宋·欧阳修

名花美文两倾国

欧阳修，见《新唐书》作者介绍。

《洛阳牡丹记》一卷，《欧阳文忠公全集》有所著录。全书分三篇：一曰花品叙，列举名重牡丹二十四种；二曰释花名，阐释花名的由来；三曰风俗记，首述游宴所见和贡花，次记洛阳赏花、种花、浇花、养花、医花之风习。以欧阳公之笔，写洛阳牡丹，乃牡丹之幸也；以牡丹之国色，装点欧阳公之书册，亦其幸也。两者相得益彰，文字优美，风格古雅，墨香与花香并逸。

该书另有《百川学海》《说郛》《丛书集成》等版本。宋周师厚也撰有《洛阳牡丹记》一卷，此书把欧阳修书中所记二十四种牡丹增为四十六种，简录品名、形状、颜色，可以看作前者的增补。全书收入《古今图书集成·草木典》，又有《说郛》本传世。

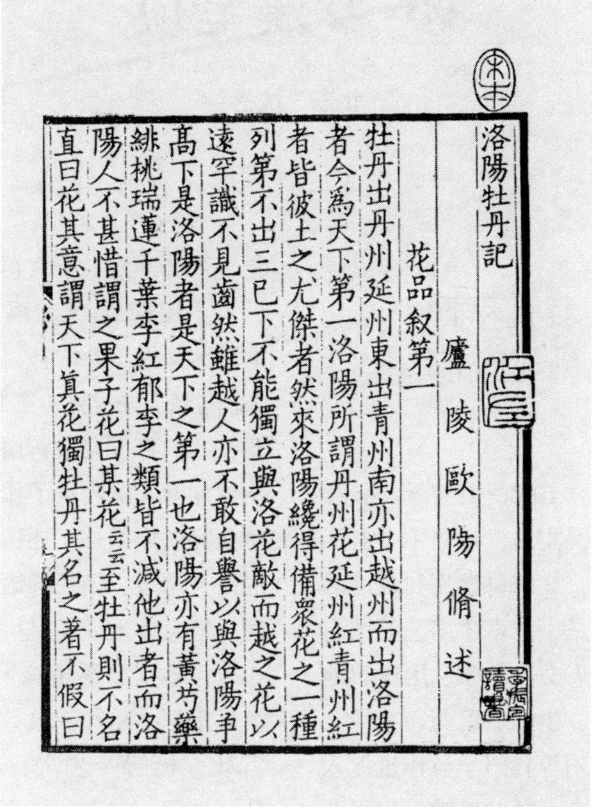

洛陽牡丹記

廬陵歐陽脩述

花品叙第一

牡丹出丹州延州東出青州南亦出越州而出洛陽者今爲天下第一洛陽所謂丹州花延州紅青州紅者皆彼土之尤傑者然來洛陽纔得備衆花之一種列第不出三已下不能獨立與洛花敵而越之花以遠罕識不見齒然雖越人亦不敢自譽以與洛陽爭高下是洛陽者是天下之第一也洛陽亦有黄芍藥緋桃瑞蓮千葉李紅郁李之類皆不減他出者而洛陽人不甚惜謂之果子花曰某花云云至牡丹則不名直曰花其意謂天下眞花獨牡丹其名之著不假曰

《洛阳牡丹记》书影

子部·杂家等

170 梦溪笔谈

北宋·沈括

走笔天下，纵谈百科

沈括（1031—1095），字存中，号梦溪丈人，钱塘（今浙江杭州）人，北宋科学家和政治活动家，也是一位多才多艺的杰出人物，对天文、数学、历法、地理、物理、生物、医药、文学、史学、音乐等各门学科作过深入研究，都有卓越的成就。生平著作甚丰，有目录可考者达三十五种之多，其中最著名的为《梦溪笔谈》。

《梦溪笔谈》由沈括晚年历经八年陆续写就，原书为三十卷，今传本为二十六卷，大约是后人重编而成。《梦溪笔谈》成书后，又有不断增补，传世的有《补笔谈》三卷、《续笔谈》一卷，共六百零九条，内容庞杂，网罗渊博，除收录了作者毕生科学研究的成果外，还记载了当时的诗文掌故、街谈巷语和异说奇闻，但总体上说还是一部学术著作。今本《梦溪笔谈》，共分故事、辩证、乐律、象数、人事、官政、机智、艺文、书画、技艺、器用、神奇、异事、谬误、讥谑、杂志、药议十七目。《梦溪笔谈》是沈括毕生科学研究的结晶，记录了沈括本人的科学研究，对当时许多不同科学和技术问题提出了独到见解，大大推进

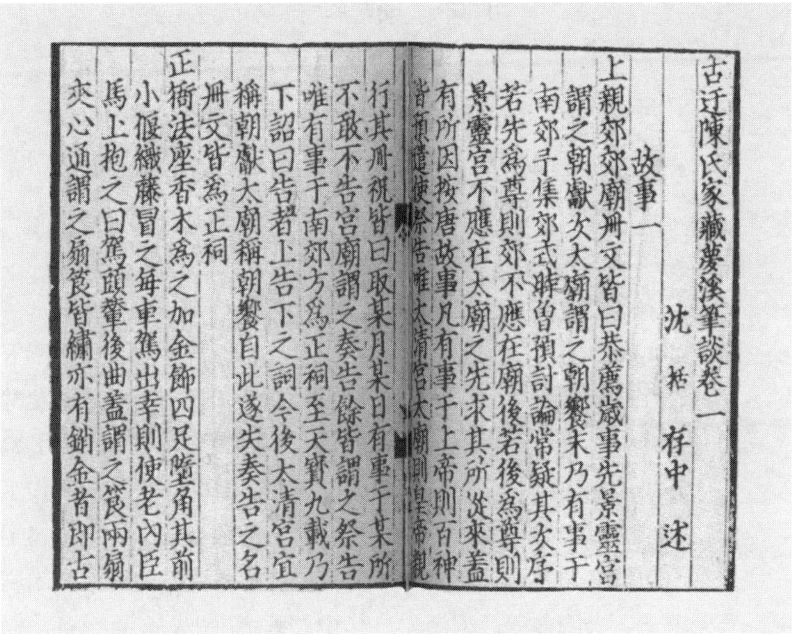
古迂陳氏家藏夢溪筆談卷一
沈括 存中 述
故事一
上親郊郊廟册文皆曰恭薦歲事先景靈宮
謂之朝獻次太廟謂之朝饗末乃有事于
南郊予集郊式時曾預討論常疑其次序
若先爲尊則郊不應在廟後若後爲尊則
景靈宮不應在太廟之先求其所從來蓋
有所因按唐故事凡有事于上帝則百神
皆預遣使祭告唯太清宮太廟則皇帝親
行其册祝皆曰取某月某日有事于某所
不敢不告宮廟謂之奏告餘皆謂之祭告
唯有事于南郊方爲正祠至天寶九載乃
下詔曰告者上告下之詞今後太清宮宜
稱朝獻太廟稱朝饗自此遂失奏告之名
册文皆爲正祠
正衙法座香木爲之加金飾四足墮角其前
小偃織藤冒之每車駕出幸則使老内臣
馬上抱之曰駕頭輦後曲蓋謂之筤兩扇
夾心通謂之扇筤皆繡亦有銷金者即古

元大德九年陈仁子东山书院刻本《梦溪笔谈》

了我国古代科学技术的发展。其取材之广泛，议论之精辟，被后世学者推崇备至，其中许多内容为国内各种学术专著不断征引，时至今天，在国内学者中也享有很高声誉，英国科学史学家李约瑟博士在其《中国科学技术史》中称之为“中国科学史上的坐标”。

该书有《津逮秘书》《稗海》《学津讨原》《丛书集成》等多种版本行世。近人王国维、钱宝琛、胡道静等对该书有深入研究和多种校注。今人有《梦溪笔谈校证》。

171 酒经

北宋·朱肱

壶里乾坤大，杯中日月长

朱肱（1050—1125），字翼中，号无求子、大隐翁等，宋湖州乌程（今浙江湖州吴兴区）人。官至奉议郎、直秘阁，致仕归隐杭州西湖。政和间复起为医学博士，因书东坡诗，被贬达州，越年以朝奉郎提点洞霄宫召还。

《酒经》又名《北山酒经》，是我国现存第一部系统论述制曲酿酒工艺的专著。全书共三卷，卷上总论，建立了以阴阳五行学说为基础的中国传统发酵理论；卷中论制曲，介绍了罨曲、风曲、暴曲三大类的制作工艺；卷下论酿酒法，详细论述了古代传统的酒曲发酵酝酿技术，其中“煮酒”“火迫酒”条，以加热处理的方法进行杀菌，以达到防止酒液继续发酵乃至酸败的目的，是中国科技文明史上的重要创造。该书所载方法、经验，至今仍在江南米酒生产地区广泛流行。

该书通行本有《四库全书》本和《知不足斋丛书》本。

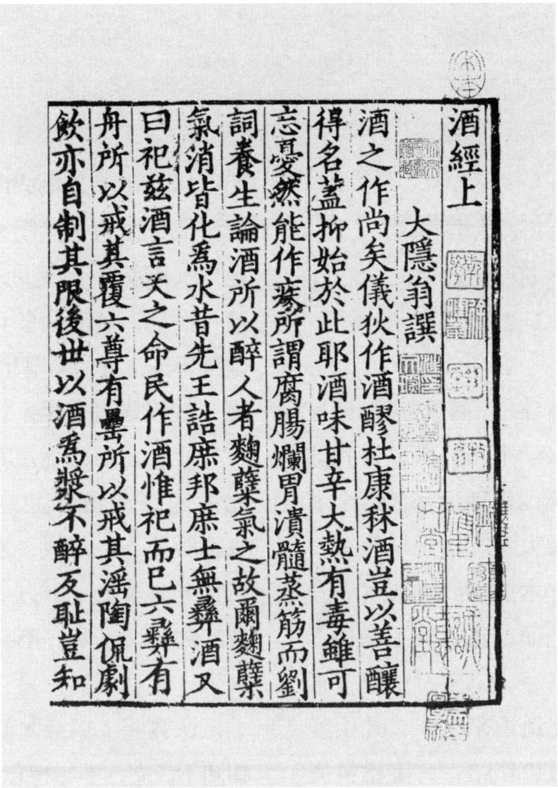
酒經上
大隱翁譔
酒之作尚矣儀狄作酒醪杜康秫酒豈以善釀
得名蓋抑始於此耶酒味甘辛大熱有毒雖可
忘憂然能作疾所謂腐腸爛胃潰髓蒸筋而劉
詞養生論酒所以醉人者麴糵氣之故爾麴糵
氣消皆化爲水昔先王誥庶邦庶士無彝酒又
曰祀茲酒言天之命民作酒惟祀而已六彝有
舟所以戒其覆六尊有罍所以戒其淫陶侃劇
飲亦自制其限後世以酒爲漿不醉反耻豈知

宋刻本钱谦益跋《酒经》

子部·杂家等

172 棋经十三篇

旧题　宋·张拟

成败纵横界，生死黑白间

《棋经十三篇》，共十三篇，旧题宋学士张拟撰，是我国第一部系统围棋理论著作。全书涉及的问题大致有：规格等级、品德作用、术语、战略战术等，理论较为全面，还记载了一些善博弈者的名字，书中常引经传来说明博弈之道由来已久，并用经典之语为每篇作结，言围棋虽属小戏，亦归之于正，且隐藏绝大智慧。

明谢肇淛云："古今之戏，流传最为久远者，莫如围棋。"但因围棋难度较高，用智较深，长期以来基本上是贵族的游戏。一般游戏都是为了热闹，而围棋则是"取其寂静"，这是对心智的考验与磨练，黄庭坚的诗"心似蛛丝游碧落，身如蜩甲化枯枝"，将这一过程描写殆尽，蜕茧成蝶、苦其心志之后，是悦其灵魂，因此由来好此道者甚众，至今不衰。所谓人生如棋，世事如棋，已是老生常谈，不过是想游离于现实之外。其实，不必把棋当作人生，棋就是棋，只管认真下好了，认真将《棋经》研读好了，相知于江湖，不如相忘于棋盘。

该书最初载于宋人《忘忧清乐集》中，元明诸谱也分别刊登。清代棋书《弈学会海》以及《弈萃官子》另有节本，文字亦有不同。

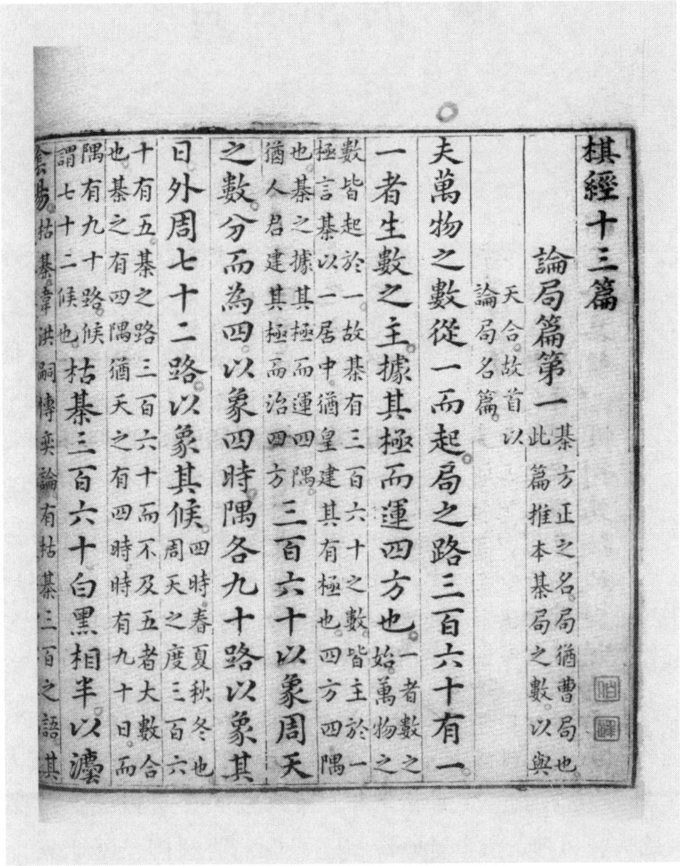

棊經十三篇

論局篇第一棊方正之名局猶曹局也此篇推本棊局之數以與天合故首以論局名篇

夫萬物之數從一而起局之路三百六十有一一者生數之主據其極而運四方也一者數之始萬物之數皆起於一故棊有三百六十之數皆主於一極言棊以一居中猶皇建其有極也四方四隅也棊之據其極而運四隅猶人君建其極而治四方三百六十以象周天之數分而為四以象四時隅各九十路以象其日外周七十二路以象其候四時春夏秋冬也周天之度三百六十有五棊之路三百六十而不及五者大數合也棊之有四隅猶天之有四時時有九十日而隅有九十路候謂七十二候也枯棊三百六十白黑相半以灋陰陽枯棊韋洪嗣博奕論有枯棊三百之語其

元刻本《棋经十三篇》

173 海岳名言

北宋·米芾

别寻蹊径，独阐精微

米芾（1051—1108），初名黻，字元章，号襄阳漫士、海岳外史、鹿门居士、无碍居士、家居道士等，湖北襄阳（今襄樊）人，徙居润州（今江苏镇江），北宋著名书画家，人称“米颠”。

据《宋史》卷四四四《文苑六·米芾传》载：“（米芾）冠服效唐人，风神萧散，音吐清畅，所至人聚视之。而好洁成癖，至不与人同巾器。所为谲异，时有可传笑者。”类似的轶闻颇多。这种鲜明的个性反映在艺术追求上，就是叛逆不羁和惊世骇俗，不仅诗文和他开宗立派的“米家山水”如此，连他自认为“一洗二王恶札，照耀皇宋千古”的书法也是如此。米芾之书，天真率意，苏轼称之为“风樯阵马，沉著痛快，当与钟、王抗衡”。米芾除书法达到极高的水准外，其书论也颇多，著有《书史》《海岳名言》《宝章待访录》《评字帖》等，显示了他卓越的胆识和精到的鉴赏力。米芾对前人多有讥贬，过头话也不少，诮颜柳、贬旭素，苛刻求疵。

《海岳名言》系米芾的书法品评专著，一卷，计26则，为米芾评书品人之语。论书对古人多

海嶽名言

宋米芾元章譔　明范明泰長康訂

歷觀前賢論書徵引迂遠比況奇巧如龍跳天門虎卧鳳闕是何等語或遣辭求工去法愈遠無益學者故吾所論要在入人不為溢辭耳

余采隋唐至本朝書法得一十四家僧智永書氣骨清徤大小相雜如十四五貴胄褊性方循繩墨忽越規矩褚遂良如熟馭戰馬舉動從人

明刻本《海岳名言》

所讥贬，如“柳公权师欧，不及远甚，而为丑怪恶札之祖”，“徐浩肥俗，更无气骨”，“薛稷大字用笔如蒸饼”，皆深致不满。但所言运笔布格之法，自抒心得，能脱落蹊径，独阐精微，可谓言简意赅，字字珠玑。贬抑唐人和褒扬晋人的倾向十分明显，批评拘泥法度、扼杀灵性，崇尚抒写意趣、发扬意气，表达了其书学美学思想。

传世有《百川学海》本、《说郛》本、《书苑》本和《湖北先正遗书》本等，目前流传较广的是《美术丛书》本和上海书画出版社《历代书法论文选》本。

174 营造法式

北宋 · 李诚

指划方圆，丈量天地

李诚（？—1110），字明仲，河南管城（今河南新郑）人。历任郊社斋郎、济阴县尉、承务郎、将作少监、将作监等，在将作监任职达十七年之久，是其一生的主要活动。作为北宋在建筑方面的高级官员兼技术专家，他不但建成了宋代著名的宫殿建筑、寺庙建筑和园林建筑，而且受命编修了《营造法式》这部带有建筑法规性质的专书。

《营造法式》共三十四卷，内容可分为四类：一是北宋以前的经史群书中有关建筑工程技术方面的史料，共二卷；二是建筑行业中不同工种的技术规范和操作规程，包括大木作、小木作、石作、壕寨、彩画作、雕作、旋作、锯作、竹作、瓦作、砖作、泥作和窑作制度，共十三卷；三是总结编制出各工种的用工及用料定额标准，共十五卷；四是各作制度的图样一百九十三幅，共六卷。该书是现存最早、最系统的建筑技术专著，堪称中国古代最优秀的建筑学著作，对后世产生过重大影响。

该书有宋刻残本、《四库全书》本、丁氏抄本、道光间杨墨林刻本、陶湘校刻本、万有文库本等。

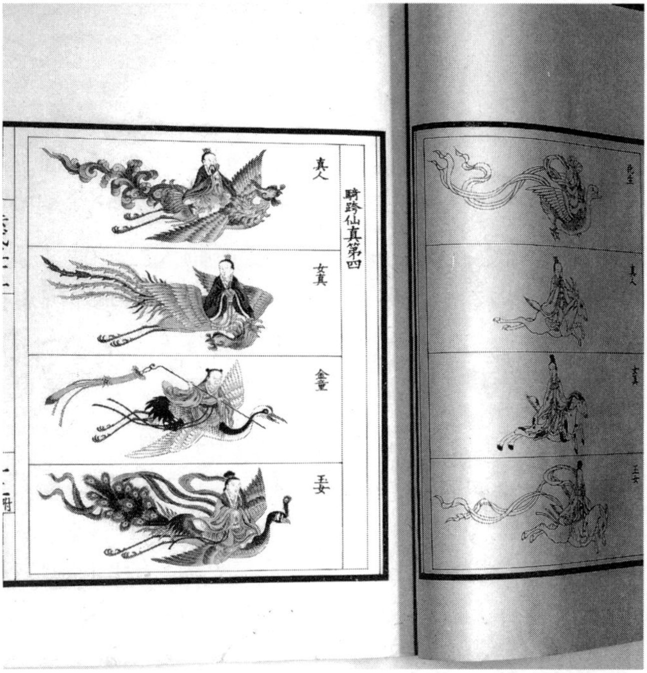

*民国十八年上海商务印书馆重印本《营造法式》

子部·杂家等

175 忍经

元·吴亮

一忍成仁，百忍成圣

吴亮，生卒年不详，字明卿，号蟾心，元钱塘（今浙江杭州）人，精于吏事、经术。

《忍经》，元成宗大德十年（1306），吴亮收集古时有关忍之言论诗谣及历史上隐忍谦让、忠厚宽恕的人物事例，汇为一卷，计156条，是中国第一本以“忍”命名的书，也是第一本忍学著作。“忍一时风平浪静，退一步海阔天空”便是忍学之道了。忍学是中国儒家思想之精髓，《书》云“有容德乃大”，皆忍之谓也。吴亮曰，“忍乃胸中博闳之器局，为仁者事也，唯宽恕二字能行之”，遂“集忍之经史语句，名曰《忍经》”。

《忍经》有明正统十年（1445）刻本、万历二十四年（1596）刻本、光绪二十一年（1895）刻本及清光绪钱塘丁氏嘉惠堂《武林往哲遗著》本。

子部·杂家等

176 天工开物

明·宋应星

天工巧夺，开物成务

宋应星（1587—约1666），字长庚，江西奉新人。万历举人，曾任江西分宜教谕、福建汀州推官、亳州知州等职，崇祯末弃官回乡，后仕南明。

《天工开物》初刊于明崇祯十年（1637），全面系统地记述和总结了中国古代尤其是明代农业和手工业的生产技术和经验，是一部杰出的农艺学和工艺学文献。全书分为上中下三编，共十八卷，并附有一百二十一幅插图，描绘了一百三十多项生产技术和工具的名称、形状、工序。上编记述了谷类和棉麻栽培、养蚕、缫丝、染料、食品加工、制盐、制糖等；中编介绍了制造砖瓦、陶瓷、钢铁器具、建造舟车、采炼石灰、煤炭、榨油、造纸等；下编介绍了五金开采及冶炼等。书中对原料品种、用量、产地、工具和加工过程均有详细叙述，尤重视衣食，还记录了不少在当时居于世界前列的工艺技术和发明。文字简洁，记述扼要，被誉为“中国17世纪的工艺百科全书”。

该书有崇祯十年初刻本、清初杨素卿刻本、中华书局本（1959）、广东人民出版社译注本（1976）、巴蜀书社译注本（1992），另有日、英、法、德、俄文多种译本。

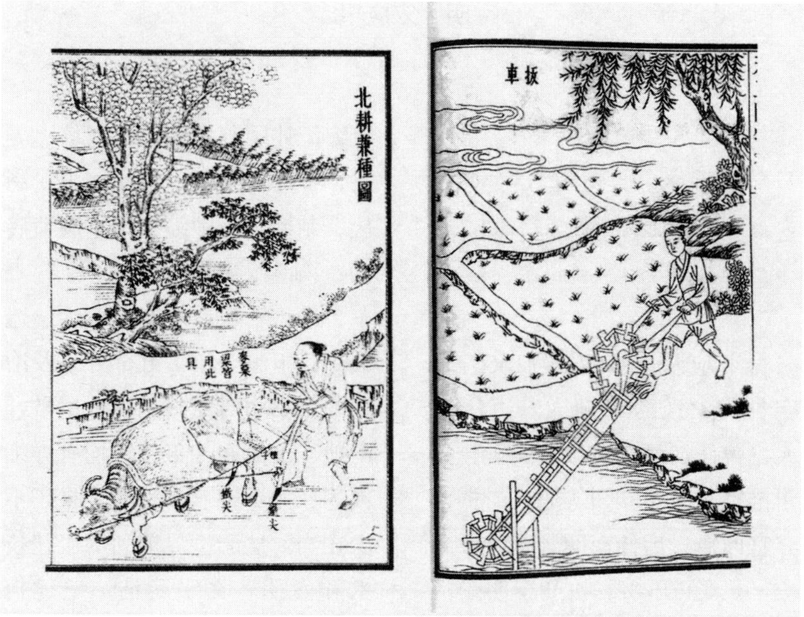

民国十八年陶湘涉园影印本《天工开物》

子部·杂家等

177 随园食单

清·袁枚

烹天下美食，品人间至味

袁枚（1716—1798），字子才，号简斋，晚年自号仓山居士、随园主人等，清浙江钱塘（今浙江杭州）人。乾隆年间进士，才华出众，诗文冠江南，与纪晓岚有“南袁北纪”之称。袁枚好吃，也懂吃，是一位美食烹饪名家，著有《随园食单》。

《随园食单》是一部系统论述烹饪技术和南北菜点的重要著作，成书于乾隆五十七年（1792）。全书分为须知单、戒单、海鲜单、江鲜单、特牲单、杂牲单、羽族单、水族有鳞单、水族无鳞单、杂素单、小菜单、点心单、饭粥单和菜酒单十四个方面。在须知单中提出了既全且严的二十个操作要求，在戒单中提出了十四个注意事项。接着，作者用大量的篇幅详细地记述了14—18世纪流行于我国南北各地的三百二十六种菜肴、饭点，以及美酒、名茶，从选料到品尝都有所叙及。要想了解中国美食文化，谁也绕不开《随园食单》。《随园食单》是提高烹饪技术、研究传统菜点以及烹制方法的指导性史籍，书中提出的本味为上、调和适中、饮食卫生等理论，对饮食陋习的批判，对今人亦有借鉴意义。自问世以来，长

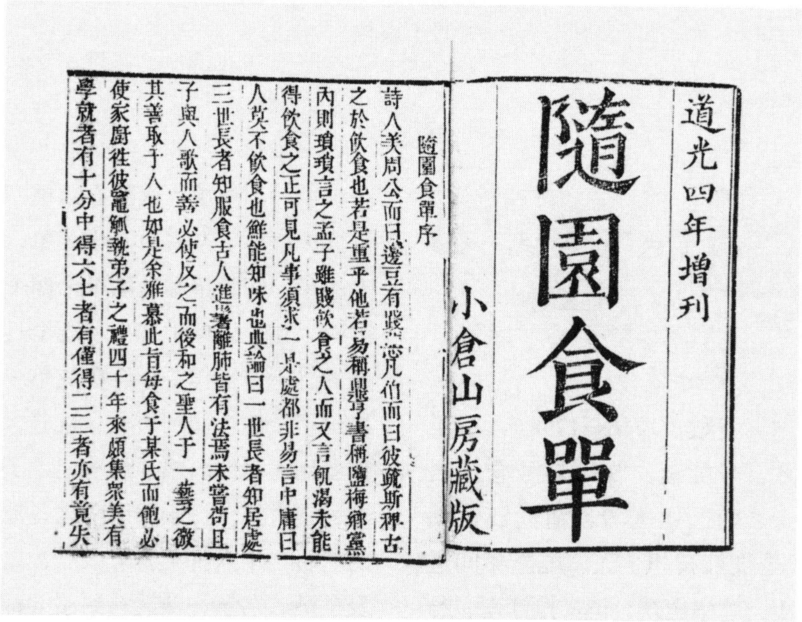

道光四年增刊

隨園食單

小倉山房藏版

隨園食單序

詩人美周公而曰籩豆有踐惡凡伯而曰彼疏斯粺古之於飲食也若是重乎他若易稱鼎烹書稱鹽梅鄉黨內則瑣瑣言之孟子雖賤飲食之人而又言飢渴未能得飲食之正可見凡事須求一是處都非易言中庸曰人莫不飲食也鮮能知味也典論曰一世長者知居處三世長者知服食古人進鬐離肺皆有法焉未嘗苟且子與人歌而善必使反之而後和之聖人于一藝之微其善取于人也如是余雅慕此旨每食于某氏而飽必使家廚往彼竈觚執弟子之禮四十年來頗集眾美有學就者有十分中得六七者有僅得二三者亦有竟失

清道光四年小仓山房刊本《随园食单》

期被公认为中国食文化的经典，英、法、日等语种均有译本。

《随园食单》通行本为清道光小仓山房刊本。近年尤为易得，版本众多，配图书、全译本、注释本不一而足。

子部 · 笔记

178 世说新语

南朝宋 · 刘义庆

魏晋风流，尽收眼底

刘义庆（403—444），彭城（今江苏徐州）人，刘宋宗室。宋武帝永初元年（420）袭封临川王，宋文帝元嘉初转散骑常侍，历官荆州、江州、南兖州刺史。好文艺，延揽远近文学之士，如鲍照、袁淑等，皆引为佐史国臣。撰《集林》《世说新语》等。卒谥康。

《世说新语》又名《世说》，是中国古代志人小说集，题为刘义庆撰，实际是他组织门下文人杂采众书编纂而成，南朝梁刘孝标为其作注。该书为六卷，分德行、言语、政事、文学等三十六门，记述自汉末到南朝宋时士大夫之遗闻轶事，主要为有关人物品藻、清谈玄言和机智应对的故事，反映了门阀世族的思想风貌，保存了社会、政治、思想、文学等多方面史料，影响深远。编者对清谈名士的逸世独行颇多赞许，对他们的狂放简傲亦有微词，有时对人物不作褒贬，然高下轩轾自见。语言精练质朴，生动隽永，切中传神，有许多至今广泛应用的成语便出自此书，例如“难兄难弟”“拾人牙慧”“咄咄怪事”“一往情深”等等。鲁迅概括其艺术特色为“记言则玄远冷隽，记行则高简瑰奇”。《世

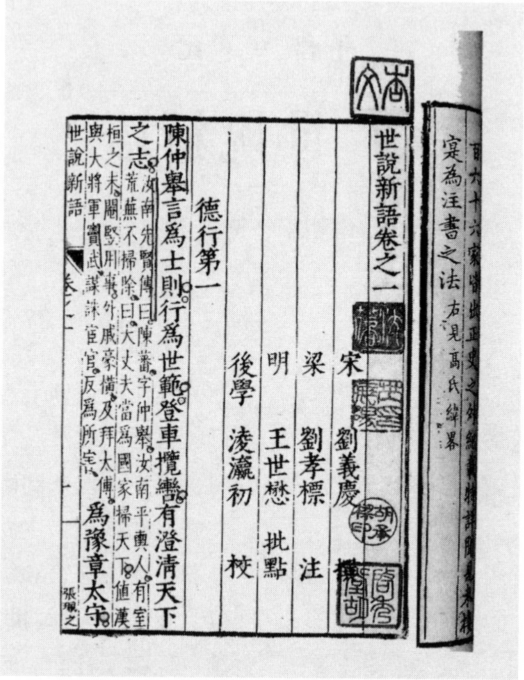
世說新語卷之一
宋 劉義慶 撰
梁 劉孝標 注
明 王世懋 批點
後學 凌瀛初 校
德行第一
陳仲舉言爲士則行爲世範登車攬轡有澄清天下之志汝南先賢傳曰陳蕃字仲舉汝南平輿人有室荒蕪不掃除曰大丈夫當爲國家掃天下值漢桓之末閹豎用事外戚豪橫及拜太傅與大將軍竇武謀誅宦官反爲所害爲豫章太守

明万历十年凌瀛初刻本《世说新语》

说新语》可谓是魏晋名士的群体像，风流百态，尽收眼底。所谓千金易得，名士难求，若非真性情，即非真名士。魏晋虽然已不可再至，人世间的真性情却永不可言废。

《世说新语》目前所知宋刻本三种，分别是董弅刻本、陆游刻本（原本已佚，明嘉趣堂翻刻）和湘中刻本。明代以后各种刻本保存至今有26种，以袁氏嘉趣堂刻本为佳。中华书局出版有余嘉锡《世说新语笺疏》（1983年），张万起、刘尚慈《世说新语译注》（1998年）是目前较好的整理、注释本。

子部 · 笔记

179 大唐新语

唐 · 刘肃

事关政教，言涉文词

刘肃，生卒年、籍贯不详，宪宗元和年间（806—820）曾历江都县、浔阳县主簿。

《大唐新语》共十三卷，仿《世说新语》体例，记载唐代历史人物的言行故事，起自唐初，迄于大历，多取材于《朝野佥载》《隋唐嘉话》等书。分列匡赞、规谏、极谏、刚正、公直、清廉、持法、政能、忠烈、节义、孝行、友悌、举贤、识量、容恕、知微、聪敏、文章、著述、从善、谀佞、厘革、隐逸、褒锡、惩戒、劝励、酷忍、谐谑、记异、郊禅等三十门类，内容多有关政治和道德教化。书后有总论一篇，表明作者的意图是以前事为鉴戒。书中也记载了不少有关诗文的材料，尤其是“文章”门，录存初唐及开元初人所作诗歌多首，并叙其本事，间杂时人评论，为后来编集和研究唐诗者所取材。作者自称其书“事关政教，言涉文词，道可师模，志将存古”。四库馆臣因其中有“谐谑”一门，斥其“繁芜猥琐，自秽其书，有乖史家体例”，将之贬入“小说家类”，但这并不能降低其史料价值。

1984年中华书局出版的许德楠、李鼎霞《大唐新语》点校

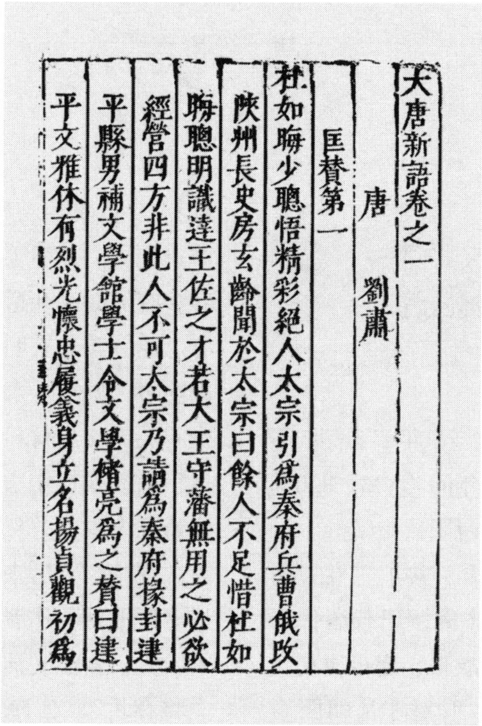

大唐新語卷之一

唐　劉肅

匡贊第一

杜如晦少聰悟精彩絕人太宗引爲秦府兵曹俄改陝州長史房玄齡聞於太宗曰餘人不足惜杜如晦聰明識達王佐之才若大王守藩無用之必欲經營四方非此人不可太宗乃請爲秦府掾封建平縣男補文學館學士令文學褚亮爲之贊曰建平文雅休有烈光懷忠履義身立名揚貞觀初爲

明刻本《大唐新语》

本，以《稗海》本为底本，以明代嘉靖潘玄度刻本、《四库全书》文津阁写本及明人抄本残卷对校，末附佚文及有关序跋，是目前比较好的整理本。

子部·笔记

180 幽闲鼓吹

唐·张固

偶记君臣事，尽话朝野闻

张固，生卒年不详，活动于唐懿、僖间（859—888）。清河（今属河北）人，曾任金部郎中。

《幽闲鼓吹》记中晚唐朝野遗闻，虽仅二十六则，篇幅不大，但多为珍闻。如裴休请立储君，宣宗曰“若立储君，便是闲人”，一语道破皇帝和太子间的政治矛盾；再如李德裕节度淮南时贿赂赴京任枢密使的杨钦义而得入相，安禄山叛乱前诸将设地图布置战略等，皆有参考价值。除宣宗数则外，尚记有白居易、刘禹锡、韩愈、李德裕、元载、牛僧孺等名臣轶闻，内容亦颇平实可信。《四库全书总目提要》以为“比唐人小说之中，犹差为切实可据焉”。

该书传本很多，主要有《续百川学海》《顾氏文房小说》《历代小史》《宝颜堂秘笈》《学海类编》《唐人说荟》等。1958年中华书局出版点校本。

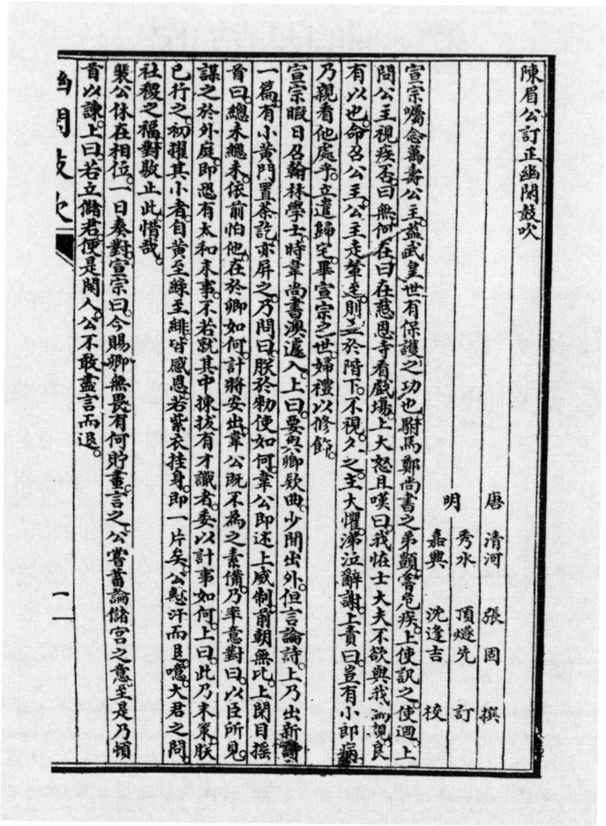

陳眉公訂正幽閒鼓吹
唐　清河　張固　撰
秀水　項燧先　訂
明　嘉興　沈逢吉　校
宣宗嘱念萬壽公主蓋武皇世有保護之功也駙馬鄭尚書之弟顗嘗危疾上使訊之使迴上
問公主視疾否曰無何在曰在慈恩寺看戲場上大怒且嘆曰我怪士大夫不欲與我[illegible]良
有以也命召公主公主走輦至則立於階下不視久之主大懼涕泣辭謝上責曰豈有小郎病
乃親看他處乎立遣歸宅畢宣宗之世婦禮以修飭
宣宗暇日召翰林學士時韋尚書澳遽入上曰要與卿欵曲少間出外但言論詩上乃出新詩
一篇有小黃門置茶訖亦屏之乃問曰朕於勑使如何韋公即述上威制前朝無比上閉目搖
首曰總未總未依前怕他在於卿如何計將安出韋公既不為之素備乃率意對曰以臣所見
謀之於外庭即恐有太和末事不若就其中揀拔有才識者委以計事如何上曰此乃末策朕
已行之初擢其小者自黃至綠至緋皆感恩若紫衣挂身即一片矣公慙汗而退噫大君之問
社稷之福對敢止此惜哉
裴公休在相位一日奏對宣宗曰今賜卿無畏有何貯畫言之公嘗蓄論儲宮之意至是乃頓
首以諫上曰若立儲君便是閒人公不敢盡言而退

民国十一年三月文明书局《宝颜堂秘笈》
石印本《幽闲鼓吹》

子部 · 笔记

181 中华古今注

五代 · 马缟

考辨名物，注释古今

马缟（854—936），唐末举明经。后梁时，累官至中书舍人。后唐时，历官刑部侍郎、秘书监，官至国子祭酒。精通儒学，尤长于礼，著作存世者仅《中华古今注》。

马缟以为崔豹《古今注》尚有缺文，遂作《中华古今注》三卷。全书考及宫室、器用、服饰、书契、音乐、草木、虫鱼等方面名物近二百种，解释其由来、面貌、内容及掌故沿革，与《古今注》体例相同，部分内容稍有重复。

该书版本甚多，主要有《百川学海》《古今逸史》《说郛》《丛书集成初编》诸本。

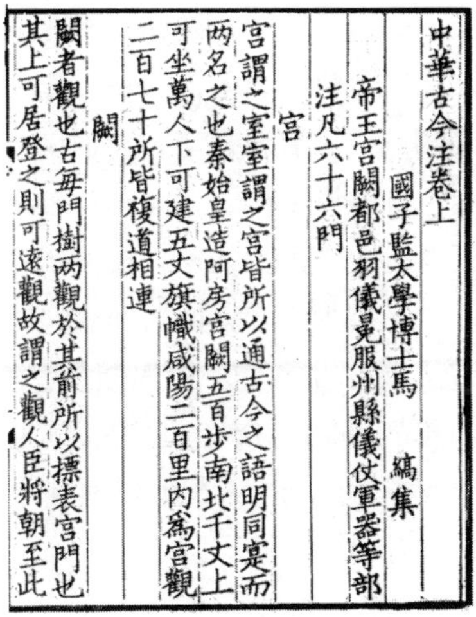
中華古今注卷上
國子監太學博士馬 縞集
帝王宮闕都邑羽儀冕服州縣儀仗軍器等部
注凡六十六門
宮
宮謂之室室謂之宮皆所以通古今之語明同實而兩名之也秦始皇造阿房宮闕五百步南北千丈上可坐萬人下可建五丈旗幟咸陽二百里内爲宮觀二百七十所皆複道相連
闕
闕者觀也古每門樹兩觀於其前所以標表宮門也其上可居登之則可遠觀故謂之觀人臣將朝至此

《中华古今注》书影

子部·笔记

182 北梦琐言

五代·孙光宪

孤唐五代，乱世碎影

孙光宪（895—968），字孟文，自号葆光子，陵州贵平（今四川仁寿贵坪村）人。初仕唐为陵州判官，后游荆渚，为荆南节度使高从诲从事，累官至检校秘书兼御史大夫。入宋，授黄州刺史。光宪少好学，博通经史，所著《荆台集》《巩湖编玩》《笔佣集》《橘斋集》《蚕书》《续通历》等均佚。仅《北梦琐言》一书存世。

《北梦琐言》共三十卷，现仅存二十卷，缺后十卷，记唐武宗以后及五代十国间事，大体前十六卷记唐，后四卷记五代，涉及政治轶闻、士大夫言行和社会风俗民情，所述多载某人所说，自序云“每聆一事，未敢孤信，三复参校，然始濡笔”，故颇具史料参证价值，虽间杂怪异，仍是治晚唐五代社会政治史的重要文献。后世不少典籍多征引此书，如《太平广记》引文达二百四十七条，《资治通鉴》亦多次引用此书，《旧五代史》援引此书三十三条，彭元瑞所撰《五代史注》直接征引则多至一百三十七条。

该书流传版本也很多，主要有《稗海》本、《雅雨堂丛书》本以及吴氏拜经楼旧抄本等。

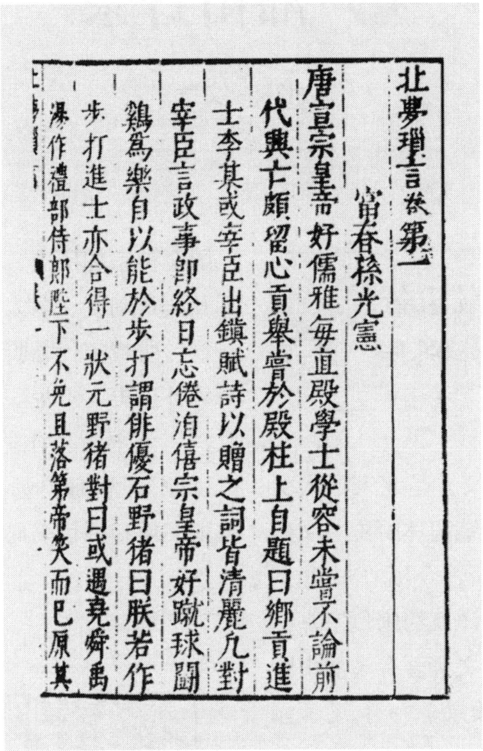
北夢瑣言卷第一
富春孫光憲
唐宣宗皇帝好儒雅每直殿學士從容未嘗不論前
代興亡頗留心貢舉嘗於殿柱上自題曰鄉貢進
士李某或宰臣出鎮賦詩以贈之詞皆清麗凡對
宰臣言政事即終日忘倦洎僖宗皇帝好蹴球鬬
鷄爲樂自以能於步打謂俳優石野豬曰朕若作
步打進士亦合得一狀元野豬對曰或遇堯舜禹
湯作禮部侍郎陛下不免且落第帝笑而已原其

明万历间稗海刻本《北梦琐言》

1960年中华书局据缪荃孙《云自在龛丛书》本断句、校勘出版。1981年上海古籍出版社亦有校点本。

子部·笔记

183 湘山野录

北宋·文莹

佛家闲笔，野外别传

《湘山野录》是北宋僧人文莹撰写的一部笔记体野史。文莹字道温，钱塘（今浙江杭州）人。生卒年不详，约宋仁宗嘉祐中前后在世。文莹著有《湘山野录》三卷、《续录》一卷，《玉壶野史》十卷，又有《渚宫集》三卷并传于世。

《湘山野录》分上、中、下三卷，续录一卷。该书作于荆州湘山，以“野录”名书，表明其书与官方史书有别。该书成书于神宗熙宁年间，主要记载北宋开国至神宗朝历史，内容广泛，涉及典章制度、名人轶事及风物俗情。所载宋代朝野轶闻杂事，多可补正史之不足。

该书有《津逮秘书》《学津讨原》《学海类编》本，以及有正书局和中华书局整理本等。

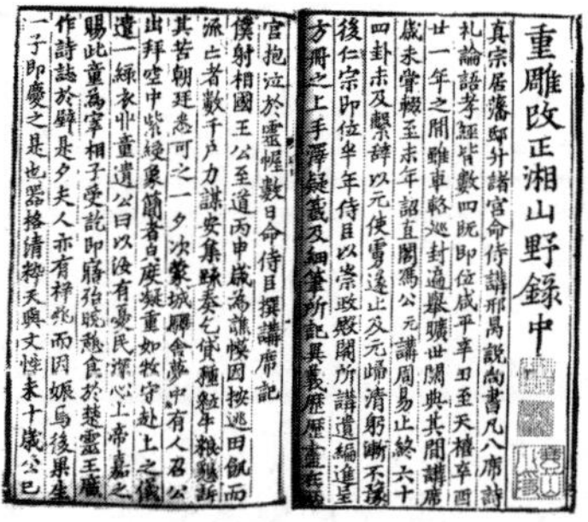
重雕改正湘山野録中

宋刻本《湘山野录》

子部·笔记

184 唐语林

北宋·王谠

唐人世说，风俗可辨

王谠，生卒年不详，字正甫，长安（今陕西西安）人。北宋凤翔府都监王彭之子，哲宗时宰相吕大防之婿。王彭是苏轼的朋友，故王谠与苏轼及其门下交好。

《唐语林》是王谠根据唐五代小说杂记资料分类编纂而成。据此书原序目，所采书籍计有五十家，其中散佚近二十家，余三十家存世。《郡斋读书志》著录为十卷，《直斋书录解题》著录为八卷。该书约于明代散佚，四库馆臣据明嘉靖初齐之鸾刻残本及《永乐大典》所载，“参互校订，删其重复，增多四百余条，又得原序目一篇”，分为八卷。经过四库馆臣的这次搜辑重编，总算将此书复活了大部分，功劳不小。全书多录唐人嘉言懿行，同时也记述了政治史迹、名物制度、宫廷杂事、民间习俗，一向是研究唐史常用的要籍。王谠择取材料时，排除了虚幻无稽的成分，因此所记录的都是较有价值的史料，不足之处是选引不注出处。

该书版本皆从《四库全书》出，钱熙祚收入《守山阁丛书》时，附校勘记较精。1987年中华书局出版周勋初《唐语林校

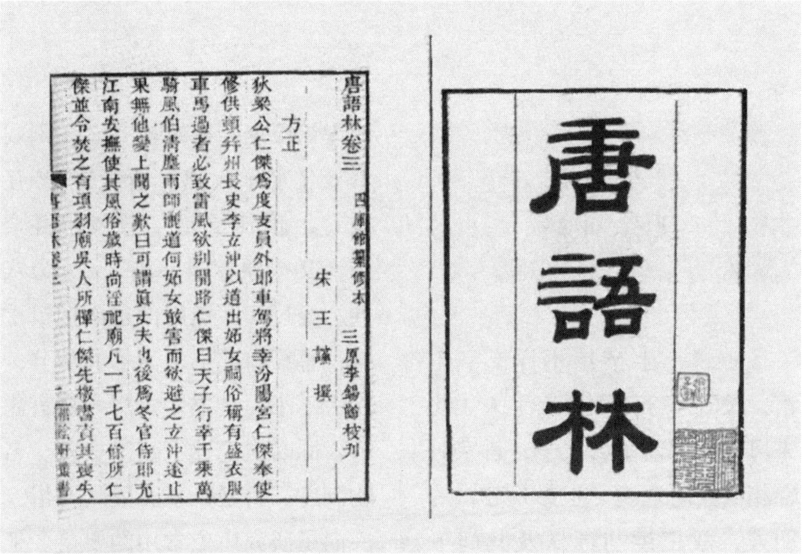
唐語林卷三　　四庫館纂修本　　三原李錫齡校刊

宋　王讜　撰

方正

狄梁公仁傑爲度支員外郎車駕將幸汾陽宮仁傑奉使修供頓并州長史李玄沖以道出妬女祠俗稱有盛衣服車馬過者必致雷風欲别開路仁傑曰天子行幸千乘萬騎風伯清塵雨師灑道何妬女敢害而欲避之玄沖遂止果無他變上聞之歎曰可謂眞丈夫也後爲冬官侍郎充江南安撫使其風俗歲時尚淫祀廟凡一千七百餘所仁傑並令焚之有項羽廟吳人所憚仁傑先檄書責其喪失

唐語林卷三　　惜陰軒叢書

唐語林

清方字精刊初印《唐语林》

证》，用《四库全书》辑本校以现存《永乐大典》残册及嘉靖齐刻，又疏注所引出处，并用这些原书和其他有关文献勘对，还增辑佚文，附加多种索引，是目前较佳整理本。

子部·笔记

185 铁围山丛谈

北宋·蔡絛

边城梦回，流人呓语

蔡絛（1096—1162），字约之，别号无为子，兴化仙游（今属福建）人，蔡京之子，曾代父执政，位居显要，后因京败，流放而死。著有《国史后补》《北征纪实》《铁围山丛谈》《西清诗话》及《蔡百衲诗评》等。

该书是蔡絛流放白州时所作笔记小说。白州境内有山名铁围山，位于今广西玉林西，古称铁城，絛尝登临游赏。《铁围山丛谈》共六卷，记载了从宋太祖建隆年间至宋高宗绍兴年间约二百年的朝廷掌故、宫闱秘闻、历史事件、人物轶事、诗词典故、文字书画、金石碑刻等诸多内容，色彩斑斓，异常丰富，可谓一部反映北宋社会各阶层生活状况的鲜活长卷。该书文字生动流畅，要言不烦，浅显易懂，读来备感清新。书中“多为其父文过饰非”，对其家“侫幸滥赏、可丑可羞之事，反皆大书特书以为荣”，是非颠倒之处在在有之。但该书作者多年身居显要，出入宫禁，洞察宫廷及很多朝政内幕，其所记颇能发微，因此在众多的宋代史料笔记中，《铁围山丛谈》是很重要的一种，颇受历代学者重视，多为后人所征引。

《铁围山丛谈》一卷本有

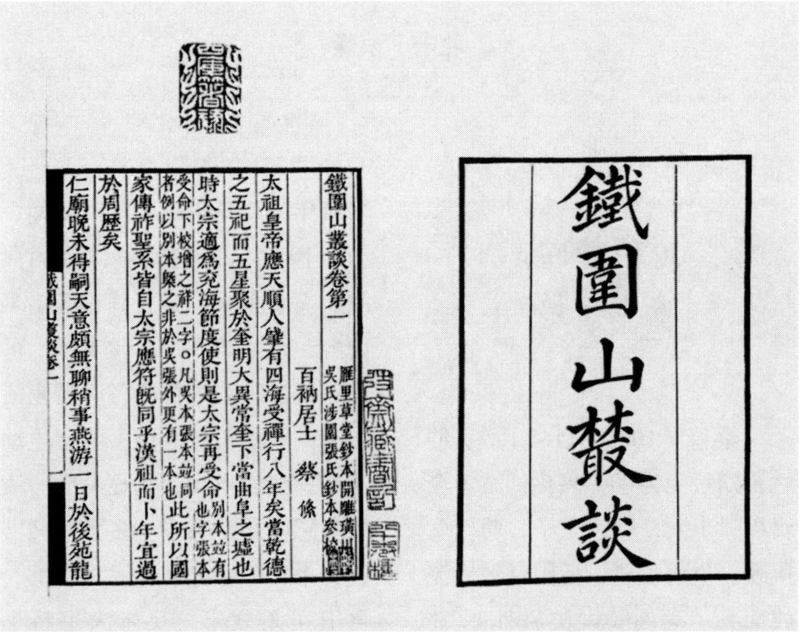

鐵圍山叢談

鐵圍山叢談卷第一　雁里草堂鈔本開雕璜川
吳氏涉園張氏鈔本參校
百衲居士　蔡絛
太祖皇帝應天順人肇有四海受禪行八年矣嘗乾德
之五祀而五星聚於奎明大異常奎下當曲阜之墟也
時太宗適爲兖海節度使則是太宗再受命別本並有
也字張本
受命下校增之辭二字。凡吳本張本並同此所以國
者例以別本槩之非於吳張外更有一本也
家傳祚聖系皆自太宗應符既同乎漢祖而卜年宜過
於周歷矣
仁廟晚未得嗣天意頗無聊稍事燕游一日於後苑龍
鐵圍山叢談卷一

清乾隆四十六年鲍廷博《知不足斋丛书》刊本

《续百川学海》《说郛》《历代小史》《古今说海》《说库》《无一是斋丛钞》本等，六卷本有《学海类编》《知不足斋丛书》《四库全书》本等。今有中华书局“唐宋史料笔记丛刊”之整理本。

子部·笔记

186 渑水燕谈录

北宋·王辟之

官海退居，士林清议

王辟之，生卒年不详，齐州临淄（今山东淄博临淄区）人。北宋中期进士，后在州县任职达三十年之久，晚年回乡，退居渑水，撰成《渑水燕谈录》。

“渑水”在今山东淄博，北流入时水（今小清河）；“燕谈”即“闲谈”之意。《渑水燕谈录》十卷，书中所记多为北宋“士大夫谈议”，涉及北宋中前期若干政事与朝臣轶闻。该书内容丰富，对后世研究北宋中前期政治、经济、军事、文化、文字等提供了大量有价值的史料。值得一提的是，“三苏”并称最早源于此书。

该书通行本有《知不足斋丛书》本、涵芬楼本、《稗海》本、《四库全书》本和中华书局整理本等。

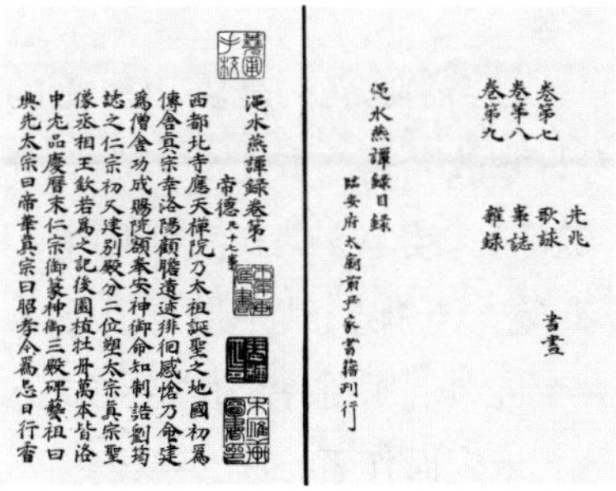
先兆
卷第七 歌詠 書畫
卷第八 事誌
卷第九 雜錄
澠水燕譚錄目錄
臨安府太廟前尹家書籍刊行

澠水燕譚錄卷第一
帝德 凡十七事
西都北寺應天禪院乃太祖誕聖之地國初爲
傳舍真宗幸洛陽顧瞻遺迹徘徊感愴乃命建
爲僧舍功成賜院額奉安神御命知制誥劉筠
誌之仁宗初又建別殿分二位塑太宗真宗聖
像丞相王欽若爲之記後園植牡丹萬本皆洛
中尤品慶曆末仁宗御篆神御三殿碑額祖曰
興先太宗曰帝華真宗曰昭孝命爲忌日行香

明柳佥钞本《渑水燕谈录》

子部·笔记

187 容斋随笔

南宋·洪迈

笔记之珍，南宋之冠

洪迈（1123—1202），字景卢，号容斋，别号野处。南宋文学家，官至端明殿学士。他学识渊博，自经史百家以至医卜星算，皆有论述，尤熟于宋代掌故。

《容斋随笔》是洪迈所著的考订掌故名著。共七十四卷，分《随笔》《续笔》《三笔》《四笔》《五笔》五集，其中除《五笔》为十卷外，其余皆十六卷（《五笔》未完而作者亡）。

该书涉猎极广，天文地理，诸子百家，文学词章，医卜星算，帝王决策，民俗风情，国计大政，文章句读，奇闻佚事，无所不有，尤详于宋代典章制度，且能由博返约，考据辨证，颇为精确，而又议论高简，文笔雅致。其评判帝王政治，品味诗歌文学，论述作文之道等，均有独到之处，历代推崇赞誉不绝。《容斋随笔》是我国笔记小品中不可多得的珍品，不仅具有史料价值，而且具有很高的学术价值，堪称当时的百科全书，与沈括的《梦溪笔谈》、王应麟的《困学纪闻》并重于世。清代纪昀在主编《四库全书》时，将这部著作收入，誉为南宋说部之首。

该书版本有《洪氏晦本斋丛

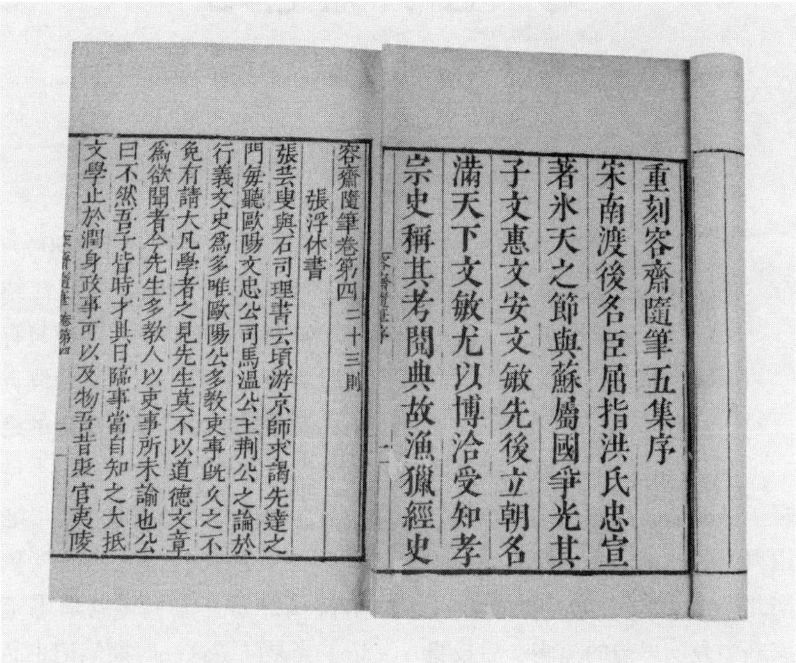
重刻容齋隨筆五集序
宋南渡後名臣屈指洪氏忠宣
著氷天之節與蘇屬國爭光其
子文惠文安文敏先後立朝名
滿天下文敏尤以博洽受知孝
宗史稱其考閱典故漁獵經史

容齋隨筆卷第四　二十三則
張浮休書
張芸叟與石司理書云頃游京師求謁先達之
門每聽歐陽文忠公司馬溫公王荊公之論於
行義文史爲多唯歐陽公多敎吏事既久之不
免有請大凡學者之見先生莫不以道德文章
爲欲聞者今先生多敎人以吏事所未諭也公
曰不然吾子皆時才異日臨事當自知之大抵
文學止於潤身政事可以及物吾昔貶官夷陵

清乾隆刻本《容斋随笔》

书》《笔记小说大观》本。今有凌郁之《容斋随笔笺证》（中华书局，2022），对该书作了全面笺注、考释、辑证，代表了学界对该书的最新整理、研究成果。

子部·笔记

188 老学庵笔记

南宋·陆游

放翁虽老，其学弥高

陆游（1125—1210），字务观，号放翁，越州山阴（今浙江绍兴）人，南宋著名诗人。他生当北宋灭亡之际，少年时即深受家庭中爱国思想的熏陶。后投身军旅生活，主张坚决抗金。晚年退居家乡，但收复中原的信念始终不渝。

《老学庵笔记》在陆游全集中所占篇幅虽然不大，但所记大多为作者亲历、亲见、亲闻之事，对于了解宋代历史和风土人情，极具参考价值。老学庵的命名约在南宋绍熙元年（1190），陆游当时退居山阴（今浙江绍兴）镜湖，闭门读书。此庵只有茅屋两间，在镜湖边上，背绕青山，面临碧水，是读书赋诗的绝胜之处，陆游在《老学庵》一诗的自注中说其名乃“取师旷‘老而学如秉烛夜行’之语”（《剑南诗稿》卷三三）。《老学庵笔记》当是陆游这一时期笔记小品的集成。《老学庵笔记》长于叙事，写人记事，简洁生动，历历如在目前，记录了大量当时的名物、典章制度和各种逸闻趣事，是笔记文学中的精品，一经刊行问世，即受文人学者重视和赞誉。

《老学庵笔记》在陆游有生

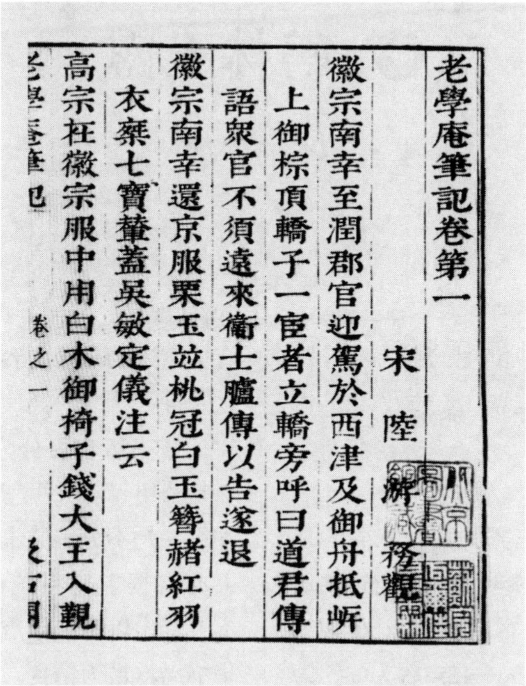
老學庵筆記卷第一　宋　陸游務觀
徽宗南幸至潤郡官迎駕於西津及御舟抵岸
上御棕頂轎子一宦者立轎旁呼曰道君傳
語衆官不須遠來衞士臚傳以告遂退
徽宗南幸還京服栗玉竝桃冠白玉簪赭紅羽
衣乘七寶輦蓋吳敏定儀注云
高宗在徽宗服中用白木御椅子錢大主入覲
老學庵筆記　卷之一　汲古閣

明崇祯间虞山毛氏汲古阁刻本《老学庵笔记》

之年便刊行于世，直到宋理宗绍定元年（1228），即陆游死后十九年，其子陆子遹才将它与陆游其他遗稿，集为十卷，一并刻印。这就是著名的陆氏家刻本，也是宋代唯一的版本，直到宋亡，再没有翻刻。明清以降，翻刻不断，坊间时见新版，流传较为广泛。中华书局出版的“历代史料笔记丛刊”之《老学庵笔记》为目前较好的整理本。

子部·笔记

189 鹤林玉露

南宋·罗大经

博而匪滥，醇而寡疵

《鹤林玉露》共十八卷，是南宋罗大经撰写的一部记述文坛轶事、历史掌故的笔记小说。罗大经（1196—1252后），字景纶，号儒林，又号鹤林，南宋吉州吉水（今江西省吉水县）人。宝庆二年（1226）进士，官至抚州推官。后因事被罢官，闭门读书，潜心著述。《鹤林玉露》取杜诗“爽气金天豁，清淡玉露繁”之意。此书多因事抒论，不甚以纪事为主，体例在诗话、语录之间，详于议论而略于考证，然“博而匪滥，醇而寡疵”，尤其是有关南宋的部分内容，颇能补史之未备。

该书版本可分为两个系统：一是分甲、乙、丙三编的十八卷本；一是不分编的十六卷本。今人亦有据上述系统而成的点校本，其中以王瑞来点校整理的中华书局本最为精良。

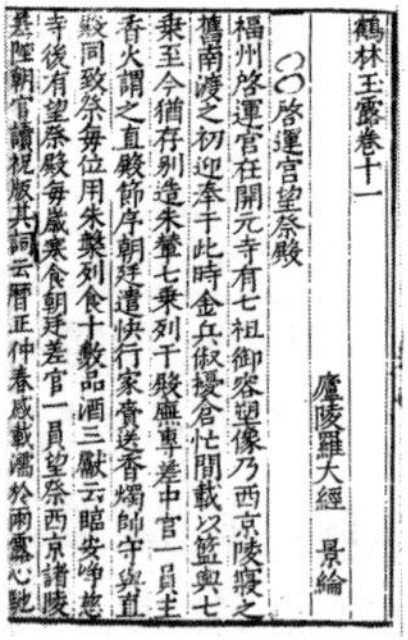
鶴林玉露卷十一
廬陵羅大經 景綸
啓運宫望祭殿
福州啓運宫在開元寺有七祖御容塑像乃西京陵寢之舊南渡之初迎奉于此時金兵擾攘倉忙間載以籃輿七乘至今猶存别造朱輦七乘列于殿廡專差中官一員主香火謂之直殿節序朝拜遣快行家賫送香燭帥守與直殿同致祭每位用朱槃列食十數品酒三獻云臨安昭慈寺後有望祭殿每歲寒食朝廷差官一員望祭西京諸陵其陛朝官讀祝版其詞云曆正仲春感載濡於雨露心馳

明刻本《鹤林玉露》

子部·笔记

190 东京梦华录

宋·孟元老

千古繁华一梦中

孟元老，生卒年不详，原名孟钺，号幽兰居士，曾任开封府仪曹，是北宋保和殿大学士领都水、将作二监事务孟昌龄的族人。他生于北宋末年，崇宁二年（1103）随其父到东京，至靖康二年（1127）北宋覆亡后南逃，在东京共生活了二十三年。晚年追忆昔日旧京繁华，遂写成史料笔记著作《东京梦华录》。

《东京梦华录》既为追忆旧京之作，自然流露出一种怀念故国的情思。钱曾《读书敏求记》指出："幽兰居士孟元老追叙东京旧游，编次成集，缅想曩昔，如同华胥梦觉，因名《梦华录》。书成于绍兴丁卯，去靖康丙午之明年，又二十一年矣。南渡君臣，其独有故都旧君之思如元老者乎?"因此，这部书与一般仅仅记述地方风物的笔记作品不同，它在叙写故都时有一种强烈的回首凄然寥落之感。全书共十卷，分别记载东京城池、河道、宫阙、衙署、寺观、桥巷、瓦市、勾栏，以及朝廷典礼、岁时节令、风土习俗、物产时好、诸街夜市，反映出当时都城官私手工业作坊、商业、文化、交通的发达情形和东京的繁华风貌。内容翔实，所记大多为作者亲见

東京夢華錄卷之一
宋孟元老撰　明胡震亨毛晋同訂
東都外城
東都外城方圓四十餘里城壕曰護龍河濶十餘丈濠之内外皆植楊柳粉牆朱戶禁人往來城門皆甕城三層屈曲開門唯南薰門新鄭門新宋門封丘門皆直門兩重蓋此係四正門皆留御路故也新城南壁其門有三正南門曰南薰門城南一邊東南則陳州門傍有蔡河水門

明崇祯毛氏汲古阁刻本《东京梦华录》

亲历。孟元老自称“尝从先人宦游南北，崇宁癸未到京师，卜居于州西金梁桥西夹道之南。渐次长立，正当辇毂之下，太平日久，人物繁阜。垂髫之童，但习鼓舞；斑白之老，不识干戈。时节相次，各有观赏。……仆数十年烂赏叠游，不知厌足”。这段话既披露了孟元老对故国旧京的深情厚意，又显示了他对当时京城生活的烂熟于心，因此，此书所记资料颇为真实可靠。《东京梦华录》以城市生活和风俗习惯为记述对象，包含了宋朝京城汴梁日常生活的方方面面，巨细靡遗，比一般的地志性书籍更为具体，更为真切，亦更为丰富。它保留了许多非常珍贵的历史资料，对于研究文化史和经济史者大有裨益。因此，《东京梦华录》刻版印行以来，极受读书界的重视，关于这部书的价值，历代学者给予了很高的评价。

该书有明弘治刊本、《津逮秘书》本、《学津讨原》本、《丛书集成初编》本等。1956年，古典文学出版社（今上海古籍出版社）出版标点本。

子部·笔记

191 梦粱录

南宋·吴自牧

东南形胜，三吴都会

吴自牧，南宋临安府钱塘（今浙江杭州）人，生活于宋末元初，其余不详。

《梦粱录》二十卷，仿效《东京梦华录》体例，述南宋都城临安的风貌。作者在该书跋语中记述了写作缘由：杭州自南宋建都，“其山川宫阙，衣冠礼乐，遂甲天下。而其时序土俗，坊宇游戏之事，多以细琐，不登史册。自牧生长于宋，目击其事，特为之记述”（《学津讨原》本跋）。该书凡郊庙、宫殿、山川、人物、市肆、物产、户口、风俗、百工、杂戏、寺观、学校等，无不备载，为了解南宋城市经济活动，手工业、商业发展情况，市民的经济文化生活等，提供了丰富的史料，具有很高的史料价值。

该书有《学津讨原》《四库全书》等多种版本。1956年，上海古典文学出版社根据《知不足斋丛书》本校点排印，收入《东京梦华录（外四种）》。1984年，浙江人民出版社依同一版本校点，出版了单行本。

192 唐才子传

元·辛文房

诗才济济，诗风泱泱

辛文房，生卒年不详，字良史，元初西域人。泰定元年（1324）官居省郎之职，以能诗闻名。著有《唐才子传》，又有《披沙集》，不传。

《唐才子传》是唐代诗人小传集，以登第先后为序，上起隋唐之际的诗人王绩，下至北宋初年的陈抟，记述了三百九十八位唐代诗人的生平，其中正传二百七十八篇，附传一百二十篇，每篇传记大体包括传主名姓、籍贯、生平任履、逸闻趣事、作品存佚、相关评论等内容。该书对中晚唐诗人事迹所载尤详，也包括部分五代诗人，亦收录隐士、闺阁、僧道等特殊诗人群体。传后有对诗人艺术得失的品评，多存唐人旧说，颇有精辟之见。其收集的材料，除正史外，还查阅了不少其他史书、文集、笔记、小说等。该书文笔雅洁，可读性极强。鲁迅先生为其友人之子开列学习中国文学书目，共十二种，第一种即《唐才子传》。

该书完成于元大德八年（1304），原本十卷，明初尚存，《永乐大典》在“传”字韵内曾录其全书，但此部分《永乐大典》今亦佚。清《四库全书》由

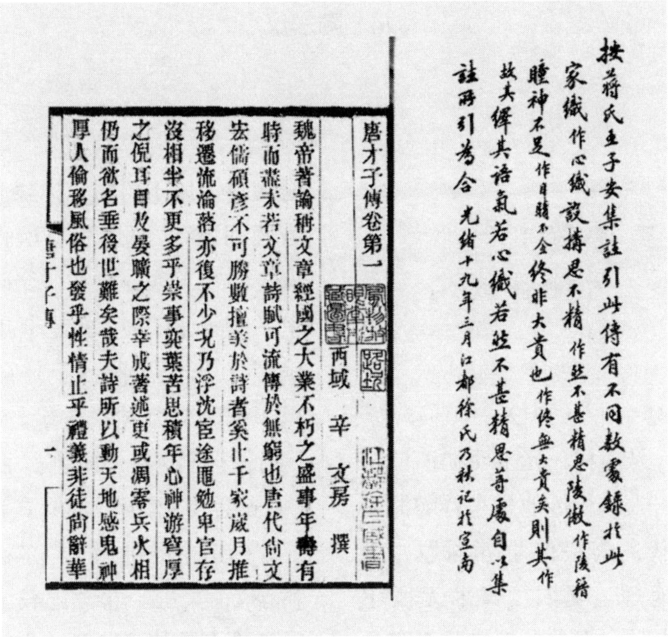
按蔣氏玉子安集註引此傳有不同數處錄於此
家纖作心纖設擒思不精作並不甚精思陵傲作陵藉
瞳神不足作目睛不全終非大貴也作終無大貴矣則其作
故夫繹其語氣若心纖若並不甚精思尋處自以集
註所引為合　光緒十九年三月江都徐氏乃秋记於宣南

唐才子傳卷第一
西域　辛　文房　撰
魏帝著論稱文章經國之大業不朽之盛事年壽有
時而盡未若文章詩賦可流傳於無窮也唐代尚文
宏儒碩彥不可勝數擅美於詩者奚止千家歲月推
移遷流淪落亦復不少况乃浮沈宦途黽勉卑官存
沒相半不更多乎祟事奕葉苦思積年心神游竆厚
之倪耳目及晏贐之際幸成著述更或凋零兵火相
仍而欲名垂後世難矣哉夫詩所以動天地感鬼神
厚人倫移風俗也發乎性情止乎禮義非徒尚辭華

清活字本《唐才子传》

其他各韵中辑出，编为八卷。日本有《佚存丛书》十卷本。傅璇琮先生主编之《唐才子传校笺》集海内外版本校订精审，汇集众长，为目前该书最佳整理本。

子部·笔记

193 南村辍耕录

元·陶宗仪

积盎十年，天地备载

陶宗仪（1312—1403），字九成，号南村，元末明初浙江台州黄岩人。相传他是东晋陶渊明的后代，陶宗仪学养深厚，天文、地理、阴阳、算术无所不通，史学、文学尤精。元至正八年（1348）前后，陶宗仪携全家避乱到华亭（今属上海），在松江城北，泗水之南（今泗泾镇南）结庐，曰“南村草堂”，以耕为乐。在《南村辍耕录·叙》中，作者记述了写作缘由与过程：“作劳之暇，每以笔墨自随，时时辍耕，休于树阴，抱膝而叹，鼓腹而歌”，每所思有所得，就摘树叶写下来，放在一个破瓦盆里，埋于树下，如是十年，写满了十几个瓦盆。于是重新抄录，编为《南村辍耕录》。此外陶宗仪还编有《说郛》百卷、《书史会要》《四书备要》等书。

《南村辍耕录》，亦称《辍耕录》，共三十卷，记载了宋元时期许多掌故、典章、文物和时事，旁及历史、地理考证，还论及小说、戏剧、书画和有关诗词本事等方面的问题。这些史料对于研究当时社会，尤其是上海地区的社会状况有一定的价值。其中有关黄道婆的生平及她为发展松江棉纺织业所做的贡献，《松

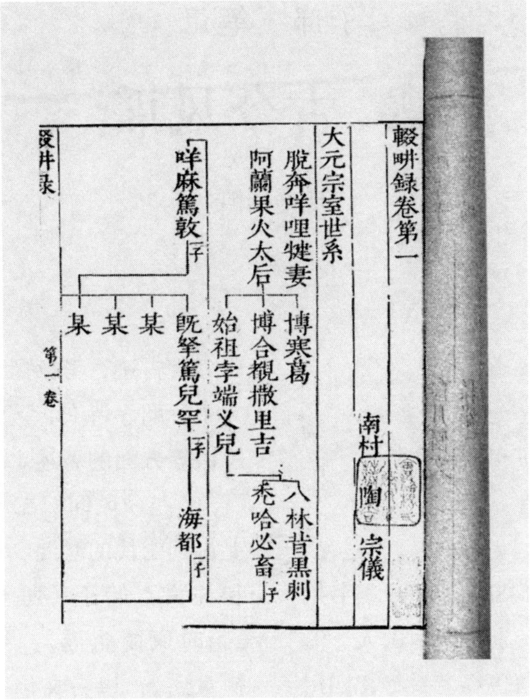
輟畊録卷第一
南村 陶宗儀
大元宗室世系
脫奔咩哩犍妻
阿蘭果火太后
博寒葛
博合覩撒里吉
始祖孛端乂兒
八林昔黑剌
禿哈必畜 子
咩麻篤敦 子
既拏篤兒罕 子
某 某 臬
海都 子
輟井录
第一卷

明广文堂刻本《南村辍耕录》

江谣》《不平诗》《奉使来谣》等反映当时人民生活的民间歌谣，极为珍贵。书中还有大量的戏曲史料，是研究金代院本的唯一史料，对于史学研究者和文学研究者极具参考价值。

《南村辍耕录》成书后，刻本颇多，质量不一。其中明刻玉兰堂本较佳。较新的整理本为2022年上海古籍出版社出版的王雪玲校点本。

194 古今风谣

明 · 杨慎

古今多少事，且听风中谣

杨慎（1488—1559），字用修，号升庵，别号博南山人、滇南戍史、金马碧鸡老兵等，四川新都（今成都市新都区）人，明代文学家。少年时聪颖，其《黄叶》诗为李东阳所赞赏。正德六年（1511），殿试第一，授翰林院修撰。参与编修《武宗实录》，禀性刚直，每事必直书。世宗继位，任经筵讲官。嘉靖三年（1524），因"议大礼"，违背世宗意愿，受廷杖，谪戍云南永昌卫，居云南三十余年，乃游历名胜古迹，考察风土人情，致力于音韵、诗文、艺术、地理、民俗等方面的著述。卒于戍地。

《古今风谣》二卷，辑录从上古到明代的时谣、童谣、韵语和注文，始于《列子》中所载《尧时康衢童谣》，终于《嘉靖初童谣》，以古文传引的先后顺序编排，多数注明出处及本事，便于查考。这些歌谣反映了当时的社会矛盾、风物习俗和人民的愿望。特别是辑录的明代歌谣，当为直接采集于民间的第一手材料，如《天顺丁丑童谣》："京城老米贵，哪里得饭广；鹭鸶冰上走，何处觅鱼嗛。"（注云：范广，天顺中名将；于谦，少保肃愍公也。未几，范广死，谦遭石亨之患。）表现了人民对冤死爱国英雄的同情。《正德中川蜀童谣》：“强贼放火，官军抢火。贼来梳我，军来篦我。”说明了“官军所过，掠劫甚于流贼”。《嘉靖初童谣》：“前头好个镜，后头好个秤。镜也不曾磨，秤也不曾定。”可见当时政治昏暗，持法失平。这些多为后来史书所取材。封建时代把民谣、童谣看成诗妖谶语，预言着政治变动或灾异，因而带有一定的迷信色彩。

该书传世版本有《函海》和《艺海珠尘》本。今有古典文学出版社（今上海古籍出版社）1958年排印本。

195 西南夷风土记

明 · 朱孟震

光照西土，风越南疆

朱孟震，生卒年不详，字秉器，新淦人。明隆庆二年（1568）进士，官副都御史，巡抚山西。

《西南夷风土记》仅一卷，记述包括老挝、缅甸等西南地区的地理物产、风俗民情等内容，对研究民族史、中外关系史等有所裨益。

该书传世版本有《学海类编》本、《丛书集成初编》本等。

子部·笔记

196 陶庵梦忆

明·张岱

前尘已逝，往事堪嗟

张岱（1597—1679），字宗子、石公，号陶庵、蝶庵居士。明清之际史学家、文学家。青年时游历苏、浙、鲁、皖诸名胜。工骈文，散文短隽有味，好音乐，能弹琴制曲。著有《石匮书》《石匮书后集》《西湖梦寻》等传世。

《陶庵梦忆》是张岱的散文小品文集，被称为晚明小品的集大成者。共八卷，一百二十三则，皆系作者对昔年生活琐事的回忆，内容庞杂，凡山水游历、园林胜景、寺庙古迹、茶馆酒楼、舞榭歌台、说书演戏、养鸟斗鸡、打猎阅武、古董收藏、器物鉴赏、人物轶闻，无不涉及，因事皆亲历，所记颇细微具体，极富参考价值。文笔清越，造句新奇，时值明亡之后，故于抒情写景之中，充满故国之思。

《陶庵梦忆》是作者人生历程中血与泪的凝结，是心灵的梦忆，是国破家亡后的一曲挽歌。没有希望，没有奢求，没有期待，惟有哀怨，惟有诅咒，惟有梦忆；以梦忆为解脱，以梦忆为慰藉，以梦忆为反思，将家国之叹、故园之思、人生之悲寄予梦忆之中，这就是《陶庵梦忆》的写作动机，这就是《陶庵梦忆》

的怀旧情结，这就是《陶庵梦忆》的艺术真谛。

《丛书集成初编》所选《砚云甲乙编》及《粤雅堂丛书》皆收录此书目。但《砚云》一卷本不全，而《粤雅》本多至八卷，号为足本。今有1982年上海古籍出版社点校本。

子部·笔记

197 日知录

明末清初·顾炎武

生平志业，皆在其中

顾炎武（1613—1682），明末清初思想家、史学家。原名绛，字忠清；明亡，改名炎武，字宁人，亦自署蒋山佣，学者尊为亭林先生。江苏昆山人，出身于江东望族，明末，家道中落。十四岁，与同里挚友归庄共入复社。自二十七岁起，断然弃绝科举帖括之学，遍览群籍，开始撰述《天下郡国利病书》和《肇域志》。明亡，与归庄等人以匡复故明为志，在南明政权下两次参加武装抗清斗争，并决意不与清廷合作。康熙十七年（1678），清廷议修《明史》，拒不就荐；次年，更誓死不入《明史》馆。此后，即客居山西、陕西，潜心著述，不再入都。康熙二十一年在山西曲沃病逝。顾炎武为学以经世致用的鲜明旨趣，朴实归纳的考据方法，创辟路径的探索精神，以及他在众多学术领域的成就，宣告了晚明空疏学风的终结，开启了一代朴实学风的先路，影响深远。

《日知录》书名取自《论语·子张》“日知其所亡，月无忘其所能，可谓好学也已矣”，是顾炎武穷一生精力所写的一部百科全书式著作，记事必求贯通，引证浩繁，精严过人，自

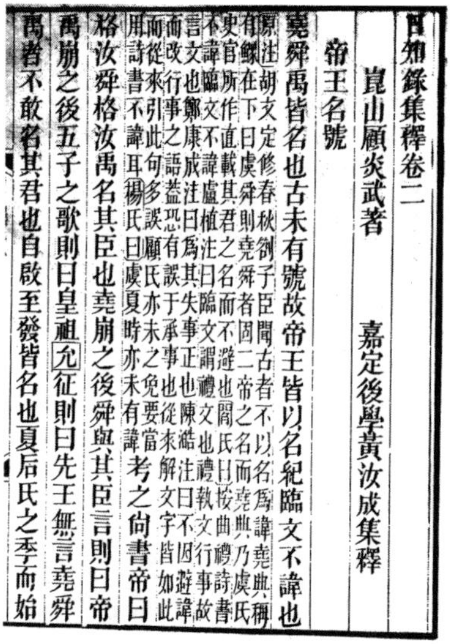
日知錄集釋卷二
崑山顧炎武著　嘉定後學黃汝成集釋
帝王名號
堯舜禹皆名也古未有號故帝王皆以名紀臨文不諱也原注胡文定修春秋劉子臣聞古者不以名爲諱堯典稱有鰥在下曰虞舜則堯舜者固二帝之名而堯典乃虞氏史官所作直載其君之名而不避也閻氏曰按曲禮詩書不諱臨文不諱盧植注曰臨文謂禮文也禮執文行事故言文也鄭康成注曰爲其失事正也陳澔注曰不因避諱而改行事之語蓋恐有誤于承事也從來解文字皆如此而從來引此句多誤顧氏亦未之免要當用詩書不諱耳楊氏曰虞夏時亦未有諱考之尚書帝曰格汝舜格汝禹名其臣也堯崩之後舜與其臣言則曰帝禹崩之後五子之歌則曰皇祖允征則曰先王無言堯舜禹者不敢名其君也自啓至發皆名也夏后氏之季而始

*清同治八年述古堂刻本

谓“生平之志与业，皆在其中”（《与友人论门人书》）。此书共三十二卷，“上篇经术，中篇治道，下篇博闻”，分论经义、政事、世风、礼制、科举、艺文、名义、史法等。哲学思想散见其中，在宇宙观上，认为天地之间皆是气；在认识论上，强调由认识具体事物继而求得通达道理；在人性论上，强调人性随人情的变化而改变。该书以“明道、救世”为宗旨，反映了顾炎武一贯的经世致用思想，由此出发，他对理学（特别是心学）作了尖锐的批判，指责理学末流“不习六艺之文，不考百王之典，不综当代之务”，认为魏晋的玄学清谈导致五胡乱华，明末的理学清谈导致社稷倾覆。所以应当用“修己治人之实学”来反对“明心见性之空言”。这标志着清初学风的转变。

该书于清代康熙年间已有刻本，《四库全书》入子部杂家类。清道光年间黄汝成著有《日知录集释》，为关于《日知录》集大成之著作。近人陈垣有《日知录校注》，今人栾保群吸收前人整理研究成果，2020年出版校点本《日知录集释》（中华书局），为目前较佳之整理本。

子部·笔记

198 广东新语

清·屈大均

粤风岭俗，身经目睹

屈大均（1630—1696），原名绍隆，字翁山、介子，号莱圃，广东番禺（今广州市番禺区）人。明末清初著名学者，曾参加过抗清复明的活动，失败后隐居不仕，以著述终生。有《皇明四朝成仁录》《广东文集》等多种著作行世，深为学界所推崇，为清代“岭南三大家”之一。

《广东新语》系关于广东的地方风土笔记，意在补《广东通志》之不足。全书共二十八卷，分别为天、地、山、水、石、神、人、女、事、学、文、诗、艺、食、货、器、宫、舟、坟、禽、兽、鳞、介、虫、木、香、草、怪，其下各系以事目，凡八百六十九条，记载了广东岭南地区的天文地理、民情风俗、人物史迹、文学艺术、宗教传说等，侧重于明清之际，内容丰富，具有极高的史料价值。更兼作者态度严谨，不仅广泛参考各种地方文献，酌加考证，且有许多材料出自实地考察，“验之以身经，征之以目睹”（《广东新语·序》），历来备受文人学者推崇。其友潘耒即称“其察物也精以核，其谈义也博而辨，其陈辞也婉而多风。思古伤今，维风正俗之意，时时见于言表。游览

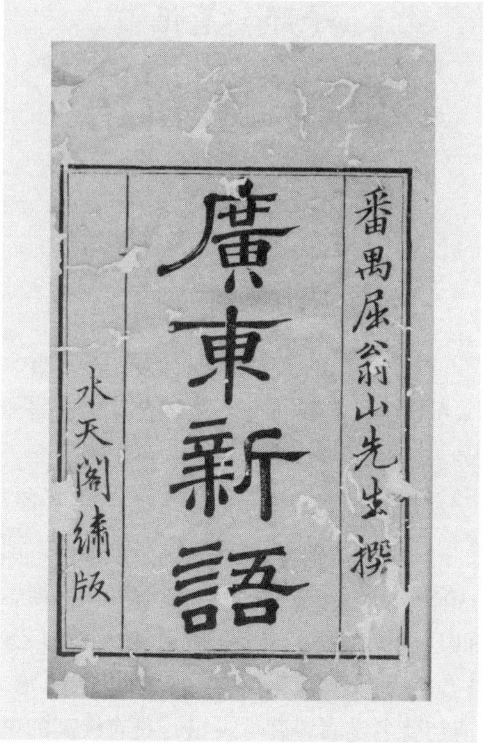

清康熙刊本《广东新语》

者可以观风土，仕宦者可以知民隐，作史者可以征故实，摛词者可以资华润”，认为“非词人墨客大言无当者比”（《广东新语·序》），故在清代虽因其有反清思想倾向而遭到禁毁，却仍流传不绝。

《广东新语》有康熙三十九年（1700）木天阁原刻本和乾隆年间翻刻本。另有1985年中华书局断句排印本。

子部·笔记

199 旧典备征

清·朱彭寿

大清国故，殚见洽闻

朱彭寿（1869—？），别名小汀，又号述庵、述叟、寿鑫斋主人，浙江海盐人。光绪二十四年（1898）进士，历官典礼院学士，陆军部右丞、左丞等职。辛亥革命后，曾出任北洋政府湖南长沙海关、湖北宜昌海关监督，后乞病返北京。因他出身宦门，长期跻身仕途，又十分留意掌故，故对清代人文、科甲、职勋、典制等故事极为详熟，1931年至1938年应徐世昌之聘，总纂《清儒学案》。所著尚有《旧典备征》。

《旧典备征》五卷三十五则，是朱彭寿的主要著作《寿鑫斋丛记》中第一种，着重记述清代人文、科甲、职勋、典制等方面内容，“国故人物，详稽博考，原原本本，殚见洽闻，凡诸记载，既备且确”（刘承幹《跋》）。如记清历朝各省状元，记浙省人得谥者，记满汉大臣出身等，对研究清代人物都有较高的史料价值。

该书通行本有中华书局1982年点校本。

子部·笔记

200 陔余丛考

清·赵翼

读书偶得，治学深究

赵翼，见《廿二史劄记》作者介绍。

《陔余丛考》为赵翼自黔西罢官后之读书笔记。陔余，指奉养父母之余。全书共四十三卷，不分门目，编次以类相从，每篇之首，均有标题。卷一至四论经义，卷五至一五论史学，卷一六至二一论掌故，卷二二至二四论艺文，卷二五论纪年，卷二六和二七论官制，卷二八和二九论科举，卷三〇和三一论风俗，卷三二论丧礼，卷三三论器物，卷三四论术数，卷三五论神佛，卷三六至三八论称谓，卷三九至四三为杂考。因赵翼系词章家兼史学家，故卷五至二九乃此书之精华。卷三〇以后，虽不免失于琐细，然于典章制度、风俗名物等考证，颇能综贯异说，明辨源流，对文史研究均有参考价值。《陔余丛考》撰于《廿二史劄记》之前，其中卷五至二一已初具《廿二史劄记》之雏形，二书宜彼此参看，互为补备。

《陔余丛考》成稿后十余年方始刊行，有乾隆五十五年（1790）湛贻堂初刊本。商务印书馆1957年据此断句排印，中华书局2019年出版有栾保群点校“学术笔记丛刊”之《陔余丛考》。

乾隆庚戌

陔餘叢考

壽考堂藏板

陔餘叢考序

夫良弓九合斯稱鉅黍之名大業六成乃著總
故蘇世之學兼蓄乎支渠載道之文不局於
僩鏶能助方聞考縷剡麻胥歸滀制用以盧牟往蒐
倏荀謨聚大魁而爲筵結春芳而彙佩若雲崧先生者
其今世之深甯叟乎先生味道之腴食古而化三長兼
擅乎史氏九能可以爲大夫凡夫斗筲觚編龜枚鳥卜
天儀軌象地箭堪餘凡將元尙之篇乘方割圜之術以
及青囊之秘策黃石之內書莫不星宿森羅雲霞蚖費
同撑腹笥妙決言泉東王投千二百驍但聞天笑侍中
奪五十餘席誰及瀾翻於是奏罷長楊便隨羽獵吟餘

*寿考堂藏版《陔余丛考》

201 艺文类聚

唐·欧阳询等 辑

随类从事，因事辑文

欧阳询（557—641），字信本，一字少信，临湘（今湖南长沙）人。仕隋为太常博士。唐贞观初，官至太子率更令、弘文馆学士。善书，初学王羲之，而险峻过之，世称“欧体”，又称“率更体”。与虞世南、褚遂良、薛稷并称唐初四大书家。

《艺文类聚》是欧阳询、令狐德棻等十余人奉唐高祖诏令所编撰的类书，自武德五年至七年（622—624），历时三年始编成。全书约百余万言，分为天、地、人、事、物等四十六部，每部之下又分若干子目，共计七百二十七目。各目“随类相从”，“事居于前，文列于后”，“事”摘取经史子集中相关资料，“文”则辑录诗、赋等各种体裁作品，是类书编纂体例上的一大改革。全书征引的材料大部分为唐代以前的古本，据统计引书达一千四百三十一种，现存者不足百分之一，保存了唐以前丰富的文献资料，尤其是大量的诗文歌赋等文学作品。宋代以来，编纂类书或校勘古籍即已利用本书，清代校勘、辑佚学者运用本书更为广泛。

该书有宋刻本，上海古籍出版社2013年出版有宋本影印本。

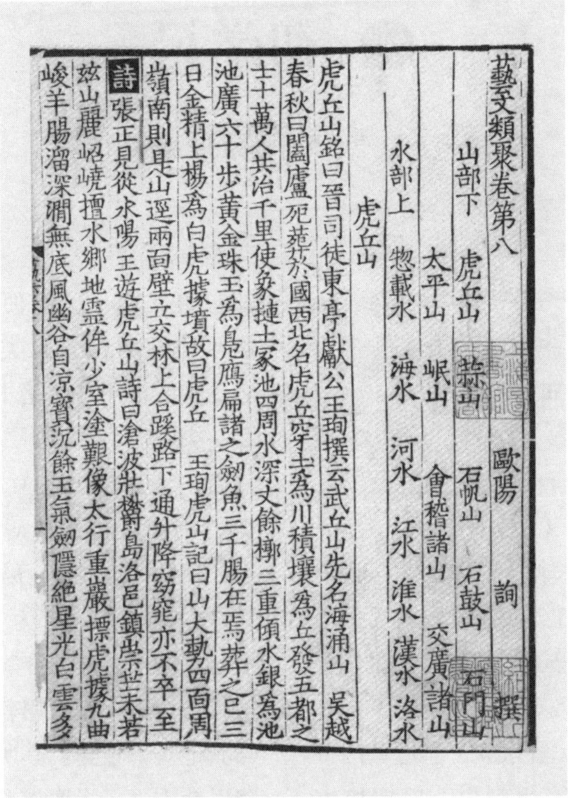

藝文類聚卷第八　歐陽　詢　撰
山部下　虎丘山　蒜山　石帆山　石鼓山　石門山
太平山　岷山　會稽諸山　交廣諸山
水部上　惣載水　海水　河水　江水　淮水　漢水　洛水
虎丘山
虎丘山銘曰晉司徒東亭獻公王珣撰云武丘山先名海涌山　吴越
春秋曰闔廬死葬於國西北名虎丘穿土爲川積壤爲丘發五都之
士十萬人共治千里使象摙土冢池四周水深丈餘槨三重傾水銀爲
池廣六十步黃金珠玉爲鳧鴈扁諸之劒魚三千腸在焉葬之已三
日金精上揚爲白虎據墳故曰虎丘　王珣虎丘記曰山大勢四面周
嶺南則是山逕兩面壁立交林上合蹊路下通升降窈窕亦不卒至
詩　張正見從永陽王遊虎丘山詩曰滄波壯鬱島洛邑鎮嵩丘未若
兹山麗岧嶢擅水鄉地靈侔少室塗艱像太行重巖標虎據九曲
峻羊腸溜深澗無底風幽谷自涼寶沉餘玉氣劒隱絕星光白雲多

宋刻本《艺文类聚》

中华书局上海编辑所1965年出版了该书的排印断句本，并改正了宋本原刻的错脱衍讹之处。上海古籍出版社1982年重印，附李剑雄等编《艺文类聚索引》。

子部·类书

202 初学记

唐·徐坚等　辑

非止初学，可为终身

徐坚（659—729），字元固，湖州长城人。举秀才，为汾州参军，迁万年主簿。武后圣历中，杨再思引为判官。与张说等预修《三教珠英》，迁给事中、礼部侍郎。睿宗立，累进黄门侍郎，出为绛州刺史，后授秘书监。玄宗时，为集贤院学士，副张说知院事。前后修撰格式、氏族及国史等，凡七入书府。与人合编《初学记》。

《初学记》是唐玄宗时徐坚与张说、韦述等奉诏编就的一部知识性类书，原为便于唐玄宗诸子作文时检索事类方便，故名。内容出于群经诸子、历代诗赋，共三十卷，分二十三部，三百一十三类。前为“叙事”，引古书有关记载，对本类做概述；次为“事对”，融典故或名篇成对偶词句；末为“诗文”，摘录诗文片断。《初学记》叙事虽广搜杂取，而次第若相连属，与其他类书独异。其所采摭，皆隋以前古书，去取谨严，多可应用，保存了很多现已散佚的唐前古书片断。《四库全书总目提要》评价此书在唐人类书中，博不及《艺文类聚》，而精则胜之，若《北堂书钞》及《六帖》，则下此书远矣。《春明退朝录》

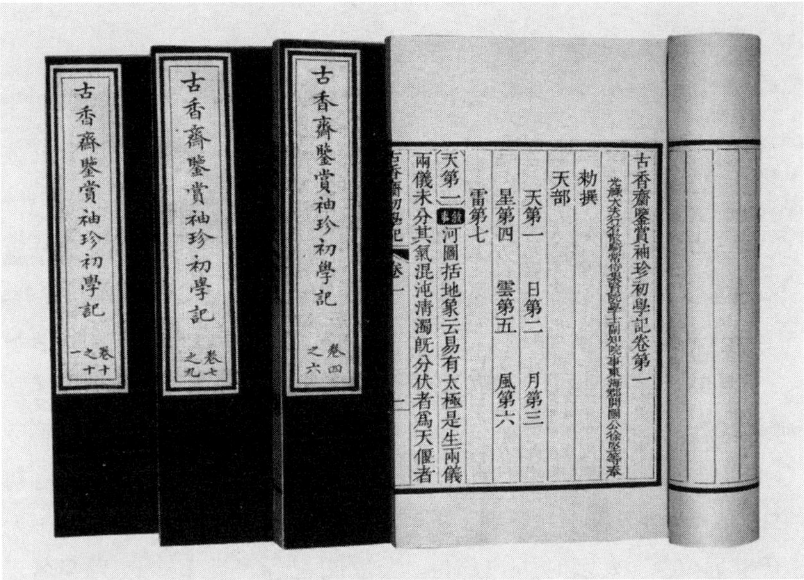

清乾隆武英殿刊巾箱本《初学记》

及《温公诗话》并称中山刘子仪爱其书，曰："非止初学，可为终身记。"

该书现有明嘉靖十年（1531）桂坡馆刻本、清古香斋本，中华书局1962年出版有断句排印本。

子部·类书

203 太平御览

北宋·李昉等 编

天地人物，包罗万有

李昉（925—996），字明远，河北饶阳（今衡水饶阳县）人。后汉进士，仕后周为翰林学士。宋初为中书舍人，屡知贡举，进《开宝通义》。太宗时历户部侍郎，同修《太祖实录》。太宗太平兴国八年，擢参知政事，拜平章事，主张与契丹修好，弭兵息民。有文集五十卷，已佚。参加编撰《旧五代史》，并主编《太平广记》《文苑英华》《太平御览》等。

《太平御览》是宋代百科全书性质的类书，编于太平兴国二年至八年（977—983），翰林学士李昉奉诏主纂，扈蒙、王克贞、宋白等十三人参与修撰，与同时编纂的史学类书《册府元龟》、文学类书《文苑英华》、小说类书《太平广记》合称为“宋四大书”。初名《太平总类》，后宋太宗每天取阅三卷，遂下令改为今名。全书一千卷，以天、地、人、事、物分为五十五部，《易·系辞》曰“凡天地之数五十有五”，分为五十五部是表明包罗万象。每部下再分子目，共有四千五百五十八个子目。该书纂集宏富，征引浩博，析类排比，索一知百。所用文献古籍均注书

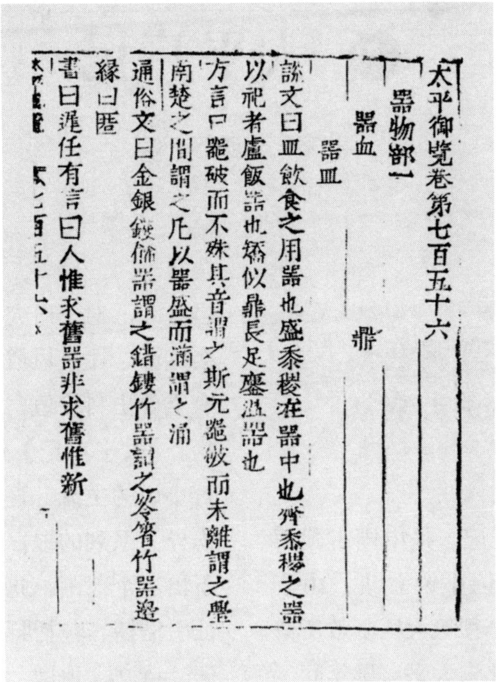
太平御覽卷第七百五十六
器物部一
器皿 鼎
器皿
說文曰皿飲食之用器也盛黍稷在器中也齊黍稷之器
以祀者盧飯器也鬲似鼎長足鑿温器也
方言曰甂破而不殊其音謂之斯甈破而未離謂之璺
南楚之間謂之甂以器盛而滿謂之涌
通俗文曰金銀鏤飾器謂之錯鏤竹器謂之笭箵竹器邊
緣曰匳
書曰遲任有言曰人惟求舊器非求舊惟新
太平御覽 卷七百五十六

明万历二年周堂铜活字印本《太平御览》

名，多达二千五百七十九种，珍奇可观，其中十之八九今已失传，该书中所引用部分于校勘典籍、辑佚古书、考订名物尤显重要。

该书有宋绍兴年间刊本，明刻本尤多，1935年商务印书馆影印宋本，成为流传版本。1960年，中华书局又用该本重印，为今通行本。

子部·类书

204 太平广记

北宋·李昉等　编

故事渊薮，小说大成

《太平广记》是中国古代第一部文言笔记小说总集，由李昉、扈蒙、李穆等大臣奉敕所修撰，编成于北宋太平兴国年间，故名《太平广记》。全书共五百卷，另有目录十卷。上起先秦两汉，下至北宋初年，按类编次，凡九十二大类，一百五十多小类，每类卷帙多寡不一，以记神怪灵异故事居多，如神仙十五卷，女仙十五卷，神十五卷，鬼四十卷，又有道术、方士、异人、异僧、释证和草木鸟兽之精怪等等。对于研究中国古代的社会生活、民情风俗、宗教思想等有重要史料价值。

《太平广记》代表了中国文言小说的主流，直到清代《聊斋志异》系列的拟古派小说，都跳不出这个范围。此书取材广泛，征引浩博，包括野史、小说、传记、诗文、地理、艺术、风俗、名物等，书目达四百七十五种，几将古来之小说网罗殆尽，许多经典作品都出现于本书中，如《李娃传》《霍小玉传》《莺莺传》《长恨歌传》《东城老父传》《柳毅传》，对后世影响深远，更成为明清话本、曲艺、戏剧的渊薮。

该书当年雕版虽成，但藏

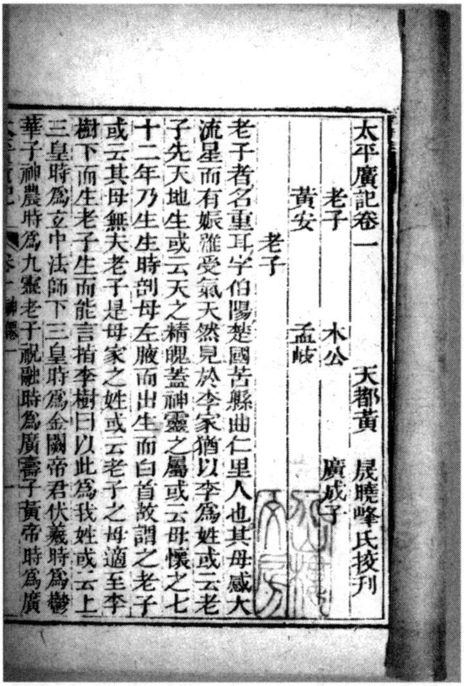
太平廣記卷一　天都黃　晟曉峰氏校刊
老子　木公　廣成子
黃安　孟岐
老子
老子者名重耳字伯陽楚國苦縣曲仁里人也其母感大
流星而有娠雖受氣天然見於李家猶以李爲姓或云老
子先天地生或云天之精魄蓋神靈之屬或云母懷之七
十二年乃生生時剖母左腋而出生而白首故謂之老子
或云其母無夫老子是母家之姓或云老子之母適至李
樹下而生老子生而能言指李樹曰以此爲我姓或云上
三皇時爲玄中法師下三皇時爲金闕帝君伏羲時爲鬱
華子神農時爲九靈老子祝融時爲廣壽子黃帝時爲廣

清嘉庆刻本《太平广记》

版于太清楼，宋人并未多见，后又逢靖康之乱，书版及其刊行情况无从知晓，多以抄本行世。直至明代才由谈恺补校重刻。今有中华书局汪绍楹点校本、《传世藏书》新校本。

205 七修类稿

明·郎瑛

考辩史余，论载典外

郎瑛（1487—1566），字仁宝，仁和人，生活于明代中叶。

《七修类稿》为郎瑛致力于学问考辩的一部文言笔记体专著。该书荟萃了明代社会各种史料，共五十一卷，另有《续稿》七卷，分天地、国事、义理、辨证、诗文、事物、奇谑七门。所载如《杭州宋官署考》，则《咸淳临安志》及西湖各志所未详。又记明初进茶有探春、先春、次春、紫笋诸名，及漕河开凿工程，皆《明会典》及《明史》诸志所未及。此外，对弘治、正德、嘉靖时期的风俗民情、古今故实，也颇多考辨。虽然《四库全书总目提要》讥其“考辩不当，论载繁杂”，但后人对其书的评价却是“可与《宾退》《挥麈》《辍耕》诸录颉颃”，仍不失为一部值得重视的笔记类史籍。

该书嘉靖年间由福建建安书坊刊刻印行，但错漏讹误甚多。清乾隆年间，耕烟草堂重刊，并改正了明刊本的缺漏，然而又因种种忌讳文字而作了不少删改。1959年，中华书局重新整理出版断句本。

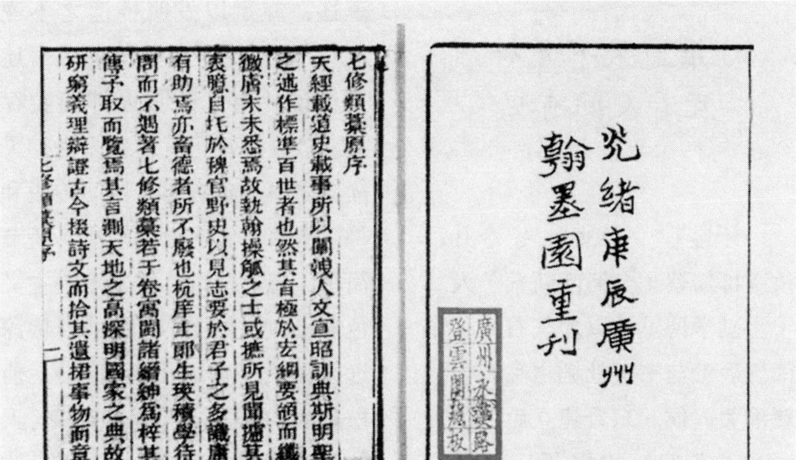

七修類藁原序
天經載道史藏事所以闡幽人文宣昭訓典斯明聖
之述作標準百世者也然其旨極於宏綱要領而纖
微屑末未悉焉故執翰操觚之士或摭所見聞據其
衷臆自托於稗官野史以見志要於君子之多識庸
有助焉亦畜德者所不廢也杭庠士郎生瑛積學待
問而不遇著七修類藁若干卷寓閭諸縉紳爲梓其
傳予取而覽焉其言測天地之高探明國家之典故
研窮義理辯證古今援詩文而拾其遺捃事物而章

清光绪六年广州翰墨图刻本《七修类稿》

206 搜神记

东晋·干宝

谁道天下无神，且看人间有鬼

干宝（？—336），字令升，汝南郡新蔡（今河南新蔡）人。干宝勤学博览，以才气召为著作郎。后参与平定杜韬之乱有功，赐爵关内侯。东晋建立后，负责国史《晋纪》的撰写，直而能婉，称良史。累迁散骑常侍。

《搜神记》是干宝撰写的笔记体志怪小说集，《隋书·经籍志》著录为三十卷，今本凡二十卷，四百六十四则，系后人缀辑增益而成。干宝是一个有神论者，他在《自序》中称，“及其著述，亦足以发明神道之不诬也”，就是想通过搜集前人著述及传说故事，证明鬼神确实存在。故《搜神记》所叙多为神灵怪异之事，也有不少民间传说和神话故事，大多篇幅短小，情节简单，想象瑰奇，极富浪漫主义色彩。《搜神记》对后世影响深远，如关汉卿的《窦娥冤》、蒲松龄的《聊斋志异》、神话戏《天仙配》等许多传奇、小说、戏曲，都和它有着密切的联系。

虽然很多人不一定信鬼神，但是鬼神故事一直很有市场。人们对另一个世界的同行者都颇为好奇，在现实中看不见的、得不到的，不妨把他们安排在另一个世界实现，就可以无所

明万历金陵三山唐氏富春堂刊本
《新刻出像增补搜神记大全》

不用其极。《搜神记》有一则《韩凭妻》比较著名，说夫妻两人不畏强权，抵死相守，死后虽不能合葬，但是两人的坟上长出一棵大梓树，盘根错节在一起，树上又有鸳鸯交颈悲鸣，让人心生悲慨，借用一个滥俗的套语，就是“柔情也疯狂”，背后一阵凉风，胸中一阵蜜意，不知如何是好。不过，变孔雀也好，变蝴蝶也罢，人间若真有是情，何苦化去？

该书最初刊行于《秘册汇函》，后收入《津逮秘书》和《学津讨原》中，亦见于崇文书局《百子全书》本、《说郛》百卷本。今有中华书局1979年汪绍楹校注本。

子部·小说

207 游仙窟

唐·张鷟

误入神仙地，迷堕温柔乡

张鷟，生卒年不详，字文成，自号浮休子，深州陆泽（今河北深州）人。唐高宗调露年间进士，八次应制举，均登甲科，时称其文犹青铜钱，万选万中，及迁学士，乃号“青钱学士”。

《游仙窟》仅一卷，在国内久无传世，然于开元间传入日本，近代方从日本抄录回国。该书是我国古代第一部自传体爱情小说，讲述作者奉使至河源，中途迷路入仙窟，遇十娘、五嫂两仙女，互相以诗酬对舞咏，其夜与十娘共眠，极尽欢娱，翌日依依惜别的故事。通篇以散文叙事，以韵语对话，文辞浮华艳丽，结构谨严完整，是最早以骈体文作传奇者，标志着自六朝志怪向唐传奇的转变，内容亦自志怪转为叙人世之悲欢离合，在小说发展史上有重要意义。

该书目下较通行的版本有上海书店1985年所出版本和时代文艺出版社2001年所出版本。

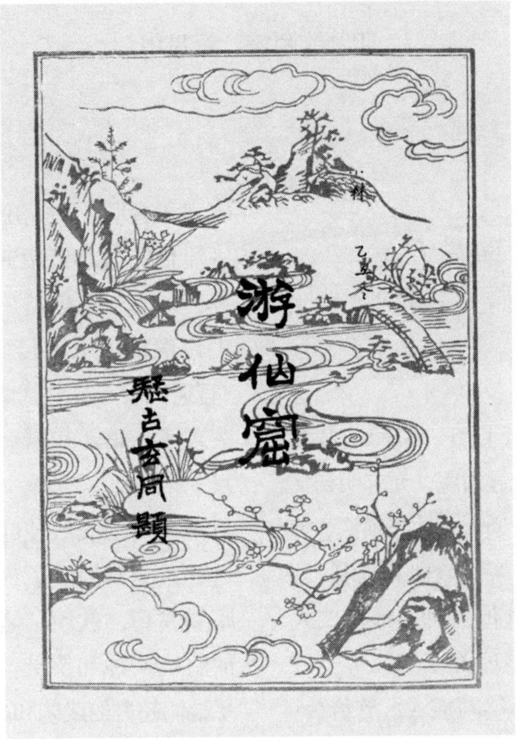

《游仙窟》书影

子部·小说

208 水浒传

明·施耐庵、罗贯中

官逼民反，替天行道

施耐庵（1296—1371），名彦端，字子安，号耐庵，元末明初文学家。他博古通今，才华横溢，35岁曾中进士，后弃官归家闭门著书。罗贯中拜他为师，师徒二人一起搜集、整理关于宋江等英雄人物的故事，终写成《水浒传》。

《水浒传》是我国古典四大名著之一，取材于北宋末年宋江起义的故事。宋代说书人采之作为话本素材，篇目有《青面兽》《花和尚》和《武行者》等。现存最早的写水浒故事的作品是《大宋宣和遗事》。施耐庵把在不同地区流传的故事汇集起来，进行选择、加工、再创造，写成了这部史诗般的《水浒传》。书中围绕“官逼民反”这一线索展开情节，表现了一群不堪暴政欺压的“好汉”揭竿而起，聚义水泊梁山，直至接受招安致使起义失败的全过程，深刻揭露了封建社会的黑暗和腐朽，歌颂了诸多英雄人物的反抗精神和侠义行为，也歌颂了他们超群的武艺和高尚的品格。

《水浒传》使用的是以口语为基础，经过加工提炼的文学语言，明快、准确、生动，极富性格化和表现力，明代李贽由衷赞叹《水浒传》文字妙绝千古：“如鲁智深、李逵、武松、

*据清光绪六年广东藏修堂刻本旧印本《水浒全图》

阮小七、石秀、呼延灼、刘唐等众人，都是急性的，刻画来各有派头，各有光景，各有家数，各有身份，一毫不差，半些不混。读者自有分辨，不必具其姓名，一睹事实，就各某人某人也。”金圣叹更是将《水浒传》列为才子必读书，“别一部书，看过一遍即休，独有《水浒传》，只是百看不厌，无非为他把一百八个人性格都写出来。《水浒传》写一百八个人的性格，真是一百八样。若别一部书，任他写一千个人，也只是一样，便只写得两个人，也只是一样”。

天下之乐，第一莫若读书；读书之乐，第一莫若读《水浒》。其线条粗犷，不事雕琢，甚至略有仓促，但读来有如深山大泽吹来的一股雄风，使人顿生凛然荡胸之感。这是农民起义的伟大画卷，一个刚毅、蛮勇、有力量、有血性的世界。

《水浒传》版本比较复杂，大致分为简本和繁本两个系统。简本文字简略，细节描写少；繁本描写细致生动，文学性较强。一般认为，嘉靖时郭勋刊刻的武定板《水浒传》比较接近原本。今天所能见到的比较早又比较完整的是天都外臣序本，一百卷。明末金圣叹“腰斩《水浒》”，将一百二十回本删去大聚义后的内容，改作成七十回本，入清以后最为流行。中华人民共和国成立后，陆续整理出版过七十回本及一百二十回本、一百回本等繁本，并影印过一百回本和简本《水浒志传评林》。通行本有人民文学出版社1997年版《水浒传》。

209 三国演义

明·罗贯中

青梅煮酒，谁是英雄

罗贯中（约1330—约1400），名本，字贯中，号湖海散人，祖籍东原（今山东东平），流寓杭州。元末明初小说家，著有《三国志通俗演义》《三遂平妖传》《隋唐志传》《残唐五代史演义》等。

《三国演义》是我国最早的一部长篇章回体历史小说，代表古代历史小说的最高成就。全称《三国志通俗演义》，又称《三国志》《三国志传》等，简称《三国演义》。该书继承了历史上诸多史书、杂传、戏剧、小说，如陈寿《三国志》、《殷芸小说》、《三国志平话》等的故事题材，着重描写了魏、蜀、吴三国之间的政治、军事、外交斗争和兴衰过程，始于黄巾起义，终于西晋统一，展现出一幅波澜壮阔的百年历史风云画卷，揭示了东汉末年社会现实的动荡和黑暗。全书使用浅近的文言，明快流畅，雅俗共赏，笔法富于变化，摇曳多姿，以宏伟的结构，把百年左右头绪纷繁、错综复杂的事件和众多的人物，组织得完整严密，叙述得有条不紊，人物形象栩栩传神，刘备之仁、曹操之奸、孔明之智、关羽之忠、张飞之莽、赵云之勇、孙权之霸、周瑜之英，

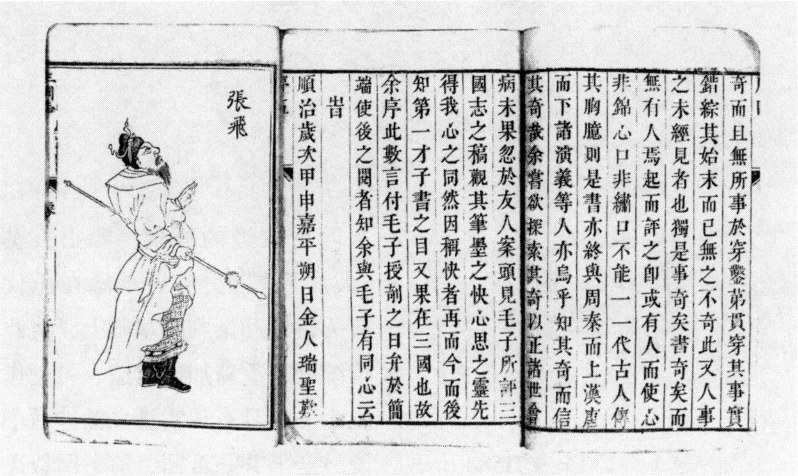

清刻本《第一才子书三国志演义》

无不赫然在目。可以说没有哪一部小说能像《三国演义》这样对一个民族的社会生活和风俗习尚产生如此巨大而深刻的影响。

该书最早的版本是明嘉靖元年刊印的《三国志通俗演义》，分二十四卷，二百四十则，每则一个七言标题。此后新刊本迭出，卷数、回目、引用诗词等均有改动。清康熙时，毛纶、毛宗岗父子对《三国志演义》进行了修订，遂成为最通行的本子。今有人民文学出版社1973年版《三国演义》。

子部·小说

210 西游记

明·吴承恩

求心证性，历难成佛

吴承恩（约1500—约1582），字汝忠，号射阳居士，又称射阳山人，先世江苏涟水人，后徙淮安府山阳县（今江苏淮安，一说安徽桐城）。科举屡遭挫折，嘉靖中补贡生，后任浙江长兴县丞，耻为五斗米折腰，辞官归去，潜心著述，晚年作《西游记》，另有《射阳先生存稿》《禹鼎志》等。

《西游记》是中国古代神魔小说的经典之作，也是我国古典四大名著之一，讲述唐僧师徒四人西行取经的故事，源出玄奘《大唐西域记》。吴承恩在历代有关诗话和杂剧的基础上，将此传统题材重新加以改造，再创作成为一部具有现实意义的神话小说。全书共一百回，前七回叙述孙悟空出世、大闹天宫的故事，此后转写孙悟空、八戒和沙僧保护唐僧西天取经。由众多独立的取经小故事串连而成，正是“过了这座山，又逢那个洞”，高潮迭起，悬念层出，让人欲罢不能。小说的主人公虽是唐僧，但最富于魅力和光彩的形象却无疑是孙悟空，他闹天宫、闯地府，笑傲世间，斩妖魔、除凶怪，无畏艰险，他的神通广大，他的反叛不羁，他的忠肝义胆，他的勇

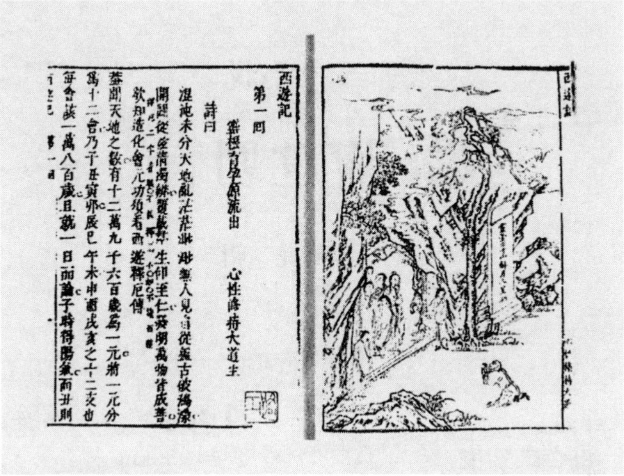
西遊記
第一回　靈根育孕源流出　心性修持大道生
詩曰
混沌未分天地亂，茫茫渺渺無人見。自從盤古破鴻濛，
開闢從茲清濁辨。覆載群生仰至仁，發明萬物皆成善。
欲知造化會元功，須看西遊釋厄傳。
蓋聞天地之數，有十二萬九千六百歲為一元。將一元分
為十二會，乃子丑寅卯辰巳午未申酉戌亥之十二支也。
每會該一萬八百歲。且就一日而論：子時得陽氣，而丑則

中州书画社1983年初版《李卓吾先生批评西游记》

往直前，千载之下犹令人神往。猪八戒则是与孙悟空相反互补的另一个生动形象，他又贪又馋又懒又色，几乎凝聚了所有的人性弱点，每一个人都能从他身上或多或少地看到自己的影子。《西游记》熔儒释道于一炉，借优美典雅的文字，展现出一个瑰丽恢宏的世界，天宫、魔域、人间、佛境，交相辉映，有鹅毛飘不起的流沙河，有飞鸟过不去的火焰山，有金刚冲不破的盘丝洞，有男子忘不了的女儿国。如此奇幻，却又如此亲切，只因这本来就是世俗凡情。《西游记》不愧为我国古典浪漫主义文学的高峰。

现存《西游记》最早的刊本是明万历二十年（1592）金陵世德堂《新刻出像官版大字西游记》，二十卷，一百回。随后有万历三十一年（1603）清白堂扬闽斋刊本（藏日本内阁文库）。又有明崇祯刊刻《李卓吾先生批评西游记》一百回本。清代有康熙丙子（1696）刊本《西游真诠》及乾隆戊辰（1748）晋省书业公记刊本《新说西游记》等。今有人民文学出版社1980年所出版本。

子部·小说

211 喻世明言

明·冯梦龙　辑

世事多讽，喻以导愚

冯梦龙（1574—1646），字犹龙，又字耳犹，号翔甫、龙子犹、顾曲散人、墨憨斋主人等，苏州人，明代著名文学家、戏曲家。少有才气，却怀才不遇，至崇祯三年（1630）五十七岁时才考取贡生，后选为丹阳训导。崇祯七年（1634）授福建寿宁知县。清初曾参加反清复明活动，不久即忧愤而死。辑有《喻世明言》《警世通言》《醒世恒言》《古今谭概》《智囊》《挂枝儿》《山歌》等。

《喻世明言》乃话本小说集，与《警世通言》《醒世恒言》合称“三言”，代表中国古代白话短篇小说的最高成就。据《醒世恒言·序》称：“‘明’者取其可以导愚也，‘通’者取其可以适俗也，‘恒’则习之而不厌，传之而可久。三刻殊名，其义一也。”此集凡四十篇，多为宋元旧作，亦有明人拟作，或写市井细民的凡俗生活，或写历史名人的传奇故事，内容往往带有浓厚的训诫色彩。尤以恋爱婚姻类题材所占据的比重最大，成就也最高，这类小说常把“情”和“欲”放在“理”或“礼”之上，要求“礼顺人情”，表现出与旧道德传统相背的新道德观。

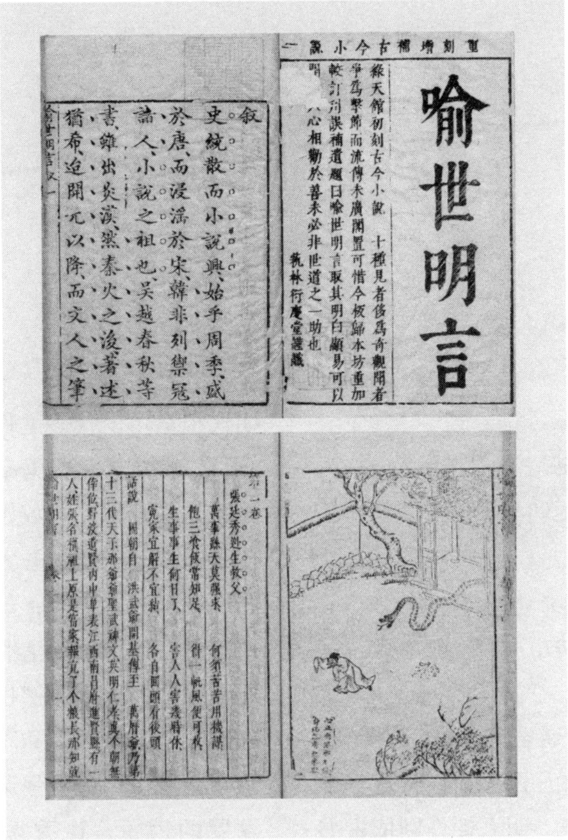
重刻增補古今小說 一

喻世明言

綠天館初刻古今小說　十種見者侈爲奇觀聞者爭爲擊節而流傳未廣閣置可惜今板歸本坊重加較訂刊誤補遺題曰喻世明言取其明白顯易可以開心相勸於善未必非世道之一助也

藝林衍慶堂謹識

敘

史統散而小說興始乎周季盛於唐而浸淫於宋韓非列禦寇諸人小說之祖也吳越春秋等書雖出炎漢然秦火之後著述猶希迨開元以降而文人之筆

明末衍庆堂刊本《喻世明言》

今存版本，日本藏有天许斋《古今小说》(《喻世明言》初刻名）原刻本与复刻本，但都残缺。今人王古鲁用两书照片互补残缺，成为一部较完善的本子，1947年由涵芬楼排印。文学古籍刊行社1955年重印。1958年许政扬以重印本作为底本，参考《清平山堂话本》《今古奇观》，有所订正与删节。

212 警世通言

明·冯梦龙　辑

世情多舛，警以劝俗

冯梦龙，见《喻世明言》作者介绍。

《警世通言》是“三言”中的第二部，凡四十篇，将近一半是宋元旧作，明人拟作则依古书记事编排成篇，其中大多为冯梦龙本人所撰，以“警世劝俗”为宗旨，恋爱婚姻仍是此书主要题材，表现了青年男女对爱情自由的勇敢追求和对幸福生活的真挚渴望。《崔待诏生死冤家》和《杜十娘怒沉百宝箱》是其中的名篇，无论艺术性和思想性都堪称明代拟话本的代表之作。

《崔待诏生死冤家》里的璩秀秀是咸安郡王的奴婢，她爱上了玉匠崔宁，便展开大胆追求，两人一起逃出王府，却不幸因郭排军告密而被捉回治罪，崔宁发配建康，秀秀则惨遭杖杀。这本来是一个爱情毁灭和阶级迫害的悲剧，但作者为了强调秀秀性格发展的逻辑，让秀秀的鬼魂显形，跟崔宁一起到建康，回临安，重新过起自由自在的夫妻生活，进一步丰富和深化了秀秀的悲剧性格，富有积极浪漫主义精神。

《杜十娘怒沉百宝箱》里的杜十娘虽沦落风尘，但心地高洁，渴望人格的尊严和真诚的爱情。她“韫藏百宝”，委身李甲，却不料李甲中途变心，将她叛卖给市侩子弟孙富，她没有求情，也没有流泪，而是“放开双手，冷笑一声”，强抑悲痛，梳洗打扮得光彩照人。天亮船头交易，她从容不迫地让李甲一层一层地打开百宝箱，又一层一层投入江中，这不啻是在抽打李甲的灵魂。而那最后抱持宝匣的一跳，更是惊心动魄、撕心裂肺，从而把这场爱情悲剧推上了顶峰，最终完成了杜十娘宁为玉碎、不为瓦全的刚烈性格的塑造。

《警世通言》存世版本有藏于日本的金陵兼善堂本，国内有根据传抄排印的《世界文库》本。衍庆堂本署《二刻增补警世通言》，但书已不全。三桂堂本现存文三十六篇。衍庆堂本与三桂堂本在篇目、标题、次序上与原刻不同，可能为历代书商窜易。作家出版社1956年以《世界文库》本为底本出版了校注本，内容上有删节。

子部·小说

213 醒世恒言

明·冯梦龙　辑

世人多醉，醒以戒心

冯梦龙，见《喻世明言》作者介绍。

《醒世恒言》是“三言”中的第三部，所收宋元旧作比前“二言”少些，只占六分之一左右。在明人拟作中有一些取材于前代野史杂记。其内容有的揭露了帝王的荒淫无道，有的批判了封建官僚的互相倾陷与忘恩负义行为，而以《卖油郎独占花魁》为代表的有关爱情、婚姻、家庭的描写也占了重要地位。这一类作品在结构的完整、情节的生动、形象的鲜明、语言的流畅、词汇的丰富等方面都超过了宋元旧作。《今古奇观序》称其“极摹人情世态之歧，备写悲欢离合之致”。“三言”是一个时代的文学，它的刊行，不仅使许多宋元旧篇免于湮没，而且推动了短篇白话小说的发展和繁荣，影响深远。

今存版本，有叶敬池刻本，封面题为《绘像古今小说醒世恒言》。另有时敬溪刻本，图、序及行款均同于叶敬池刻本。通行的衍庆堂翻刻本有两种，一为四十篇足本，一为三十九篇本，即删去《金海陵纵欲亡身》，而析《张廷秀逃生救父》为上下两篇，凑成四十篇之

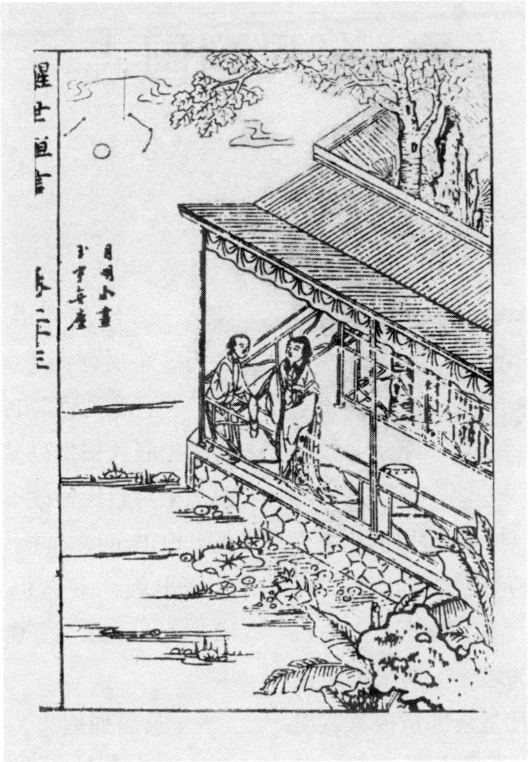

明天启金阊叶敬池刻本《醒世恒言》

数。1956年人民文学出版社出版了顾学颉校注本，是以《世界文库》复排叶敬池刻本作底本，对于个别色情描绘字句作了必要的删节，《金海陵纵欲亡身》一篇则全部删去。

214 东周列国志

明·余邵鱼　撰，冯梦龙　编

春秋争霸，战国称雄

有关春秋战国时列国故事的平话，在元代已经出现。明代余邵鱼撰《列国志传》，共八卷，陈继儒为之序。明末冯梦龙加以改编，凡是余邵鱼疏忽或遗漏之处，冯梦龙都根据史书加以订正，艺术上也有显著提高，并改名为《新列国志》，全书共一百零八回。自冯梦龙《新列国志》行，余邵鱼《列国志传》遂废。清代乾隆年间，蔡元放在冯氏基础上又作修改，删去某些虚构情节，改正了谬误，加上序、读法、详细的评语和注释，改名为《东周列国志》，共二十三卷，一百零八回。1955年，人民文学出版社根据冯梦龙的《新列国志》对蔡氏的改本作了一些校正，取消了评、注、读法、序，重新出版，书名仍为《东周列国志》，题为“冯梦龙、蔡元放编”。

《东周列国志》从西周末年宣王三十九年（前789）写起，到秦始皇二十六年（前221）统一六国结束，包括春秋战国五百多年的历史，内容极其丰富。小说结构布局主次分明，繁简得当，虽头绪众多，矛盾错杂，但来龙去脉交待得十分清楚，不仅整个历史时代的发展变化得到如

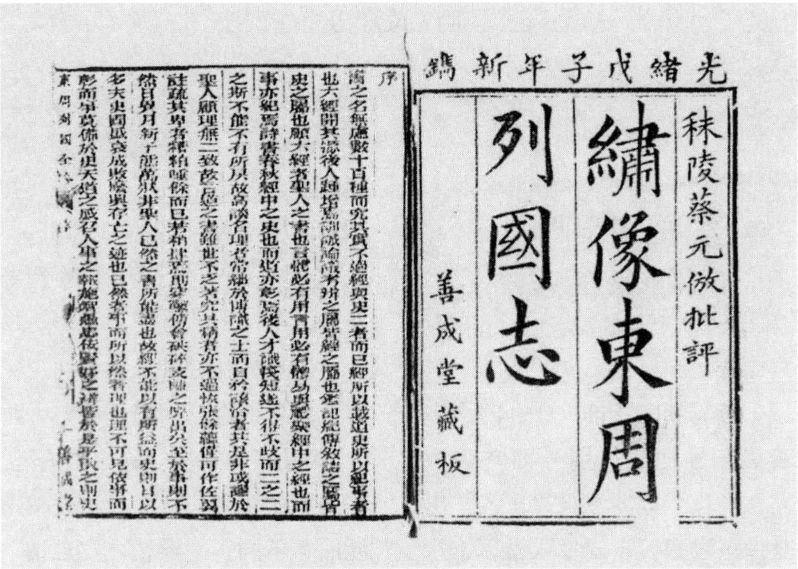

善成堂藏板《绣像东周列国志》

实反映，各诸侯国之间的关系也写得条分缕析。小说中的主要情节、人物均是从《左传》《国语》《战国策》《史记》等书中汲取出来的。它将分散的历史故事、人物传记按照时间的先后顺序串联起来，共冶一炉，成就一部完整的历史演义小说。

子部·小说

215 初刻拍案惊奇

明·凌濛初

重翻旧曲，再酿新蒸

凌濛初（1580—1644），字玄房，号初成，别号即空观主人，乌程（今浙江吴兴）人。出身世宦之家，十二岁入学，十八岁补廪膳生，应举入试，屡试不中。后入都谒选，直到五十五岁时才授上海县丞，署海防事。六十三岁时，升任徐州通判。崇祯十七年（1644），李自成农民起义军进迫徐州，凌濛初不肯出降，最后呕血而死。他著作甚富，有《圣门传诗嫡冢》《言诗翼》《诗逆》《诗经人物考》《国门集》《谭曲杂札》，小说《初刻拍案惊奇》《二刻拍案惊奇》，以及《虬髯翁》《北红拂》等杂剧。

《初刻拍案惊奇》是仿“三言”而作的白话短篇小说集，与《二刻拍案惊奇》合称“二拍”。与冯梦龙之“三言”大量改编宋元旧本不同，凌濛初之“二拍”皆系自撰。其时宋元旧本中好的题材都已被冯梦龙“搜括殆尽”，唯剩些“沟中之断芜，略不足陈”了，凌濛初只能另辟蹊径，“因取古今来杂碎事可新听者、佐谈谐者，演而畅之，得若干卷”，即从历代传说笔记中寻找故事题材，重加敷衍，使之成为有完整情节和性格人物的作

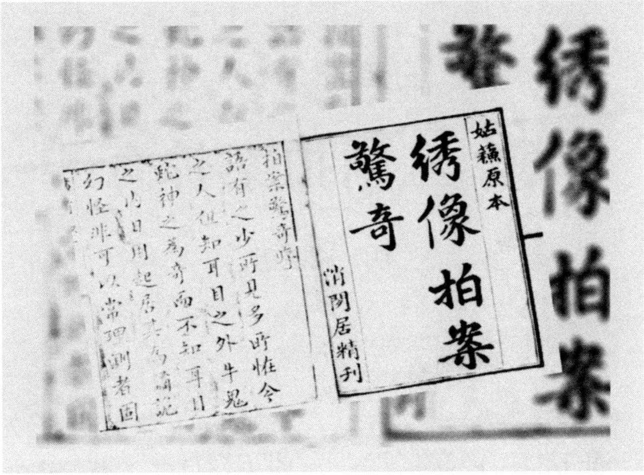

清消闲居刊本《拍案惊奇》

品，从而得以自由地表达自己的生活感受和价值观念，发挥自己的艺术才华，而不像“三言”，多多少少要受到宋元话本的影响和局限，故此“二拍”可谓是中国小说史上最早的由文人独立创作的白话短篇小说集。正如孙楷第《三言二拍源流考》所云：“凌氏的拟话本小说，得力处在于选择话题，借一事而构设意象。往往本事在原书中不过数十字，记叙旧闻，了无意趣。在小说则清谈娓娓，文逾数千。抒情写景，如在耳目。化神奇于臭腐，易阴惨为阳舒，其功力亦实等于创作。”《初刻拍案惊奇》所展现的基本上是市民阶层的生活，商人、手工业者、小知识分子、僧侣、胥吏、妓女、强盗等等成为小说世界的主人公，通过他们的经历，比较真实地反映了明代社会市井细民的生活状况。

《初刻拍案惊奇》原刊本是尚友堂刊本，今藏日本日光轮王寺慈眼堂。

216 二刻拍案惊奇

明·凌濛初

世风日下，近事堪忧

凌濛初，见《初刻拍案惊奇》作者介绍。

《二刻拍案惊奇》是凌濛初继《初刻拍案惊奇》之后创作的第二部短篇小说集。其成书过程与《初刻拍案惊奇》略有不同。《初刻拍案惊奇》是凌濛初自行创作，被书商得知后刻印出版的，而《二刻拍案惊奇》则是书商主动要求凌濛初续写的。《二刻拍案惊奇小引》中详细介绍了此经过："贾人一试之而效，谋再试之。余笑谓一之已甚。顾逸事新语可佐谈资者，乃先是所罗而未及付之于墨，其为柏梁余材、武昌剩竹，颇亦不少。意不能忽，聊复缀为四十则。"这种状况，正反映了明代图书出版业与通俗小说创作的互动状况。

《二刻拍案惊奇》的思想内容和创作旨趣与《初刻拍案惊奇》一脉相承，反映明代后期市民阶层的社会生活更为广阔，凡是人伦道德的各个主题，都或多或少地涉及了。同时，明末内忧外患纷起，社会矛盾更加复杂尖锐，这一状况，《二刻拍案惊奇》表现得也比《初刻拍案惊奇》更为充分，诸如贫富悬殊造成的心理倾斜，官僚腐朽造成的社会动荡，封建婚姻制度激起的

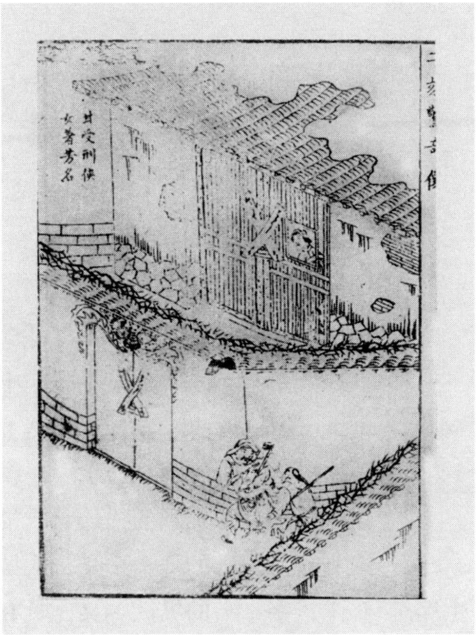

明天启刊本《二刻拍案惊奇》插图

青年男女的反抗，新兴商人阶层对士农工商四民秩序的挑战，淫靡世风膨胀起的人欲对天理道学的反叛等等，勾勒出一幅晚明社会日薄西山的惨淡图画。

《二刻拍案惊奇》最早由尚友堂刊行于明崇祯五年（1632），原刻本国内仅存半部，且没有别的翻刻本。日本内阁文库藏有一部尚友堂刻本，然亦非足本，收小说三十九卷及凌濛初所撰《宋公明闹元宵杂剧》一卷，学者普遍认为系第四十卷亡佚，而别以杂剧凑足作者在《小引》中言明的“四十则”之数。又第二十三卷与《初刻拍案惊奇》重出；第五卷和第九卷版心或标作“二续惊奇”，与各卷不类，学者亦疑为从别书补入。

217 型世言

明·陆人龙

末世颓风，树型正俗

陆人龙，生卒年不详，字君翼，别号平原孤愤生，钱塘（今浙江杭州）人，约生活于万历至明末。他重视传统道德观念，向往清明政治，反对魏忠贤窃权，对明末官场黑暗和社会腐败深恶痛绝。曾以平原孤愤生的笔名撰写长篇小说《辽海丹忠录》，又以陆人龙本名撰写《型世言》，因此书在国内冷落三百余年，《辽海丹忠录》又系清代禁书，故其名鲜为人知。

《型世言》是“三言”“二拍”之外又一部重要的拟话本集，共十卷，四十回。全书皆述忠孝友悌、贞烈节义之时事，对晚明社会贪奢淫靡的世风进行了细致的描绘，或批判价值失衡下的拜金主义，或揭示道德迷失下的纵欲主义，具有浓厚的说教色彩，同时也流露出作者深深的失望与无奈之情。

该书约于崇祯五六年间由著名书坊主陆云龙评点并刊行，在国内失传已久，且不见于文献著录，20世纪80年代才于韩国汉城大学奎章阁发现藏有原本。1993年中华书局出版了点校排印本，嘉惠学林。据研究，以前有几种残本传世的《三刻拍案惊奇》，系据《型世言》原本覆刻，删去原序等原作痕迹并另撰回目伪造而成。

子部·小说

218 金瓶梅

明·兰陵笑笑生

描写世情，尽其情伪

《金瓶梅》是中国古代小说史上的一部奇作。它的成书与《三国演义》《水浒传》《西游记》不同，没有经历过一个世代积累的过程，是中国文学史上第一部文人独立创作的长篇小说。至于《金瓶梅》成书于何时，目前尚无定论。万历二十四年（1596），袁宏道致董其昌的一封信说："《金瓶梅》从何得来？伏枕略观，云霞满纸，胜于枚生《七发》多矣。后段在何处抄竟，当于何处倒换？幸一的示。"这是最早提及《金瓶梅》的文献。可见《金瓶梅》当时已有抄本流行。《金瓶梅》的作者向来扑朔迷离，虽署名为兰陵笑笑生，但其真实姓名一直无法确认。

《金瓶梅》书名取自书中三个女主人公的名字：潘金莲、李瓶儿、庞春梅。小说以描写西门庆的家庭生活为主，犹如一幅历史画卷，再现了当时社会政治生活的各种现象，为后人深入剖解了社会历史瞬间。鲁迅称其"描写世情，尽其情伪"，酒、色、财、气的描写仅仅是作品的表象，更深层次的意蕴直指人性，拷问本质，是中国第一部具有"近代意义"的名著。

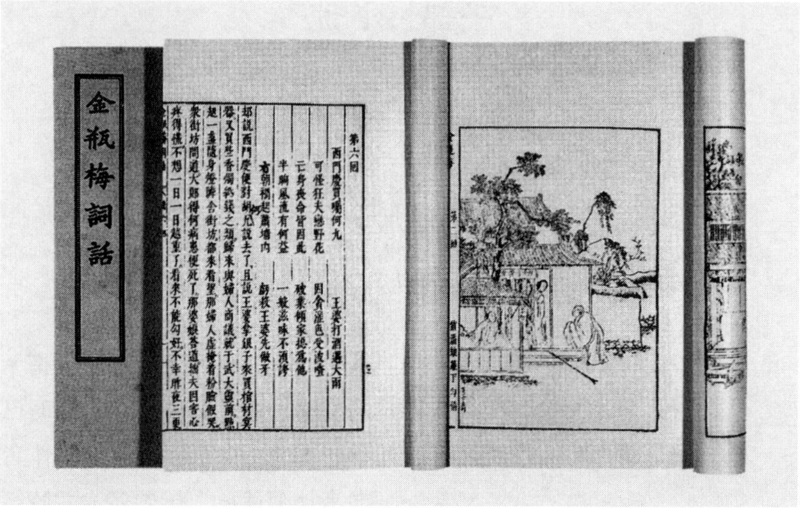

文学古籍刊行社影印本《金瓶梅词话》

《金瓶梅》的版本主要有两个系统：一为现存最早的万历四十五年（1617）东吴弄珠客及欣欣子序的《金瓶梅词话》，共一百回，所谓“词话”是指书中插有大量的诗词曲赋和韵文，这个本子及其传刻本，统称词话本。一为崇祯年间刊行的《新刻绣像批评金瓶梅》，又称《原本金瓶梅》，故一般称这个本子及其传刻本为崇祯本。清康熙年间张竹坡对崇祯本加以评点，推出《第一奇书金瓶梅》。这就是张竹坡的批评本，流行甚广。清同治年间，蒋敦复删削《第一奇书金瓶梅》不洁文字而成的《绘图真本金瓶梅》，民国五年（1916）由存宝斋印行，成为《金瓶梅》的第一部洁本。

子部·小说

219 清平山堂话本

明·洪楩 编

口传心授，话皆有本

洪楩，生卒年不详，字子美，钱塘（今浙江杭州）人。嘉靖中以荫官詹事府主簿，曾以斋名清平山堂刊行家藏善本《唐诗纪事》《夷坚志》等书籍，又刊行宋元多种话本、小说。

《清平山堂话本》原名《六十家小说》，分为《雨窗》《长灯》《随航》《欹枕》《解闲》《醒梦》六集，每集十篇。现存《雨窗》《欹枕》两集的残本，仅十二篇；又残本三册，书名不详，存十五篇，藏日本内阁文库。两者共计二十七篇，影印本合为一书，题作《清平山堂话本》。书中收宋元明三代的短篇小说，有一部分标明“小说”或“新编小说”，当属小说家的话本；有些是说话人抄录的资料，作为提纲的说话底本，如《蓝桥记》即摘录自唐人裴铏的《传奇》。《清平山堂话本》保存了话本的本来面目，从中可以看到宋元至明初小说家话本的各种不同体制和风格。如前有“入话”，后有“散场”，与元刻《新编红白蜘蛛小说》残页可以互相印证。《张子房慕道记》《快嘴李翠莲记》等又提供了话本体小说的范本。书中有不少篇目后来收入冯梦龙编的“三言”，文字有

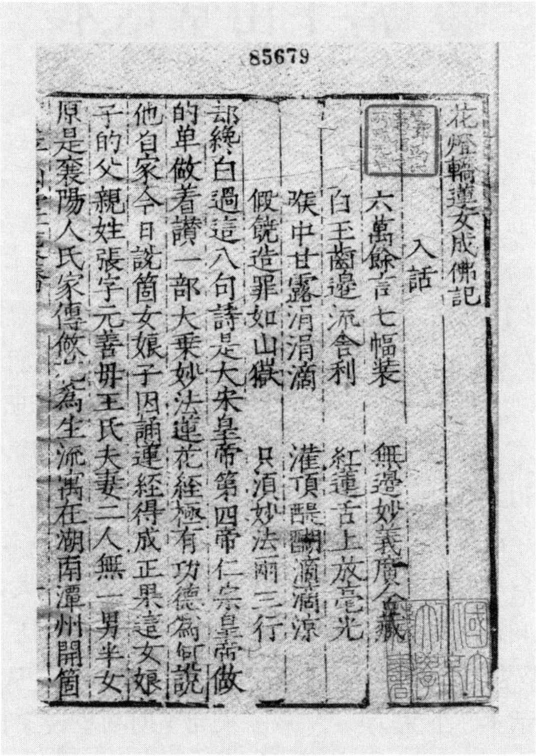
85679

花燈轎蓮女成佛記

入話

六萬餘言七軸裝　無邊妙義廣含藏

白玉齒邊流舍利　紅蓮舌上放毫光

喉中甘露涓涓滴　灌頂醍醐滴滴涼

假饒造罪如山嶽　只消妙法兩三行

話說這八句詩是大宋皇帝第四帝仁宗皇帝做

的單做着讚一部大乘妙法蓮花經極有功德爲何說

他自家今日說箇女娘子因誦蓮經得成正果這女娘

子的父親姓張字元善母王氏夫妻二人無一男半女

原是襄陽人氏家傳做[illegible]爲生流寓在湖南潭州開箇

明清平山堂刻本

所修订。

该书通行的有文学古籍刊行社影印本及1957年谭正璧校注本，另有中华书局2001年9月排印本。

子部·小说

220 封神演义

明·许仲琳

成王败寇，周革殷命

许仲琳，生卒年不详，号钟山逸叟，应天府（今江苏南京）人，约生活于嘉靖、隆庆间。

《封神演义》是明代著名神魔小说，总一百回，以纣王进香、题诗渎神、女娲命三妖惑纣助周为楔子，历述纣王荒淫误国、姜子牙晚年知遇、西伯侯脱祸归周、武王起兵反商诸事，以纣王自焚、武王克商、姜子牙祭坛封神、周武王分封列国告终。全书渗透着浓重的宿命色彩，“成汤气数已尽，周室天命当兴”的观念贯穿始终，斩将封神则旨在强调神权皇权。小说情节曲折，高潮迭起，赋予各类人物以奇特的形象和鲜明的个性，情态毕现，如腋下生双翼的雷震子，眉间神目如电的杨戬，耿直愚忠的闻仲，恶意挑拨的申公豹等等。其瑰丽无比的奇诞气象和气势磅礴的神话韵味，千百年来难有匹敌。

《封神演义》成书年代一般认为是在明穆宗隆庆至明神宗万历年间。现存最早的本子为明代舒载阳刊本，共二十卷一百回，别题为《武王伐纣外史》。国内已无存，清初有周之标序本、褚人获序本及四雪草堂本刊行，也均为一百回。1973年人民文学出版社出版了标点本。

子部·小说

221 聊斋志异

清·蒲松龄

说鬼谈狐，入世三分

蒲松龄（1640—1715），字留仙，一字剑臣，别号柳泉居士，室名聊斋，世称聊斋先生，临淄（今属山东淄博）人。少时应试，为学政施闰章激赏，至康熙五十年始成贡生。久为乡村塾师，中间一度至宝应县为幕宾，后潜心创作《聊斋志异》。

《聊斋志异》是一部文言短篇小说集，多写鬼狐故事，正如鲁迅所说，乃是“用传奇法，而以志怪”。其艺术成就很高，成功地塑造了众多艺术典型，人物形象鲜明生动，故事情节曲折离奇，结构布局严谨巧妙，文笔凝练，描写细腻，堪称中国古典短篇小说的高峰。书中以批判之笔写鬼狐世界，既有对腐朽社会、黑暗现实的不满，又有对怀才不遇、仕途难攀的不平；既有对贪官污吏狼狈为奸的鞭笞，又有对平民百姓勇于反抗的称赞；而数量最多、写得最好的是那些人与鬼狐之间的爱情篇章，如此瑰丽，如此动人，渗透着作者深沉的爱恨悲喜。蒲松龄在《聊斋自志》中说：“集腋为裘，妄续幽冥之录；浮白载笔，仅成孤愤之书。寄托如此，亦足悲矣！”

《聊斋志异》简称《聊斋》。三百年来，《聊斋》故事在民间

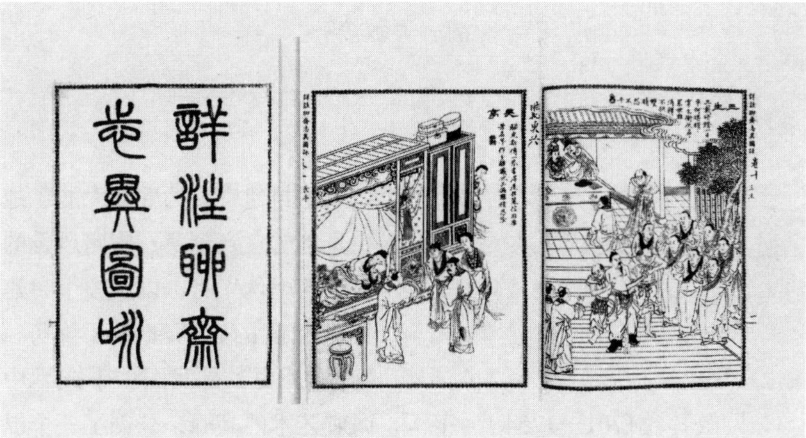

清光绪十九年鸿文书局石印本《详注聊斋志异图咏》

广为流传，历久不衰，先后被译成十几种文字，成为世界人民共同的精神财富。其版本众多，现存的主要有：手稿本（中华人民共和国成立初发现，曾影印出版），此乃作者修订本，可惜仅存二百零三篇；《二十四卷抄本聊斋志异》（1963年发现，已影印出版）；1962年中华书局上海编辑所出版了由张友鹤辑校的《聊斋志异》会校会注会评本，编定为十二卷，合共七百九十一篇，是目前较为完备的一个本子。

子部·小说

㉒ 儒林外史

清·吴敬梓

魑魅魍魉，毫发毕现

吴敬梓（1701—1754），字敏轩，号粒民，因家有文木山房，故晚年自号文木老人，安徽全椒人。诸生，受博学鸿词荐，托病不赴，从此不应科举。家本富，以好客，乐施与，贫至断炊。多与名士交游，而厌恶以八股文自鸣之士。著有《儒林外史》《文木山房集》等。

《儒林外史》以封建士大夫的生活和精神状态为中心，从揭露科举制度以及甘受这个制度奴役的士人的丑恶灵魂入手，进而讽刺了封建官吏的昏聩无能、地主豪绅的贪吝刻薄、附庸风雅的名士的虚伪卑劣，以及整个封建礼教制度的腐朽和不可救药。《儒林外史》是我国叙事文学中讽刺艺术的高峰，开创了一个以小说直接评价现实生活的范例，与《红楼梦》一起，标志着我国长篇小说从内容到形式的成熟，晚清的谴责小说大都受到它的影响。鲁迅称《儒林外史》“秉持公心，指摘时弊。机锋所向，尤在士林；其文又戚而能谐，婉而多讽”。

《儒林外史》历来有五十回、五十五回、五十六回等各说。现存最早的刻本是嘉庆八年（1803）卧闲草堂本，刻书已在

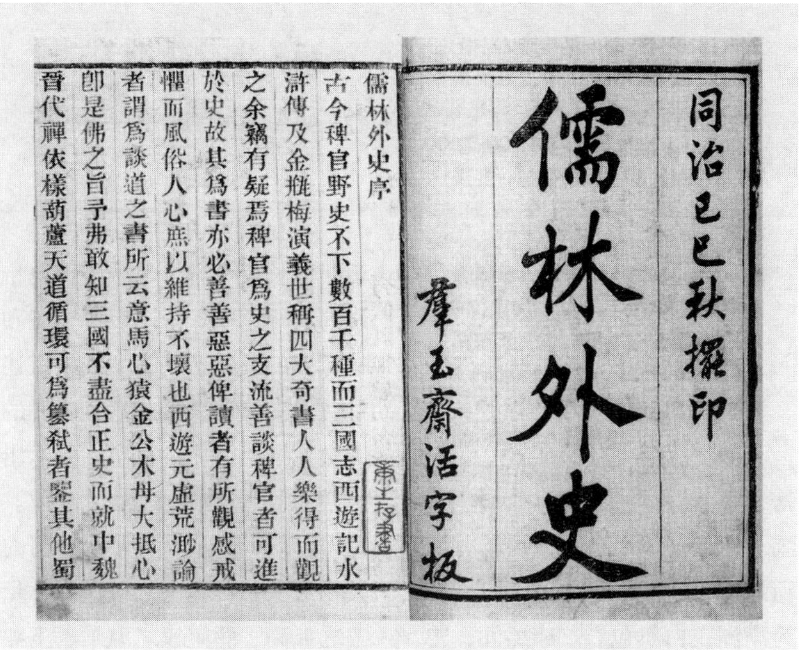

同治己巳秋擺印

儒林外史

羣玉齋活字板

儒林外史序

古今稗官野史不下數百千種而三國志西遊記水滸傳及金瓶梅演義世稱四大奇書人人樂得而觀之余竊有疑焉稗官為史之支流善談稗官者可進於史故其為書亦必善善惡惡俾讀者有所觀感戒懼而風俗人心庶以維持不壞也西遊元虛荒渺論者謂為談道之書所云意馬心猿金公木母大抵心即是佛之旨予弗敢知三國不盡合正史而就中魏晉代禪依様葫蘆天道循環可為篡弑者鑒其他蜀

清同治群玉斋木活字印本《儒林外史》

作者逝世后五十年，为五十六回本。此后比较有名的，有同治十三年（1874）的齐省堂本和同年的《申报》馆活字本，都出于卧闲草堂本的五十六回系统。

子部·小说

223 红楼梦

清·曹雪芹、高鹗

十年辛苦，字字血泪

曹雪芹（1715—1763），名霑，字梦阮，号雪芹、芹圃、芹溪。祖籍辽阳（存在争议，一说河北丰润），先世原是汉族，后为满洲正白旗包衣。康熙间，曾祖父曹玺、祖父曹寅、父曹頫相继任江宁织造。雍正初，因遭牵连，曹頫被革职抄家，雪芹随家居北京，晚年移居西郊，贫病而卒。他才华横溢，金石书画、诗词歌赋，无所不精，以十年之力著《红楼梦》，增删五次，终未完稿，后由高鹗续补乃成。

《红楼梦》又名《石头记》，章回体长篇小说，是中国古典小说的巅峰之作。全书以贾宝玉和林黛玉的爱情悲剧为主线，讲述了贾王史薛四大家族兴衰荣辱的历史，描绘了人生百态，揭示出封建社会多方面的深层矛盾。《红楼梦》塑造了一大批鲜明的人物形象：贾宝玉之叛逆、林黛玉之孤高、薛宝钗之温柔、王熙凤之狠辣……上至皇亲贵戚，下至丫环奴仆，官吏差役，僧道医卜，无不情态毕现，可谓集古今摹写人物之大成。《红楼梦》以其丰富深刻的思想底蕴、难以逾越的艺术成就，使针对《红楼梦》的研究成为专门的学问——红学。

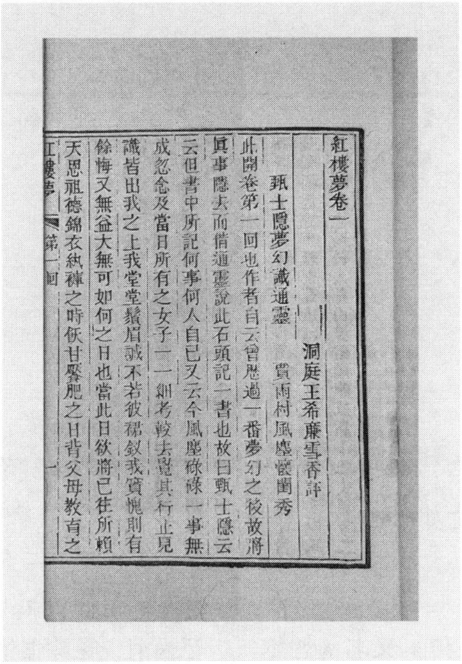

紅樓夢卷一

洞庭王希廉雪香評

甄士隱夢幻識通靈　賈雨村風塵懷閨秀

此開卷第一回也作者自云曾歷過一番夢幻之後故將真事隱去而借通靈說此石頭記一書也故曰甄士隱云云但書中所記何事何人自己又云今風塵碌碌一事無成忽念及當日所有之女子一一細考較去覺其行止見識皆出我之上我堂堂鬚眉誠不若彼裙釵我實愧則有餘悔又無益大無可如何之日也當此日欲將已往所賴天恩祖德錦衣紈袴之時飫甘饜肥之日背父母教育之

紅樓夢　第一回　一

清道光刊本《红楼梦》

《红楼梦》早期的手抄本保留下来的有：乾隆十九年甲戌（1754）脂砚斋抄阅再评本，称甲戌本，存十六回；乾隆二十四年己卯（1759）冬脂砚斋四阅评本，称己卯本，存三十八回；乾隆二十五年庚辰（1760）秋脂砚斋四阅评本，称庚辰本，存七十八回。1955年文学古籍刊行社所影印的《脂砚斋重评石头记》即以庚辰本为蓝本。高鹗续完《红楼梦》后，乾隆五十六年（1791）由程伟元第一次活字印本，称“程甲本”，一百二十回；第二年又重新排印，称“程乙本”。1959年人民文学出版社所出版的《红楼梦》即以程乙本为底本。

子部·小说

224 醒世姻缘传

旧题　清·西周生　辑著

冤仇相报，两世姻缘

《醒世姻缘传》又名《恶姻缘》，共一百回，旧题西周生辑著，其人生平不详。

小说以明代正统至成化年间（约1440—1485）为历史背景，讲述了一个冤仇相报的两世姻缘故事。前二十二回为前世姻缘，写晁源射杀仙狐，又娶妓女珍哥为妾，虐待正妻，使其妻计氏自缢身亡。第二十三回起写今世姻缘，晁源托生为狄希陈，仙狐托生为其妻薛素姐，对狄百般虐待，借报冤仇。后狄娶计氏托生的童寄姐为妾，亦凶狠泼辣，狄又备受欺凌。珍哥托生为寄姐的婢女珍珠，终为寄姐逼迫自杀。小说最后写高僧点明因果，狄希陈持诵《金刚经》，终于“福至祸消，冤除恨解”。

《醒世姻缘传》广泛描写了封建社会里的城镇和都市的世情风俗，深入刻画了官僚阶级的官场和家庭生活，对当时社会与家庭的污秽、欺诈与罪恶作了充分的揭露，反映了当封建社会趋向解体时，“纲常不振”的人伦关系，妾虐妻，妻虐夫，说明封建礼教已开始失去维系人心的力量。

《醒世姻缘传》是《金瓶梅》之后、《红楼梦》之前的一部重

醒世姻緣傳目錄

第一回 有引起

晁大舍圍場射獵 狐仙姑被箭傷生

第二回

晁大舍傷狐致病 楊郎中鹵莽行醫

第三回

老學究兩番托夢 大官人一意投親

第四回

童山人脅肩謅笑 施珍哥縱慾崩胎

第五回

醒世姻緣傳 目錄

清同治九年刊本《醒世姻缘传》

要的以婚姻家庭生活为题材的小说，结构完整，情节曲折，书中涉及的人物众多，身份各异，从权阉官吏到乡宦士绅，从市民百姓到僧道倡优，无一不备，人物形象大多血肉丰满，栩栩如生。且全书皆用山东方言写成，流利酣畅，生动有趣，具有浓厚的地方色彩。徐志摩称赞作者是“一位写趣剧的天才”。

该书有1936年世界书局排印本，又有中华书局2000年排印本。

225 侠义风月传

清·名教中人

窈窕淑女，侠士好逑

名教中人，生平不详。

《侠义风月传》又名《好逑传》《义侠好逑传》《第二才子好逑传》等，共四卷十八回，写铁中玉与水冰心一段极为曲折的爱情故事。铁中玉乃御史铁英之子，“既美且才，美而又侠”，曾为援救韩愿之女，只身打入仇人之家。水冰心乃兵部侍郎水居一之女，美貌聪慧，多次智胜学士之子，“临事作为，却又有才有胆，赛过须眉男子”，恶霸过其祖仗势逼婚，为铁中玉路遇所救。铁中玉因此遭害致疾，水冰心则不避嫌疑，迎至家中护视，彼此相敬。后经历重重阻难，铁中玉得中翰林，与水冰心成婚。由于书中将爱情婚姻故事与大臣之间的钩心斗角和朝廷的风云变幻紧密结合在一起，并生动地表现了铁中玉与水冰心有胆有略、才智高超的人物特点，在明清之际诸多才子佳人小说中属于上乘。该书18世纪传至欧洲，译为多国文字，歌德等文学家阅后颇为称颂。

据康熙、乾隆间人夏二铭《野叟曝言》载，《好逑传》“版清纸白，前首绣像十分工致”，可知该书早在清初已刊行于世，则创作时间当更早，学者多认为

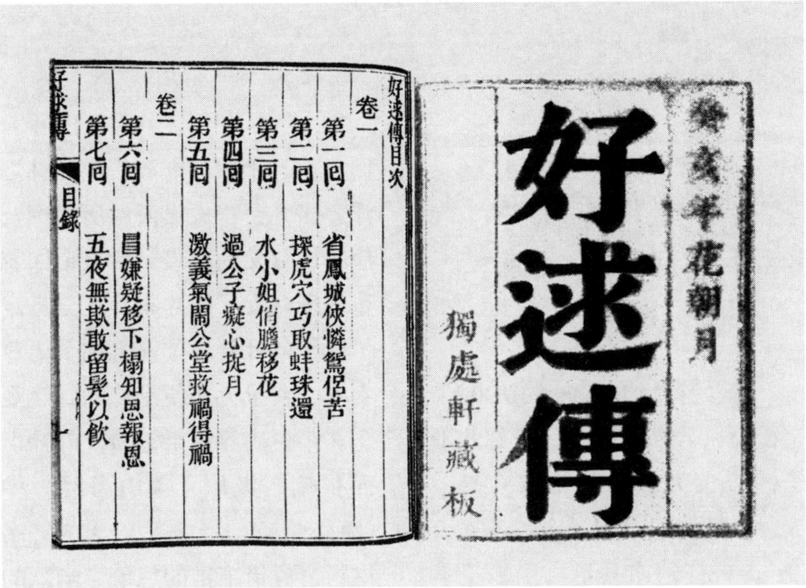
癸亥年花朝月

好逑傳

獨處軒藏板

好逑傳目次

卷一

第一回　省鳳城俠憐鴛侶苦

第二回　探虎穴巧取蚌珠還

第三回　水小姐俏膽移花

第四回　過公子癡心捉月

第五回　激義氣閙公堂救禍得禍

卷二

第六回　冒嫌疑移下榻知恩報恩

第七回　五夜無欺敢留髠以飲

好逑傳　目錄

清同治二年独处轩刻本《好逑传》

作于明代。夏二铭所见本久已失传。今所见者，有独处轩藏版大字本、萃芳楼藏版本、凌云阁梓本、三让堂刊小字本、焕文堂刊本等。

226 镜花缘

清·李汝珍

海外寻仙不辞远，月华空驻水空流

李汝珍（约1763—约1830），字松石，号松石道人，人称北平子，直隶大兴（今北京大兴）人。长期寓居海州（今江苏连云港），曾任河南县丞。生平于学无所不窥，尤长于音韵学。著有《镜花缘》《李氏音鉴》《受子谱》等。

《镜花缘》是继《红楼梦》后一部比较优秀的长篇小说，成书于嘉庆二十年（1815），原拟写二百回，结果只完成了一百回。前五十回写秀才唐敖和林之洋、多九公三人出海游历各国及唐小山寻父的故事。后五十回着重表现众女子的才华，充分肯定了女子的社会地位，批判了男尊女卑、女子无才便是德的封建观念。小说内容庞杂，涉及的知识面很广，汲取了《山海经》中《海外西经》《大荒西经》的许多材料，凭借丰富的想象、幽默的笔调，运用夸张、隐喻、反衬等手法创造出一个光怪陆离的神奇世界。

该书有光绪十四年（1888）上海点石斋石印本。1995年人民文学出版社又出版标点本。

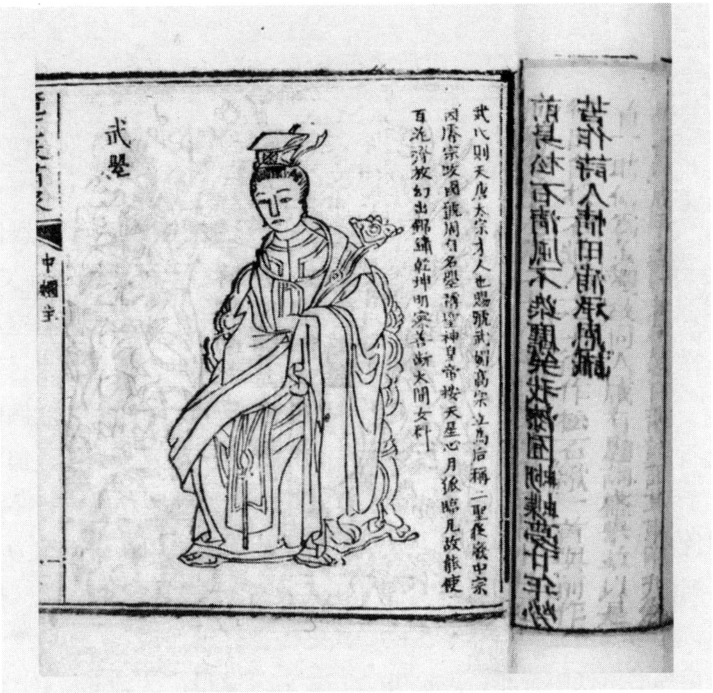

清道光英德堂刻本《镜花缘》

子部·小说

227 七侠五义

清·石玉昆

除暴安良，快意恩仇

石玉昆，生卒年不详，约出生于清代乾隆末期，字振之，号问竹主人，天津人，满族，咸丰、同治间著名说书艺人。博学善辩，尤擅长西派，自著《三侠五义》等书，谈唱皆雅，声价极高。当时约他说书的书馆，有接待神仙之势，闻者趋之若鹜。

早在明代，即有杂记体《包公案》（亦名《龙图公案》）十卷传世，清道光年间石玉昆之唱本《龙图耳录》一百二十回即从此出。光绪初年，问竹主人据此润饰而改名《忠烈侠义传》，旋又易名《三侠五义》，叙南侠、北侠、双侠及陷空岛五鼠行侠仗义事，豪情壮采，笔意酣恣。经学大师俞樾为之倾倒，乃以“三侠”其数为四，加小侠艾虎、黑妖狐智化及小诸葛沈仲元，为七侠，因而再新编为《七侠五义》，作序盛赞，并“援据史传，订正俗说”，改易第一回文字，遂得广为流传。《七侠五义》以包公断案为背景，塑造了五鼠、七侠等个性鲜活的人物。在书中，那种英雄排座次的思想已基本被摒弃，不管是五鼠还是七侠，都各怀绝技，侠士间的打斗也是各有输赢。《七侠五义》初写江湖豪侠除暴安良、快意恩

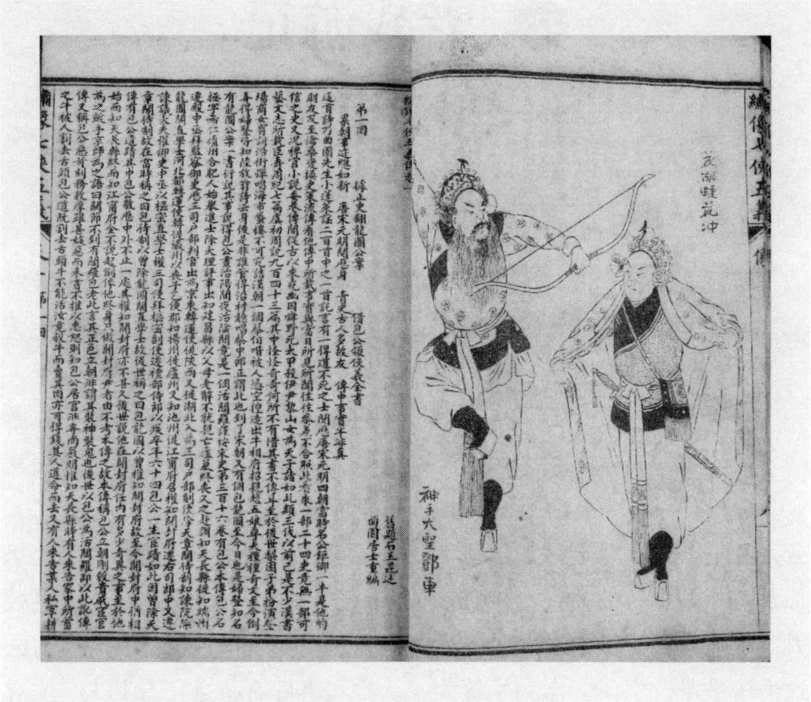

清光绪石印本《绣像七侠五义》

仇，不免“侠以武犯禁”；后则甘为包公所用，竟变成了“侠以武执法”。此所以鲁迅《中国小说史略》指其“为市井细民写心，仍似较有《水浒》余韵，然亦仅其外貌，而非精神”矣。

该书有1980年北京宝文堂的铅印本。1981年上海古籍出版社首次出版了谢蓝斋本《龙图耳录》。

228 老残游记

清·刘鹗

棋局已残，吾国已老

刘鹗（1857—1909），字铁云，又字公约，号老残，别署洪都百炼生。江苏丹徒（今镇江）人，寄籍山阳（今淮安）。他一生致力于数学、医学、水利学等实际学问，并纵览百家，喜欢收集书画碑帖、金石甲骨。其《铁云藏龟》，最早将甲骨卜辞公之于世。除《老残游记》外，他还著有《勾股天元草》《弧三角术》《历代黄河变迁图考》《治河七说》等。

《老残游记》全书共二十回，原署洪都百炼生著。作者在自叙里说："棋局已残，吾人已老，欲不哭泣也得乎?"小说是作者对"棋局已残"的封建末世及人民苦难遭遇的哭泣。小说描写一个人称"老残"的江湖医生铁英在游历中的所见所闻，揭露了过去文学作品很少揭露的"清官暴政"，所谓"历来小说皆揭赃官之恶者，有揭清官之恶者，自《老残游记》始"。在小说中出现的人物和事件有些是实有其人、实有其事的。正如作者所自言："野史者，补正史之缺也。名可托诸子虚，事须征诸实在。"《老残游记》语言优美，写景逼真，状物生动，鲁迅在《中国小说史略》中称赞其"叙景状物，时有可观"。

1957年人民文学出版社出版了《老残游记》的标点本。

子部·小说

229 孽海花

清·曾朴

孽海浮沉，早登觉岸

曾朴（1872—1935），初字太朴，后改孟朴，又字小木、籀斋，号铭珊，笔名东亚病夫，江苏常熟人，近代小说家、出版家。二十一岁捐内阁中书，后出入翁同龢之门，入同文馆，与变法之士交游。二十九岁时大病，从此开始文学创作。除《孽海花》外，还著有自传体小说《鲁男子》第一部《恋》、戏剧《雪昙梦院本》以及《补〈后汉书·艺文志〉》《补〈后汉书·艺文志〉考证》等，并有《病夫日记》及诗文若干篇行世。

《孽海花》以主人公金沟、傅彩云的经历为线索，串连一大批高级士子，通过他们的活动，描写了从同治初年起至甲午战败为止约三十年间“文化的推移”和“政治的变动”。从中可以看到中法战争、中日战争等重大历史事件的爆发，帝党、后党的激烈斗争，在此过程中顽固派、洋务派、改良派、革命派等政治势力的消长演变，以及与之相伴的思想、学术、文化的变化。全书写了二百多个人物，广泛反映了当时的社会生活，遣词造句上也多有锤炼。鲁迅先生在《中国小说史略》中称它“结构工巧，文采斐然”，把它列为清末四大谴

清光绪小说林本《孽海花》

责小说之一。

《孽海花》的始作者为金天翮，他先写了六回，后改由曾朴续写。分别于光绪三十一年（1905）、三十二年（1906），由小说林社在东京印刷出版初集（一至十回）和二集（十一至二十回）两册。1927年《真美善》杂志创刊，陆续发表修改后的二十至二十五回和新写出的二十六至三十五回。1931年以后，出版了三集（二十一至三十回），后又将三十回合为一册重行出版，中华人民共和国成立后重印了三十回本。1962年中华书局出版增订本，将三十一至三十五回作为附录。

子部·小说

230 断鸿零雁记

民国·苏曼殊

行云流水，孤僧情悟

苏曼殊（1884—1918），原名戬，字子谷，后改名玄瑛（亦作元瑛），曼殊是他的法号，广东香山（今广东珠海）人，近代作家、诗人、翻译家。幼年孤苦伶仃，1903年后留学日本，加入了革命团体青年会和拒俄义勇队，回国后任上海《国民日报》的翻译，不久即于惠州出家为僧。1907年赴日组织亚洲和亲会，公然反抗帝国主义，后与鲁迅等人合办杂志《新生》，但未成功，此后远赴爪哇。辛亥革命后归国，对现实悲观失望。苏曼殊一生能诗擅画，通晓日文、英文、梵文，可谓多才多艺，在诗歌、小说等多种领域皆取得了成就。

《断鸿零雁记》是苏曼殊的代表作，小说以第一人称写自己的飘零身世和爱情悲剧。主人公三郎幼年备受欺凌，孤苦伶仃，长大以后又经历了种种坎坷。他东渡日本寻找生母，母子重逢之后，三郎的日本表妹静子爱上了他。静子对三郎一片痴情，母亲和姨母也赞成这门亲事，但三郎犹豫不决。虽然他对静子也有感情，但他不敢再次面对爱情，对静子避而远之。原来，三郎在中国有未婚妻雪梅，因三郎之父破

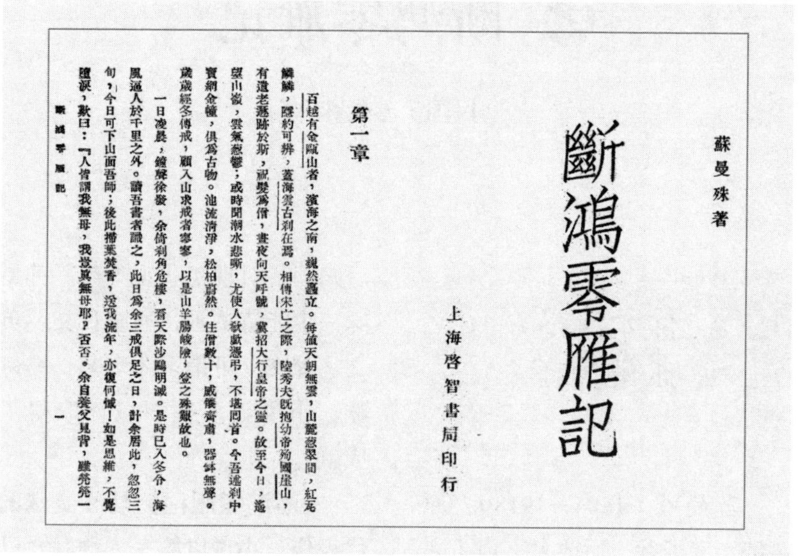

蘇曼殊著

斷鴻零雁記

上海啓智書局印行

第一章

百越有金甌山者，濱海之南，巍然矗立。每値天朗無雲，山麓葱翠間，紅葉鱗鱗，隱約可辨，蓋海雲古剎在焉。相傳宋亡之際，陸秀夫既抱幼帝殉國崖山，有遺老遁跡於斯，祝髮爲僧，晝夜向天呼號，冀招大行皇帝之靈。故至今日，遙望山嶺，雲氣葱鬱；或時聞潮水悲嘶，尤使人欷歔憑弔，不堪回首。今吾述剎中寶網金幢，俱爲古物。池流淸淨，松柏蔚然。住僧數十，威儀齊肅，器鉢無聲。歲歲經冬傳戒，顧入山求戒者寥寥，以是山羊腸峻險，登之殊艱故也。

一日凌晨，鐘聲徐發，余倚剎角危樓，看天際沙鷗明滅。是時已入冬令，海風逼人於千里之外。讀吾書者識之，此日爲余三戒俱足之日，計余居此，忽忽三旬，今日可下山面吾師；後此掃葉焚香，送我流年，亦復何憾！如是思維，不覺墮淚，歎曰：『人皆謂我無母，我豈眞無母耶？否否。余自養父見背，雖煢煢一

斷鴻零雁記　一

上海启智书局印行《断鸿零雁记》

产，雪梅之父嫌贫爱富而悔婚。三郎深深地爱着雪梅，受不了这巨大的打击，一气之下出家，虽身在佛门，却仍无法斩断世俗烦恼。雪梅坚贞不渝，在父母强逼她改嫁时绝食殉情。故事最后以三郎在故宅凭吊雪梅而结束，笼罩着一种令人窒息的压抑和末世的凄凉。

《断鸿零雁记》发表于1912年，被誉为“民国初年第一部成功之作”，与徐枕亚的《玉梨魂》并称为民国初年言情小说的开山之祖。

集

经 史 子

集部·总集

集部·别集

集部·戏曲

集部·文论

集部·总集

231 楚辞章句

东汉·王逸 注

屈子情怀，楚骚渊薮

《楚辞章句》是楚辞的注本，东汉文学家王逸注。

楚辞者，楚国之词章也，为战国时代楚国屈原所开创之新诗体。西汉刘向辑屈原全部作品及宋玉等人"承袭屈赋"的作品，名之曰《楚辞》。在《楚辞》初本的十六卷中，共收屈原的诗作八卷二十余篇，其他八卷收的是宋玉、贾谊等的作品。《楚辞》之代表为《离骚》，因此，《楚辞》又以"骚"代称，与以"风"代称的《诗经》一道，构成了我国文学中的"风骚"传统。《诗经》篇幅短小，多以四字句为主，风格朴素；《楚辞》则篇章宏阔，汪洋恣肆，参差错落，富于变化，且感情奔放，想象丰富，文采华美，风格绚烂，代表着我国文学现实主义与浪漫主义的两大源头。

楚辞之鼻祖屈原，名平，在《离骚》中自称名正则，字灵均，战国时期楚国人，曾得楚怀王信任，后遭谗言，为怀王疏远，继而又遭流放，幽愤自伤，自沉于汨罗江，也留下"香草美人以配忠贞"的讽喻传统。

人们也往往将屈原与庄子并提，两者都以浪漫主义的写法述说人生之悲，明清学者认为：

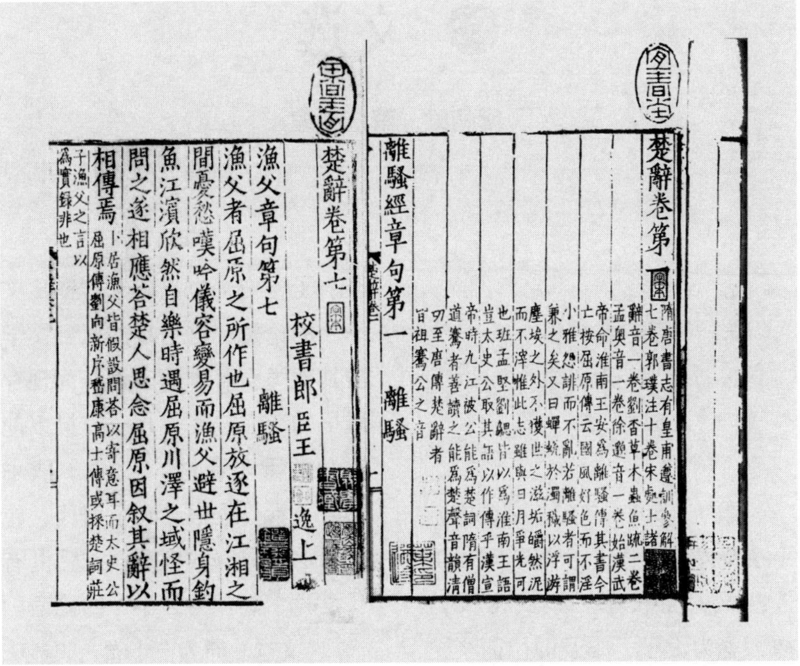
楚辭卷第一
隋唐書志有皇甫遵訓參解七卷郭璞注十卷宋處士諸葛辭音一卷劉杳草木蟲魚疏二卷孟奧音一卷徐邈音一卷始漢武帝命淮南王安爲離騷傳其書今亡按屈原傳云國風好色而不淫小雅怨誹而不亂若離騷者可謂兼之矣又曰蟬蛻於濁穢以浮游塵埃之外不獲世之滋垢皭然泥而不滓推此志雖與日月爭光可也班孟堅劉勰皆以爲淮南王語豈太史公取其語以作傳乎漢宣帝時九江被公能爲楚詞隋有僧道騫者善讀之能爲楚聲音韻清切至唐傳楚辭者皆祖騫公之音
離騷經章句第一　離騷

楚辭卷第七
校書郎臣王逸上
漁父章句第七　離騷
漁父者屈原之所作也屈原放逐在江湘之閒憂愁歎吟儀容變易而漁父避世隱身釣魚江濱欣然自樂時遇屈原川澤之域怪而問之遂相應荅楚人思念屈原因敘其辭以相傳焉　卜居漁父皆假設問荅以寄意耳而太史公屈原傳劉向新序嵇康高士傳或採楚詞莊子漁父之言以爲實錄非也

明嘉靖间影宋刊本《楚辞章句》

“屈原之悲悲一时一事，庄子之悲悲万时万世。”屈原以悲写悲，以悲遣悲；庄子以乐写悲，悲不胜悲。

东汉王逸作《楚辞章句》，是今存最早的注本。南宋朱熹有《楚辞集注》，清代王夫之有《楚辞通释》。今人姜亮夫《屈原赋校注》、刘永济《屈赋通笺》较通行。

232 文选

南朝梁·萧统　编

文选烂，秀才半

萧统（501—531），字德施，小字维摩，兰陵（今江苏常州）人，梁武帝长子。梁武帝天监初，立为太子，未及即位而卒，谥昭明，世称昭明太子。夙慧，五岁遍读五经。既长，明于庶事。信佛能文，遍览众经，引纳才士，商榷古今，恒以文章著述为务，一时文风大盛。

《文选》世称《昭明文选》，选录自先秦至南朝梁的诗文辞赋，按体裁将所收作品分为三十八类，共七百余篇。不选经、子，史书也只略选“错比文华”的论赞，已初步注意到文学与其他类型著作的区别，为现存最早的诗文选集，是研究梁以前文学的重要资料。《文选》成书以后，素受推崇。到了唐代，应举者必须熟读《文选》，后世有“《文选》烂，秀才半”的谚语。

《文选》原为三十卷，唐显庆间著名学者李善为之作注，析为六十卷。开元间，又有吕延济、刘良、张铣、吕向、李周翰五人为之作注，称为“五臣注”。宋人合李善注与五臣注为一，称为“六臣注”。六臣注有明嘉靖袁褧嘉趣堂刻本。李善注有清嘉庆胡克家重刻本，附《考异》十卷，有中华书局、上海古籍出版社影印本。

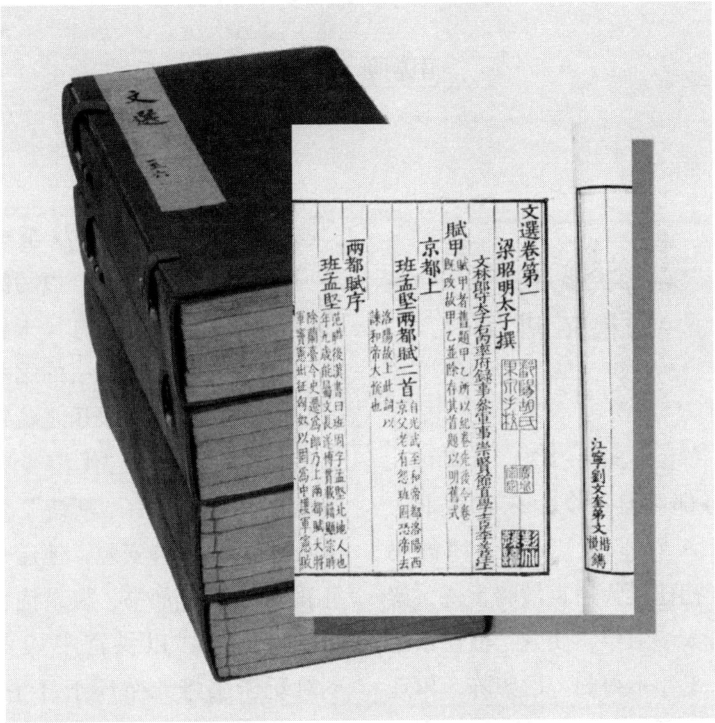

清同治湖北崇文书局翻胡克家刻本
《文选》

233 玉台新咏

南朝陈 · 徐陵

艳歌多寂寞，离恨不堪闻

徐陵（507—583），字孝穆，东海郡郯县（今山东郯城北）人。八岁能文，及长，博涉书史。初仕梁为通直散骑常侍，梁武帝太清二年，使魏，值侯景之乱，七年不得归。后归陈，累迁御史中丞，勇于弹劾权要，官至太子少傅。其诗文辞藻绮丽，与庾信齐名，并称“徐庾”。有《徐孝穆集》《玉台新咏》。

《玉台新咏》是继《诗经》《楚辞》之后出现的又一部具有代表性的诗歌总集，成书于梁代，共十卷，收录自汉至梁共一百三十一人的作品，以写闺情的宫体诗为主。徐陵在《玉台新咏·序》中叙述了该书的编纂缘起，宫中妇女“厌长乐之疏钟，劳宫中之缓箭”，“优游少托，寂寞多闲”，惟有“新诗”才能使她们得到些许安慰，他遂“然脂暝写，弄笔晨书，撰录艳歌，凡为十卷”，以供宫中妇女们“对玩于书帷，循环于纤手”，作为排遣苦闷、消磨时光的闺中良伴。《玉台新咏》凡八百七十篇，各以不同的色调和情感勾勒出纷然不同的画面，其内容虽全涉女性，但并非全是靡靡之音，未可概以淫艳斥之，其中一些作品成功地刻画了富有反抗精神的

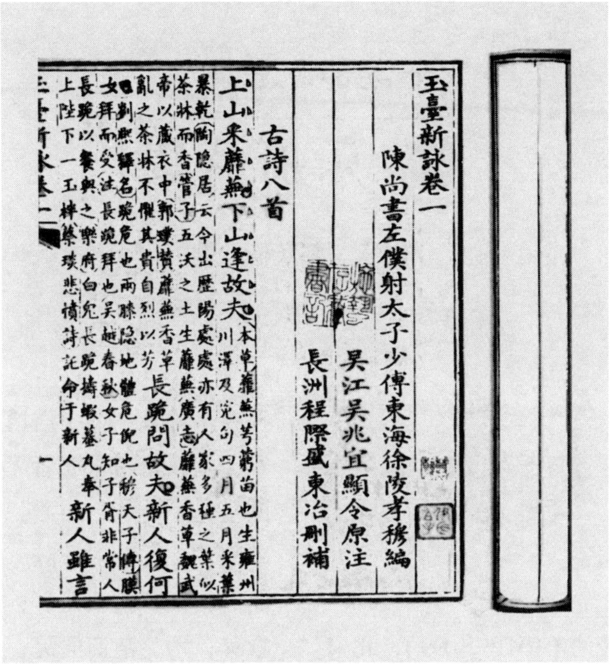
玉臺新詠卷一
陳尚書左僕射太子少傅東海徐陵孝穆編
吳江吳兆宜顯令原注
長洲程際盛東冶刪補
古詩八首
上山采蘼蕪下山逢故夫長跪問故夫新人復何
新人雖言

清光绪宏达堂刻本

妇女形象，如乐府古辞《日出东南隅行》《皑如山上雪》《羽林郎》等。尤其是使读者无不为之动情的《古诗为焦仲卿妻作》(即《孔雀东南飞》)，其主人公刘兰芝是我国古典文学中最光辉的妇女形象之一。这首杰出的叙事诗长达一千七百多字，被清代学者沈德潜誉为“古今第一长诗”。

明无锡孙氏活字本为存世最早刊本，《四部丛刊》据以影印。另有明赵均小宛堂刻本，清康熙间吴兆宜注本。1955年文学古籍刊行社据明末赵均覆宋刊影印本。清吴兆宜注、程琰删补《玉台新咏笺注》(中华书局1985年版)最为通行。

234 乐府诗集

北宋·郭茂倩　编

千年乐府，一编尽览

郭茂倩（1041—1099），北宋郓州须城（今山东东平）人，熟知音律，精擅篆隶，才气非凡，以编纂《乐府诗集》扬名后世。

乐府是古代掌管音乐的机构，后人遂将此机构所采集的诗歌都称为“乐府”，既包括民间流传的诗歌，也包括文人创作的诗歌。《乐府诗集》乃郭茂倩编纂的乐府总集，是我国文学史上的瑰宝，凡一百卷，辑录乐府歌辞共五千三百八十九首，上起先秦，下迄五代，《四库全书总目提要》称其“征引浩博，援据精审，宋以来考乐府者无能出其范围”。全书分十二类：一，郊庙歌辞；二，燕射歌辞；三，鼓吹曲辞；四，横吹曲辞；五，相和歌辞；六，清商曲辞；七，舞曲歌辞；八，琴曲歌辞；九，杂曲歌辞；十，近代曲辞；十一，杂歌谣辞；十二，新乐府辞。各类有总序，每曲有题解，对各种曲调及歌辞的起源和发展均作了考订。所收作品或写征夫之忧，或写思妇之怨，或写科敛之暴，或写战乱之苦，反映了社会生活的方方面面。

该书有影印汲古阁本和影印宋本，以中华书局1979年整理本最为通行。

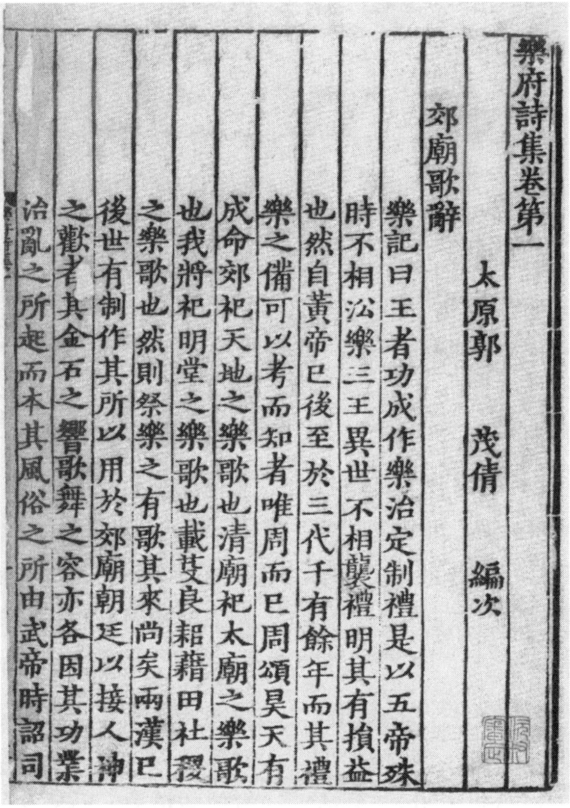

樂府詩集卷第一

太原郭　茂倩　編次

郊廟歌辭

樂記曰王者功成作樂治定制禮是以五帝殊時不相沿樂三王異世不相襲禮明其有損益也然自黄帝已後至於三代千有餘年而其禮樂之備可以考而知者唯周而已周頌昊天有成命郊祀天地之樂歌也清廟祀太廟之樂歌也我將祀明堂之樂歌也載芟良耜藉田社稷之樂歌也然則祭樂之有歌其來尚矣兩漢已後世有制作其所以用於郊廟朝廷以接人神之歡者其金石之響歌舞之容亦各因其功業治亂之所起而本其風俗之所由武帝時詔司

宋刻本《乐府诗集》

235 挂枝儿

明·冯梦龙 编

语笑天然，活色生香

《挂枝儿》是冯梦龙编纂整理的一部民间时调歌曲专集，歌曲后常附有冯的精彩短评。全书共四卷，分别为《私部》《欢部》《想部》《别部》。

“挂枝儿”是一种区域性流行的民间时调歌曲，兴起于明万历年间（1573—1620），到天启、崇祯时代（1621—1644）已风行一时，降及清初，还是余势犹盛。沈德符在《万历野获编》之“时尚小令”里说：“有‘打枣竿’‘挂枝儿’二曲，其腔调约略相似，则不问南北，不问男女，不问老幼良贱，人人习之，亦人人喜听之，以至刊布成帙，举世传诵，沁人心腑。其谱不知从何来，真可骇叹!”在《挂枝儿》中，大多描写男女情爱，格调清新质朴，语言大胆泼辣，反映了民间的爱情生活和醉人的市民风情，充满火一般的真情和浓厚的俚俗气息，表现了民众挣脱封建枷锁，追求爱情自由和个性解放的精神，冯梦龙评价其“最浅、最俚、亦最真”，是“天地间自然之文”。

今有中华书局2005年出版的《冯梦龙民歌集三种注解》。

集部·总集

236 全唐诗

清·彭定求等　编

一代一帙，诗家盛境

《全唐诗》是中国唐代诗歌总集。清康熙四十四年（1705）三月至四十五年十月，彭定求、沈三曾、杨中讷等10人奉敕编校，由曹寅负责刊刻事宜。彭定求（1645—1719），字勤止，号访濂，人称南畇先生，江苏长洲人。康熙二十五年进士。自修撰至侍读，在翰林四年，即回乡不出。为汤斌弟子，仰慕王阳明，立志解除当时朱陆门户之争，议论力求贯通。有《阳明释毁录》《儒门法语》等。

该书凡900卷，目录12卷，是在明代胡震亨《唐音统签》和清初季振宜《唐诗》的基础上，旁采残碑断碣、稗史杂书所载，拾遗补缺而成。康熙为该书作序，言该书共计收诗48900余首，作者2200余人。据日本学者平冈武夫统计，该书共收诗49403首，句1555条，作者计2873人。可以说，《全唐诗》网罗了唐五代的诗歌，包括已结集者及散佚者，全面反映了诗歌高峰期的繁荣景象。

全书首列帝王、后妃作品；其次为乐章、乐府；接着是历朝作者，略按时代先后编排，附以作者小传；最后是联句、逸句、名媛、僧、道士、仙、神、鬼、

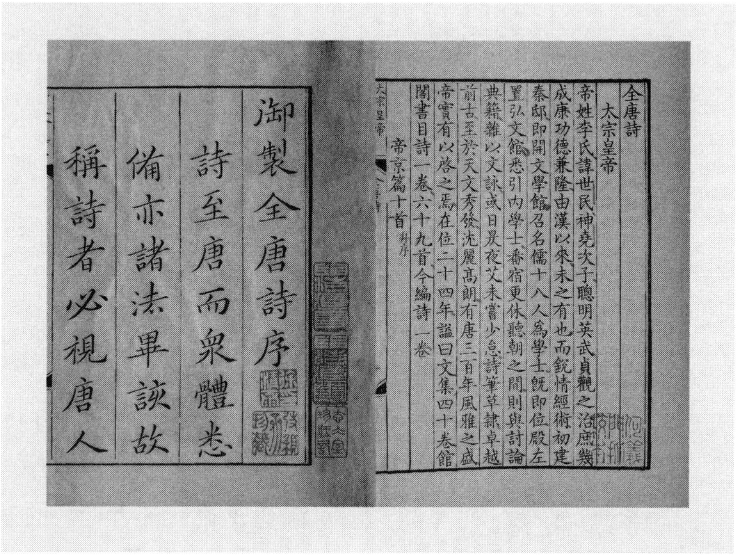

御製全唐詩序

詩至唐而衆體悉
備亦諸法畢該故
稱詩者必視唐人

全唐詩

太宗皇帝

帝姓李氏諱世民神堯次子聰明英武貞觀之治庶幾
成康功德兼隆由漢以來未之有也而銳情經術初建
秦邸即開文學館召名儒十八人爲學士既即位殿左
置弘文館悉引內學士番宿更休聽朝之間則與討論
典籍雜以文詠或日昃夜艾未嘗少息詩筆草隸卓越
前古至於天文秀發沈麗高朗有唐三百年風雅之盛
帝實有以啓之焉在位二十四年謚曰文集四十卷館
閣書目詩一卷六十九首今編詩一卷

帝京篇十首 并序

清康熙四十六年扬州书局刻本

怪、梦、谐谑、判、歌、谶记、语、谚谜、谣、酒令、占辞、蒙求，而以补遗、词缀于末。该书不但收齐了唐代知名诗人的集子，而且广泛搜罗了一般作家及各类人物的作品，可谓细大不捐，包罗万象。但因成书仓促，疏于考订，多有漏收、误收、错收、重复收等现象，后世学者时有补遗、考订之作。

该书最早的本子是康熙四十六年（1707）扬州书局本，120册。光绪十三年（1887）上海同文书局石印本，归并成32卷。1960年中华书局排印本，新式标点，精装12册，改正了清刻本的个别明显错误，书后另附作者索引。2018年中华书局出版了陈尚君补辑、中华书局编辑部点校的《全唐诗》增订重印本，共增补佚诗4600多首，新见作者800多人，为目前收录唐诗较多较全的本子。

集部·总集

237 宋诗钞

清·吴之振等　编

独辟蹊径，别寻理趣

吴之振（1640—1717），字孟举，号橙斋，浙江石门（今浙江桐乡）人。康熙时贡生，官至中书科中书。家藏书多秘本，与吕留良、吴自牧编选《宋诗钞》，流行于世。另著有《黄叶村庄诗集》。

《宋诗钞》乃宋代诗歌总集。初集一百零六卷，收诗一万两千余首，收诗人一百家，但其中刘弇、邓肃、黄傒、魏了翁、朱淑真等十六家有目录而未刻出。宋诗向无总集，亦无专选，明代前后七子皆尊唐诗抑宋诗，编者对此深感不满，故搜罗宋诗人专集，取材务求广泛，以便窥见宋诗全貌，显示“宋诗之长”，不以一说蔽古人。此书所选宋诗人作品，能成为一集者按时代先后编入，若选诗太少而不成一集，则另作一编，附于全集之后。所选各家代表诗作颇多，并有不少反映两宋社会现实的优秀诗篇。入选各家名下都有小传，简介其生平，简评其诗歌。所选诗作则不加品题，不加批点。此书编成后，流传甚广，但阙文断句，错漏互出，取舍评骘亦有欠当之处。其中对卷帙繁多的别集，入选往往前详后略，不甚周密，例如刘克庄《后村诗

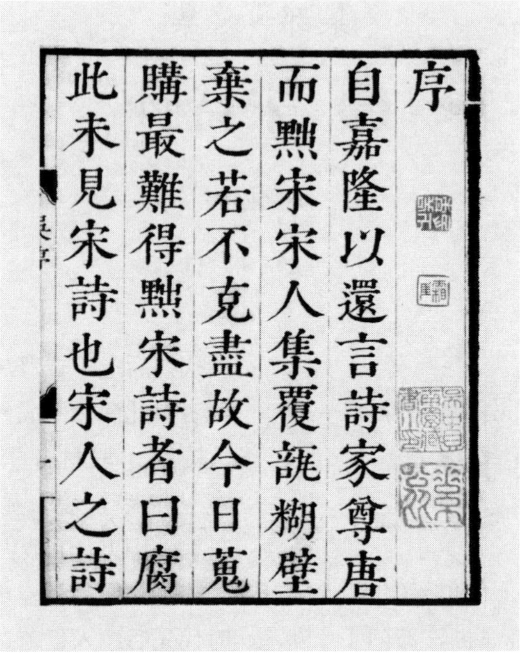
序

自嘉隆以還言詩家尊唐

而黜宋宋人集覆瓿糊壁

棄之若不克盡故今日蒐

購最難得黜宋詩者曰腐

此未見宋詩也宋人之詩

清康熙十年洲钱吴氏鉴古堂刻本《宋诗钞初集》

集》卷一七至卷四八即一首未选。虽然如此，该书仍不失为一部规模较大而富有参考价值的总集。

该书行世以后，有管庭芬、蒋光煦辑《宋诗钞补》，选补八十五家。除原阙十六家均补抄外，他家名作也加以选录。然而其中亦有用《宋诗纪事》《宋百家诗存》来凑数的。

《宋诗钞》有康熙刻本、1935年商务印书馆出版排印本。《宋诗钞补》有1915年商务印书馆排印本、1982年中华书局整理本。

集部·总集

238 古文观止

清·吴楚材、吴调侯　编

天下至文，入吾彀中

《古文观止》为中国历代散文选本，清代吴楚材、吴调侯编选，并经吴兴祚审定。吴楚材（1655—1719），名乘权，字子舆，浙江山阴（今绍兴）人。吴调侯是其侄子，生卒年不详。全书以散文为主，兼取骈文。上起先秦，下迄明末，大体反映了先秦至明末散文发展的轮廓和面貌。全书收文共二百二十二篇，分为十二卷。

与《文选》以后的古文选本相比，该书跨越的时代既广，卷帙又不甚繁，且文章体裁多样，较少偏见，可谓广收博采，繁简适中。编排上按时代先后分为七个时期，每个时期皆突出重点作家作品，由此既可纵观古文发展之源流，也可参照分析作家的不同风格。体例上不因循前人按文体分类的惯例，而是以时代为经、作家为纬，入选的文章也兼顾思想性和艺术性，语言精练、篇幅短小，我们今天熟悉的著名文章，基本都在此选本之列，书名“观止”，名甚符实。

吴楚材、吴调侯都是好读经史又擅长写作八股文的文人，他们编选的初衷是为当时的学童编撰一本启蒙读物，没想到，一“编”惊人，成书后受到普遍欢

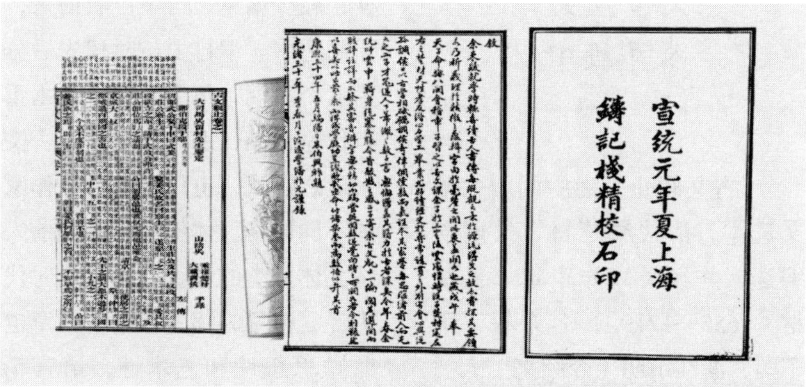

清宣统元年上海铸记栈精校石印本

《古文观止》

迎，两个人借此而名留史册。今人若想方便快捷地一览古今文章全貌，《古文观止》当然是首选。

集部·总集

239 元诗别裁集

清·张景星、姚培谦、王永祺 编

宗唐承宋，风味自成

张景星，生卒年不详，字二铭，江苏松江府（今属上海）人，官至候补主事，传见《松江府志》卷五十八。

《元诗别裁集》乃元代诗歌选集，共八卷，附补遗一卷。收录古、近各体诗六百一十九首，入选作家由金末元初的元好问起，到元末明初的杨维祯止，共计一百五十二人，在一定程度上反映了元代诗歌的整体风貌。沈钧德说此书选诗“略以三唐为准”（三唐即盛唐、中唐、晚唐），这实际是宗法当时文坛名流沈德潜选诗的“三唐之格”标准。不同的是沈德潜批评元诗“近纤”，沈钧德序中却驳“元诗纤弱”之说。

该书原名《元诗一百钞》，有乾隆二十九年（1764）然藜阁刊本，当时不甚著名，后被收入《五朝诗别裁集》得以流行。现有中华书局1975年影印本。

集部·总集

240 明诗别裁集

清·沈德潜、周准 编

诗教温柔，人伦敦厚

沈德潜（1673—1769），字碻士，号归愚，江苏长洲（今江苏苏州）人。乾隆元年（1736），以廪生试博学鸿词。四年举进士，授翰林院编修，累迁侍读、左庶子、侍讲学士、日讲起居注官、内阁学士，官至礼部侍郎。乾隆十四年（1749），以原品致仕。乾隆赐诗极多，卒谥文悫。有选本《唐诗别裁》《明诗别裁》《国朝诗别裁》《古诗源》，著有《竹啸轩诗钞》《归愚诗文钞》等。

《明诗别裁集》乃明代诗歌选集，由沈德潜、周准合编。凡十二卷，收录自明初刘基、宋濂至明末陈子龙、张溥等共三百四十家、诗一千余首。明末清初的明诗选本原有《明诗选》《列朝诗集》《明诗综》等，沈德潜以为它们各有偏颇，遂参考各选本和诗稿，重新选录编定此书。其编纂意图和选诗标准便是他所提倡的“温柔敦厚”的诗教，“厚人伦，匡政治”的诗教功用，以及尊盛唐、主格调的论诗主张。

该书有乾隆四年（1739）刻本，通行本有中华书局1975年缩印本、上海古籍出版社1979年排印本。

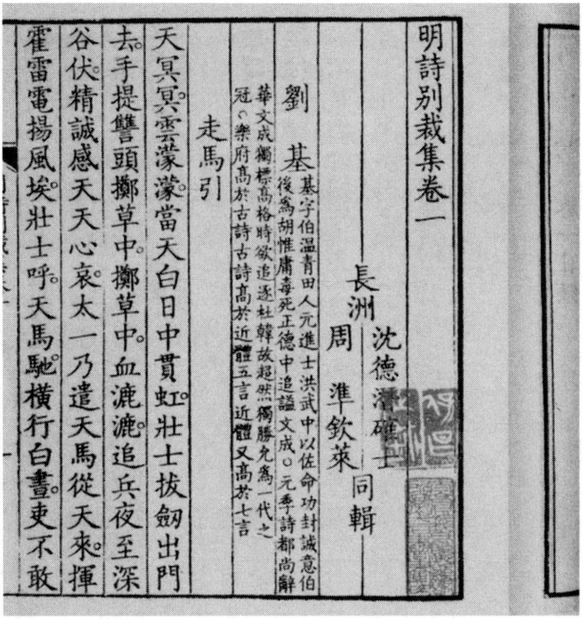

明詩别裁集卷一

長洲 沈德潛確士

周 準欽萊 同輯

劉 基 基字伯溫青田人元進士洪武中以佐命功封誠意伯後爲胡惟庸毒死正德中追謚文成○元季詩都尚辭華文成獨標高格時欲追逐杜韓故超然獨勝允爲一代之冠○樂府高於古詩古詩高於近體五言近體又高於七言

走馬引

天冥冥雲濛濛當天白日中貫虹壯士拔劒出門去手提讐頭擲草中擲草中血漉漉追兵夜至深谷伏精誠感天天心哀太一乃遣天馬從天來揮霍雷電揚風埃壯士呼天馬馳橫行白晝吏不敢

清乾隆刊本《明诗别裁集》

241 清诗别裁集

清·沈德潜　编

绝去浮靡，独崇诗教

沈德潜，见《明诗别裁集》作者介绍。

《清诗别裁集》是清代诗歌选集，原三十六卷，入选九百九十六人，三千九百五十二首诗。始选于乾隆十九年（1754），毕于二十二年（1757），二十四年（1759）初刻，二十五年（1760）重新修订，二十六年（1761）增订本刻成，同年十二月乾隆皇帝命南书房重刻为三十二卷，删去初选中钱谦益、吴伟业等人诗。书前有《例言》，作者名下附有小传，诗后间有评语。沈德潜称选诗“唯祈合乎温柔敦厚之旨”，凡徒辨浮华或直露叫号之作皆不选，亦不选香奁诗和遗老诗。此集在一定程度上反映了清初到乾隆朝的诗歌总貌，评语也有可取之处，编者艺术趣味倾向于唐诗，集中作品接近唐人风格的较多。

1975年中华书局影印乾隆二十五年三十六卷本，较完备。又有上海古籍出版社1975年本。

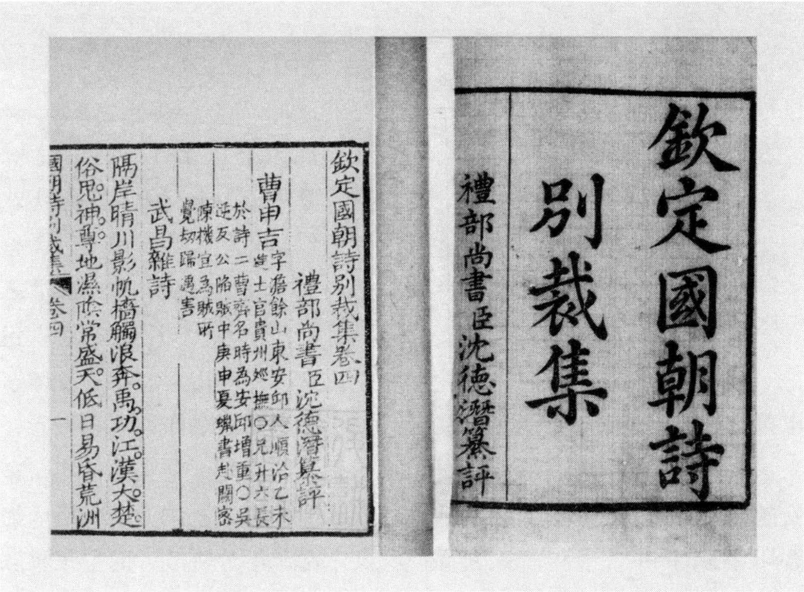

清乾隆刊巾箱本《钦定国朝诗别裁集》

242 骈体文钞

清·李兆洛 编

骈句俪语，敲金戛玉

李兆洛（1769—1841），字申耆，江苏阳湖（今江苏常州）人。嘉庆十年（1805）进士，任安徽凤台县知县七年，又任江阴暨阳书院主讲二十年。家富藏书，工诗古文，专精史学，尤嗜舆地。有《养一斋文集》《历代地理志韵编今释》《历代地理沿革图》《骈体文钞》等。

《骈体文钞》是一部骈体文总集，选编了先秦两汉至隋之文。成于嘉庆末年，共三十一卷，分为上中下三编。上编十八卷，包括铭刻、颂、诏书、檄移等各体，是李氏所谓“庙堂之制，奏进之篇”；中编八卷，包括论、序、碑记、志状等各体，属于指事述意之作；下编五卷，包括连珠、笺、杂文等各体，多属于缘情托兴之作。李兆洛认为文之起源不分骈散，而主张骈散合一，故亦选入了《报任安书》《出师表》等散文。

《骈体文钞》有嘉庆末唐氏原刻本、《四部备要》排印谭献手批评识本。上海古籍出版社2001年5月出版此书。

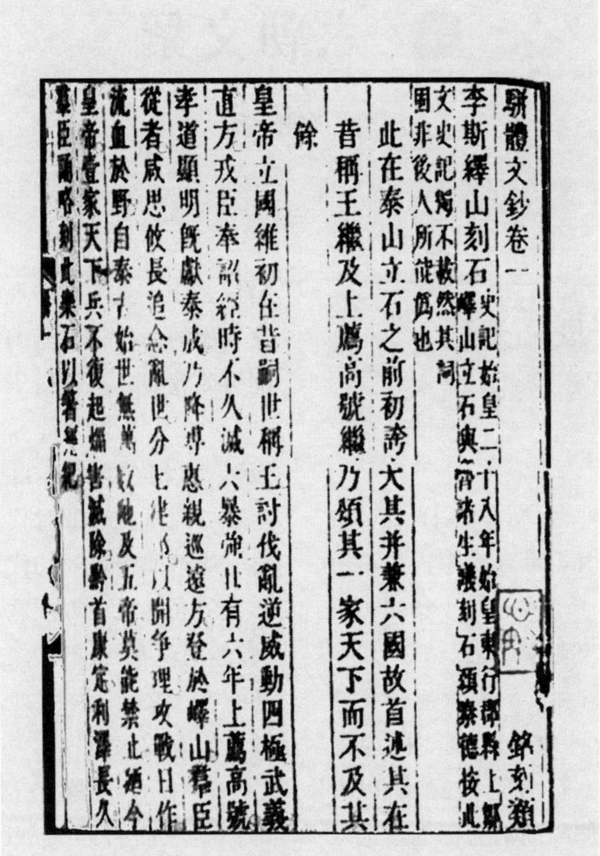
駢體文鈔卷一　銘刻類

李斯嶧山刻石史記始皇二十八年始皇東行郡縣上鄒嶧山立石與魯諸生議刻石頌秦德按此文史記闕不載然其詞固非後人所能偽也

此在泰山立石之前初誇大其并兼六國故首述其在昔稱王繼及上薦高號繼乃頌其一家天下而不及其餘

皇帝立國維初在昔嗣世稱王討伐亂逆威動四極武義直方戎臣奉詔經時不久滅六暴強廿有六年上薦高號孝道顯明既獻泰成乃降專惠親巡遠方登於嶧山羣臣從者咸思攸長追念亂世分土建邦以開爭理攻戰日作流血於野自泰古始世無萬數陀及五帝莫能禁止迺今皇帝壹家天下兵不復起災害滅除黔首康定利澤長久羣臣誦略刻此樂石以著經紀

清同治六年娄江徐氏刻本《骈体文钞》

243 六朝文絜

清·许梿 编

风月无边，黯然销魂

许梿，生卒年不详，字叔夏，号珊林，浙江海宁人，清道光进士，于道光五年（1825）编成《六朝文絜》一书。

《六朝文絜》为六朝骈文选集。文絜，取自刘勰"析词尚絜"之说。全书凡十二卷，以构思精巧和修辞简洁为标准，选入上起晋宋、下迄陈隋间三十六人的骈文七十二篇，分为赋、铭、诏、策、令等十八类，多为短小精悍之作，基本上体现出六朝骈文发展的面貌，许梿的评语亦颇能穷原竟委，抉发精华。

"江山三秋后，风月六朝余"，六朝在文人心目中是活色生香、风月无边的时代，中国文学"缘情而绮靡"的代表——骈体文的高峰就出现在这一时期。"黯然销魂者"，不仅仅是离别，还有在《文絜》中寻绎遥远的、活色生香的六朝。

该书有清黎经诰的笺注本，黎注征引详赡，还作了精密的校雠，1962年中华书局据此排印。

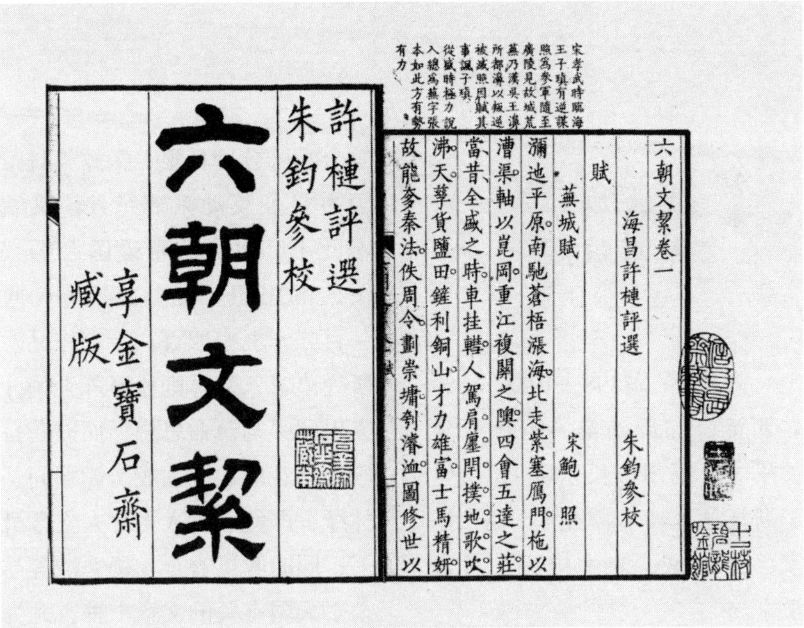
許槤評選
朱鈞參校
六朝文絜
享金寶石齋藏版

宋孝武時臨海王子頊有逆謀照爲參軍隨至廣陵見故城荒蕪乃漢吳王濞所都濞以叛逆被滅照因賦其事諷子頊
從盛時極力說入總寫蕪字張本如此方有勢有力

六朝文絜卷一
海昌許槤評選　朱鈞參校
賦
蕪城賦　宋鮑照
瀰迆平原。南馳蒼梧漲海。北走紫塞鴈門。柂以漕渠。軸以崑岡。重江複關之隩。四會五達之莊。當昔全盛之時。車挂轊。人駕肩。廛閈撲地。歌吹沸天。孳貨鹽田。鏟利銅山。才力雄富。士馬精妍。故能奓秦法。佚周令。劃崇墉。刳濬洫。圖修世以

*清享金宝石斋藏版《六朝文絜》

244 晚清文选

郑振铎　编

世上风云，笔底波澜

郑振铎（1898—1958），笔名西谛、郭源新等，祖籍福建长乐（今福州市长乐区），出生于浙江永嘉（今温州）。现代作家、文学家、艺术史家、考古学家。

《晚清文选》是一部中国近代文选集，1937年上海生活书店印行。当时郑振铎任职商务印书馆，并投身于“五卅”运动，目睹帝国主义的暴行，除和叶圣陶等合编《公理日报》揭露英日帝国主义及反动派罪行外，又编辑此书，贯穿反帝爱国和振兴民族的思想。全书共三卷，收一百二十九家四百八十篇作品。所列诸家，从林则徐至陈天华，突出图强与革命思想；而以龚自珍、郑观应、薛福成、谭嗣同、林纾、严复、章太炎等人文章最多；同时收洪秀全、杨秀清等与太平天国有关的文章十种，尤为难能可贵。该书不仅为研究中国近代文学提供了宝贵的史料，而且其进步的编辑宗旨，也是晚清各种总集、类选所不能企及的。

集部·总集

245 近三百年名家词选

龙榆生　编

词苑暮色，风光无限

龙榆生（1902—1966），字沐勋，别号忍寒居士、风雨龙吟室主等。江西万载人，为朱孝臧私淑弟子，致力于词学研究。其词学成就与夏承焘、唐圭璋并称，是20世纪负有盛名的词学大师之一。20世纪30年代，主编《词学季刊》杂志，并有多种词学著作。

《近三百年名家词选》初编于1948年，1956年重新修订后，由古典文学出版社出版。收录近三百年间词人六十六家，词作四百八十余首。龙榆生在《后记》中阐述词学发展过程时认为："词学中兴之业，实肇端于明季陈子龙、王夫之、屈大均诸氏，而极其致于晚清诸老。"因此，选词范围，上始陈子龙，而迄于王国维、吴梅、黄侃等。其中选入的近代词人有周济、龚自珍、蒋春霖等三十三家，词作二百七十余首。所选各家词人均缀小传，多数作品后附以诸家评语，又于每家词人后采诸家评语以为"集评"，有些作品还根据有关资料附以"本事"。每首词则以特种标识，标出逗、句、平韵和仄韵。龙榆生在《后记》中说，论近三百年词，当以意格为主，故所选作品讲究寄托遥深，风格多样。

上海古籍出版社1979年重版该书。

246 敦煌变文

佛家俗讲，石窟遗篇

早在公元7世纪末期以前，我国寺院中盛行一种“俗讲”，记录这种俗讲的文字称作“变文”。变文是用接近口语的文字写成的，中间有说有唱，内容大多为佛经故事，也有不少是民间传说和历史传奇。宋元话本以及宝卷、鼓词、弹词之类，莫不和变文有密切的关系。其中一些变文如《张议潮变文》《张淮深变文》描述了晚唐沙州政权抗击吐蕃、回鹘的战斗，以及和唐朝廷的关系，对研究唐五代历史也有相当大的价值。大概在宋真宗时（998—1022），曾经明令禁止僧人讲唱变文。于是这一重要的文艺样式就湮没无闻了。直到1899年，在敦煌石室发现了若干变文的卷子，夹杂在佛经和其他文件中。这些宝贵文学遗产的出现，使得我国文学面目一新。

但遗憾的是，英国人斯坦因、法国人伯希和骗过昏聩的清政府，把这些卷子当作“古董”，大量盗劫，装载而去。如今尚存中土的只是一小部分了。20世纪50年代相继出现了两部敦煌变文汇集本，一部是周绍良的《敦煌变文汇录》，另一部就是王重民等人合编的《敦煌变文集》。周著是编者，将他手头所得的抄本过录而成，初版共收变文三十八种，增订本增加了从未外传的《孟姜女变文》，并将原来首段残缺的《王陵变文》补全，其他的也根据完整的写本补正了许多脱误的文字，使内容更为完善。其中只收敷衍佛经神变故事的俗讲话本或押座文；类似变文的俗赋和话本小说，一概未收。每篇之前均有一段说明文字，记有出处、卷次或编者的考证意见，可资参考。另外书前有叙，对变文的体制与变文有关的一些问题作了说明；编者还据向达、傅芸子、关德栋三家所列敦煌变文目录，汇集为《敦煌所出变文现存目录》，分列押座文、缘起、变文三组，计一百二十七种，载于书前。王重民等著《敦煌变文集》系根据国内外收藏的一百八十七部敦煌写本，选出七十八种作品整理校勘而成。全书共八卷，按故事内容分类编排。第一至三卷为有说有唱、有说无唱或对话体的历史故事、民间传说，第四至六卷为佛释迦的故事、佛经讲唱文和佛教故事，第七卷为押座文或其他短文，第八卷为《搜神记》和《孝子传》。书后附《敦煌变文论文目录》，辑录20世纪20至50年代论著一百零六种。该书首次将敦煌讲唱文学作品汇辑在一起，有一些词文、话本、俗赋等俗文学作品，实际上已超出了变文的范围，为敦煌学各个领域，特别是语言文学的研究，提供了丰富的新资料，推动了这一领域研究水平的提高。目前国内的研究专著有项楚《敦煌变文选注》（中华书局2006年），黄征、张涌泉《敦煌变文校注》较为精审（中华书局1997年）。

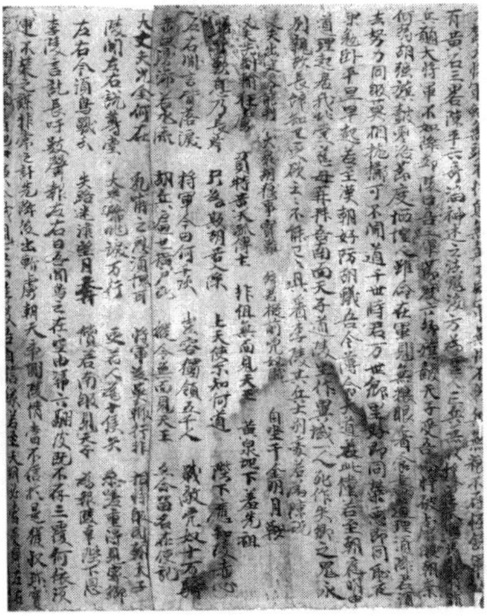

唐写本李陵变文

247 全唐五代词

词体初起，清新自然

《全唐五代词》为唐五代曲子词的总集，旨在网罗放佚，虽断章残句，亦加摭拾，从而为词学研究提供了宝贵的文本依据。

唐五代词虽不及宋词包容宏大，气象万千，但亦涌现出不少词坛大家和优秀作品。然而宋元以来专收唐五代词的总集寥寥无几，且规模有限。20世纪以后，出现了几部辑录词作较全、校订较精的唐五代词作总集。其中林大椿辑《唐五代词》最为早出（商务印书馆1933年版），共收录唐五代词人八十一家，词作一千一百四十八首，较《全唐诗》所收多出十三家、三百零九首，可惜未收敦煌词。张璋、黄畬所编《全唐五代词》（上海古籍出版社1986年版），搜采广博，辑入了敦煌遗书中所存词作，故规模远倍于《唐五代词》，共收唐五代词人一百七十余家，词作二千五百余首。书中还酌采古今词史资料列于有关词作之后。书后附引用书目、唐五代词互见表、作者索引，以供查阅。曾昭岷等编著《全唐五代词》最为晚出（中华书局1999年版），所收词增至二千八百四十余首，最为完备精审，具有集大成的性质。

集部·总集

248 全宋词

唐圭璋 编纂

词坛盛景，一代风华

唐圭璋（1901—1990），字季特，江苏南京人。中国当代词学家、文史学家。毕生专治词学，编著有《全宋词》《词话丛编》《唐宋词鉴赏辞典》等大量词学基本文献，被誉为“词学泰斗”。

宋词是中国古代文学皇冠上光辉夺目的一颗巨钻，在古代文学的阆苑里，以姹紫嫣红、千姿百态的丰神，与唐诗争奇，与元曲斗妍，代表一代之文学。唐圭璋编纂、王仲闻参订的《全宋词》则是目前收录最全的宋词总集，搜采广博，涵容丰富，名家巨制，散篇佚作，荟萃于斯，凡宋人文集中所附、宋人词选中所选、宋人笔记中所载之词作，概无所遗，更旁求类书、方志、金石、题跋、花木谱等书中所记，统汇一处。全书共收录词人一千三百三十余家，词作一万九千九百余首，残篇五百三十余首，呈现出宋词的辉煌气象，与《全唐诗》堪称中国文学之双璧。中华书局1999年新版《全宋词》合孔凡礼《全宋词补辑》为一编，在旧版基础上重加修订，更为完善。

249 曹子建集

三国魏·曹植

贵胄清华，超然高蹈

曹植（192—232），字子建，沛国谯县（今安徽亳州）人，曹操第三子，诗才横溢，被钟嵘推为“建安之杰”。兄曹丕称帝后，备受猜忌打击，郁郁以终。爵封陈王，卒谥思，世称陈思王。

曹植之诗清峻明朗，华赡高逸。在内容上，前期与后期有很大的差异。前期诗歌可分为两大类，一类表现他贵介公子的优游生活，一类则反映他“生乎乱、长乎军”的时代感受。后期诗歌，主要抒发他在压制之下时而愤慨时而哀怨的心情，表现他不甘被弃置，希冀用世立功的愿望。曹植于五言诗贡献尤巨，汉乐府古辞多以叙事为主，至《古诗十九首》，抒情成分才在作品中占重要地位，曹植发展了这种趋向，把抒情和叙事有机地结合起来，使五言诗既能描写复杂的事态变化，又能表达曲折的心理感受，大大丰富了它的艺术功能。作为建安文学的集大成者，曹植对后世影响可谓深远，至两晋南北朝时期，他已被推尊到文章典范的地位。

曹植生前自编过作品选集《前录》七十八篇。死后，魏明帝曾为之集录著作百余篇，《隋

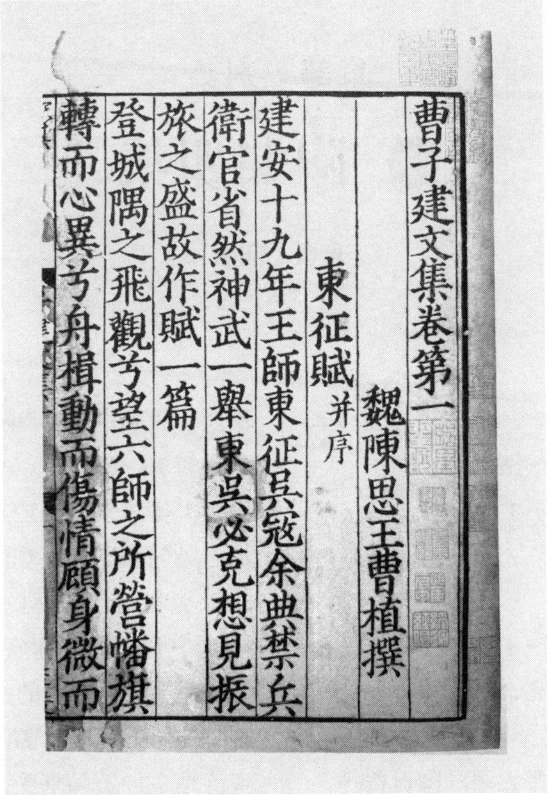
曹子建文集卷第一
魏陳思王曹植撰
東征賦并序
建安十九年王師東征吳寇余典禁兵
衛宮省然神武一舉東吳必克想見振
旅之盛故作賦一篇
登城隅之飛觀兮望六師之所營幡旗
轉而心異兮舟楫動而傷情顧身微而

宋刻本《曹子建文集》

书·经籍志》著录有集三十卷，又《列女传颂》一卷、《画赞》五卷。然而原集至北宋末散佚。今存南宋嘉定六年（1213）刻本《曹子建集》十卷，辑录诗、赋、文共二百零六篇。其代表作有《七哀诗》《白马篇》《赠白马王彪》《泰山梁甫行》等。其中《洛神赋》写凌波微步的洛神之美，更是文苑奇葩。主要注本有赵幼文《曹植集校注》（人民出版社1984年版）。

集部·别集

250 陶渊明集

东晋·陶潜

外枯中膏，似淡实美

陶渊明（约365—427），一名潜，字元亮，号渊明，私谥靖节。浔阳柴桑（今江西九江西南）人，东晋大司马陶侃曾孙。至渊明时，家世衰落，先任江州祭酒，不久解归。复为镇军参军、建威参军，迁彭泽令。以“岂能为五斗米折腰向乡里小儿”，于四十一岁时辞官归隐，躬耕田园，不复出仕。

陶渊明之诗清新质朴，散发着浓厚的生活气息，首开田园一派，被后世尊为田园之祖。其田园诗著名的有《归园田居》《和郭主簿》《于西田获早稻》《怀古田舍》等，多采用白描手法，稍加点染勾画，便呈现出深远无涯的意境和疏淡自然的情趣，“外枯而中膏，似淡而实美”（苏轼《评韩柳诗》）。诗的抒情，沁人心脾；诗的写景，豁人耳目。读陶诗是一种美的享受。钟嵘《诗品》评曰：“文体省净，殆无长语，笃意真古，辞典婉惬。”钟惺《古诗归》亦云：“其语言之妙，往往累言说不出处，数字回翔略尽。”除田园诗外，陶渊明还有不少咏怀诗和咏史诗，如《饮酒》《杂诗》《咏贫士》《读山海经》《咏荆轲》等，贯穿着诗人对社会的认识和对人生的体

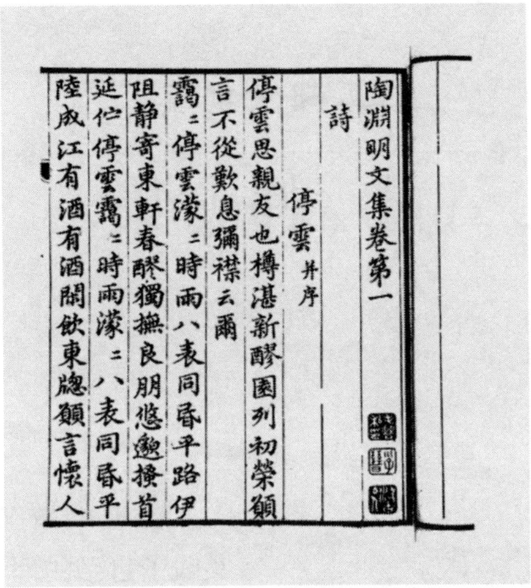
陶淵明文集卷第一
詩
停雲 并序
停雲思親友也罇湛新醪園列初榮願
言不從歎息彌襟云爾
靄〻停雲濛〻時雨八表同昏平路伊
阻靜寄東軒春醪獨撫良朋悠邈搔首
延佇停雲靄〻時雨濛〻八表同昏平
陸成江有酒有酒閑飲東牕願言懷人

清同治二年笃庆堂影宋重刊本《陶渊明文集》

悟，某些抒愤申志之作被鲁迅称为“金刚怒目”之作。

陶渊明之文数量虽不多，却几乎都是历代传诵的名篇佳制，像《归去来兮辞》《桃花源记》《五柳先生传》《感士不遇赋》等，一扫当时文坛雕章琢句的华靡之风，欧阳修甚至说：“晋无文章，惟陶渊明《归去来兮辞》一篇而已！”（苏轼《东坡志林》卷七）

陶渊明诗文由后人辑为《陶渊明集》，因历史悠久，版本众多。《陶渊明集》最早由南朝梁昭明太子萧统编为八卷，北齐阳休之以萧统八卷为底本，辑录《陶潜集》十卷，历传至北宋宋庠以阳休之十卷本为基础，刊定萧统本之误，成宋代陶集最善之本。宋元以降，至今传世的已有十几种，各种注本日繁。宋代李公焕的笺注本和清代陶澍的集注本最为完备。今有逯钦立校注本《陶渊明集》（中华书局1979年）、袁行霈《陶渊明集笺注》（中华书局2003年）。

集部·别集

251 韩愈集

唐·韩愈

才雄百代，文动八表

韩愈（768—824），字退之，河南河阳（今河南孟州南）人。自谓郡望昌黎（今属河北），卒谥文，世称韩文公，又称韩昌黎、韩吏部。唐宋八大家之一，与柳宗元同为中唐古文运动的倡导者。苏轼称赞他“文起八代之衰”（八代：东汉、魏、晋、宋、齐、梁、陈、隋）。贞元八年（792）进士，任监察御史时，以事贬阳山令。任刑部侍郎时，因谏阻唐宪宗迎佛骨，贬为潮州刺史，后官终吏部侍郎。

韩愈的散文、诗歌创作，实践了自己的理论。其赋、诗、论、说、传、记、颂、赞、书、序、哀辞、祭文、碑志、状、表、杂文等各种体裁的作品，均有卓越的成就。其文气势充沛，纵横开阖，奇偶交错，巧譬善喻，或诡谲，或严正，风格多样，一扫六朝以来的柔靡文风，杜牧把韩文与杜诗并列，称为“杜诗韩笔”。其诗则境界雄奇，用语险僻，力纠大历以来的平庸诗风。

韩愈的作品很多，现存诗文700余篇（首）。韩愈门人李汉曾编其遗文成《昌黎先生集》40卷，后人递有增补。韩集古本，以南宋魏怀忠《五百家音辨

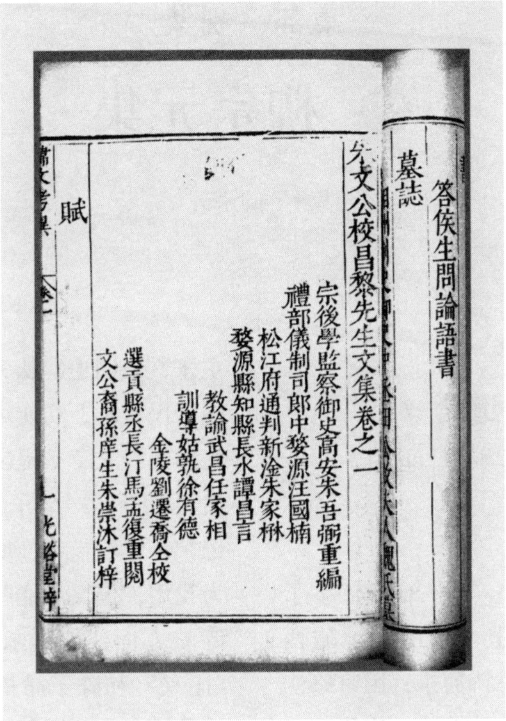
答侯生問論語書
墓誌
朱文公校昌黎先生文集卷之一
宗後學監察御史高安朱吾弼重編
禮部儀制司郎中婺源汪國楠
松江府通判新淦朱家栜
婺源縣知縣長水譚昌言
教諭武昌任家相
訓導姑孰徐有德
金陵劉遷喬仝校
選貢縣丞長汀馬孟復重閱
文公裔孫庠生朱崇沐訂梓
賦

明万历朱崇沐刻本《昌黎先生集》

昌黎先生文集》《外集》为最善；廖莹中世彩堂本《昌黎先生集》《外集》《遗文》（明徐氏东雅堂翻刻）最为通行。今有马其昶《韩昌黎文集校注》（上海古籍出版社1986年版）、钱仲联《韩昌黎诗系年集释》（上海古籍出版社1984年版），是较为通行的诗文注本。

252 柳宗元集

唐·柳宗元

文道合一，不平则鸣

柳宗元（773—819），字子厚，河东解县（今山西运城西南）人，世称柳河东；因官终柳州刺史，又称柳柳州。唐代著名文学家，与韩愈共同倡导唐代古文运动，并称“韩柳”。贞元九年（793）中进士，贞元十四年（798）登博学鸿词科，因参与王叔文变法，被贬为永州司马，又出为柳州刺史。在任期间，兴利除弊，政绩卓著。元和十四年十一月病殁。

柳宗元重视文章的内容，主张文以明道，认为“道”应于国于民有利，切实可行。他推崇先秦两汉文章，提出要向儒家经典及《庄子》《老子》《离骚》《史记》等学习借鉴，博观约取，以为我用，但又不能厚古薄今。在诗歌方面，他继承了刘勰标举“比兴”和陈子昂提倡“兴寄”的传统，与白居易《与元九书》中关于讽喻诗的主张一致。他的诗文理论，代表着当时文学运动的进步倾向。

柳宗元一生留下六百多篇诗文作品。其诗今存一百四十多首，都是贬谪以后所作，风格淡雅清丽，近于山水田园一派，与王维、孟浩然、韦应物并称“王孟韦柳”。其文成就更大，

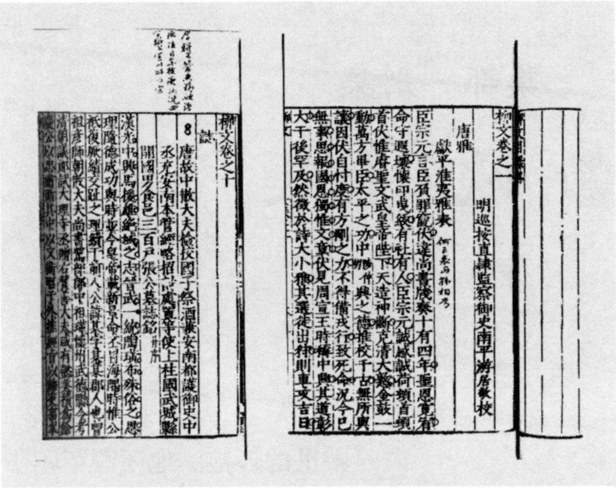

明嘉靖游居敬刻本《柳文》

政论、寓言、传记、山水游记，佳作纷呈：政论则笔锋犀利，逻辑严密，如《封建论》《断刑论》《晋文公问守原议》《桐叶封弟辨》《伊尹五就桀赞》等；寓言则推陈出新，造意奇崛，如《三戒》(《临江之麋》《黔之驴》《永某氏之鼠》)、《蝜蝂传》《罴说》等；传记则多以真人真事为基础，略带夸张虚构，似寓言又似小说，如《捕蛇者说》《童区寄传》《段太尉逸事状》《种树郭橐驼传》等。不过柳宗元最脍炙人口的还属山水游记，在他的手里，山水游记发展成为一种独立的文学体裁，柳宗元也因而被称为“游记之祖”。“永州八记”是其代表作，行文或峭拔峻洁，或清邃奇丽，写景抒怀，寄托遥深，使得山水也带有了人格。

《柳宗元集》为刘禹锡所编，题《河东先生集》，宋初穆修始为刊行。《四库全书》所收宋韩醇《诂训柳先生文集》四十五卷、外集二卷、新编外集一卷，为现存柳集最早的本子。宋童宗说音注、张敦颐音辨、潘纬音义的《增广注释音辨唐柳先生集》四十三卷、别集二卷、外集二卷、附录一卷，有《四部丛刊》影元刊本，为现行影印本之最早者。今有中华书局2012年百家注本《柳宗元集》，收本集45卷，外集上、下卷，外集补遗，以及生平传记、版本序跋、书目著录等附录资料，是目前较好的版本。

集部·别集

253 欧阳修集

北宋·欧阳修

天地自在，山水从容

欧阳修，见《新唐书》作者介绍。

欧阳修在散文诗词上均有极深的造诣，尤以散文成就最高。其散文深入浅出，既精练又流畅，叙事说理，娓娓动听，抒情写景，引人入胜，寓奇于平，一新文坛面目。他的许多政论作品，如《本论》《原弊》《上高司谏书》《朋党论》等，恪守自己“明道”“致用”的主张，紧密联系当时政治斗争，指摘时弊，思想尖锐，语言明快，表现了一种匡时救世的怀抱。他还写了不少抒情、叙事散文，也大都情景交融，摇曳多姿。他的《释秘演诗集序》《祭石曼卿文》《苏氏文集序》等文，悼念亡友，追怀往事，情深意挚，极为动人；他的《丰乐亭记》《醉翁亭记》诸作，徐徐写来，委婉曲折，言辞优美，风格清新。总之，不论是讽世刺政，还是悼亡忆旧，抑或是登临游览，其作品无不充分体现出他那种从容宽厚、真率自然的艺术个性。苏轼评其文说：“论大道似韩愈，论事似陆贽，纪事似司马迁，诗赋似李白。”其诗词通俗流畅，不事雕琢，情景相生，意味隽永。《踏莎行》末尾两句：“平芜尽处是春山，行人

明刻本《欧阳文忠公全集》

更在春山外。”从思妇眼中写征人，情意深远，含蓄蕴藉。又如《朝中措》开头两句：“平山栏槛倚晴空，山色有无中。”看似随意写出，却是无限传神，没有炉火纯青的功夫，是不能达到这种艺术境界的。

欧阳修一生著述繁富，成绩斐然。除文学外，经学有独到见解，金石学有开辟之功，史学成就尤伟。所著将近二十种，仅《四库全书》收录或存目就有十三种。欧阳修文集版本达数十种，其中多已散佚。欧阳修晚年自编《居士集》五十卷。南宋周必大编《欧阳文忠公集》一百五十三卷，附录五卷，是较早的众本之源。清欧阳衡于嘉庆二十四年（1819）编订《欧阳文忠公全集》，打破了周必大本的编排体例，对欧阳修《居士集》也加以重排。今有李逸安《欧阳修全集》（中华书局2001年），即以欧阳衡本为底本，校勘增补而成。

254 张载集

北宋·张载

天地立心，万世太平

张载（1020—1077），字子厚，凤翔郿县（今陕西眉县）人，是北宋五子之一，与程颢、程颐一起成为宋代理学的奠基人。又因他家住横渠镇，人称横渠先生。曾任著作佐郎、崇文院校书等职。辞官后讲学关中，故其所建立的学派被称为关学。

《张载集》共十四卷，其中包括《正蒙》三卷、《易说》三卷、《经学理窟》五卷、《语录》一卷、《文集》一卷、附录一卷。其中最重要的是《正蒙》。他的学生吕大临为他写的《行状》中说："熙宁九年秋，先生感异梦，忽以书属门人，乃集所立言，谓之《正蒙》。出示门人曰：'此书予历年致思之所得，其言殆与前圣合欤！'"《正蒙》是他最后的著作，一生思想的最高总结，提出"太虚无形，气之本体"的命题，认为宇宙是气的流行，其中涵有浮沉、升降、动静的矛盾，矛盾对立面"相感""相荡""胜负""屈伸"，推动事物的发展。气聚而为有形之物，气散而为无形之神。张载用一元论批判了道教和佛教，认为他们不懂有无虚实相互依存和相互转化的道理。张载还提出"一物两体"的思想，认为事

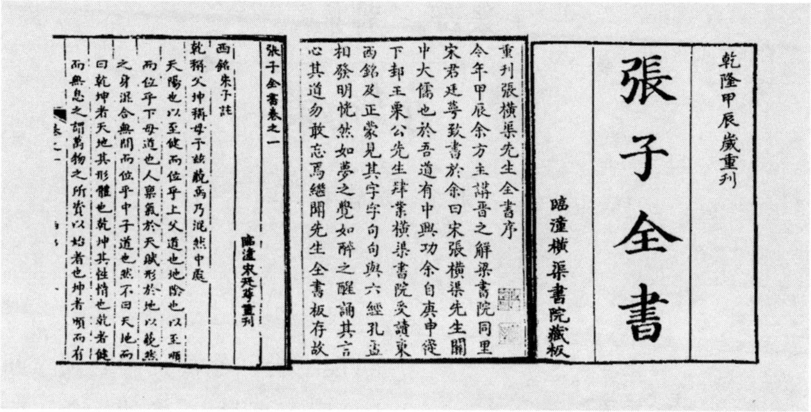
乾隆甲辰歲重刊
張子全書
臨潼橫渠書院藏板

重刊張橫渠先生全書序
今年甲辰余方主講晉之解梁書院同里
宋君廷萼致書於余曰宋張橫渠先生關
中大儒也於吾道有中興功余自庚申從
下邽王秉公先生肄業橫渠書院受讀東
西銘及正蒙見其字字句句與六經孔孟
相發明恍然如夢之覺如醉之醒誦其言
心其道勿敢忘焉繼聞先生全書板存故

張子全書卷之一
臨潼宋廷萼等重刊
西銘朱子註
乾稱父坤稱母予茲藐焉乃混然中處
天陽也以至健而位乎上父道也地陰也以至順
而位乎下母道也人稟氣於天賦形於地以藐然
之身混合無間而位乎中子道也然不曰天地而
曰乾坤者天地其形體也乾坤其性情也乾者健
而無息之謂萬物之所資以始者也坤者順而有

清乾隆甲辰刊本《张子全书》

物都是对立面的统一。他又说："有象斯有对，对必反其为；有反斯有仇，仇必和而解。"他强调矛盾斗争的最后结果是统一。张载在《正蒙·乾称篇》中把宇宙视为一个大家庭，天地是父母，人类是儿女，人应该亲近同类和万物，他说"民吾同胞，物吾与也"，正确的人生态度应该是"存，吾顺事；没，吾宁也"。这是一种对儒家宇宙境界的纲领性论述，对后来理学家影响很大。《张子语录》中有张载的名言："为天地立心，为生民立命，为往圣继绝学，为万世开太平。"这就是"横渠四句"，表现了儒者的宏大抱负，一直被人们传诵不绝。

明代沈自彰于万历年间把张载的著作编为《张子全书》15卷（含附录1卷）。1978年中华书局以《张子全书》为底本，又采取了宋本《张子语录》，参考《宋文鉴》编定的《张载集》较为通行。

集部·别集

255 苏轼集

北宋·苏轼

大江东去，千古风流

苏轼（1037—1101），字子瞻，号东坡居士，眉州眉山（今属四川）人。宋仁宗嘉祐二年（1057）中进士，宋神宗时，王安石实行变法，他持不同政见，外放至杭州、密州（今山东诸城）、徐州、湖州等地做地方官。后因“乌台诗案”下狱，贬为黄州（今湖北黄冈）团练副使。旧党执政，被招还，任翰林学士、礼部尚书，但又与旧党意见分歧，遭排挤，出任杭州、颍州等地地方官。当变了质的新党再度上台，苏轼又被贬到惠州（今广东惠州）、儋州（今海南岛儋县）等地，徽宗即位时遇赦北还，病逝于常州。

苏轼天才横溢，明济开豁，包含弘大，诗文书画，无不精绝。其诗题材广泛，或针砭时弊，或抒写情怀，或描摹景物，或阐发哲理，七古则波澜壮阔，变化莫测，七律则气韵天成，流丽圆转，七绝则奔放灵动，逸态横生。其词突破旧有的樊篱，凡世间情态，无不可入词，风格上豪放婉约兼而有之，如“大江东去，浪淘尽”的雄壮，“明月几时有，把酒问青天”的清旷，“墙外行人，墙里佳人笑”的妩媚，“十年生死两茫茫”的

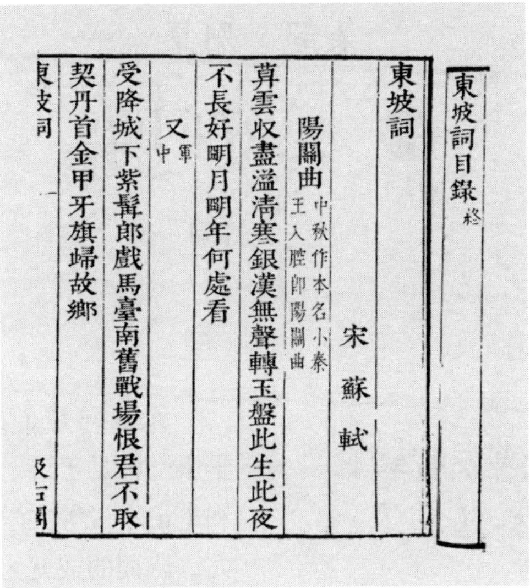

東坡詞目錄終

東坡詞　　宋　蘇軾

陽關曲　中秋作本名小秦王入腔即陽關曲

暮雲收盡溢清寒銀漢無聲轉玉盤此生此夜不長好明月明年何處看

又　中軍

受降城下紫髯郎戲馬臺南舊戰場恨君不取契丹首金甲牙旗歸故鄉

東坡詞　　汲古閣

*明汲古阁版《东坡词》

缠绵，开拓了词的新境界。其文挥洒自如，酣畅淋漓，行于所当行，止于所当止，腾挪变化，自然天成，政论如《进策》《思治论》《留侯论》等，见解新颖，不落窠臼，雄辩滔滔，笔势纵横；游记如《石钟山记》、前后《赤壁赋》等，即地兴感，借景寓理，达到诗情、画意、理趣的和谐统一。

现存最早的版本为宋蜀刻大字本《苏文忠公文集》四十卷。明成化四年（1468），海虞程宗以宋曹训刻本等重校付梓，始有《东坡七集》完本传世，包括附录《年谱》，共一百一十二卷。今有中华书局孔凡礼点校《苏轼诗集》（1982）和《苏轼文集》（1986）。2021年曾枣庄、舒大刚主编《苏东坡全集》（中华书局出版）是迄今为止苏轼作品最全的版本。

256 元好问集

金·元好问

一语天然万古新，豪华落尽见真淳

元好问（1190—1257），字裕之，号遗山，太原秀容（今山西忻州）人。北魏鲜卑拓跋氏的后裔，金末兴定五年（1221）登进士第，历任内乡令、南阳令、尚书省左司都事、右司员外郎等职。金亡后不仕，居冠氏、秀容等地。著有《遗山先生文集》，以及《壬辰杂编》《金源君臣言行录》《杜诗学》《东坡诗雅》《续夷坚志》《诗文自警》《锦机》《新乐府》等，编有金代诗歌总集《中州集》。

元好问是金元间重要的文学家，涉足于诗、词、文、散曲和笔记小说等文学的各个领域，尤以诗词的成就为最高。他的诗题材多样，内容丰富，其中反映当时人民饱受天灾人祸之苦的作品，真实具体，富有感染力。其词则被誉为金朝一代之冠，以苏、辛为典范，博采众长，兼有婉约、豪放等诸种风格。后人评赞其词“乐章雅丽，情致幽婉”“深于用事，精于炼句”，尤以两首《摸鱼儿》最富艺术魅力，“问世间、情是何物，直教生死相许”“天南地北双飞客，老翅几回寒暑”和“海枯石烂情缘在，幽恨不埋黄土”等皆是哀婉动人的佳句。其文艺评论的代

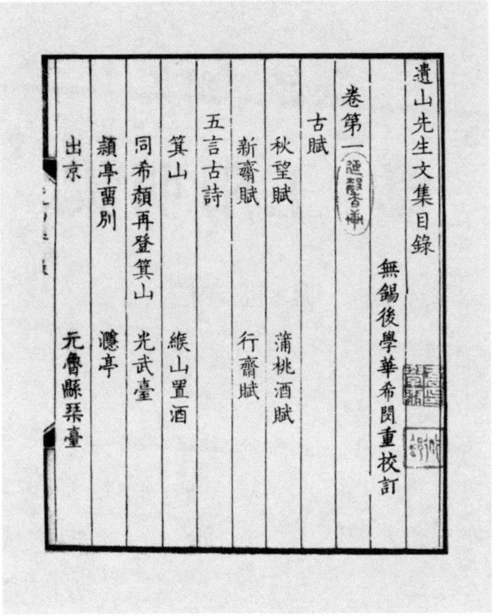

遺山先生文集目錄

無錫後學華希閔重校訂

卷第一

古賦

秋望賦　蒲桃酒賦

新齋賦　行齋賦

五言古詩

箕山　緱山置酒

同希顏再登箕山　光武臺

潁亭留別　濦亭

出京　元魯縣琴臺

清康熙间刻本《遗山先生文集》

表作《论诗绝句三十首》流传很广，强调诗歌的内容，认为好诗应该真淳自然，推崇雄健豪迈的风格，反对绮靡纤丽的诗风，对后世影响颇大，尤其是“一语天然万古新，豪华落尽见真淳”之句脍炙人口。其散曲今存九首，其中《〔双调〕小圣乐·骤雨打新荷》小令为一代名曲，号称是“变宋词为元曲”的开山之作。

元好问诗文集在元代主要有两种版本，一为张德辉编次、刻于中统三年（1262）的四十卷本诗文总集，另一为至元七年（1270）曹益甫编二十卷本《遗山诗集》。四十卷本在明清两代均有刻本。明弘治十一年（1498）河南巡抚李瀚所录善本，刻于河南，是今天所能见到的最早本子，为《四库全书》所收录。此本在清代还有无锡华希闵刻本，今人施国祁《元遗山诗集笺注》即以此为底本（人民出版社1989年版）。

集部·别集

257 王阳明集

明·王守仁

心外无物，知行合一

王守仁，见《传习录》作者介绍。

在哲学方面，王阳明是心学发展的集大成者，认为“心外无物，心外无理”，心是天地万物的“主宰”。在伦理道德修养方面，他提出致良知，认为“良知”是每个人都有的，“满街都是圣人”，但并不是每个人都能照着良知去做，去“致”良知。由此他进一步提出“知行合一”的观点，不同意把知行分开看成先后的关系，认为“知是行的主意，行是知的功夫，知是行之始，行是知之成”。他的知行合一说，一方面强调道德意识的自觉性，另一方面强调道德实践，要言行一致。但混淆了意识活动与实践活动的界限，甚至认为一念发动处即是行，这就陷入了唯心论。王阳明晚年把他的思想归结为“四句教”，即“无善无恶心之体，有善有恶意之动，知善知恶是良知，为善去恶是格物”。由此引起王门后学理解上的分歧和争论。他的思想形成阳明学派，流行达一百五十年之久，在明代影响极大。阳明心学虽然起过某种冲击圣贤偶像的积极作用，但空谈心性之风流行，也影响了明中叶以后学术的发展

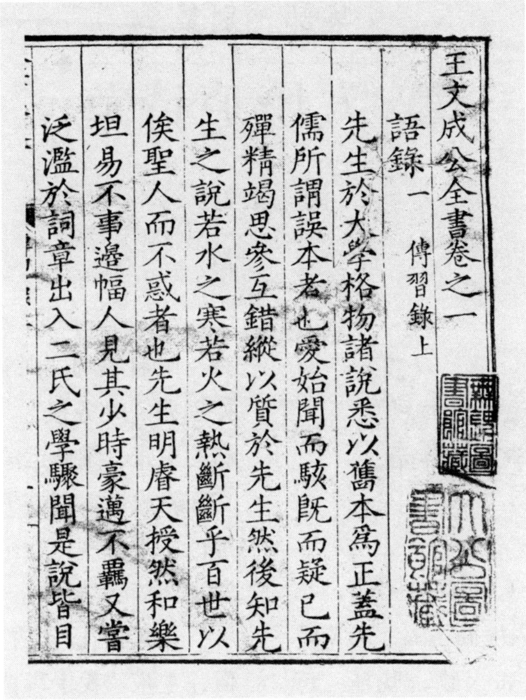
王文成公全書卷之一
語錄一　傳習錄上
先生於大學格物諸說悉以舊本爲正蓋先
儒所謂誤本者也愛始聞而駭既而疑已而
殫精竭思參互錯縱以質於先生然後知先
生之說若水之寒若火之熱斷斷乎百世以
俟聖人而不惑者也先生明睿天授然和樂
坦易不事邊幅人見其少時豪邁不羈又嘗
泛濫於詞章出入二氏之學驟聞是說皆目

明隆庆六年谢廷杰刻本《王文成公全书》

和社会的进步。

王守仁著有《传习录》《大学问》《阳明先生文录》《朱子晚年定论》等。明隆庆六年（1572），谢廷杰合而刊之为《王文成公全书》三十八卷，影响深远，为后出本之祖。上海古籍出版社以谢氏刻本为底本，参校众本，编排修订成《王阳明全集》，中华书局以谢氏本为底本，校点整理为《王阳明集》，为目前较佳的本子。

258 人境庐诗草

清·黄遵宪

我手写吾口，古岂能拘牵

黄遵宪（1848—1905），字公度，别号人境庐主人。岭南诗派的重要代表人物，晚清“诗界革命”的倡导者，传世诗作有《人境庐诗草》十一卷、《日本杂事诗》多卷。曾出任晚清驻外使馆官员达十四五年之久，足迹遍及亚、美、欧、非四大洲。任驻日使馆参赞时，编撰了四十卷、五十万言的《日本国志》，是中国人写的第一部日本通志，至今仍被列为许多大学日本史专业必读的参考书。他参与了康有为、梁启超的“强学会”，并主持创办《时务报》，宣扬改革维新的主张，维新运动失败后，罢官归隐故乡，创办了我国最早的师范学堂之一——东山初级师范学堂。

黄遵宪长于古体，语言通俗，主张“我手写吾口，古岂能拘牵”。其诗上感国变，中伤种族，下哀民生，开雄奇境界，起风雷波涛，可谓天下健者，生前即有晚清“诗史”之誉。晚年自辑《人境庐诗草》十一卷，收录1864至1904年间编年诗六百余首，清新之风一扫旧体诗的陈腐暮气，成为近代诗成熟的重要标志。

今有钱仲联《人境庐诗草

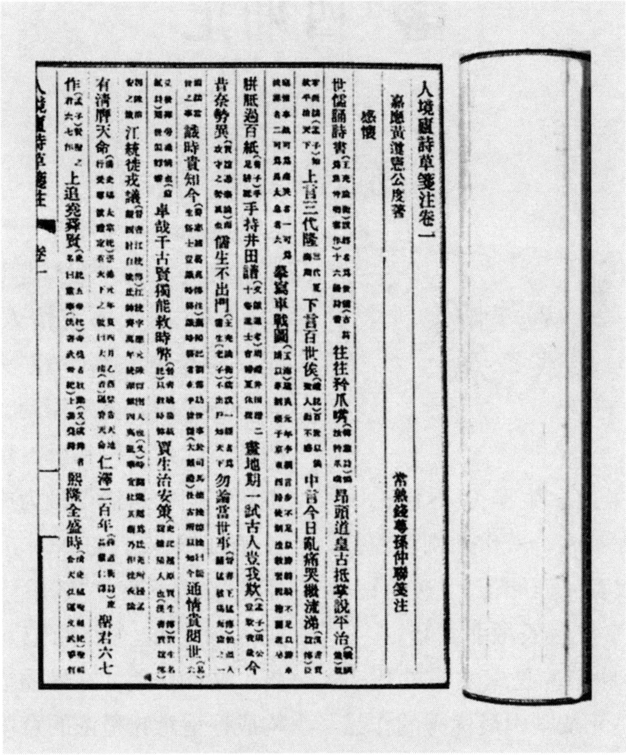
人境廬詩草箋注卷一

嘉應黃遵憲公度著　常熟錢萼孫仲聯箋注

感懷

世儒誦詩書　往往矜爪嘴　昂頭道皇古　抵掌說平治　上言三代隆　下言百世俟　中言今日亂　痛哭繼流涕　摹寫車戰圖　胼胝過百紙　手持井田譜　畫地期一試　古人豈我欺　今昔奈勢異　儒生不出門　勿論當世事　識時貴知今　通情貴閱世　卓哉千古賢　獨能救時弊　賈生治安策　江統徙戎議　有清膺天命　仁澤二百年　聖君六七作　上追堯舜賢　熙隆全盛時

人境廬詩草箋注　卷一

民国排印本《人境庐诗草》

笺注》本（1936年初版商务印书馆，1957年重版古典文学出版社，1981年修订版上海古籍出版社）。

259 西厢记

元·王实甫

一见钟情，终成眷属

王实甫，生卒年不详，字德信，大都人。所作杂剧散曲甚多，今仅存《西厢记》《破窑记》《丽春堂》三种及散曲数套。

《西厢记》是王实甫的代表作，也是元杂剧中最优秀的作品之一，在中国文学史上和中国戏曲史上都占有极其重要的地位，是我国古代戏曲发展的高峰之一，诚如周德清所赞，“诸公已矣，后学莫及”。《西厢记》取材于唐代元稹传奇小说《莺莺传》，金代董解元《西厢记诸宫调》集其大成，王实甫则超越众长，以“愿天下有情人都成眷属”为全剧宗旨，重写崔张之恋，思想内涵更趋深刻，具有鲜明的反封建礼教和反封建婚姻的主题。剧中塑造得最为成功的形象是红娘，《拷红》一折，数百年来屡演不衰，“红娘”亦成为媒人的代称。《西厢记》情节曲折，文辞华美，在景物描绘中，构成抒情意味极浓的意境，格调有如花间美人，光彩照人。对汤显祖的《牡丹亭》和曹雪芹的《红楼梦》创作也产生了深远影响。

《西厢记》现存明清刊本不下百种，大多都有评点、注释或考证，还有不少附有精美插

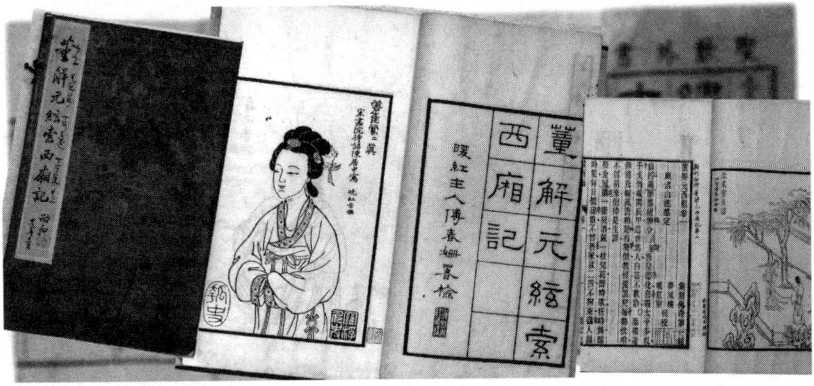

*董解元《弦索西厢记》

图。明刊本中流传较广的是王骥德《新校注古本西厢记》、凌濛初校《即空观鉴定西厢记》和毛晋校《西厢记定本》。清刊本主要有金圣叹批改本《第六才子书》。中华人民共和国成立后出版有王季思、吴晓铃、张燕瑾等人校注的《西厢记》（分别为上海古籍出版社1978年版、作家出版社1954年版、人民文学出版社1995年版）。

集部 · 戏曲

260 窦娥冤

元 · 关汉卿

梨园领袖，感天动地

关汉卿，生卒年不详，号已斋叟，大都（今北京）人，元代杰出戏曲家，“生而倜傥，博学能文，滑稽多智，蕴藉风流”。他一生创作了六十五种杂剧，保存下来的有《窦娥冤》《救风尘》《望江亭》《拜月亭》《单刀会》等，著作之丰，质量之高，亘绝一时，时人称其为“梨园领袖”。

《窦娥冤》是关汉卿的代表作，也是我国古典四大悲剧之首。戏剧描写穷书生窦天章赴京赶考，因还不起蔡婆的高利贷，只好将七岁的女儿窦娥送给其家做童养媳。窦娥丈夫早逝，与蔡婆相依为命。泼皮无赖张驴父子欲强霸窦娥婆媳，窦娥坚决不从。张驴遂在窦娥送给蔡婆的汤中下毒，不料却毒死了自己的父亲。张驴将罪名强加给窦娥，窦娥为救婆婆，屈招认罪。临刑前许下三大誓愿以示清白：一是一腔热血飞上白练，二是三伏天降三尺雪，三是楚州大旱三年。死后三桩誓愿果然一一实现。三年后，做了廉访使的窦天章到楚州查案，终为女儿昭雪。

《窦娥冤》取材于社会现实，通过对窦娥不幸遭遇的描写，揭露了当时社会的黑暗，对

涵芬楼民国影印本《元曲选·窦娥冤》插图

妇女寄予了深切同情。窦娥这一光彩照人的悲剧形象堪称绝代，她的善良秉承了中国古代妇女的传统美德，她的抗争则是反传统的个性闪光，她指天骂地，发下三大誓愿，无畏地表达了对整个腐朽社会的蔑视。

《窦娥冤》有《古名家杂剧》《元曲选》等本，又有人民文学出版社1958年整理本。

集部·戏曲

261 琵琶记

元·高明

琵琶弦断，谁人堪听

高明（约1301—约1370），字则诚，号菜根道人，人称东嘉先生，浙江瑞安人。元顺帝至正五年（1345）进士，授处州录事，辟行省掾。方国珍据浙东，欲留置幕下，不就，旅寓鄞县（今宁波）栎社。明初，明太祖曾征召之，托辞不就，不久病卒。其著作除《琵琶记》外，还有南戏《闵子骞单衣记》和诗文集《柔克斋集》二十卷，均已散佚。

《琵琶记》是高明的代表作，被推为“南戏之祖”，是在“戏文之首”《赵贞女蔡二郎》的基础上进行再创作而成的。全剧四十二出，写蔡伯喈被其父逼迫赴京应试，中状元后，牛丞相奉旨招他为婿，他辞婚辞官均不获准，无奈入赘相府。时逢家乡遭遇荒年，其妻赵五娘历尽艰辛侍奉公婆，年迈双亲终于饥馁气恨中亡故。五娘剪发买葬，又琵琶卖唱寻夫入京，最后夫妻团圆，归家庐墓三年，一门受旌表。《琵琶记》被称为戏文中的“绝唱”，描写人情，真实细腻，有力突出了封建时代的社会矛盾，加强了悲剧的气氛，文辞以本色为主而又文采斐然，是把民间戏文与文人创作结合起来的成功之

明武林起凤馆刊本

《元本出相南琵琶记》版画插图

作，从而将南戏提高到雅俗共赏的新阶段。

《琵琶记》的传本很多，《古本戏曲丛刊初集》收有清陆贻典抄本《蔡伯喈琵琶记》，是保持古本原貌较好的本子。明嘉靖苏州坊刻巾箱本与此相近。1958年在广东揭阳出土的嘉靖写本，也属“元本”范畴，是今存最早的艺人演出本，其余均经后人删改，与原本差异较大。另有《六十种曲》本、钱南扬《元本琵琶记校注》本（上海古籍出版社1980年版）。

集部·戏曲

262 牡丹亭

明·汤显祖

相寻梦里路，飞雨落花中

汤显祖（1550—1616），字义仍，号若士、清远道人，江西临川（今江西抚州）人。明代著名文学家、戏曲家，被誉为“东方的莎士比亚”。他的诗文和剧作在我国文学史上具有重要影响，其代表作《牡丹亭》，一直享誉文坛，驰名海内外。

《牡丹亭》是汤显祖的代表作，也是明代南曲的代表作，其艺术成就居“临川四梦”之首，汤显祖自认“一生四梦，得意处惟在《牡丹》”。《牡丹亭》共五十五出，取材于话本《杜丽娘慕色还魂》，通过杜丽娘和柳梦梅的生死离合，发出了要求个性解放、爱情自由、婚姻自主的呼声，暴露了封建礼教对人们幸福生活和美好理想的摧残。杜丽娘是我国古典文学里继崔莺莺之后出现的最动人的妇女形象之一。汤显祖在该剧《题词》中说：“如丽娘者，乃可谓之有情人耳。情不知所起，一往而深，生者可以死，死可以生。生而不可与死，死而不可复生者，皆非情之至也。”

《牡丹亭》令人情眩之处正在于其“相寻梦里路，飞雨落花中”的“生死可还”之境：一对陌生的青年男女于梦中相识，于

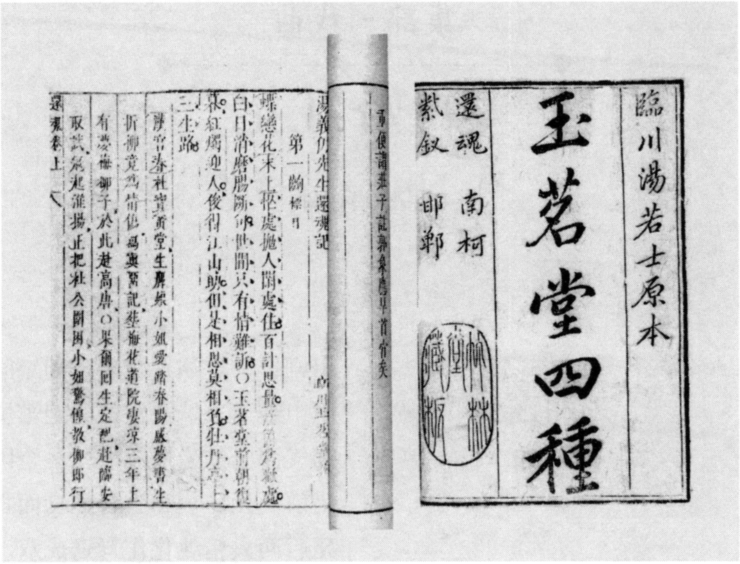

明竹林堂刊本《汤义仍先生还魂记》

梦中相爱。女方因情而病，由病而死，一缕香魂继续在梦中与恋人相会；男方冒死开棺，让恋人死而复生。爱情的理想，在萌生中就遭致死亡的打击，却又在死亡中得到升华，在复活中得到实现。真情可以出生入死，这是何等超凡脱俗的境界！《牡丹亭》以文辞典丽著称，宾白饶有机趣，曲词兼具北曲泼辣粗犷及南词宛转清丽的长处。剧中生旦诉情多用南词，而描写战争或鬼怪，如《虏谍》《冥判》等出，则间用北曲，正是各取所长。《牡丹亭》之横空出世，轰动当时，家传户诵，几令《西厢》减价，不愧为我国戏曲史上浪漫主义的杰作。

该书有人民出版社1963年整理本。

集部·戏曲

263 娇红记

明·孟称舜

生死相随，不离不弃

孟称舜（约1600—1655），字子若，又字子适（一作子塞），号卧云子，会稽山阴（今浙江绍兴）人。明崇祯时诸生，清顺治六年贡生。作品今知有传奇五种，杂剧六种。现存传奇《二胥记》《贞文记》《娇红记》和杂剧《英雄成败》《花前一笑》《眼儿媚》《桃花人面》。曾编选元明杂剧《古今名剧合选》，共收杂剧五十六种。

《娇红记》是继《牡丹亭》之后的又一部歌颂坚贞爱情的杰出剧作，讲述了北宋宣和年间书生申纯与表妹王娇娘凄艳悱恻、荡气回肠的爱情故事，一个因爱忧郁而死，一个为爱绝食而亡，死后两人精魂化作鸳鸯成双。陈洪绶评曰："昔人云：'读《出师表》而不泣下者必非忠，读《陈情表》而不泣下者必非孝。'吾谓读此记而不泣下者必非节义人也。"

《娇红记》以往较少被提及，近年来渐渐引起戏剧文化史家们的注意，谓其具有"承先启后"之功。此剧依据历史上的一个真实故事创作而成，申纯和王娇娘的爱情，不同于一般才子佳人式的爱情，它经过反复的试探和真正的了解而得以建立，是知

明刊本《新镌节义鸳鸯冢娇红记》插图

己之爱，一旦建立后便产生了不可动摇的凝结力，它已超越了从《墙头马上》《西厢记》以来那种一见钟情的模式，而开启了贾宝玉和林黛玉这一旷世知己之恋的先河。所谓的“承先启后”，其意即在于此。

《娇红记》的悲剧性不仅在于申纯和王娇娘两人双双赴死这一结局，更在于一份真挚美好的“知己之爱”终归于毁灭。请看全剧高潮，人们为劝说娇娘嫁给帅家，伪称申纯已与其他女子成亲，早忘却了前情，并拿出实物证据，娇娘毫不动摇怀疑，哭道：“相从数年，申生心事我岂不知！他闻我病甚，将有他故，故以此开释我。”这是何等的信任！后来娇娘因帅家逼婚太甚，终于自尽。人们又以“过尔伤心，有乖大义”，“读书知礼，万宜自节”劝说申纯。申纯道：“你怎知我与娇娘情深义重，百劫难休，她既为我而死，我亦何容独生！”毅然决然随娇娘于地下。这种殉情，并非盲目的从一而终，而是绝望下的冷静反抗，故其酿成的悲剧也显得格外深沉厚实。《娇红记》所采用的基本上是现实主义的表现手法，与以汤显祖为代表的浪漫主义有异；但在讴歌至情至性方面，二者可谓殊途同归。

上海古籍出版社1988年出版的欧阳光注《娇红记》较为通行。

集部·戏曲

264 桃花扇

清·孔尚任

借离合情，写兴亡感

孔尚任（1648—1718），字聘之，又字季重，号东塘、岸堂，又号云亭山人，山东曲阜人，系孔子六十四世孙。康熙二十五年（1686），由监生授国子监博士，官至户部员外郎。博学多才，工诗文，通音律，著有戏曲《桃花扇》、传奇《小忽雷》（与顾彩合撰）、诗文集《湖海诗集》《岸堂文集》《长留集》等，近人辑为《孔尚任诗文集》。

《桃花扇》是孔尚任历经十年努力、三易其稿的心血之作，于康熙三十八年（1699）完成。它的出现标志着中国戏曲文学达到了一个新的高峰，孔尚任也因此和洪昇一起，成为清代最负盛名的戏曲大家。孔尚任运用他概括生活的巨大艺术才能，以侯方域、李香君的悲欢离合为线索，尤其是通过象征他们命运的一把扇子，展开了一幅宏大的南明兴亡的历史画卷，第一次以戏曲形式表现了明末复杂的社会矛盾和民族矛盾，艺术地总结了这一段历史教训。这一幕江山沦亡、“舆图换稿”的历史悲剧，激发了时人的爱国情感，唤醒了潜在的民族意识。孔尚任善于在重大的现实矛盾中塑造人物性格，又善于通过一行一止的细微末节来

清光绪二十一年兰雪堂刻本《桃花扇》

刻画人物，每个人物都具有鲜明的个性。《桃花扇》的语言也很有特色，既有戏剧的表演性，又富于文采，达到了戏剧性与文学性的统一，这使其成为明清传奇戏曲的压卷之作。

《桃花扇》现有康熙刻本、兰雪堂本、西园本、暖红室本和梁启超注本。通行本有人民文学出版社1959年王季思、苏寰中合注本，2002年重印。

265 长生殿

清·洪昇

碧落黄泉，两情不渝

洪昇（1645—1704），字昉思，号稗畦、南屏樵者，钱塘（今浙江杭州）人，康熙七年（1668）国子监生，康熙二十八年（1689），因在国丧期间上演所作《长生殿》被斥革，晚年醉酒登船落水而死。撰有传奇《长生殿》《回文锦》《回龙院》等，另有杂剧《四婵娟》，是清初著名戏曲家，与孔尚任合称“南洪北孔”。

《长生殿》以安史之乱为背景，写唐明皇和杨贵妃的爱情故事。全剧共五十出，规模宏大，内容丰富，广泛地展开了对当时社会、政治的描绘。洪昇有意识地把李杨故事与安史之乱联系起来，写出了封建帝王和妃子的“逞侈心而穷人欲”，以致朝政败坏，藩镇叛乱，造成他们自身的爱情悲剧，同时也真实地描绘了唐代天宝年间各种尖锐的社会矛盾和政治斗争，表现了一代王朝由盛而衰走向没落的命运。《长生殿》一方面谴责李隆基因爱杨贵妃而致国事败坏，一方面却也对他们寄予了深切的同情。作者对历史素材加以精心选择和剪裁，进行了艺术的概括、集中和虚构，使事件和人物的描写基本符合历史真实，又写得有声有

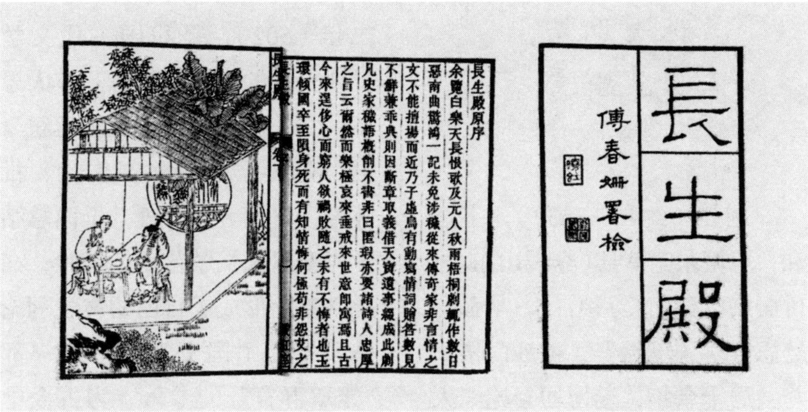

長生殿原序
余覽白樂天長恨歌及元人秋雨梧桐劇輒作數日
惡南曲驚鴻一記未免涉穢從來傳奇家非言情之
文不能擅場而近乃子虛烏有動寫情詞贈答數見
不鮮兼乖典則因斷章取義借天寶遺事綴成此劇
凡史家穢語概削不書非曰匿瑕亦要諸詩人忠厚
之旨云爾然而樂極哀來垂戒來世意即寓焉且古
今來逞侈心而窮人欲禍敗隨之未有不悔者也玉
環傾國卒至隕身死而有知情悔何極苟非怨艾之

長生殿
傅春姍署檢

民国暖红室刊本《长生殿》

色，其中许多场面强烈感人，把历史剧提高到一个新的水平。此外，曲辞优美，恪守韵调，也是本剧的一个显著特点，可谓“台上之曲”和“案头之曲”的完美结合。

266 文心雕龙

南朝梁·刘勰

体大思精，笼罩群言

刘勰（约465—532），字彦和，原籍东莞莒县（今属山东），侨居京口（今江苏镇江）。早孤，笃志好学，不婚娶，依沙门僧，与共居十余年，遂博通经论。大约三十一二岁开始写作《文心雕龙》，其动因是想补救时弊，扭转晋宋以来辞采浮艳、雕琢空虚的文风，书成之后，得当时文坛领袖沈约赏识，遂为世知，入梁出仕，曾任东宫通事舍人，后世称其为刘舍人。

《文心雕龙》十卷，五十篇，大约成书于南朝齐和帝中兴二年（502），是我国古代文学批评史上的杰作，素有“体大思精”之誉。全书分“文之枢纽”（总纲）、文体论、创作论、批评论、自序五大部分，全面总结了先秦以来文学艺术的经验，在此基础上形成了自己的文学理论体系，是中国文学史上第一部“笼罩群言”的专著，为古今中外的文学理论家所瞩目。

《文心雕龙》以骈文写就，汲取魏晋以来以骈俪偶语论事析理之经验，使骈文说理的艺术发挥得淋漓尽致。篇末赞语，尤显文才，极富理趣与诗意。

该书现存最早的本子为唐写本残卷，其后则有元至正刻

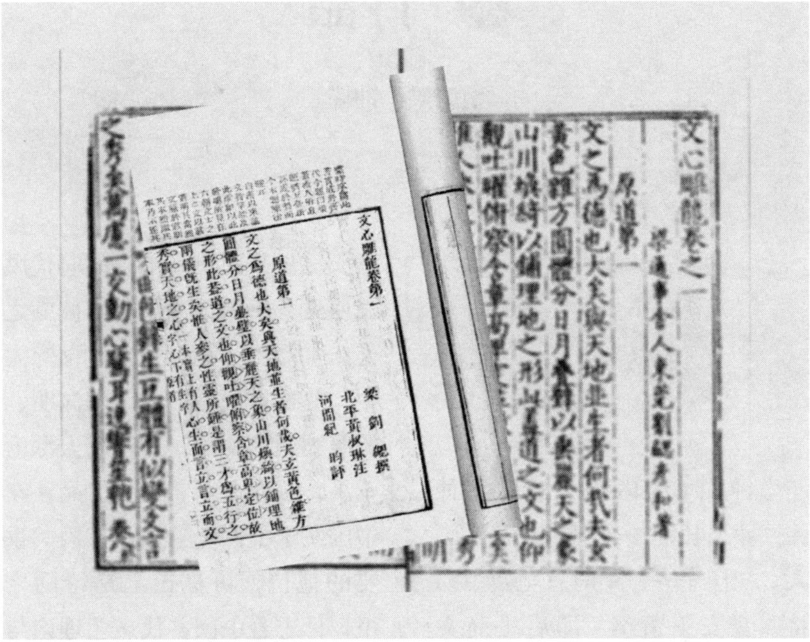

清道光两广节署刊朱墨套印本《文心雕龙》

本，明万历刻本。通行的注释本有清黄叔琳辑注本。今人范文澜《文心雕龙注》（人民出版社1958年）、杨明照《文心雕龙校注拾遗》（上海古籍出版社1982年）、刘永济《文心雕龙校释》（中华书局1962年）都是用力甚勤的著作。

集部·文论

267 诗品

南朝梁·钟嵘

以品论人，诗话先声

钟嵘（约468—518），字仲伟，颍川长社（今河南长葛东）人。初仕于齐，梁时官至西中郎将、晋安王萧纲（即后之简文帝）记室。

《诗品》作于梁武帝天监十二年（513）以后，是钟嵘晚年所著，专论五言诗，为诗歌批评专著。全书将自汉魏至齐梁的一百二十家诗人分为上中下三品（每品一卷），显优劣，叙源流，指出各家利病，言简意赅，为历代所推崇。此种以品第论诗的方法，显然是因崇尚清议的时代风气所致，所得结论难免有偏颇之处，如魏晋以来最杰出的诗人中，曹操被列为下品，陶渊明、鲍照被列为中品，这使后人深为不满，多致讥刺。但《诗品》在中国文学批评史上仍占有极其重要的地位，可称得上是诗话之祖，标志着中国古代文艺理论与文学批评发展的新阶段。

《诗品》注本，有陈延杰《诗品注》（人民文学出版社，1961年）。日本高木正一《钟嵘诗品》、韩国车柱环《钟嵘诗品校证》，征引释义繁博详明。今有曹旭《诗品集注》（上海古籍出版社，1994年）。

詩品上

梁征[illegible]參軍鍾嶸

氣之動物物之感人故搖蕩性情形諸舞詠照燭三才暉麗萬有靈祇待之以致饗幽微藉之以昭告動天地感鬼神莫近於詩昔南風之辭卿雲之頌厥義夐矣夏歌曰鬱陶乎予心楚謠曰名余曰正則雖詩體未全然是五言之濫觴也逮漢李陵始著五言之目矣古詩眇邈人世難詳推其文體固是炎漢之製非衰周之倡也自王

品上 一 退翁

张氏适园刊本《诗品》

268 文笔要诀

唐·杜正伦

虚字助词，句首何用

杜正伦，生卒年不详，相州洹水（今河北魏县西南）人，初唐宰相。善属文，亦善论文。

《文笔要诀》大题为“文笔要诀”，小题为“句端”，皆言语助词，可谓论虚字最早之专书，系为对于作文之法“或有未悟”的“新进之徒”而撰，今仅存《句端》一篇，较系统地总结了“观夫”“惟夫”“原夫”“若夫”等句首语助词的用法，对于文学、语言学等研究极有价值。

中国历代史志均未著录，日本五岛庆太郎氏藏平安末期写本，于1943年印行于世。王利器著《文笔要诀校笺》，载北京大学出版社1989年《纪念陈寅恪先生诞辰百年学术论文集》中。辑本有张伯伟的《全唐五代诗格校考》，陕西人民教育出版社1996年版。

集部·文论

269 二十四诗品

唐·司空图

诗中有品，品中有诗

司空图（837—908），字表圣，河中（今山西永济西）人，唐代著名诗论家。咸通十年（869）进士，官至知制诰、中书舍人，后隐居中条山。

《二十四诗品》既是一部诗论专著，实际上也是二十四首非常优美的四言诗，每品以十二句分题系辞，描绘的是二十四种不同风格的诗境：雄浑、冲淡、纤秾、沉着、高古、典雅、洗炼、劲健、绮丽、自然、含蓄、豪放、精神、缜密、疏野、清奇、委曲、实境、悲慨、形容、超诣、飘逸、旷达、流动。以诗论诗，遂令诗中有品，品中有诗。

该书有《说郛》《津逮秘书》《艺海珠丛》《历代诗话》及《全唐诗》诸本。较通行者有郭绍虞的《诗品集解》（人民文学出版社，1963年）。

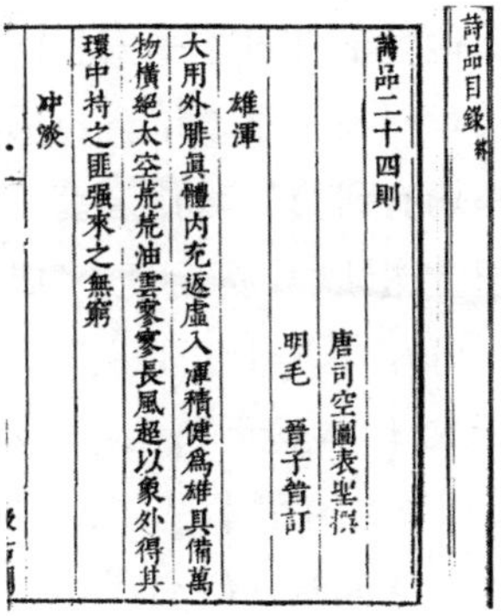
詩品目錄

詩品二十四則

唐司空圖表聖撰

明毛　晉子晉訂

雄渾

大用外腓眞體內充返虛入渾積健爲雄具備萬物横絶太空荒荒油雲寥寥長風超以象外得其環中持之匪強來之無窮

沖淡

明崇祯间毛氏汲古阁刻《津逮秘书》本

270 文镜秘府论

（日）遍照金刚

六合四声，诗格大成

遍照金刚（774—835），日本僧人，俗姓佐伯，名空海，法号遍照金刚，日本真言密宗始祖，公元921年追封为弘法大师。他生活在日本平安朝前期，对佛学以及文学、语言、书法、绘画均有研究，著作宏富（1910年日本祖风宣扬会汇编成《弘法大师全集》十五卷）。他于唐贞元二十年至元和元年（804—806）在中国留学三年，与中国僧徒、诗人有友好交往。

《文镜秘府论》是遍照金刚归国后，为普及汉诗文作法，根据带回的崔融《唐朝新定诗格》、王昌龄《诗格》、元兢《诗髓脑》、皎然《诗议》等书整理编纂而得，约完成于大同四年至弘仁七年（809—816）之间，乃初盛唐诗格之集大成者，其直接引用之文献，约有十八种，其中多为在中国已散佚者。全书共分为天、地、东、南、西、北六卷，以同六合之数。内容涉及诗歌的声律、词藻、典故、对偶等形式技巧问题，如天、东、西、北四卷的《调四声谱》《诗章中用声法式》《论对》《论病》《论对属》等等；此外，对于诗歌的创作理论也有所介绍，如地、南两卷的《十七势》《六志》《论文

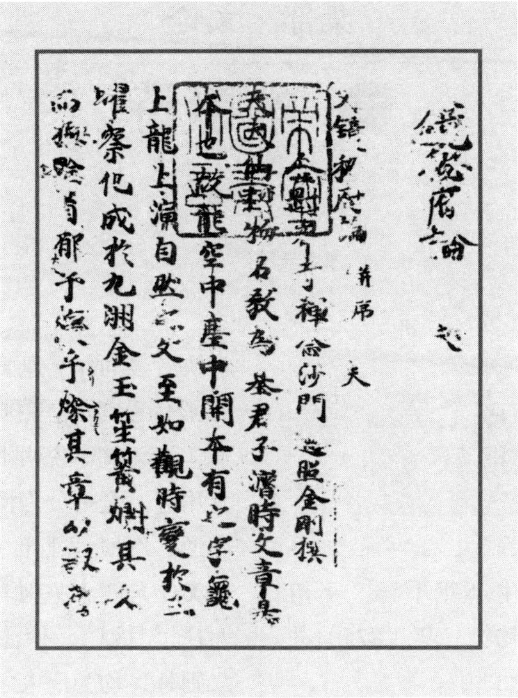
文鏡秘府論 天
金剛峯寺禪念沙門遍照金剛撰
文鏡秘府論 并序
夫大仙利物名教為基君子濟時文章是本
也故能空中塵中開本有之字龜
上龍上演自然之文至如觀時變於三
曜察化成於九州金玉笙簧爛其文
而撫黔首郁乎焕乎燦其章以馭蒼

《文镜秘府论》书影

意》《论体》《定位》等，并不完全是为诗文声病而作。所论“文二十八种病”“文笔十病得失”等，对研究六朝至唐古近体诗律学、文学批评、修辞学均有重要的参考价值。

该书在日本有旧抄本多种，并有日本《东方文化丛书》影印古钞本及讲谈社校印本。王利器《文镜秘府论校注》（中国社会科学出版社1983年）较为通行。又有卢盛江《文镜秘府论汇校汇考》（中华书局，2006年）。

271 本事诗

唐 · 孟棨

依诗系事，以明厥义

孟棨，生卒年不详，字初中。唐僖宗乾符二年（875）进士，曾为司勋郎中。

《本事诗》系记述诗歌本事之作，依诗系事，分条记述诗人作诗的事实原委，孟棨自序说：“其间触事兴咏，尤所钟情，不有发挥，孰明厥义？因采为《本事诗》。”其本旨是提供有关诗歌作品的写作背景，以便了解作品含义。如王维为讽喻宁王强占卖饼者妻而作《息夫人》诗，张九龄因受李林甫排挤而作《海燕》诗，倘不说明本事，很难知其用意。全书分为情感、事感、高逸、怨愤、征异、征咎、嘲戏七类，凡四十一则。除宋武帝吟谢庄《月赋》、徐德言破镜重圆二则外，均为唐人之事。唐代诗人佚篇逸事，颇赖以传，因此弥足珍贵。崔护脍炙人口的“人面桃花”一诗的本事即载于此书。

该书留世有《古今逸史》《顾氏四十家小说》《津逮秘书》《历代诗话续编》等版本。今通行有上海古籍出版社1991年排印本。

集部 · 文论

272 乐府古题要解

唐 · 吴兢

追本溯源，望题思义

吴兢，见《贞观政要》作者介绍。

《乐府古题要解》中，吴兢尽列乐府古题，从命名缘起到歌词本事、内容含义都有详细记载。对古乐府、拟乐府相缘关系，内容形式之异同，也有论列。明毛晋将其刻录于《津逮秘书》中，跋云："于传记及诸文集中，采其命名缘起，令后人知所祖习"，"其捃摭乐府故实，与正史互有异同"。甚至称誉其堪与《国史补》"并垂不朽"。

该书有《学津讨原》本、《历代诗话》本。

273 六一诗话

北宋·欧阳修

诗话之祖，生面别开

欧阳修，见《新唐书》作者介绍。

《六一诗话》一卷，北宋欧阳修撰，开历代“诗话”之先河。原书只称《诗话》，因欧阳修晚年自号“六一居士”，故名《六一诗话》。全书共二十八条，各则诗话条目之间的排列并没有逻辑联系，以漫谈随笔形式评论诗歌，记录轶闻趣事和瞬间感想所得。篇幅虽小，内容颇丰，有对诗歌规律、特性的探求，有佳句赏析，有掌故轶事介绍、谬说更正等等。书中提出的“诗穷而后工”“意新语工”等论点，体现出欧阳修追求冲淡雅正、天然和平之美的美学思想。

欧阳修曾为北宋诗坛盟主，也是唐宋八大家之一，对创作甘苦有深切体会，其诗话多能点到艺术奥妙之处，其中对人物典故的记叙，为珍贵之史料；对诗人的品评，大多准确中肯，足资借鉴。

该书在北宋已广为流传，有《百川学海》《说郛》《宋诗话五种》《津逮秘书》《萤雪轩丛书》诸本，人民文学出版社1983年排印本较为通行。

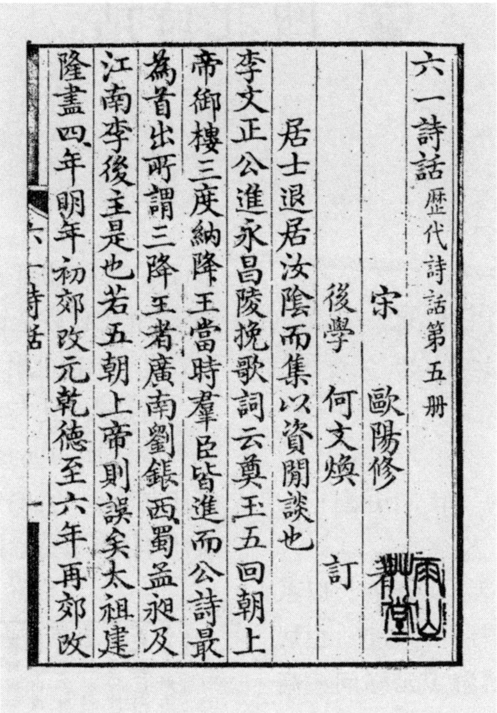
六一詩話 歷代詩話第五冊
宋 歐陽修 著
後學 何文煥 訂
居士退居汝陰而集以資閒談也
李文正公進永昌陵挽歌詞云奠玉五回朝上
帝御樓三度納降王當時羣臣皆進而公詩最
爲首出所謂三降王者廣南劉鋹西蜀孟昶及
江南李後主是也若五朝上帝則誤矣太祖建
隆盡四年明年初郊改元乾德至六年再郊改
六一詩話 一

《六一诗话》书影

274 瓯北诗话

清·赵翼

五代十家，诗坛独步

赵翼，见《廿二史劄记》作者介绍。

《瓯北诗话》共十卷，以系统评论李白、杜甫、韩愈、白居易、苏轼、陆游、元好问、高启、吴伟业、查慎行十家诗为主要内容，多精到之论。如评李白“自有天马行空，不可羁勒之势”，“才气豪迈，全力神运，自不屑束缚于格律对偶，与雕饰者争长”。又如评杜甫“思力沉厚，他人不过说到七八分，少陵必说到十分，甚至十二分”。他重视诗家的创新，反对“荣古虐今”，立论比较全面、允当，对诗人生平事迹也颇多考证。

有嘉庆十七年湛贻堂刻《瓯北全集》本、1963年人民文学出版社点校本、1983年上海古籍出版社排印《清诗话续编》本。

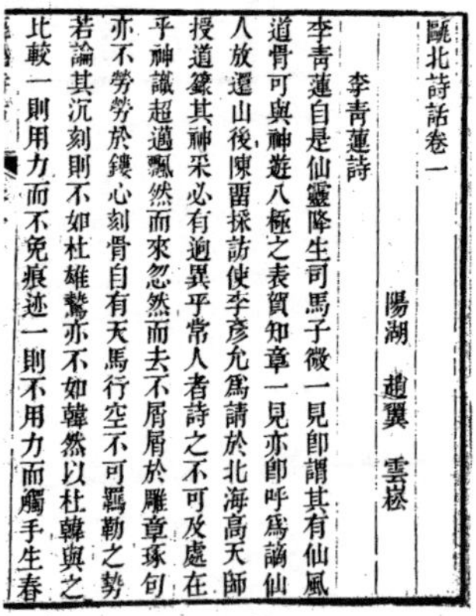
甌北詩話卷一　　陽湖　趙翼　雲崧
李青蓮詩
李青蓮自是仙靈降生司馬子微一見即謂其有仙風道骨可與神遊八極之表賀知章一見亦即呼爲謫仙人放還山後陳留採訪使李彦允爲請於北海高天師授道籙其神采必有迥異乎常人者詩之不可及處在乎神識超邁飄然而來忽然而去不屑屑於雕章琢句亦不勞勞於鏤心刻骨自有天馬行空不可羈勒之勢若論其沉刻則不如杜雄鷙亦不如韓然以杜韓與之比較一則用力而不免痕迹一則不用力而觸手生春

《瓯北诗话》书影

集部 · 文论

275 词源

南宋 · 张炎

穷乐律之本源，奉雅词为依归

张炎（1248—约1320），字叔夏，号玉田，晚号乐笑翁，临安（今浙江杭州）人。名将张俊后裔。宋亡，家道中衰，贫难自给，北游谋官，失意南归，落拓而终。著有《山中白云词》及《词源》。其词多写个人哀怨并长于咏物，常以清空之笔，写沦落之悲，带有鲜明的时代印记。因他精通音律，审音拈韵，细致入微，遣词造句，流丽清畅，时有精警之处，后世将他和姜夔并称。

《词源》乃张炎晚年所作，是我国最早的词论专著，分上下两卷，上卷论乐律，下卷论词的赏鉴和作法。他提出评词的标准有三：一，意趣高远；二，雅正；三，清空。其创作主张，强调艺术感受、艺术想象与艺术形式，有许多经验之谈，至今尚可参考，但观点带有门户之见，难免有偏颇之处。张炎的创作和词论对后世均有深远影响。

该书以道光八年（1828）秦恩复据戈载校本重刻者最善。咸丰三年（1853）《粤雅堂丛书》本、光绪八年（1882）许增《榆园丛刻》本，俱从所出。另有吴梅校勘的北京大学排印本、唐圭璋《词话丛编》本等。1986年中

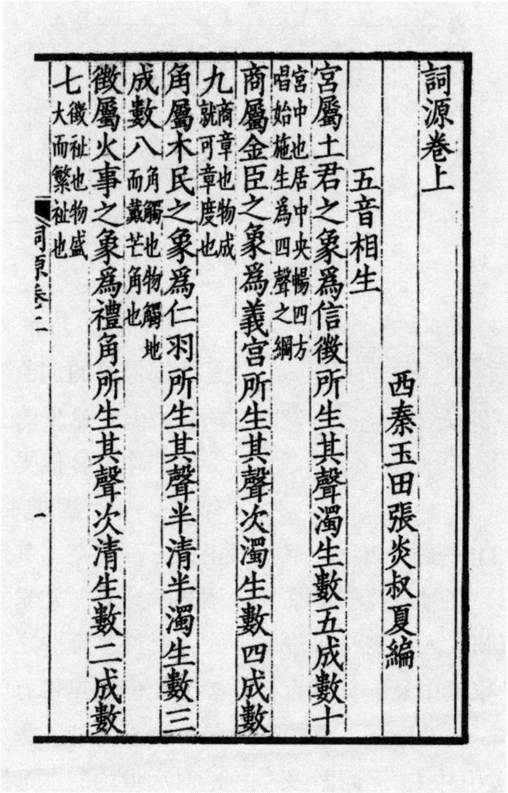

詞源卷上

西秦玉田張炎叔夏編

五音相生

宮屬土君之象爲信徵所生其聲濁生數五成數十宮中也居中央暢四方唱始施生爲四聲之綱

商屬金臣之象爲義宮所生其聲次濁生數四成數九商章也物成就可章度也

角屬木民之象爲仁羽所生其聲半清半濁生數三成數八角觸也物觸地而戴芒角也

徵屬火事之象爲禮角所生其聲次清生數二成數七徵祉也物盛大而繁祉也

詞源卷上　一

清道光八年享帚精舍精刻本《词源》

华书局《词话丛编》本末附跋语，颇有参考价值。笺注本有郑文焯《词源斠律》，蔡祯（嵩云）《词源疏证》。

集部 · 文论

276 本事词

清 · 叶申芗

情缘事发，因事解词

叶申芗（1780—1842），字维彧，号小庚，又号萁园，福建闽县（今福州）人。嘉庆十四年（1809）进士，著有《天籁轩词选》《词韵》《小庚词》《闽词钞》等。

《本事词》分上下两卷，上卷为唐、五代、北宋，下卷为南宋、辽、金、元。体例仿唐孟棨《本事诗》，辑录唐至金、元词人的感遇及有关词作轶事，颇简明扼要，但剪裁旧文，不注明出处，让后世读者使用颇为不便。所选词作内容大都属于男女恋情或个人抒怀。书中间有辨正，如欧阳修〔生查子〕“去年元夜时”一首，旧传为朱淑真作，编者考辨为欧词。然而其中亦有疏误，如说“眉山程垓正伯，东坡为中表”，乃沿袭杨慎《词品》以东坡中表程正辅为程正伯之误。

该书有道光天籁阁刊本、《词话丛编》本。又有上海古籍出版社1991年排印本，与《本事诗》合印。

集部·文论

277 白雨斋词话

清·陈廷焯

别具慧眼，抉择幽微

陈廷焯（1853—1892），原名世焜，后改廷焯，字亦峰，江苏丹徒（今镇江）人，光绪十四年（1888）举人。少时研诗，宗法于杜甫一家，对杜以外皆不屑一顾，年近三十才开始好词，著有《白雨斋词钞》一卷，《白雨斋词话》八卷，并编选《白雨斋词则》四集二十卷。

《白雨斋词话》成书于光绪十七年（1891），是一部诗词评论专著，原稿十卷，作者卒后由门人删定而成八卷，“抉择幽微，辨才无碍，尤为不受流俗羁绁者”。陈廷焯论词以儒家诗教为基础，“温厚以为本，沉郁以为用”，主张“意在笔先，神余言外”，尤为推重王沂孙的咏物词。这可以看作是他对常州词派张惠言和周济的理论的发扬。在《词话》中，陈廷焯一扫陈言，独树一帜，论各家之得失，探词学之本源，上及唐五代之远，下论与其同时之各家，洋洋洒洒，不避贤愚，尊崇骚雅，主张沉郁顿挫，使词学批评之风为之一变，堪称是诗词评论上的一部力作，对于继承前人的学术思想，开启后来的批评观念，广开词域，功莫大焉。他笔墨淋漓，阐述详备，历论百余名词家之作

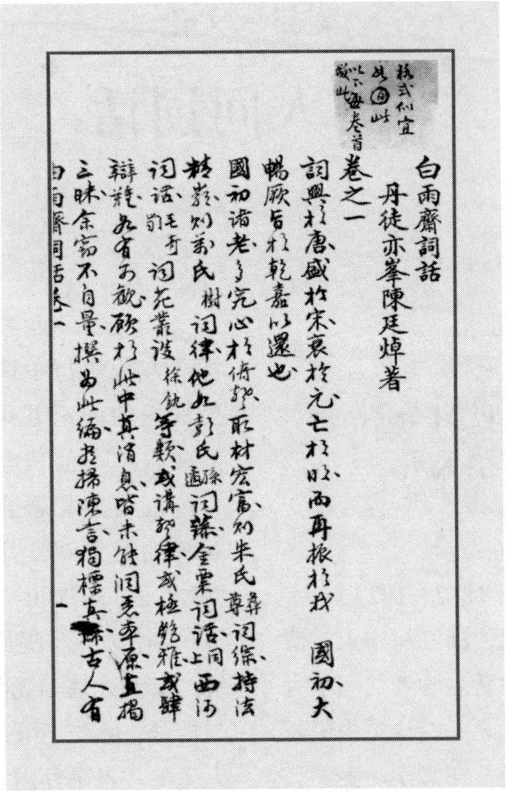
白雨齋詞話
丹徒亦峯陳廷焯著
卷之一
詞興於唐盛於宋衰於元亡於明而再振於我　國初大暢厥旨於乾嘉以還也
國初諸老多究心於倚聲取材宏富則朱氏彝尊詞綜持法精嚴則萬氏樹詞律他如彭氏遜遹詞藻金粟詞話西河詞話毛奇齡詞苑叢談徐釚等類或講聲律或極艷雅或肆辯難各有可觀顧於此中真消息皆未能洞悉本原直揭三昧余竊不自量撰為此編措拂陳言獨標真諦古人有
白雨齋詞話卷一

清稿本《白雨斋词话》

品，条分缕析，无不精当，可以说是别具慧眼，为后世研究者认识和评价有唐以来的诸多名家词作，奠定了一个坚实的基础。

《白雨斋词话》手稿墨迹十卷本由上海古籍出版社影印出版，圈点改删之痕，历然在目，弥足珍贵。

278 人间词话

清·王国维

人间阅尽，境界天开

王国维（1877—1927），字静安，号观堂，浙江海宁人，清末秀才，近代著名学者、国学大师、甲骨四堂之一。他是中国新学术的开拓者，在文学、美学、史学、哲学、金石学、考古学、古文字学等领域成就卓著。主要著作有《人间词话》《宋元戏曲考》《观堂集林》《曲录》《流沙坠简》等。1925年任清华国学研究院教授，1927年自沉于颐和园昆明湖。

《人间词话》是中国第一部将西方美学与中国古典美学融会贯通的词论著作，吸收了康德和叔本华的美学思想，使之与传统美学相融合，提出一套系统的美学观，其核心思想是“境界说”，提出“词以境界为上”。还进一步提出了写境与造境、有我之境与无我之境、景语与情语、隔与不隔，以及对宇宙人生的“入乎其内”与“出乎其外”等观点。在作家修养、创作方法、写作技巧等方面，也都有精辟独到的见解，当一新世人耳目，在今天也有重要的参考价值。

《人间词话》采用传统评点式的词话形式，语言精练，意味隽永，缀以词家名句，本身即是文学佳作。

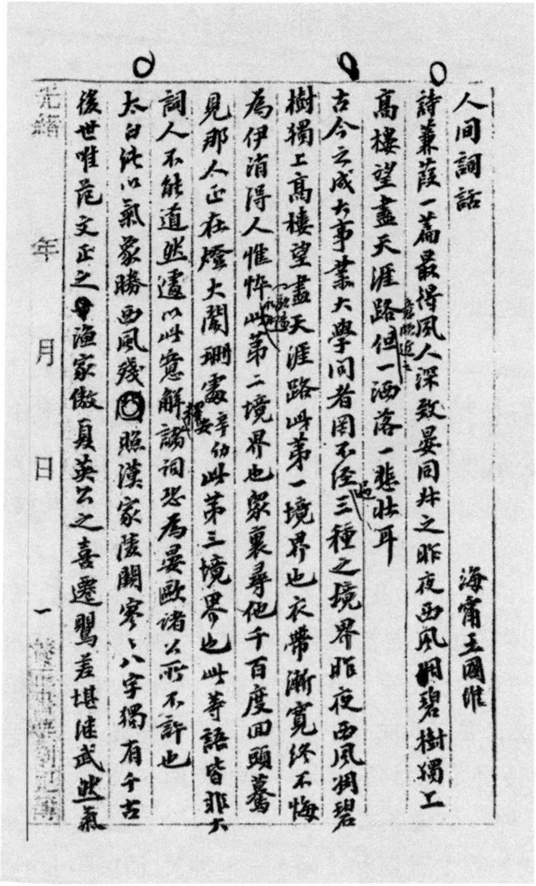
人间詞話 海甯王國維

詩蒹葭一篇最得風人深致晏同叔之昨夜西風凋碧樹獨上高樓望盡天涯路意頗近之但一洒落一悲壯耳

古今之成大事業大學問者罔不經過三種之境界昨夜西風凋碧樹獨上高樓望盡天涯路此第一境界也衣帶漸寬終不悔為伊消得人憔悴此第二境界也衆裏尋他千百度回頭驀見那人正在燈火闌珊處辛幼安此第三境界也此等語皆非大詞人不能道然遽以此意解釋諸詞恐為晏歐諸公所不許也

太白純以氣象勝西風殘照漢家陵闕寥寥八字獨有千古後世唯范文正之漁家傲夏英公之喜遷鶯差堪繼武然氣

光緒 年 月 日

国家图书馆善本特藏部《人间词话》手稿

该书通行本主要有徐调孚《校注人间词话》(中华书局1955年版)、王幼安校订《人间词话》(人民文学出版社1960年版)。

279 闲情偶寄

明末清初·李渔

信手拈来，多成妙趣

李渔（1611—1680），字笠鸿、谪凡，号笠翁，浙江兰溪人，明末清初戏曲理论家、戏剧作家，工诗文，尤以戏曲、小说名世。著有传奇《比目鱼》《风筝误》等十种，小说集《十二楼》《无声戏》等十五篇和《闲情偶寄》等多种著作。

《闲情偶寄》是一本笔记体的散文，共分词曲、演习、声容、居室、器玩、饮馔、种植、颐养等八部，在中国传统雅文化中享有很高声誉，被誉为古代生活艺术大全，名列“中国名士八大奇著”之首。其中，《词曲部》《演习部》《声容部》均涉及戏曲理论，故被后人裁篇别出，辑为《李笠翁曲话》，乃我国第一部戏曲理论专著。《闲情偶寄》文字清丽隽永，浅易风趣，林语堂、周作人对该书推崇有加。林语堂更称其为“中国人生活艺术的指南”。

今存版本有《笠翁秘书第一种》，清康熙十年翼圣堂刻本；《笠翁一家言全集》本，清雍正八年芥子园刻本，此本合并原来十六卷为六卷，书名改题为《笠翁偶集》；《文艺丛书》本，曹聚仁校订，1925年上海梁园图书馆排印，此本只摘录了其中的

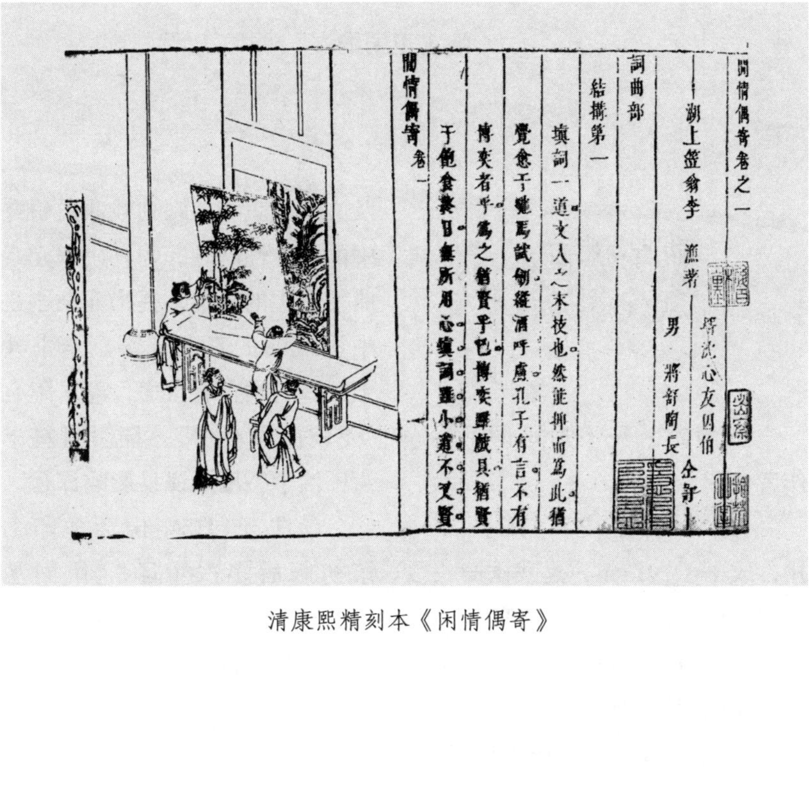
閒情偶寄卷之一
湖上笠翁李漁著
壻沈心友因伯
男將舒陶長仝訂
詞曲部
結構第一
填詞一道文人之末技也然能抑而爲此猶
覺愈于馳馬試劒縱酒呼盧孔子有言不有
博奕者乎爲之猶賢乎已博奕雖戲具猶賢
于飽食終日無所用心填詞雖小道不又賢
閒情偶寄　卷一

清康熙精刻本《闲情偶寄》

“词曲”“演习”二部，名为《李笠翁曲话》；《新曲苑》本，摘录同上，书名为《笠翁剧论》。1959年中国戏剧出版社《中国古典戏曲论著集成》第七集之《闲情偶记》，中华书局“全本全注全译丛书”之《闲情偶寄》，是目前通行的本子。

280 宋元戏曲史

清·王国维

曲学祧祖，风气首开

王国维，见《人间词话》作者介绍。

《宋元戏曲史》，王国维撰，成书于1913年，是我国第一部戏曲史论著，以宋元戏曲作为主要研究对象，系统地论述了中国戏曲的起源和形成、艺术特征及文学成就等一系列戏曲史研究中的根本性问题，勾勒出宋元戏曲发展史的轮廓，提出元杂剧是中国戏曲的真正开端。全书共十六章，卷首有自序，卷末附有“元戏曲家小传”，征引材料丰富，治学态度严谨，影响深远。

该书于1915年由商务印书馆初版后多次重印，《民国丛书》收入。上海古籍出版社1998年本较为通行。